网络与新媒体系列教材

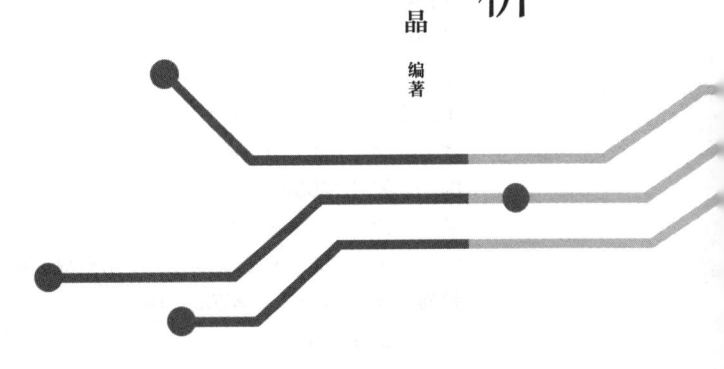

总主编 周茂君

新媒介经营
管理案例解析

代玉梅 胡川洋 代卓 王晶 编著

西南大学出版社
国家一级出版社 全国百佳图书出版单位

图书在版编目(CIP)数据

新媒介经营管理案例解析/代玉梅等编著. -- 重庆：西南大学出版社，2023.4
网络与新媒体系列教材
ISBN 978-7-5697-1455-5

Ⅰ.①新… Ⅱ.①代… Ⅲ.①传播媒介—运营管理—案例—教材 Ⅳ.①G206.2

中国版本图书馆CIP数据核字(2022)第141245号

新媒介经营管理案例解析
XINMEIJIE JINGYING GUANLI ANLI JIEXI

代玉梅　胡川洋　代　卓　王　晶　编著

责任编辑	鲁　艺
责任校对	钟小族
装帧设计	魏显锋　汤　立
排　　版	王　兴
出版发行	西南大学出版社
地　　址	重庆市北碚区天生路2号
邮　　编	400715
经　　销	全国新华书店
印　　刷	重庆市正前方彩色印刷有限公司
幅面尺寸	185 mm×260 mm
印　　张	19.5
字　　数	357千字
版　　次	2023年4月　第1版
印　　次	2023年4月　第1次印刷
书　　号	ISBN 978-7-5697-1455-5
定　　价	56.00元

丛书编委会

总主编：周茂君

副主编：洪杰文　李明海

编　委：（按姓氏笔画为序）

　　　　马二伟　王　琼　王红缨　王杨丽　王朝阳
　　　　方　堃　归伟夏　代玉梅　延怡冉　刘明秀
　　　　阮　卫　李明海　杨　嫚　何明贵　张　玲
　　　　张琳琳　林　婕　金　鑫　周丽玲　周茂君
　　　　洪杰文

策　划：杨　毅　李远毅　杨景罡　钟小族　鲁　艺

本书资源

联系电话:023-68252455　鲁老师

序言

　　媒介技术的发展将我们带到了一个众声喧哗、瞬息万变的新媒体时代。面对这个由媒介构建的全新世界，人们的思想观念、生活方式乃至行为举止都在发生着急剧的改变；既为其所迷醉，乐此不疲，又常常感到不知所措和无所适从。新媒体到底是什么？新媒体时代到来又意味着什么？人们如何正确处理好与新媒体的关系？这些问题看似简单，却又真真切切地摆在人们面前，需要我们去面对，去解决。因此，科学地认知、理解和运用新媒体在当下显得尤为重要。

　　人类社会发展的每一阶段都会有一些新型的媒体出现，它们都会给人们的社会生活带来巨大的改变。这种改变在今天这个新媒体时代表现得尤其明显：受众这一角色转变成了"网众"或"用户"，成了传播的主动参与者，而非此前的信息被动接收者；传播过程不再是单向的，而是双向互动的；传播模式的核心在于数字化和互动性。这一系列改变的背后是网络技术、数字技术和移动通信技术的发展，并由此衍生出多种新媒体形态——以网络媒体、互动性电视媒体、移动媒体为代表的新兴媒体和以楼宇电视、车载移动电视等为代表的户外新型媒体。

　　由周茂君教授主编的这套网络与新媒体系列教材，就是在移动互联、数字营销、大数据和社会化网络等热点问题层出不穷的背景下，沿着技术、传播、运营和管理的逻辑，对新媒体进行的梳理和把握。从技术层面上看,新媒体是用网络技术、数字技术和移动通信技术搭建起来,进行信息传递与接收的信息交流平台,包括固定终端与移动终端。它具备以新技术为载体、以互动性为核心、以平台化为特色、以人性化为导向等基本特征。从传播层面看,新媒体从四个方面改变着传统媒体固有的传播定位与流程,即传播参与者由过去的受众变成了网众,传播内容由过去的组织生产变成了用户生产,传播过程由过去的一对多传播变成了病毒式扩散传播,传播效果由过去能预期目标变成了无法预估的未知数。这种改变从某种程度上可以说是颠覆性的,传统的"5W""魔弹论"和"受众"等经典理论已经成为明日黄花。从运营层面看,在技术构筑的新媒体平台之上,各类新媒体开展着各种运营活动。从管理层面看,新媒体管理主要从三个方面着手,即新媒体的政府规制、新媒体伦理和新媒体用户的媒介素养。这样,政府规制对新媒体形成一种外在规范,新媒体伦理从内在方面对从业者形成约束,而媒介素养则对新媒体用户提出要求。

这套网络与新媒体系列教材既有对新媒体的发展轨迹和运行规律的理论归纳,又有对新媒体运营实务的探讨,还有对大量鲜活新媒体案例的点评,切实做到了理论与实务结合、操作与案例相佐,展现出教材作者良好的学术旨趣与功力。希望以这套教材为起点,国内涌现出更多的高质量研究著作和教材,早日迎来网络与新媒体教育、研究的新时代。

是为序。

罗以澄

2022年8月

(罗以澄,全国应用新闻传播学研究会名誉会长、湖北省新闻传播教育学会名誉会长,曾任国务院学位委员会新闻传播学科评议组成员、中国新闻教育学会副会长、中国传播学会副会长。)

前言

　　关于网络与新媒体，从概念到特征，有各种不一样的看法与表述。其实，网络与新媒体是对网络媒体、数字媒体和移动媒体的总称，是指采用网络技术、数字技术和移动通信技术等新技术进行信息传递与接收的信息交流平台，包括固定终端与移动终端。新技术、互动性、平台化、数据和算法，是解读网络与新媒体时代的重要关键词。

　　以新技术为引领，是指网络与新媒体的运营以新技术为基础。新技术的应用与普及，不仅为网络与新媒体的诞生提供了技术支持，同时也为其运营提供了信息载体，使得信息能以超时空、融媒体、高保真的形式传播出去。可以说，网络与新媒体的所有特征，均建立在新技术提供的技术可能性的基础之上。

　　互动性是网络与新媒体的本质特征。传统媒体时代信息的流动都是单向的，而网络与新媒体却突破了这一局限。它从根本上改变了信息的传播模式，也从根本上改变了传者与受众之间的关系。传播参与者以一个相对平等的地位进行信息交流，媒体以往的告知功能演变为如今的互动沟通。这种沟通不仅体现在媒体与用户之间，还体现在用户与用户之间。可以说，网络与新媒体的这一特征，不仅对传统媒体，而且对整个社会都产生了深远的影响。

　　平台化是网络与新媒体的主要特色。借助信息交换平台，传统媒体与新媒体逐渐走向融合——网络与新媒体以其包容性的技术优势,接纳与汇聚了传统媒体的媒介属性;而报刊、广播、电视等传统媒体则在适应新的媒体环境,与新技术形式相互渗透、融合之后,获得了二次发展。

数据,是网络与新媒体时代最重要的生产要素,是新媒体平台和传统媒体平台开展业务运营的基础性前提。平台运营的基础是基于用户数据的大数据挖掘与分析,有了数据的加持,媒体平台无论用户运营,还是内容运营,抑或是活动运营,才会做到有的放矢、精准无比。

算法推送是网络与新媒体时代同传统媒体时代的重要分野。传统媒体不管受众是谁、有什么实际需求,往往习惯于居高临下的"自说自话",极易造成"鸡对鸭说"的无奈结果;而网络与新媒体平台则采用人工智能技术,基于算法、算力、运算法则和大数据,早早将目标用户"锁定",针对其新需求和隐性需求,选妥内容并适时推送。

修订、重新编写这套网络与新媒体系列教材,出于三方面的考虑:

其一,修订、重编教材要跟上网络与新媒体专业发展的步伐。20世纪90年代末国内只有少数几家"先知先觉"的新闻传播院校在新闻学系开办"网络新闻方向"或者"网络传播方向",一般将它命名为"传播学专业"。其特征一是没有"准生证",二是专业(方向)定位模糊,这种状况直到2012年教育部将该专业列入高等学校本科招生目录才有所改观。到2022年,已有307家院校招收网络与新媒体专业的本科生[1],其专业教育已从初创时的"涓涓细流"汇聚成现在的"大江大河"。因此,相关教材的修订、重编必须跟上并适应这种发展态势。

其二,修订、重编教材要顺应网络与新媒体专业渐次规范的潮流。一个专业从无到有,无疑是"草创";其课程设置与专业定位皆无先例可循,也与"草创"无异;该专业创办以后,国内缺少成套教材,各院校只能选用在市场上销售的散本新媒体书籍作为教材供学生使用,同样是"草创"。因此,出版于2016年的9本"新媒体系列丛书"——《新媒体概论》《新媒体技术》《新媒体运营》《新媒体营销》《全媒体新闻报道》《网络视频拍摄与制作》《Web技术原理与应用》《新媒体内容生产与编辑》《新媒体广告》——虽也是"草创"产物,但对缓解当时的教材"荒",帮助该专业走向规范是

---

[1] 依照教育部指定高考信息发布平台统计,我国目前开办网络与新媒体专业本科教育的院校已达307所。

有贡献的。在此基础上,武汉大学新闻与传播学院课题组,在开展"基于一流课程的教学改革与实践研究"专项重点课题时[2],对国内54家院校网络与新媒体专业本科人才培养方案进行内容分析,以3434门专业课程为样本,按照开设频率和代表性,整合出16门专业核心课程,并在此基础上拟定16本专业教材——《网络与新媒体概论》《数字媒体技术》《融合新闻报道》《新媒体内容生产与编辑》《新媒体Web技术基础》《短视频拍摄与制作》《新媒体运营》《新媒体营销》《新媒体产品策划》《数据新闻:理论与方法》《新媒体数据分析》《数字媒介视觉设计》《新媒体广告教程》《新媒体伦理与法规》《计算传播学:理论与应用》《新媒介经营管理案例解析》——借此促进专业的课程设置和目标定位。当然,上述16本教材要涵盖该专业所有核心课程无疑是困难的,但却向着规范道路又跨出了坚实一步。

其三,修订、重编教材要与知识更新迭代同步。网络与新媒体时代是一个变革的时代——传播技术在变,传播业态在变,媒体格局在变,人们的观念在变——变革是永恒的主题,它无处不在。与此相应,知识的更新迭代同样迅猛。因此,修订、重编教材既要关注业界的最新动态,又要汲取学界的前沿研究成果,这样才能与知识更新迭代同步,始终立于时代前列。

修订、重新编写本套教材希望达到如下目标:

1.在指导思想上,本套教材着眼于网络与新媒体时代合格的应用型人才培养,适应人才培养逐步由知识型向能力型转变的需要。这是编写本套教材的基本方针,也是编写的基础和前提。

2.本套教材将"技术""内容生产""数据""运营""产品"五个层面作为着力点,将网络技术、数字技术、移动通信技术和人工智能技术等发展带来的各种新媒体形态作为主要研究对象,勾画出从传统媒体到融合媒体、从传统新闻到数据新闻、从传统营销到数字营销和从传统广告到数字广告的发展线索,落脚点和编写重点在网络与新媒体的理论与实践。教材内容既要相互关联,又要厘清彼此间的边界而不至于重复。

3.本套教材瞄准高等学校网络与新媒体专业或相关专业的专业主干课,因而

---

[2] 中国高等教育学会2020年度"基于一流课程的教学改革与实践研究"专项重点课题"新闻传播学本科专业核心课程体系构建研究"(JXD05)。

教材的编写内容,除了具备普通高等学校在校本科生、研究生必须掌握的新媒体传播、运营实务的基本知识和技能外,还必须具备开阔的思路和国际化的视野,有利于完善学生的知识结构,有利于培养其适应时代需要的新媒体内容生产、新媒体产品策划、短视频拍摄与制作、新媒体数据挖掘、新媒体运营和新媒体营销等方面的能力,保证其毕业后能胜任相关工作。

4. 本套教材既关注理论前沿问题,又将基本理论、实际应用和案例点评相结合,展现出独具的特色:

其一,基本理论部分。围绕网络与新媒体相关理论,只作概括性的叙述,不进行全面性的阐述,对其基本原理,力争深入浅出,易学易懂。

其二,实际应用部分。网络与新媒体基本理论的实际应用是本套教材的写作重点。无论技术层面,还是内容生产层面,抑或是数据、运营、产品层面,注重实际应用将贯穿于每本书的编写之中。

其三,案例点评部分。每本书的大部分章节都要求安排与本章内容相关联的案例点评,点评的篇幅可短可长,从数十字到数百字均可,用具体的案例点评,来回应前面的基本理论和实际应用。

5. 本套教材在编写过程中尽力做到有思想、有创见、有全新体系,观点新颖,持论公允,整体风格力求简洁、明了、畅达,并在此基础上使行文生动、活泼、风趣。

"理想很丰满,现实很骨感。"上述目标在编写过程中是否实现了,还有待学界和业界学者、专家以及广大读者的检验与评判,为此我们祈盼着!

在本套教材付梓之际,需要感谢和铭记的人很多。首先要感谢武汉大学新闻与传播学院的老院长罗以澄先生,他不仅为本套教材的编写提出了许多建设性意见,还亲自撰写了序言,老一辈学者对年轻后辈的爱护与提携之情溢于言表。其次要感谢本套教材的所有作者,时间紧,任务重,至少有7本教材需要"另起炉灶",其间的艰辛与困苦可想而知。最后要感谢西南大学出版社的杨毅先生、李远毅先生、杨景罡先生、钟小族先生和鲁艺女士等,是你们的辛勤付出和宽大包容才使本套教材得以顺利面世,感激之情无以言表。

周茂君 于武昌珞珈山
2022年8月

目录
CONTENTS

第一章

1 媒介经营管理概述

4 第一节 传媒产业发展现状与困境
13 第二节 传媒产业相关政策与法规
24 第三节 媒介经营管理发展趋势展望

第二章

35 媒介产品生产与内容管理

36 第一节 婚恋交友类节目的成长与创新
48 第二节 主旋律电视剧的出圈之道
61 第三节 传统媒体数字化转型的内容管理

第三章

75 媒介业务拓展与商业模式

77 第一节 文化产业的一源多用
86 第二节 老牌报业集团的数字化变革
96 第三节 出版公司的融合转型发展
103 第四节 长江云融媒体平台的实践过程

目录
CONTENTS

第四章

117 媒介资源开发与经营战略

- 118 第一节 民营传媒企业的"娱乐之道"
- 127 第二节 跨国传媒集团的经营战略
- 135 第三节 "耳朵经济"的新探索
- 144 第四节 传统电视购物频道的业务转型与困局突破

第五章

159 媒介品牌构建与经营管理

- 160 第一节 纪录片的品牌建构策略
- 172 第二节 娱乐传媒巨头的品牌经营管理
- 182 第三节 社交视频网站的品牌发展策略

第六章

193 媒介资本运作与投资战略

- 195 第一节 专注内容社区的商业之路
- 207 第二节 投资十年打造游戏帝国
- 217 第三节 跨领域投资打造传媒文化金字塔

目录
CONTENTS

第七章

229 媒介营销与市场策略

230　第一节　以用户为中心的营销理念

240　第二节　构建整合营销传播生态

249　第三节　IP营销成为盈利新动向

第八章

261 媒介组织与制度创新

262　第一节　都市报转型的成功之道

273　第二节　省级媒体发展的新兴战略与管理模式

283　第三节　中共中央机关报的全媒体新生态

295 后记

第一章　媒介经营管理概述

知识目标

1. 当前我国传媒产业发展的现状与面临的困境。
2. 当前我国传媒产业发展的相关政策法规。
3. 未来媒介经营管理的发展趋势。

能力目标

1. 对媒介经营管理的概况有深入认识。
2. 能独立思考媒介经营管理的未来走向。

思维导图

- 媒介经营管理概论
  - 传媒产业发展现状与困境
    - 传统报业：拥抱技术加深融合，经济效益追赶影响力
    - 广播电视与电影业：技术革新与文化浪潮同时发力
    - 网络视听产业：内容产业迈向高质量创新，渠道为王，经受考验
    - 互联网衍生领域：数字化产业链条
  - 传媒产业相关政策与法规
    - 传媒法规与监管环境
    - 内容生产与系统监管
    - 知识产权保护与反垄断
  - 媒介经营管理发展趋势展望
    - 技术赋能与资源开发
    - 用户行为与消费环境
    - 本土文化品牌建设与全球化格局
    - 人才组织管理与产业模式发展

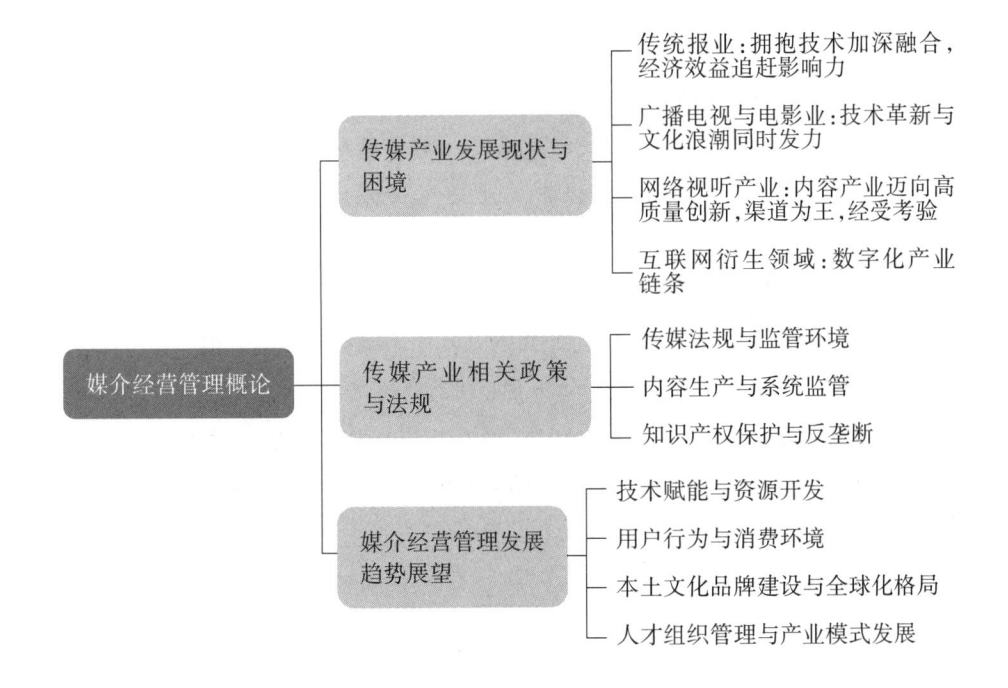

@ 引言

  1928年,美国著名社会学家伯吉斯在《美国社会学杂志》中写道:"现代社会组成和改组,都依靠它的交流手段。因此,传播的变化,可以折射出更加广阔和复杂的社会变化。"近百年后的今天,人类传播的工具经历了从莎草纸到互联网的巨大变革,社会结构以及人们的思维、行为方式与决策习惯的不断颠覆,现代社会的运行逻辑证明了这个论断依旧成立。技术手段的变革重塑传播链条,改变传播形态,进而引发整个传媒产业的变革,但其实这样的重塑也同样是社会发展给予传媒行业的反馈。

  在现代社会的经济学研究中,主要的研究对象是日常生活状态中的个体。而研究的目标则可以分为显性与隐性两类:一方面,是人们在日常事务中的行为方式与思考路径,方式和路径会造成一定的后果,所以成了经济学研究的显性目标;另一方面,那些强大的影响人类行为的动机则是更为重要的研究方向。

  因此,作为新闻与传播领域下的分支以及现代经济学的应用研究方向,学者们关于传媒经济与媒介经营管理的讨论重点也渐渐从最初的运用经济学的计量模型去衡量传媒产业的成果、总结实践经验逐渐转移到了探索传媒市场的运行机制与发展轨迹,把握传媒经济的涨落周期,以及传媒产业的可持续发展上。

  传媒经济学的研究领域繁杂,"主要还是经济与管理两大维度"[①]。其中,经济学主要关注传媒产业与其他行业不同的经济特征以及当今社会背景下亟须解决的经济问题。例如我国学者黄可在总结新中国成立七十年来我国传媒经济研究议题的发展历程时提到的,在当下传媒产业技术含量逐渐提升,对于媒体格局与传播环境进行颠覆式重塑的同时,"知识生产、内容付费、粉丝经济、流量IP、智能媒体等已经成为传媒产业新的经济增长点"[②]。

  此外,传媒经济学的另一研究维度:管理,更是一个包罗万象的研究路径。传媒领域的变迁所涉及的影响因素十分庞杂,并且伴随着传媒体制的变革出现了不同的管理体系。如果将公共领域的监督机制也包含在管理的研究路径中,总结起来传媒产业的管理就需要将传媒体制机制、组织结构管理、社会结构转型影响、政策环境与文化语境等因素有机结合,无论是传媒产业内部还是外部条件的变更都有可能引发传媒经济的巨变。

[①] 郑涵,等.传媒经济研究读本[M].上海:上海交通大学出版社,2017.
[②] 黄可.与实践同行:新中国传媒经济研究70年(1949—2019)[J].新闻与传播研究,2019,26(12).

因此,在关注传媒产业的发展、探索传媒经济的本质以及规律的过程中,早期的研究者面对的是传统出版商在新时代知识经济中转型的阵痛,随后又见证了技术迭代而不断涌现的各种传媒产业经济模式。不同的经济模式总会有不同的适应圈层,而我国学界对于传媒经济的本质认识与研究也经历了从早期的注意力经济到影响力经济的转变,实践过从权力经济与意义经济的角度去反思传媒产业的运营思维和盈利模式。

在经历了受众视角的传媒经济本质研究后,我国的传媒经济研究方向开始向媒介本身迁移,这样的迁移得益于媒介技术发展对传媒产业造成的刺激。"数字媒体和消费变化对于 media company(媒体公司)的定义提出了挑战。"[1]传统媒介经营管理的讨论中一般将媒体公司的经营范围定义在面向大众的内容生产和分发的公司或机构,其运营核心一定是独家内容的产出。再后来,伴随着数字媒体技术的发展,"平台"的概念逐渐兴起,对于媒体公司而言,掌握新闻的独家版权以及原创的重要性逐渐被边缘化,传媒集团也开始重新审视自己的社会定位,从早期信息的传递者,逐渐向构建社会交流渠道、连接不同群体之间沟通的桥梁定位。

在由清华大学、央视市场研究(CTR)、中国广视索福瑞媒介研究(CSM)联合发布的《中国传媒产业发展报告(2020)》中,对于传媒产业的主题有了更明确的范畴规定。定义表示,"传媒产业是由多种形态的媒介、多种业态的媒体、各种生产内容产品和数据产品的个人与机构以及网络传播相关企业构成的企业集群"。也就是说,当下的传媒产业包括了传媒企业、事业、个人以及网络空间中的绝大部分主体,并且"传媒产业是一个不断发展的领域,传媒产业这个概念的内涵和外延是动态的"[2]。

综上,在讨论传媒经济或是媒介经营管理的问题时,不同的主体视角与实践领域是两个重要的出发点,探索运行逻辑以及估判发展前景是核心目标。因此,本书尝试针对典型案例,从不同的维度,以不同的主体视角出发,通过对经典案例的分析,探索出当下传媒产业实操领域的发展思路。

---

[1] Mierzejewska, Shaver. Key Changes Impacting Media Management Research[J]. International Journal on Media Management, 2014,16(2).
[2] 崔保国,陈媛媛.百年变局下中国传媒业的挑战与机遇[J].传媒,2020(20).

第一节　传媒产业发展现状与困境

2010年,我国在制定第十二个五年规划的建议中第一次明确提出:大力推动文化产业成为国民经济支柱性产业。支柱性产业,顾名思义便是在国家经济民生中占有较大份额的产业,这展示了文化产业在我国长远发展规划中的重要地位。2016年3月,第十三个五年规划中更明确指出:到2020年末,文化产业成为国民经济支柱性产业。时任文化部部长的雒树刚在出席人大会议接受记者采访时明确提出,期望文化产业到2020年在GDP中占比达到5%。

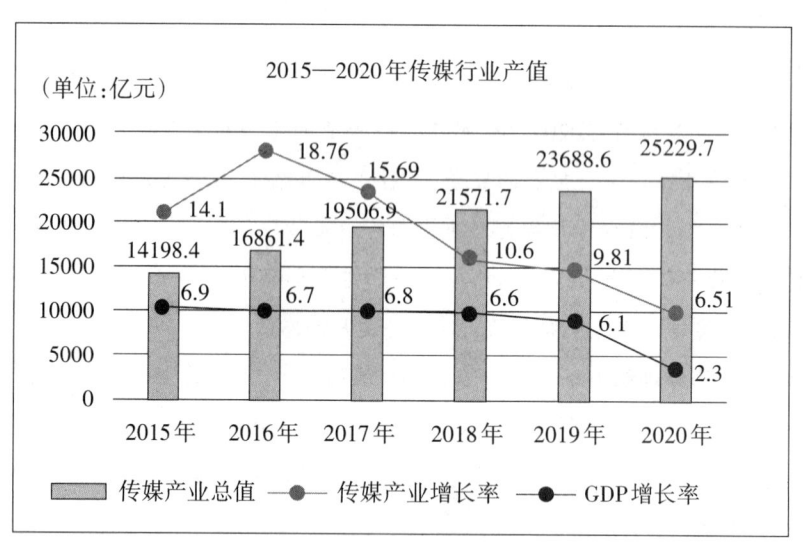

图1-1　2015—2020年传媒产业产值[①]

尽管在后期发展中,因为全国不同地域的文化产业发展和文化资源的分布并不均衡,所以"支柱性产业"的提法逐渐被放弃,但是文化产业在我国经济发展版图中的重要性不言而喻。而作为文化产业的重要组成部分的传媒产业在"十二五"与"十三五"期间总体保持高速增长态势,产业结构不断优化,并且迎来了以互联网为核心的媒介融合发

---

① 数据来源:国家统计局。

展的新时代。而在十四五时期,我国将迎来社会主义现代化与数字化建设的深水期,区块链、人工智能、VR等新技术也将为传媒生产链条的全线变革带来本质改变。文化产业需要在国民精神文明建设中发挥力量,而传媒逐渐推进媒体平台化转型与深度融合,成为推进国家治理体系和治理能力现代化进程中的重要数字转型途径。

根据《传媒蓝皮书:中国传媒产业报告(2021)》展示,受疫情影响,2020年中国传媒产业的总体规模仍然保持增长,但相比前些年增长速度开始放缓。2020年,中国传媒产业总产值规模达25229.7亿元,较2019年增长6.51%,增长率较2019年下降3.3%。受大环境影响,传统纸质媒体和广电媒体的收入仍持续下降,但疫情让"线上"成为新的生活和工作模式,进而推动了在线领域媒体收入的迅猛增长。当我们逐渐进入疫情常态化阶段,数字技术的广泛应用与消费行为的深度变迁将勾勒出新的传媒生态,而视频作为新的信息传播形式也将撬动产业新一轮的创新和变革。

而此前,全球顶级会计师事务所普华永道在2020年给出的《全球娱乐即媒体行业展望》中,对中国传媒产业未来的发展也给予了极高的期待,预计2021年中国娱乐及媒体行业总收入约为3586亿美元,至2025年收入将达约4368亿美元,预计未来五年的复合年增长率为5.1%,高于全球的4.6%。

目前看来,我国传媒产业在整体经济效益方面仍然保持着强劲的上升势头,但难以忽略的是细分领域的发展情况却各有不一,部分传统媒体领域已然陷入了发展的瓶颈。尤其是在经历了新冠疫情后,全球性的重大公共卫生危机在各个领域造成了不同程度的影响,传媒产业也不例外。但需要注意的是,传媒产业依托互联网收获的数字经济效益区别于实体经济的计算方式,同时其经济效益的核心在于用户的注意力和数字购买,因此疫情对传媒产业造成的具体影响究竟如何还需分情况讨论。

毕竟,传媒产业的数字化转变以及媒体产业的不断推进深度融合对媒体组织机构的商业模式、内容生产、分销模式以及市场端的消费形式都产生了巨大的影响。因此,当我们从经济与管理两个维度去观察传媒产业中的具体细分领域,能清楚看到,几乎所有领域都在经受着迅速又频繁的颠覆,尽管未来的发展目标一定是开放性答案,不同领域的分化程度会逐渐精细,彼此间的区隔会逐渐变大,但产业中各行业的发展轨迹与轮廓在逐渐清晰,这也是我们从下列传统报业(包括后来的新闻门户网站与社交平台新闻)、广播电视与电影业、网络视听产业与互联网衍生领域四个领域去讨论当前我国传媒产业现状与问题的最重要的因素。

一、传统报业：拥抱技术加深融合，经济效益追赶影响力

在社会发展的进程与技术变革的冲击下，传统报业一直面临着巨大的生存压力，也在不算清晰的改革道路上不断试错。2014年，《关于推动传统媒体和新兴媒体融合发展的指导意见》的通过，标志着媒体融合开始上升为国家意志，传统报业积极推动产业转型，不断在设备、技术上追求前沿，在组织结构管理与人员配置上进行常态化改造，在内容创新上大做文章，这的确为其在短时间内带来了一些活力。但对于传统报业状况的判断，时间是一个无法忽略的衡量单位，短期内维持生存与长期的市场占有有着本质的区别。不可否认的是，长期以来拥有内容优势的传统报业在步入新阶段后，在运营思维、盈利模式与流量转换、渠道开发等方面仍然处于迷雾之中。

根据国家新闻出版署发布的《2020年新闻出版产业分析报告》，新闻出版产业的规模有所下滑，但同时也保持了一定的发展水平。2020年，我国出版、印刷和发行服务实现营业收入16776.3亿元[①]，这个数据相比2019年降低11.2%；利润总额1024.8亿元，降低19.2%；拥有资产总额22578.7亿元，降低6.3%；所有者权益（净资产）11425.4亿元，降低6.0%。[②]

其中，值得注意的是主流报纸的传播力和影响力在不断提升，市场地位日趋稳固。《人民日报》《光明日报》等主流报纸的平均期印数和总印数在持续增长，这样的增长意味着：在当下互联网信息爆炸，社交媒体平台为信息首要获取渠道的情况下，传统主流媒体长期积累下的公信力与权威性仍然是媒体经营中不可忽视的生存力量。

此外，根据国家新闻出版署对当前市面上各种报纸发行结构的分析，以地域层级将国内市场目前流通的报纸划分为：全国性报纸、省级报纸、地市级报纸和县级报纸，其中省级与地市级报纸的总印数近年来持续下降，而全国性与县级报纸的总印数也在2019年开始由增转降。

而此前，受报刊阅读率持续走低的影响，报纸的印发数量一直处于下降状态，只是下降的趋势有急有缓。报纸印发数量下降的同时，传统报业的广告市场整体也不容乐观。根据报纸中广告的收入统计来看，报业广告规模持续萎缩，整体颓势明显。在2020年，书报

[①] 另据中国新闻出版研究院数字出版研究所调查汇总数据，2020年数字出版营业收入11781.7亿元，因该数据非政府统计数据，故不纳入全国总量。
[②] 国家新闻出版署.2020年新闻出版产业分析报告[EB/OL].https://www.nppa.gov.cn/nppa/upload/files/2021/12/910c52660b947756.pdf,2021-12-09/2022-03-28.

刊传统出版规模再次下滑。报刊出版总印数分别降低9.0%和7.0%,营业收入分别降低6.4%和2.8%,降幅较上一年均有所加大。印刷复制营业收入降低13.1%,出版物发行营业收入降低7.6%。

尽管如此,据2019年的新闻出版业务统计,该年报刊出版集团的资产与收入却开始增长,报业公司的各项经济指标全面止跌回升。特别是上市报业公司的经营状况均良好,报业和广告业务仍然是其核心业务。上市传媒公司的产品数量降低却带来营业收入的回升,头部报业公司与整体报业走势的明显反差,在某种程度上也印证了媒体融合以及数字化转型的确需要一定的资源投入,但为报业带来的效果也是值得期待的。

2019年作为"5G"元年,传统报业积极拥抱新技术以推进传统业态向新业态深入转变的脚步。而2020年,在疫情大考面前,多家传统报业选择拥抱新技术开展业务,坚守媒体人的初心,实现传播的社会价值。然而技术进步提供的便利是双向的,消费者拥有了更多的内容替代产品,甚至消费方式也在不断更新迭代,对于传统报业而言,技术发展意味着更多内容上的可能。与此同时,消费者的预期在众多媒介竞争中不断被满足,导致当前受众对媒体的要求更加分散且细化。本质来说,受众仍然是内容消费者,只是内容不再单纯等于新鲜的信息,内容的形式设计也成为传统媒体耕耘的方向。

当消费者的需求更加个性且具体,用户需求就是内容产出方向的重要考量。用户需求的探索与各种形式的实践,都离不开数字化技术的加持,而多数传统报业也都在积极布局网络新闻分发平台。例如,对2019年中华人民共和国成立70周年庆祝活动的报道是当年多家媒体的重点工作。当年7月15日,《人民日报》便与中国联通签署了5G媒体应用战略协议合作,包括了5G空地一体化VR直播、5G网络视频生产+AI智能新闻生产、4K全媒体虚拟演播室等产出内容形式上的革新。而后在十一庆典的报道中,《人民日报》文图结合、视听并行,不再局限于传统采写编发的常规流程,大胆运用5G、8K、AR\VR等数字技术对庆祝活动进行了全方位的报道。传统报业不断扩展业务版图,针对不同年龄段的用户特征做了不同方面的内容产出。头部媒体的确为传统报业的数字化转型树立了榜样。

2020年是机遇与挑战并存的一年。新冠疫情导致多家报业面临严重的亏损,据不完全统计,仅2020年一年全国十余家报业休刊,不少报社被逼向关停的边缘。但同时,这样历史性的冲击也会加速报业由传统模式向数字模式的转型。

疫情同样也影响了我国社会的消费习惯,加之近年来公众版权意识兴起,内容付费的模式逐渐出现并走向成熟。对于传统报业而言,当广告收入持续走低难以维系报纸运营之时,仍然拥有内容优势和特殊时期建立起来的公信力与影响力都是在新的市场环境下开展内容付费的基础。当有了合适的盈利渠道与盈利模式,传统媒体的数字化道路就更值得我们期待。

二、广播电视与电影业:技术革新与文化浪潮同时发力

对于媒介产品有一个很现实的问题,媒介产品需要明确定位针对什么样的人群,这个人群成长于怎样的社会环境中,又有着什么样的消费习惯,会对什么样的内容买单。对于当前的广播电视行业和电影业来说,这些都是正在摸索的难题。

其一,在广播电视行业,跟上技术浪潮与电视内容创新是破题的关键。2021年,国际权威组织普华永道发布的一份关于美国广播电视行业的调查《回到未来,电视革新》。报告中有这样一个观点"广播电视界业内思想领袖和行业会议都在预言着电视行业即将消亡"。在他们看来,Y世代(指美国人在20世纪的最后一代群体,当这群人出生成长进入青年时期后,20世纪就过去了)已经几乎接触不到有线电话和电视了,而再后来的Z世代(意指在1996年到2010年间出生的一代人)在成长过程中更是可能彻底地告别了这两样设备,取而代之的是近年来爆火的网飞(Netflix)、YouTube等网络平台。

而这样的现象在中国同样存在,我们常将千禧年后出生的群体称为"网络原住民",从小便生活在互联网社会和现实生活的交替结构中,对他们而言电视似乎是家里的老古董。仰赖电子技术的发展,广播电视行业在20世纪的40到50年代兴起,从胶片放送到无线广播再到广播电视,60年代电视屏幕开始从黑白变为彩色,我国在1958年才成立了中央电视台,1973年开办彩色电视节目。20世纪70到80年代,卫星电视开始出现,90年代从模拟信号向数字信号突破,从标清视频到高清视频;2000年后开始向流媒体发展,而后的10年,视频的清晰度从HD发展到4K,如今我们期待着下一个10年,或许会迎来8K和ATSC3.0的时代。

现实中,相比传统报业面对技术冲击挣扎维生的艰难处境,电视行业算得上是伴随技术成长,一次又一次在技术浪潮中获取新生。虽然我们很难定论电视行业到底会不会消亡,但就目前的情况来看,电视被赋予了一定程度的仪式价值,观众对于行为变化通常并不会像数据专家预测的那么激烈,而各家电视台也都在积极应对着变化。

据国家广播电视总局的数据统计，2020年全国广播电视行业总收入9214.60亿元，同比增长13.66%。其中，传统广播电视广告收入有所下降，但是有线电视网络业务收入却有所增长，这也是目前主要消费群体取向变化的体现。除开技术层面之外，电视行业在内容产出中经历的文化浪潮冲击相比文字行业要严重得多。文字产品对受众自身的文化程度要求远大于视听，因此广播电视受到更多用户青睐的同时也面临着更多的要求与冲击。

众所周知，我国曾长时间处于精神文明建设与物质文明建设不平衡的阶段，而后电视为群众打开了休闲娱乐生活的大门，但后来电视行业也在内容选择与产出方面经历了长时间的探索，能看到我国电视行业在播出内容的方向选择、质量要求上做出的努力，在引进、模仿到原创的道路上不断探索着内容与观众之间的联系。如今的电视行业，民生热点、痛点仍然是王道，现实主义引发的情感共鸣仍然是收视保证。

比如2021年的电视剧行业，被观众称为主旋律电视剧"神仙打架"的一年。《觉醒年代》等革命剧通过极具艺术性的精准人物表达，展现了革命年代里先烈们为国家、为人民的赤子之心；单元剧《理想照耀中国》《功勋》等取自现实，重描理想，凭实力吸引大家的目光；《突围》《扫黑风暴》等反腐剧剑指社会黑暗，维护了光明正义仍存的信念；《山海情》《江山如此多娇》等脱贫攻坚剧中，基层工作者在荒芜土地里种出梦想，谱写了一曲曲勇担使命的英雄长歌。此外，首部国安剧《暴风眼》和近代传奇剧《光芒》等优质电视剧也实现了思想价值和市场价值的双赢，成为一种不可忽视的文化现象。

除此之外，近年来传统文化与历史底蕴逐渐契合观众的审美，比如近年河南卫视出品的《唐宫夜宴》《洛神水赋》等晚会作品，AR、3D等技术加上文化"考古"精神，让曾经收视率低的河南卫视一夜间爆火。跟紧国风热潮、立足文化底蕴、创新传播方式，三者齐头并进，让河南卫视的"守得云开见月明"显得水到渠成。

在电影领域中，特殊时期的社会环境给中国电影行业带来了更多考验的同时，也激发更多的思考。2020年的疫情让电影业遭遇"寒冬"，万达影业2020年第一季度的业绩显示其第一季度亏损规模达到5.5亿~6.5亿元；此外华谊兄弟、光线传媒以及慈文传媒等一众影视公司难逃亏损。从2020年初到4月份，短短一个季度便有3000余家影院类企业注销或吊销，在各大视频网站创浏览率新高之时，电影行业沉默地迎来了这些年最大的危机。

事实上,2018年中国电影行业便已进入了资本寒冬,试图在2019年艰难回暖却在疫情的影响下遭遇更大的困难。在原来的电影市场中,我们一直缺乏本土知名品牌,长时间只有"引进来"而缺乏"走出去"的能力。近年来,粉丝经济崛起、流量盛行、数据泡沫泛滥,部分投资与出品方更是缺乏远见,导致了一时间我国电影市场极度缺乏原创精品,盲目追求流量,烂片横行。没有质量,更难谈收益,即使是流量变现也难抵亏损,这样的情况一度成为我国电影板块的特征。

在经济发展正常的情况下,规模较大的公司还可以依靠自身雄厚的资金实力持续探索,中小公司则依靠降低特效质量、缩短制作周期等方式来压缩成本。可是疫情的爆发不仅让几家龙头公司身陷囹圄,多数中小公司更是难以为继。2019年,大多数影视公司的资产负债率已处于高位,票房收入成为泡影,资金的正常周转难以保证。在这样艰难的环境下,我们需要相信与期待文化的力量,相信一种艺术形式的经久不衰是因为拥有足够的表现力,也相信在国家对文化产业的扶持与管制下,电影行业的投融资项目或许会为整个行业带来新的希望。

三、网络视听产业:内容生产迈向高质量创新,渠道为王,经受考验

网络视听产业是伴随互联网的发展和移动终端技术的出现应运而生的,早期以土豆网、优酷网等视频网站为代表,内容多为用户自主上传的视频,平台审核难度较大,并且由于那时还罕见内容付费的概念,所以视频网站一时没有明确的流量变现与盈利的渠道。后来,资本涌入视频平台,开始布局电影、电视剧、综艺节目等由影视公司或电视台出品的长视频,视频种类的丰富与内容的多样带来了视频平台用户的爆发式增长,UGC逐渐推出了内容生产与发布的环节。

随着移动终端技术的成熟,用户参与视频拍摄与发布的成本与技术门槛都逐渐降低,自主创作的作品附加的深度参与与社交目的逐渐受到用户青睐,于是带有社交性质的短视频平台迅速崛起。快手、抖音等短视频平台纷纷壮大。随着网络技术的精进,参与群体的逐渐增加,用户黏性逐渐提升,垂直类视频的直播纷纷崛起。至此,网络视听产业形成了"长视频与'短视频+直播复合模式'的社交娱乐视频'双雄并进'的新格局"。[①]

[①] 汤捷.网络视听行业:现状、发展与精细化管理[J].青年记者,2021(09).

从用户规模上看,2021年网络视频用户的规模进一步增长,特别是在短视频应用的带动下,网络视频市场始终保持着向上的态势。据中国互联网络信息中心(CNNIC)发布的第49次《中国互联网络发展状况统计报告》,截至2021年12月,我国网络视频(含短视频)用户达9.75亿人,较2020年12月增长6080万人,占网民整体的90.5%。

随着视频平台的不断发展,长短视频的内容供应逐渐因为核心业务的不同以及所能吸引的用户群体的差距造成了两方在运营思路、用户管理以及盈利模式上的分野。以爱奇艺、腾讯视频等为代表的视频平台主要以购买电视剧、电影和综艺节目的版权的方式来提供内容,除此之外自制节目也是平台的内容来源,但是用户与平台之间的关系仅局限于单方向的观看和评论,所以长视频平台的盈利只能依靠广告和会员制度。但近些年我国的版权监管逐渐完善,内容付费的模式成为长视频平台新的收入增长支柱。

除了提供综合视频的长视频平台,以社区概念为核心的B站(BiliBili)则是长视频平台的另一代表。尽管B站也以购买版权的形式提供内容,但"原创"是B站创办之初的核心思想。当下,B站的up主(即视频创作者)与用户之间的极高的黏性以及极度垂直的细分领域是其能够在年轻人的娱乐生活中占据重要位置的原因。

相比之下,短视频平台在运营思路上顺延社交属性,通过垂直领域视频与直播构建起内容创作者和受众之间的关系,缩短交易成交的路径,在交易完成后平台从中抽取利润。与长视频以传统内容为王的思路相比,短视频平台来到了创造创作者和受众之间关系与连接的桥梁位置。也因为这样的功能性特征,短视频对于5G、AI、VR等技术显得更加积极。互动式、沉浸式视频、虚拟现实的体验,都是其未来的发展思路。

除此之外,短视频平台受到受众消费习惯迁移的影响也要更大。技术发展以及当下的社会环境让人们逐渐习惯了网络购物,直播+电商的模式也依托短视频平台开展得如火如荼,这对平台而言,既是盈利的机遇,更有极大的监管挑战。相比于长视频平台引进成片的方式,短视频平台需要对创作者身份、具体产出内容以及直播间的具体情况等进行审核与监管。特别是当下网络平台鱼龙混杂,这对短视频平台的运营方提出了更高的要求。

整体来看,网络视听产业在逐步走向成熟,平台规模和内容质量都处于稳中向好的走势。近年来,中国的网络视听平台在立足本土市场的同时规模化出海。例如长视频平台中,芒果TV国际版App目前的下载量已达到1845万次,覆盖全球195个国家和地区共2400万人;Sensor Tower的报告显示,2021年中国短视频出海头部产品TikTok目前在全球195个国家和地区中的141个国家和地区可用,并在2021年6月已超过6500万的下载量。不可否认的是,出海的视频平台在保证自身发展的同时积极反哺社会,在开拓海外市场的同时更为我国的文化输出与国家形象构建贡献了独特的力量。

四、互联网衍生领域:数字化产业链条

我们在之前提到过,数字技术带来的选择是双向的,对于传媒产业而言,数字化进程是一个逐渐淡化传统传媒产业边界的过程,是一个消解进场的经济与监管壁垒的过程。而传媒产业各个细分领域的数字化也会衍生出新的产业链条,比如数字化阅读、数字音乐以及网络游戏等。伴随移动终端的形态逐渐丰富与普及,这些衍生产业甚至会出现替代传统媒体产业的可能,这是数字化技术为受众提供的选择。

从广义上讲,公开出版物的数字文件形式可被归纳进数字化阅读的范畴。然而,我们在进行媒介经营管理讨论的时候,一般会将范围锁定在网络文学以及出版物的电子版上。而从这两个方面来看,我国的数字化阅读产业向来拥有稳中向好、持续优化的发展局势。据艾瑞咨询的数据,早在2018年中国网络文学的市场规模便已突破150亿,并在之后开始了新的优质内容的积累过程,市场增长量开始放缓,但更加注重自身内容的开发以及质量的提升。

但就近两年而言,数字化阅读平台的竞争肉眼可见的激烈,由于中国网民数量日趋稳定,互联网人口红利已然不会再为网络文学平台的发展提供支持,数字化阅读平台的盈利模式只能逐渐转向内容付费以及网络文学IP的开发。盗版侵权行为络绎不绝,同质化倾向相当严重,晋江文学城、长佩文学、起点中文网等网络文学平台都在着手网文IP影视化、娱乐化的布局。与此同时,顺应国家文化输出战略,网络文学出海模式也从原来单纯做内容输出联动其他产业向中华文化的海外输出全面升级。

数字化音乐产业的境况与数字化阅读相似,但相比之下发展历程更加久远的数字化音乐产业有更加完善且多元的盈利模式,传统在线广告的模式并没有被平台放弃,但支柱性收入已经转向了用户付费。而数字化音乐与阅读产业的发展中有共同的痛点,即版权保护问题。但在《中华人民共和国著作权法》颁布之后,我国网络空间的版权环境得到了一定程度的规范,这也为付费常态化打下了坚实的基础。

除此之外,互联网的发展也带动了网络游戏的爆发,目前端游和手游两种形式齐头并进,为中国文化娱乐产业创造了极大的价值。根据《2021年中国游戏产业报告》,中国游戏市场在2021年的实际销售收入高达2965.13亿元,相较2019年增长了6.4%。并且,在国内游戏市场的销售收入中,自主研发游戏成为主要的贡献者。开发多元的产品类型和不断精进游戏设计,让我国自主研发的游戏也不断开拓着更广阔的海外市场。

从游戏品类上来看,"端游"即依托于电脑终端的游戏,"手游"即手机游戏。目前中国游戏产业的发展趋势为将优质端游转化为手游,达成PC端和移动端互通的关系。目前市面上常见的网络游戏主要可以分为:竞速类、MMORPG类、休闲卡牌类游戏等,其中,MMORPG类端游为手游企业的主要转化对象,据国家广播电视总局公布的2019年游戏版号数据,其占到整体端游转手游游戏数量的69%,这样的转化模式也成为国内游戏开发的主要模式。

结语

总体而言,目前我国传媒产业的各个细分领域都呈现着不同的发展轨迹,但在互联网技术和移动终端的加持下,慢慢呈现出各自的业态轮廓。无论哪个领域,我们站在媒介经营管理的角度去做行业研究都需要去考虑它的整体行业结构、技术构成、运营思维以及盈利模式。而具体到典型案例上,内容生产者的组织架构、人员管理模式、内容生产系统的运作流程、内容分发传递过程涉及的各方面以及用户的消费动机与习惯,都是我们需要考虑的。将这些组合到一起,或许才能理出一条媒介经营管理的思路,但对于传媒产业的未来,答案一定是开放式的,因为会有无限的可能。

第二节 传媒产业相关政策与法规

在我们讨论媒介经营管理的过程中,技术环境、媒介生态与消费习惯总是占据最多的篇幅。的确,传媒产业的技术环境在某种程度上可以决定传媒产业在社会发展中的功能和地位,而了解受众消费习惯的变迁是达成媒介经营目的的保证。但对于一个行业而言,合理的准入准出制度,合理且及时的政策法规和行为约束,才是产业生态健康稳定、持续发展的保证。特别是意识形态极强的传媒产业,正确理解传媒产业与公众之间的利害关系以及传媒产业与监管部门之间的相互联系与牵制,才能让传媒产业走向更好的发展。

著名的传播法规学者魏永征教授在其著作《新闻传播法教程》的第五版对传媒法的体系化做了回顾,他写道:"新闻与法搭上关系,还只有三十年光景。"[①]而事实上,直到今天在我国社会主义法律体系已经逐渐完善的情况下,传媒法仍然分散在各个法律部门和各种法律法规里面。传媒产业一直因为传媒形态的不断颠覆、市场体制的改革而发生各种变化,并且新趋势的出现和传统行业改变的动作速度往往快于我们分析的速度。

因此,媒介经营管理的理论一直在流动的现实中实践,这其中关于传媒产业管理的法规政策也同样一直在流动的现实情况中走向成熟。[②]接下来,本节将从传媒产业法规与监管环境、内容生产与系统监管,以及伴随数字化时代出现的知识产权保护与反垄断方面来分析当前我国传媒产业的政策法规环境。

一、传媒法规与监管环境

20世纪80年代后期,我国就试图推进过新闻立法的工作,虽然最后并未获得成果,但的确从80年代后期起,新闻媒体或记者开始需要面临一定的法律风险。法官审案主要根据《中华人民共和国民法通则》和《中华人民共和国民事诉讼法》,审判的问题也多围绕侵犯名誉权、著作权等方面。后来随着大众媒介的兴起,网络信息技术的发展,传媒人要面临更加频繁的法律问题,同时随着数字技术的发展,传媒产业边界的不断扩展,人们发现传媒产业出现的新问题需要更多的法律法规去规范。尽管目前,我国仍没有完整的传媒法,但是在社会主义法律体系里也已经形成了针对传媒产业的完整监管体系。

当前我国传媒产业的法律规制是由宪法、法律、行政法规等具有不同法律效力等级的规范性文件组成。并且传媒产业一般采取联合监管模式,主管的部门分别是:中华人民共和国工业和信息化部(简称工业和信息化部)、国家广播电视总局、国家新闻出版署

---

① 魏永征.传媒法的体系化——从《新闻传播法教程》第五版说起[J].青年记者,2016(22).
② 李丹林.媒介融合背景下我国传媒政策与法律研究论纲[J].南京社会科学,2014(02).

等在各自职责范围内对传媒产业实施监督管理,而他们共同的上司部门是中国共产党中央委员会宣传部(简称中宣部)。

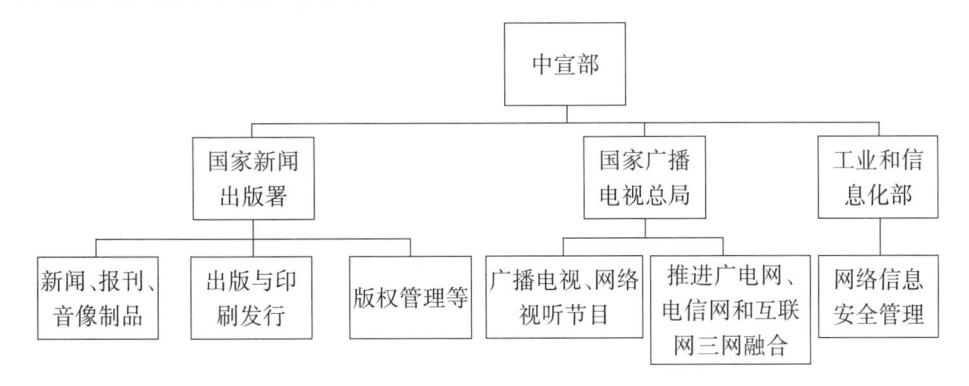

```
                          中宣部
         ┌─────────────────┼─────────────────┐
     国家新闻           国家广播           工业和
     出版署             电视总局           信息化部
    ┌──┼──┐           ┌──┴──┐              │
 新闻、 出版与 版权   广播电视、 推进广电网、  网络信息
 报刊、 印刷 管理等  网络视听  电信网和互联  安全管理
 音像   发行        节目      网三网融合
 制品
```

图1-2　传媒产业管理层级

中宣部的主要管理职能包含对报业、期刊、图书等传统出版行业的管理。作为中央部门中宣部尤其要掌握文化事业的发展方向,制定符合社会主流价值观的文化事业发展战略方针,指导文化系统制定政策、法规,在精神文明建设方面与党的思想保持一致。

在中宣部下设的主要行政部门分别对传媒文化产业的各细分领域进行监督管理。新闻、报刊、音像制品的出版等主要由国家新闻出版署及地方相关行政部门进行管理;他们主要审核出版单位的资质,对于新闻出版活动包括新闻生产与分发系统实施监督管理;新媒体时代,同时也会对互联网信息内容以及数字出版业务、媒介内容的版权归属进行监督管理。

而主要对互联网内容进行监管的部门是工业和信息化部。他们主要负责网络建设的相关工作,日常负责网络资源的管理以及拟订网络技术发展政策等,围绕通信行业展开相关工作,对于通信行业的准入管理也由该部门进行资质审核。

传媒产业最熟悉的监管部门即国家广播电视总局,主要研究并拟定广播电视宣传和影视创作的方针政策,把握舆论导向;指导广播电视创作的题材规划;研究起草相关的法律法规;监督管理广播电视节目、卫星电视节目和通过信息网络向公众传播的视听节目;负责用于广播电台、电视台播出的广播电视节目的进口管理和内容审核等。

除了以上对我国传媒产业进行监管的部门,随着近年来国民知识产权意识的觉醒,国家版权局也在传媒产业监管方面有了日趋重要的任务。国家版权局主管全国的著作权工作,特别在《中华人民共和国著作权法》出台之后,他们需要对作品的著作权登记和法定许可使用进行管理;承担著作权涉外条约、涉港澳台的著作关系等有关事宜,在发生了著作侵权事件后需要对违法违规行为进行严厉查处。

国内传媒产业的法规政策与监管体系是伴随着大众传媒的发展而逐渐完善的,相比之下欧美国家的传媒法治有更深远的发展历史,在立法思维上也对传媒法的作用有更多的理解。特别是在二战之前,欧美的通讯、电信作为一种技术资源,是与国家利益绑定的。但当时美国的电信技术出现了私人垄断的情况,为了促进与保护国家利益并且达到争夺政权等目的,美国政府利用政策、特权等与私人企业进行利益交换。欧洲则是选择让电报、电话和邮政等业务成为公共垄断事业。这两种监管模式的共同特征在于,虽然就技术所有权和控制权而言两者的政策手段差距巨大,但在这个时候欧美等国就已经意识到了传媒产业对于国家利益而言的战略意义。

自1980年之后,技术、经济以及社会发展趋势彻底改变了传媒产业监管政策的背景。欧美多数国家的传媒政策的制定思路经历了公共服务媒体策略向私人化转变的过程,这个过程中私人化经营更好地接受了技术的深刻变革,以及伴随大众传媒而来的碎片化消费。打破了社会公有和政府垄断之后,大多数国家对于媒体,尤其是后来的新兴媒体都是通过"法律规范+行政监管"来实现管理的。主要方法是以法律手段进行前置引导,政府则建立监管机构担任执法者的角色,确保法律实施。而在他们的经验中,法律的制定是如何兼顾传媒产业与受众之间的关系以及传媒产业和政府监管之间的关系的是我们学习的重点。

比如,在互联网兴起之时,美国为了避免网络信息对民众的侵害,特别是不良信息对青少年儿童身心发展的影响,便制定了一系列如《1996年电信法案》《国家安全法案》《网上儿童隐私保护法》《诽谤法》等法律法规对互联网内容进行监督管理。近年来,随着社交媒体平台的崛起,美国对互联网领域的立法更是不断细化,以进一步加强对新兴媒体的治理。

英国在2003年出台了《传播法》,并在2013年出台了具体的《诽谤法》,这对网络空间的发言有了一定的监管作用。2017年4月,英国通过《数字经济法案》,规定了限制未成年人访问色情网站、加强数字知识产权保护等具体内容,而这些问题也是互联网技术和社交平台兴起后严重影响到人民社会生活的问题。无独有偶,2017年4月,欧盟等也宣布考虑通过立法手段来协调Facebook、Twitter和Google等网络平台,来遏制网络仇恨和煽动暴力的言论。可见,网络虽为虚拟空间,但对于现实世界的影响不可谓不大。

2018年1月,德国颁布了《优化社交媒体领域执法》法案,该法案整合修订了2015年以来,德国司法部颁布的一系列相关法令,针对社交网络上的仇恨、煽动性言论以及虚假新闻等乱象,提出了更严格的监管要求。俄罗斯政府为保护国家的网络安全,贯彻相关法律,管理网络行为,以《俄罗斯联邦宪法》等法律为依据,确立了以联邦安全局为主,以内务部、联邦媒体与文化管理局等为辅的信息监管审查体系,并在各联邦主体下设置相关机构执行中央决策并对本地区进行网络监管。

在监管机构方面,德国的网络监管主要由内务部负责,其直属的联邦刑警局下设"数据网络无嫌疑调查中心",可以不根据具体指控,24小时不间断地跟踪和分析网上的信息,也可以通过社交网络接受媒体用户的网络报案。此外德国还针对黑客、恐怖主义设立"国家网络防卫中心"等机构,构成了完善的网络行为监管防护体系。法国则在司法系统内设置了"网络警察",专职处理网络非法内容举报。法国政府更是鼓励用户主动举报社交网络上的谣言,并由警方进行核实辟谣以及对谣言散布者进行审查和惩处。

二、内容生产与系统监管

2020年,传媒产业的法律法规在传统媒体方面没有过多的调整,新修订的管理条例核心并没有发生改变。但从新出台的部分互联网管理条例和部分管理通知能看出,国家整治当前网络乱象,清朗网络环境的决心。到了2021年,广播电视和网络视听行业的衍生问题层出不穷,各种针对互联网场域中不同平台不同业务问题的监管政策不断出台,尤其针对在网络视听节目、网络直播、社交平台、网络游戏等方面出现的涉及社会大众经济生活以及精神文明方面的问题进行了具体的要求,对于知识产权的保护也有了进一步的提升。

(一)报纸期刊与图书出版

为了加强对出版活动的管理,也为了保障公民出版自由的权利,以及在新时期进一步推进中国特色社会主义出版产业和事业,2020年我国第五次修订了《出版管理条例》。其中明确了出版活动的首要目的是社会效益,努力实现社会效益与经济效益的结合。此次修订在对出版物的要求上仍然秉持着杜绝出版物出现反宪法、反国家、反社会内容的要求,以杜绝出现危害国家、危害人民、扰乱社会秩序的有害内容。此外,涉及未成年人的出版物也被要求需保护未成年人的身心健康,禁止出现诱发未成年人模仿违反社会公德以及法律的内容。

此外,网络出版业务也有了新动向。2020年6月5日,国家新闻出版署印发《关于进一步加强网络文学出版管理的通知》(简称《通知》)。《通知》要求网络文学出版单位严格落实平台主体责任,建立健全网络文学内容审核机制,对于网络文学在数量上要控制总量,坚决抵制模式化现象与同质化倾向,为内容创新打好基础;同时在质量上要求导向正确,积极向上。并且对于网络文学的创作者也要有合理的监督管理措施,即使在网络世界也需要对自己所发表的文字作品负责。

(二)广播电视与电影

2021年10月8日,国家广播电视总局发布《广播电视和网络视听"十四五"发展规划》(简称《规划》)。《规划》明确了深入实施舆论引导能力提升、新时代精品、智慧广电建设、视听中国播映、安全播出、管理优化六大工程,推动广播电视和网络视听高质量创新性发展。

而在2020年重新修订的《广播电视管理条例》与之前差距不大,对于设立广播电台、电视台应该具备的条件以及运营过程中需要遵守的事项进行了解释与规定。对于电视节目的内容有相应的要求。值得注意的是,2020年国家新闻出版广电总局发布了《广播电视行业统计管理规定》(简称《规定》),并从5月份开始实施。《规定》明确广播电视主管部门应当依托大数据统计信息系统,统筹收视收听率(点击率)统计工作,对数据的采集、发布进行监督,这样的要求针对的是过去频繁出现的收视统计造假乱象,明确收视率造假将追究到个人,推动广播电视收视统计的进步进而对广播电视行业进行监督。

电影方面,2017年我国实施了《中华人民共和国电影产业促进法》,对电影作品的创作、摄制、发行、放映,以及社会对电影产业的支持保障和相关的法律责任都进行了明确的规定。值得注意的是,电影产业的法律法规中一直会强调引进和出口项目的相关规定,这是电影作为文化产业之一的特性所决定的,引进过程中强调内容审核以及规范流程,出口项目中强调文化的正面输出,为传播我国文化起到积极的作用。

此外,2020年新冠疫情对电影产业造成了前所未有的危机,某种程度上也在倒逼电影产业的自主改革。受疫情影响,院线电影遭遇重创,但网络电影却一时盛况空前,对于电影行业而言这或许也是产业结构转型的一个机遇。

(三)网络视听行业

网络视听行业的发展一直是最频繁且剧烈的,早在2015年,我国便出台了《互联网视听节目服务管理规定》,对网络视听内容的创作、传播过程以及内容尺度等做了明确的规定。

2020年,在国家新闻出版广电总局的部署下,中国网络视听节目服务协会联合央视网、芒果TV等视频平台制定了《网络综艺节目内容审核标准细则》(简称《细则》),并于当年2月21日正式实施。《细则》主要针对网络综艺节目出镜人员、录制过程以及部分选秀及偶像养成类节目的"氪金"互动环节做了明确且严格的规定,并且要求情感交友类节目不得宣扬拜金主义、享乐之风,亲子类节目不得出现不利于未成年人身心成长的环节与内容。

2021年12月15日,中国网络视听节目服务协会根据国家相关法律法规、《互联网视听节目服务管理规定》和《网络视听节目内容审核通则》,修订发布了《网络短视频内容审核标准细则(2021)》,对短视频节目及其标题、名称、评论、弹幕、表情包等,以及其语言、表演、字幕、画面、音乐、音效中不得出现的21类内容作出了标准界定。

2021年9月17日,国家互联网信息办公室、中央宣传部等九部委制定了《关于加强互联网信息服务算法综合治理的指导意见》,明确指出要大力发展算法安全机制。随着互联网算法技术的不断成熟,我们需要主动去维护正常的传播秩序、市场秩序与社会秩序,对于窃取个人信息、干扰社会舆论和恶性竞争等行为进行严厉打击,促进互联网信息产业的繁荣发展。

除了视频平台的内容要求,平台的直播活动也受到了一定的约束。2020年7月1日,国内首个关于网络视频营销活动的《网络直播营销行为规范》,对电商直播过程中出现的各类角色和行为都进行了全面的定义以及行为规范。同年11月份,发布的《市场监管总局关于加强网络直播营销活动监管的指导意见》,严格规范了网络直播营销行为。与此同时,国家广播电视总局也发布了《国家广播电视总局关于加强网络秀场直播和电商直播管理的通知》,对于当前的视频平台提出了九方面要求,目的在于加强对网络秀场直播和电商直播的引导规范。

此外,未成年人的互联网活动一直都是重点保护对象。2020年,《中华人民共和国未成年人保护法》经过修订重点加入了网络保护,由于未成年人涉网逐渐普及且呈现低龄化趋势,因此增加了网络游戏、直播、音视频以及智能硬件等互联网软硬件产品应对未成年人做出相应保护的具体法律要求。

三、知识产权保护与反垄断

(一)媒体融合中的版权保护

作品版权作为内容的附属项目本应该成为媒体的核心利益,得到传媒机构的大力保护,营造一个健康的原创内容生产空间,但在中国从"版权"的概念被引入便经历了漫长的无人在意的尴尬期。从传统媒体统治新闻内容生产分发的链条到新兴媒体出现打破传播格局,我国媒体融合的发展过程中"传统媒体和新兴媒体对版权保护经历了模式、觉醒到重视的演进过程"。①

互联网的早期普及为当时的纸媒带来了内容传播广度的提升,这一阶段,传统媒体对版权归属的意识是淡漠的,甚至为了宣传自身而希望有更多的平台"拿走"自己的内容。这在无意中纵容了中国最早一批新闻门户网站渴求内容的野心。而后,随着新媒体在网络平台的崛起,两者在互联网中的发展速度并不均等,后果则是新媒体对传统媒体的蚕食,传统媒体依靠内容获得的注意力以及二次售卖的经济模式都受到了网络新闻门户网站免费转载的影响。此时传统媒体的从业者意识到如果再不进行版权保护,那优质的内容就会成为别人的流量。也是从这个时期,传统媒体开始通过一系列法律手段进行版权保护,比如2006年《新京报》对门户网站TOM网发起侵权诉讼,这也是传统媒体打赢的第一个版权官司,给整个行业起到了很好的关于版权保护意识的示范作用。②

相比于传统媒体缓慢的意识觉醒,互联网平台经历了快速的原始资本积累后,从最初内容的"掠夺者"变成了后来版权的"守护者"。当然这和后来我国开始了知识产权保护建设有着密不可分的联系,从2001年第一次修订《中华人民共和国著作权法》,到后来陆续颁布的《著作权行政处罚实施办法》《互联网著作权行政保护办法》等相关法律法规以及各种监管措施,民众的版权意识也在不断觉醒,平台维护版权的技术手段在不断成熟。

---

① 朱鸿军.从"漠视"到"重视":媒体融合中媒体保护版权的历史演进[J].国际新闻界,2020,42(12).
② 丁汉青.传媒版权管理研究[M].北京:中国人民大学出版社,2017.

最近一次关于知识产权保护的推进措施是在2020年第十三届全国人大常委会第二十三次会议表决通过了《中华人民共和国著作权法》的三次修订,从整体内容上看,此次修订有较大幅度的改动,立法者对于内容原创者持有鼓励与保护的态度。此次修正完善了著作权法保护作品的定义和类型,这意味着在互联网视频平台中,体育赛事直播、网络游戏直播等新型案件的审理将有明确的标准,对于促进互联网新业态的发展有着积极正面的影响;同时,此次修订引入了侵权惩罚性赔偿制度并大幅提高了赔偿的上限金额,这意味着未来的侵权行为的成本会大大增加,对于预防相似案件的发生有正面作用。

(二)版权保护的具体实操

在《中华人民共和国著作权法》修订的同时,2020年,国内发生了多起涉及版权与著作权的审判案例,主要发生在网络视听领域,法院的审判结果对于著作权保护的发展也有着深远的影响。

例如,2020年某视频平台在未获得授权的情况下对浙江卫视的综艺节目《奔跑吧兄弟(第二季)》的首播进行了同步转播。法院审理认为,涉案App在未经权利人许可的情况下同步转播的行为侵害了该作品的著作权。其实同步转播是通过互联网转码技术进行的,而我国著作权规定的"广播权"限定在传统有线电视的转播上,并不包含互联网场域的转播,但案件中浙江卫视的合法权益明显受到了盗版行为的侵害,因此也属于著作权法中其他权利的管辖范畴。

除了盗版行为,随意使用IP侵权事件也经常发生在互联网中。网剧《鬼吹灯之牧野诡事》原本是根据作者天下霸唱的同名小说改编而来,严格来说与"鬼吹灯"系列并无关系。但"鬼吹灯"作为知名IP特有名称受法律保护,归属于版权所有者上海玄霆娱乐信息科技有限公司,即使是原著作者也并不能随意使用。这个案件的判决也是我国首次对作者与商业平台的权利界限做出了清晰的划分,作者在作品转让后不享有该作品的著作财产权。

网络游戏领域也经常发生著作权纠纷。游戏《梦幻西游2》的著作权人网易公司在游戏的拆封协议中便明确约定了未经书面同意,用户不得展示和播放游戏内容。但是华多公司认为这样的格式条款限制了游戏直播的自由,违反了合同法和反垄断法的规定。依据法院审判,游戏画面属于类电影作品,网易公司作为著作权利人,依法享有禁止他人未经许可直播游戏画面的权利。

以上三种发生在互联网平台的涉及著作权的法案判决，结合2020年著作权法的最新修订都体现了我国在知识产权保护方面的进步。原创者的行为权利有了清晰的范围，对于原创内容有了更明确的保护手段，同时著作权体系也更加完善，著作权内涵外延的范围进一步扩大，在侵权行为认定、损害赔偿方面都有了更明确的指示，总体而言这是我国在数字时代知识产权向前迈进的坚实一步。

（三）传媒产业的反垄断行动

2020年12月14日，国家市场监督管理总局（简称市场监管总局）依据《中华人民共和国反垄断法》对由腾讯实际控股的阅文集团收购新丽传媒处以50万元罚款。这是中国互联网领域反垄断执法案例中的其中一例。次年4月10日，市场监管总局再次出手对阿里巴巴集团"二选一"的垄断行为处以其2019年中国境内销售额4%，共计182.28亿元的罚款，这是中国反垄断史上开出的最大罚单。

经此一查，多家互联网科技巨头纷纷自查整改，腾讯、滴滴以及字节跳动等几十家企业纷纷签署了《依法合规经营承诺》。但随后，腾讯等公司均被曝出被反垄断立案调查。其中，腾讯音乐流媒体平台为反垄断检查的重点，这一系列的查处行动也成为震动中国互联网的大事件。

其实，互联网平台在经过了"BAT"三巨头"跑马圈地"的时代后，文化娱乐产业下的众多细分领域都存在着一定程度的垄断现象。拥有绝对资金优势的巨头们通过投资并购不断扩充自家的产业版图并获得市场的领导地位。然后通过引领新的市场风向以及搭建起一定的产业壁垒在竞争中不断挤压中小型企业或新兴企业的成长并从中获利。

例如，中国文娱产业有垄断倾向的典型一定绕不开腾讯集团。自从腾讯决定开拓泛娱乐产业链条后，先后在网络游戏、网络文学、网络音乐等细分领域砸下重金，用投资并购小型专业工作室等方式来建造自己的文化帝国。在2015年的网络文学领域，腾讯从盛达集团手中收购盛大文学，成立了阅文集团，一举打破了当时中国网文界盛大、腾讯和百度三足鼎立的态势，从此腾讯一家独大。而在当时的阅文集团的招股说明书中也透露了，该公司覆盖了网络文学领域88.3%的作者及72%的作品。而众所周知，网文IP向来是影视剧改编的核心，腾讯此举将网文市场中近八成的IP握在自己手中，为腾讯影视的自主内容创作增砖添瓦。而在网络音乐领域，腾讯音乐（TME）在2019年8月被

22

曝出接受中国反垄断机构的调查。众所周知腾讯音乐是通过这些年收购酷狗音乐、酷我音乐以及全民K歌，与其旗下的QQ音乐合并而成的独立音乐流媒体公司。而在不久之前，腾讯也公布了在游戏直播领域收购虎牙和斗鱼的计划，因为国家的反垄断调查才暂时搁置。

从前，我国国民对于文娱产业的垄断并不敏感。其实我们一直在期待拥有自己的迪士尼乐园、自己的维亚康姆，但前者是一个隐藏在童话故事下的IP狂魔，后者则是一个拥有电视网络、电台、主题乐园、视频平台、制片厂、游戏公司、出版社等的巨型文娱企业。他们共同的特点在于绝对的市场话语权与受众注意力的统治权。

但对于传媒产业而言，市场垄断意味着内容同质化、市场竞争弱化、价格无序化、大数据杀熟带来的用户体验感下降等一系列负面结果出现的可能性，因此为了市场的高质量发展，为了中国传媒产业内容的多元化与丰富化，为了中国的原创内容有更肥沃的土地并茁壮成长，为了维护广大消费者的权利，中国传媒产业的反垄断行动已经起航，并且会一直在路上。

结语

总体而言，随着传媒产业的发展，相关政策法规也在不断地变动与修正。但我们需要明确的是，在我国不断推进依法治国的道路上，社会主义法律体系里已经形成了针对传媒产业的完整监管体系，在未来也会有更加健全的监管机制，更加先进的监管手段，而这些都将赋予我国传媒产业更加健康的成长空间。因此，在学习媒介经营管理的过程中，我们应当了解我国当前的传媒法规与监管环境的现状，紧跟政策抓落实，在从事传媒工作，进行内容生产和分发时对具体的法规法律做到心中有数，这也是一个传媒学子应该具备的专业素养。此外，随着互联网平台的不断发展，我国不断在文化产业里探索知识产权保护以及反垄断等，而这些都与我们的未来息息相关。

第三节　媒介经营管理发展趋势展望

这是最好的时代,也是最坏的时代。狄更斯的箴言仍然可以称得上当今社会的真实写照,而传媒产业也在这个时代经受了洗礼,得到了成长,立足当下走向更远的将来。2000年,社会学家齐格蒙特·鲍曼在《流动的现代性》一书中提及新闻传媒产业正在走向"流动的媒体市场"。二十多年后的今天,我们见证了技术颠覆传媒形态,见证了科技改变消费习惯,也逐渐接受市场环境成为决定新闻媒体行业生存的重要条件。

当下中国的传媒产业在国家宏观经济调控和国家传媒政策整改以及内容生产规制调整的多重影响下,正以稳步前进的姿态持续蓬勃发展着。放眼全球,足以匹配中国经济发展体量的巨大产值也让中国传媒产业在全球产业中占据重要位置。

二十余年的发展,中国的传媒产业迅速发展出多种新闻出版、广播电视电影、网络视听媒体等多个细分行业,在技术不断迭代升级、人民生活水平与受教育程度逐渐提升、消费者的消费思维与习惯不断改变、市场经济快速发展的背景下,中国的传媒产业也呈现出了多元化、细分化的发展趋势。

一、技术赋能与资源开发

计算机的诞生以及通信设备等快速普及的背景下,数字化彻底改变了互联网中媒介产品的生产、应用与分发模式。整个社会的消费习惯随着网络信息技术与数字化处理的发展而改变,对媒介产品的消费需求越来越旺盛,所涉及的文化领域逐渐广泛。与此同时,受众对媒介产品质量的要求越来越严格,对媒介专业性提出了新的要求。

许多媒介产品都在为特定的受众与市场进行生产。但市场对媒介产品的需求往往是有限的,由于受众的兴趣、职业、信仰、文化程度和民族的不同,更由于各个细分市场的地域、经济水平和生活方式的不同,消费者会追求更加细分、垂直的媒介内容或产品。受众市场的这一客观的需要,使得媒体组织必须根据受众市场的不同要求来组织生产针对性强的媒介产品,使媒介产品有更充分的市场适应性。这种转变也是媒体组织走向产业化的内在要求。它促进了媒体组织以市场为导向、以受众为主体、以经营为龙头的新的观念的形成。

而技术的不断进步恰恰为媒介产品专业化、细分化发展提供了新的契机。无论是传统媒体还是视频平台抑或是智媒板块,科技赋能都已变成一项基础工程。

在内容生产方面,纸媒行业的大数据用户平台信息采集以及基于传感器等设备的信息采集,让传统媒体在掌握受众与市场动向时有了更多的资源与渠道。随着无人机拍摄、AI写作等功能的不断成熟,智能化建设开始从图文向全媒体延伸。智能化的视频生产与编辑是未来的媒体平台建设中,自主生产的下一个风向标。

在内容分发方面,基于智能算法的分发模式在未来会更加关注内容与人之间的关系,平台或媒介真正回归连接的本质,内容与人之间可能产生的互动是算法追求的目标。而在视频平台板块,技术赋能最大的成果便是"PGC+UGC"内容生产模式的催生与成熟。

协同生产的机制让专业化的内容资源能获得最大程度的挖掘。此外,协同生产模式也绕不开区块链技术,当其与人工智能、云计算、物联网等技术相融,达成去中心化的技术机制则会更大范围地促进传媒产业的内容生产效率,以及解决相关新闻伦理、社会信用等问题。从用户体验的角度看,在海量信息面前智能搜索与分析的技术可能是未来改变信息内容碎片化、同质化程度过高的手段。

近年来,沉浸式技术带来了新的大众消费领域,例如VR、AR、MR等技术,在5G发展的推动下进一步向商业领域进发,开发出新的跨越物理界限的拟真体验,进一步开发出新的生活娱乐资源。

而这一切,都源于我国目前在大力推进发展的媒体深度融合。特别是在2020年我国进入媒体深度融合的发展新阶段,国务院办公厅发文《关于加快推进媒体深度融合发展的指导意见》后,媒体融合的推进工作更加致力于通过技术实现内容资源汇流,终端融合,全媒体共享用户资源。但是新的科技渗透传媒产业之中虽然给传媒产业带来诸多便利,但也不能忽略两个重要问题:

第一,传媒技术的使用需要投入大量的人力、物力和财力,这会给传媒产业直接增加大量的经济负担,而让一些传媒企业由于财力不足等原因望而止步。

第二,技术本身的使用问题。科技是一把双刃剑,如何发挥其正面作用,正确处理技术与新闻伦理之间微妙的关系,尽量降低技术可能带来的负面影响是我们必须关注的问题。[①]因此,在传媒技术不断演进的过程中,必须不断跟进对传媒人才尤其是经营管理人才的培养,发挥传媒技术的最大优势,趋利避害。

---

① 孙芊芊.新媒体环境下传媒产业的发展与创新策略探究[J].新媒体研究,2019,5(02).

二、用户行为与消费环境

根据中国网络视听节目服务协会出版的《2021年中国网络视听发展研究报告》，近年来移动互联网的使用呈持续上升趋势。目前，短视频平台的人均单日使用时长已超过两小时，这在目前以注意力经济为核心的传媒市场是短视频平台所具备的绝对优势的体现。但影视剧、综艺节目等中长视频的播放情况却出现了一个现象：倍速观看。这个现象在某种程度上是当下观众对于传媒产品内容的一个反馈。经过调研，观众倾向于倍速观看的主要原因集中在：对于部分桥段不感兴趣、剧情节奏过于拖沓、耽误时间等。针对这样的情况，当前全球最大的流媒体Netflix的内容团队通过分析用户数据得到观看习惯的做法十分值得国内的内容生产与运营者们借鉴。

无论是在媒体对Netflix的高层的采访还是在有关专家对其的研究文章中，都会频繁地提及一个词：品味集群。Netflix会将每个用户的观看喜好按照其数据库的逻辑进行整合，将拥有相同的观看喜好的人组成一个群体，即品位集群。这样有利于他们向用户推荐相应的视听内容，这会直接影响到内容的立项决策。拥有了这样的数据资源后，Netflix在内容生产时不再像传统的影视内容生产商在剧本、选角上纠缠，而是换了一个角度——"如何能打造出可以吸引更多品位相交集用户的视听内容"。[①] 除此之外，复杂的算法推荐程序造就的独特的推荐系统也是Netflix优化消费体验的法宝。符合用户需求，基于趋势排序和相似视频排序算法来推导用户的首页应该出现的推荐内容，最大限度地开发了用户潜在的内容需求。

用户的喜好在内容生产决策中所占比重的上升与当下逐渐形成的内容付费的行为习惯有着密不可分的联系。近年来，付费内容逐渐被用户所接受，主流视频网站的付费用户数量均呈增长趋势。而最常见的付费形式有连续包月、单月付费以及剧集的超前点播。根据中国网络视听节目服务协会的统计，用户付费的主要原因在于免去广告以及内容足够优质，换句话说我国的传媒产品用户正在接受线上内容付费的消费模式。

而在对于用户消费习惯的探索中，研究人员还发现了一个近年来的新焦点："她"经济。在目前互联网媒体平台中，"她"力量是一股具有突出的参与感以及强大的互动性的力量。无论是当前的社交平台互动还是视频平台的参与程度，女性都是更容易产生

[①] 司若，等.从Netflix看大数据如何影响影视创作[EB/OL].https://new.qq.com/omn/20210219/20210219A0EAAS00.html.2021-02-19/2022-03-28.

互动行为、更容易产生周边行为的群体。这里的互动行为指对于内容生产者本人的关注、对内容进行点赞、评论与转发分享等。而周边行为则是指对内容相关的信息,比如影视剧中出现的同款化妆品、衣服以及剧中的配乐和原著小说等发生兴趣。除此之外,对于传媒产品的二次创作也是女性创作者的占比更高。女性更愿意通过社交平台或者视频平台进行自我表达以及与他人进行交流。而"她"力量对于内容的影响决不仅限于消费行为,更多则会体现在女性题材影视剧作品的进一步成熟,从传媒产业的角度来说,这是未来发展的一种趋势,而进一步推进性别平等事业也是传媒产业的责任之一。

说到传媒产业肩负起引领社会价值导向的重任,这也是近些年来我国影视剧等领域中主旋律题材崛起,视频平台出现历史性、政治性内容创作高潮的重要原因。例如,在2021年举办的东京奥运会期间,B站一个名为《那天我做了一个梦,百年后的奥运赛场上,有中国人夺冠——【奥运版 错位时空】》的剪辑视频爆红网络,视频讲述了从1932年我国第一位奥运健儿刘长春初登奥运赛场与2004年亚洲飞人刘翔夺取男子110米栏冠军再到2021年苏炳添打破黄种人的速度极限的故事,三个转场镜头的拼接让无数观众湿了眼眶。

传媒产业的个性化创新一定是以观众的品位和情感作为基调的,中国传媒产业更应该始终牢记自己的导向意识,利用传媒技术做好舆论宣传引导工作。全球化时代各类信息和思想观念都会通过网络媒体传达给受众个体,所以要对个体的思想观念进行重新建构,媒体就必须把握好主流意识形态的建构和传播以主流意识形态的宣传来逐渐地去影响个体的思想观念。

在这一过程中,媒体产业要充分地了解受众,注重信息传递的互动性,善于利用先进的传播技术和传播手段,注重贴近群众、贴近实际、贴近生活。以吸引力强的内容来感染受众,在潜移默化之中影响受众的思想观念,但是整个过程中一定要注意讲究方式方法,以实现良好的传播效果。用社会主义核心价值观来影响受众,不断地提升受众个体的思想精神境界。

三、本土文化品牌建设与全球化格局

20世纪90年代,美国匹兹堡大学罗兰·罗伯逊教授提出了"球土化"观念,不同于以往的"全球化"与"本土化"的对立关系,这个概念强调的是"相反相成与互动发展"的关系与过程。①换句话说即传媒产业在发展过程中需要正确理解全球化文化的规则、审美标准,不必对外来文化过分推崇也不必过分排斥,更无须陷入我国传统文化的自我怀疑中故步自封。在外来文化的冲击之下,我国的传媒产业需要做的就是在尊重与学习的基础上,进一步加强我们的文化自信,在国际文化市场上找到属于我们的一方天地。

面对全球化的文化冲击,特别是美国等资本主义国家试图创造的文化霸权,我国的传媒产业第一步应该实现的是思维理念的转变。传媒产业应该认识到,再一味地追逐经济利益去迎合或追逐国外市场可能最终并不会得到满意的结果,转变发展理念,立足本土文化,做好文化输出才是应对之道。

多维融合的思想是当前传媒产业发展的必然趋势。而在进行本土文化输出这项事业上,传媒产业必须转变过去单打独斗的思想,要不断进行行业内的整合升级,对相关的资源进行有机的整合,包括传媒产品发布的途径、设计的理念等方面,要把传媒产业当作一个整体发展的形态来对待。

例如在2020年被搬上了大荧幕的改编自中国古代民间故事的动画电影《哪吒之魔童降世》,最终票房破37亿元,位列中国电影史票房总榜第四,成为中国电影史上动画票房冠军,一时间国潮复兴的呼声此起彼伏。但其实细看这个脱胎于传统神话故事的电影,不难发现其中人物形象的饱满与精彩、情节的跌宕与悲喜都是根植于主创团队对现实生活的理解,这包括了对孩童的快乐、青年人的成长与中年人的坚持的清晰的认知。主创团队对传统文化对中国人生活与情感的影响有深刻的理解,让整部电影通过熟悉的故事与人物引发了观众陌生又熟悉的情感共鸣。

影视行业对传统文化的传承与发扬也给了我国传媒产业打造本土文化品牌以极大的启发。文化品牌在商业品牌体系理论逐渐完善的实践中发展起来,一般在说到文化品牌时,我们会从企业本身和市场两个视角来讨论一个品牌是否拥有独特的文化属性以及是否将文化表达的作用发挥到极致。

有国外学者将媒体品牌定义为"承载着受众在情感、风格、认知、无意识或有意识上的所有内涵的结构"②,媒体品牌是"品牌活动制度化和系统化的结果"。而当我们试图打造传统文化的媒体品牌时,了解并建立起受众对于文化的情感是品牌建设的首要目

---

① 曹海峰.球土化、体验经济与文化创新[J].南京社会科学,2012(06).
② Siegert, G., Förster, K., Chan-Olmsted, S. M., & Ots, M. (2015). What is so special about media branding? Peculiarities and commonalities of a growing research area. In G. Siegert, K. Förster, S. Chan-Olmsted, & M. Ots (Eds.), Handbook of media branding (pp. 1-10). Springer.

标,这也意味着地域性质明显的文化品牌建设会更有优势。

比如,2021年通过卫视春晚中《唐宫夜宴》等节目出圈的河南台,多年来深耕中原文化,通过挖掘和开发本土文化资源,终于打造出了自己的传统文化品牌。除了被人所熟知的《端午奇妙游》等晚会节目,河南卫视多年来培育的戏曲节目《梨园春》以及传统武术竞技类节目《武林风》,还有以文物为卖点的《华豫之门》,都是传统文化品牌的重点项目。

"文化自信是一个国家、一个民族发展中更基本、更深沉、更持久的力量。"[1]在对文化有了清晰、深刻的认知后,我们要做的是通过多元的、丰富的表现形式,让中华文化得到更好的传播与表达。从这个层面上来说,我国传媒产业现在需要跳出文化与内容绑定的传统思维,在传统文化认同的背景下打造文化品牌,形成成熟的产业链。

比如:搭载传统文化故事和符号,创造新的内容产品;形成故事矩阵,打造传统文化IP;产出相关周边文创产品,挖掘文化品牌的商业价值;线下整合各方资源,联合景区、文化主题公园各方,利用现代新媒体技术,打造沉浸式的景区体验;同时重视线上社交平台的运营,开发短视频平台的内容矩阵,在不同的平台或社区中布局属于文化品牌的交流路线,让文化的力量在传媒产业的每一个环节得到释放。

四、人才组织管理与产业模式发展

最初,美国马萨诸塞州理工大学的I.浦尔教授提出"媒介融合"的概念时,本意是描述各种媒介呈现出集多个功能于一体,核心思想还是随着媒介技术发展和一些行业边界的逐渐模糊,各类媒介形态的融合。但在我国,"媒体融合"是始于融合新闻。[2]最初的媒体融合的具体的表现可以概括为:内容资源共享、渠道与终端融合、全媒体共享用户资源,而当时对于媒体融合的最终设想则是传统媒体平台和新媒体平台的完全融合。

近年来,我国逐渐走进媒体融合的深水区,不再局限于媒体功能与形式的"相加",而是逐渐转向了"相融"。媒体组织或机构需要通过资源整合,实现内容生产与分发过程中的各个平台的优势互补,一体发展。打造出形态丰富、技术先进、富有竞争力的媒体团队,在具体的创作生产过程中实现从业人员的思维转变,积极迎接互联网发展中传

---

[1] 习近平.习近平谈治国理政(第三卷)[M].北京:外文出版社,2020.
[2] 谭天.媒体融合的发展、认识、创新与攻坚[J].媒体融合新观察,2021(04).

媒生态的变革,利用传统媒体积累的品牌优势,以先进技术为支撑,以内容建设为根本,以人才培养为保障,逐渐从传媒业务之间的融合走向产业资本的融合,打造新的传媒产业模式。

在新媒体环境下讨论传媒人才应该具有的技能与素养,首先需要明确的是随着互联网技术的发展,传媒产业链条不断延伸,行业边界不断拓宽,传媒工作者的身份边界正在逐渐模糊。越来越多的人才会以各种各样的方式参与到传媒生产过程中,这样的情况实际上是一把双刃剑。

以社交媒体平台的信息传播对新闻记者的影响为例:传播技术的变革推动了社会化媒体和传统大众的交融,单纯的从传播者到受众的单向基本传播模式被打破,新闻生产也开始由专业化走向社会化。依靠社交媒体平台,UGC、众包新闻、自媒体等信息传递模式开始崛起,用户也改变了曾经独立的信息消费方式,有更多的终端来获取信息,同时使用社交平台进行反馈。当用户之间的信息交流足以构成新的信息传播链条,可以形成一定的舆论效应,这就对专业新闻媒体的公众印象与社会地位产生了极大的威胁。在这样的情况下,将媒体各种资源进行整合,根据信息传播模式,将新闻采写编发以及后续反馈的变化进行基于互联网逻辑的融合,在资源的配合利用上下功夫或许是未来传媒从业者努力的方向。

作为专业的传媒从业者也需要夯实自身基础,加强并且丰富自己的理论知识与专业技能。传媒产业发展至今已然成为海纳百川的领域,传媒从业者更应该改变固有的"术业有专攻"的思维模式,建立起跨学科的思维。近年来我国的经济发展进入降速转型期,人才市场出现饱和的情况,让不少年轻人感叹社会层级固化,上升空间窄化,没有了奋斗的动力。其实不然,新时代新环境中市场竞争激烈但同样充满机遇,相比单一人才,复合型人才更为缺乏也更能适应行业的变化。在传统媒体时代,采写编评是各自分开的,新闻工作者只负责新闻生产过程中的单一环节,这样虽然能做到精专,但缺少对于内容产品生产分发的整体认识,极容易出现前后衔接不上或者处于不同的工作目标而导致整个生产链条断裂的情况。特别是在新媒体时代,信息传播效率提高,社交平台的崛起带来海量的信息,传媒工作者不能再只靠着对社会热点的敏锐度盯着新闻专心采写,还要对社会舆情有分析的能力,对受众的信息接触与消费习惯有一定的认识,需要自主进行编辑,进行简单的评论,并且对于新媒体技术也要有相应的掌握。

在新闻内容生产主体与媒介渠道逐渐多元的基础上,"制播分离"将成为媒介产业发展的重要趋势。"制播分离"原本是电视广播业的专有名词,它是指将广播电视作品的制作和播出分离开来,使制作与播出实现良性互动,进而达到资源的有效配置。但目前,我国的媒介产业需要"制播分离",这一点在新媒体出现后显得更为明显和重要。

媒介产业是文化产业,文化产业中人的因素起着更大的决定性作用。然而,媒介产业的人力资源是有限的。为了解决人力资源短缺的问题,许多网络媒体已开始创作自己的节目,但无论从主持、舞台等较之传统媒介来说都显得不那么专业。不只是在中国乃至整个世界,媒介集团都是围绕着一个"播"字展开的,即目前媒介集团一般以传播形式形成集团,实现集团内部的纵向一体化。因此,"播"只是渠道,而"制"才是根本,产品的优质才是根本的核心竞争力,要进行产业改革和优化,应由提升根本的核心竞争力入手。

未来媒体组织的结构设计将以小型化、扁平化、精干化和无边界的虚拟化为方向,强调交叉职能和团队管理。通过人事决策、工作设计和组织优化组合,加强有特色的媒介专业人员配置。这样的媒介组织更能适应环境和市场的变化。

此外,在媒介产业的未来发展中,重塑企业的经营管理路径也是一个需要从各个方面综合、全面考虑的问题,这其中包括:传媒企业运营中需要具备的前瞻性,即媒介目标和行动具有超前指导作用;共识性即能获得组织上下人员的认同与理解;整体性,即企业管理层需要高屋建瓴,从传媒生态的大局观出发思考市场现状,抓取主要矛盾与提出对策;互动性,即要注意媒介管理中各种要素的有机协调和合作;特色性,注意体现媒介产品和经营特色;多元性,即从多个角度出发思考问题;实用性,即注重媒介决策或方案具有可操作性和可具体应用落实;权变性,即在媒介管理中需要有弹性和灵活适应能力。

从产业融合的角度来看,中国媒体融合的发展还刚刚起步,处于从产业分离向产业融合过渡的阶段。随着我国媒体融合进程的加快,其必将对媒介产业的经济效益和社会效益带来重大变化,并对媒介产业结构产生深远的影响。[①]如果把媒介产业继续划分可以分成报纸、广播、电视、电影、杂志等子产业,这些不同的子产业之间的关联度是有区别的,并且也会不断地发生变化。

而媒体融合可以增加上述这些子产业之间的联系,有效地促进子产业的内部关联。媒体融合可以分为不同的层次,第一层次是媒介互动,即媒体战术性融合;第二层次是

---

① 陶喜红.媒介融合背景下传媒产业结构转型分析[J].当代传播,2010(04).

媒介整合,即媒体组织结构性融合;第三层次是媒介大融合,即不同媒介形态集中到一个多媒体数字平台上。[①]在媒体融合的推动下,媒介集团可以不断做大做强,整个媒介产业结构逐渐向知识集约型、多元化、合理化与高级化发展。

结语

总体来看,无论传媒产业链条中的哪个细分领域,围绕内容生产与分发的链条都十分繁杂,内容产品的开发制作、发行运营包括最终端接受反馈的三个环节在不断考验着传媒公司的资源开发与技术变现的能力,考验着媒体人的内容创造力以及组织机构对产品质量把控的能力,考验着传媒决策者对于品牌的设计以及资本运作的决策能力以及在人才管理和商业盈利模式方面的革新能力。无论哪一个环节出现了失误,都可能关乎一家媒体机构的存亡。现如今,媒体推进深度融合让传媒产业发展对信息、服务、技术和知识等"软要素"的依赖程度愈来愈深,中国传媒产业的结构逐渐出现"软化"的趋势,在未来,中国的媒介产业的结构化转型还将持续不断地进行下去。

知识回顾

这一章节提供了在学习媒介经营管理时可以思考的两个维度,一方面是要思考在不同细分领域里,不同主体对于传媒产业经营的认知以及当下市场情况的判断是不同的。另一方面,要认识到媒介经营管理除了要对内容产品、技术以及组织机构和人员管理有一个清晰的思路,在政策法规方面也需要有足够的认识,前者能够让媒介组织走得很快,而后者能保证一个传媒集团发展得足够长远。最后,我们需要认识到,在一个充满变化的时代里,一个媒介组织或传媒集团未来的发展如何只能交给时间,而我们能够做的或者说能够做到的,是用发展的眼光去看当下的内容生产与受众市场,认识到技术资源、用户偏好对媒介经营的影响,认识到全球化格局中打造本土品牌的重要,认识到在媒介组织不断推进结构深度转型的过程中,多技能人才与合适的盈利模式的重要性……而这些,都需要我们在日后的学习中,从更多的案例和理论中不断积累。

---

① 许颖.互动·整合·大融合——媒体融合的三个层次[J].国际新闻界,2006(07).

思考题

1. 你对我国当前传媒产业的发展现状有哪些自己的看法?

2. 对我国传媒法规与监管环境有什么认识?

3. 你认为未来媒介经营管理的发展趋势会是什么?

第二章 媒介产品生产与内容管理

🎯 知识目标

1. 综艺节目建立定位的重点。
2. 影视剧进行差异化内容生产的要点。
3. 可视化新闻作品的制作流程。

📱 能力目标

1. 掌握不同媒介产品的策划要素与基本生产流程。
2. 从媒介经营的视角出发,概括媒介产品内容管理的策略。
3. 在新的市场环境下,了解媒介产品内容的变化趋势。

🔍 思维导图

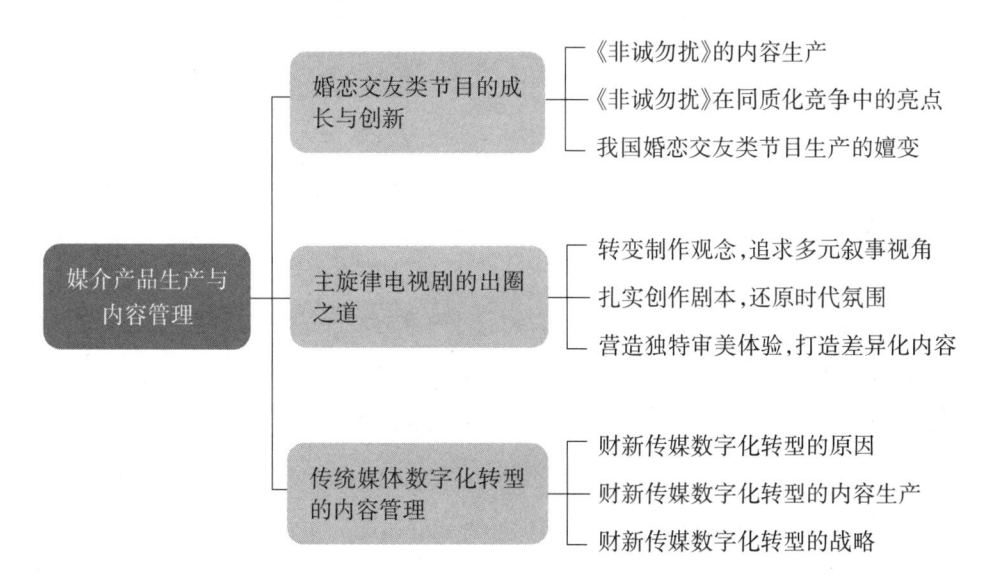

媒介产品生产与内容管理
- 婚恋交友类节目的成长与创新
  - 《非诚勿扰》的内容生产
  - 《非诚勿扰》在同质化竞争中的亮点
  - 我国婚恋交友类节目生产的嬗变
- 主旋律电视剧的出圈之道
  - 转变制作观念,追求多元叙事视角
  - 扎实创作剧本,还原时代氛围
  - 营造独特审美体验,打造差异化内容
- 传统媒体数字化转型的内容管理
  - 财新传媒数字化转型的原因
  - 财新传媒数字化转型的内容生产
  - 财新传媒数字化转型的战略

@ 引言

随着互联网和我国经济的高速发展,媒介产品逐渐成为人们生活中不可或缺的需求。虽然与其他产业相比,媒介产业的规模较小,却承担着构建国家形象、传播意识形态、满足精神需求的重担和使命。时至今日,传媒行业已经逐渐由原来单一的报纸业,发展成为集报纸、广播、电视以及互联网等多种形式于一体的行业。面对新的价值逻辑,媒介产品的生产与内容管理至关重要。媒介产品如何通过合理有效的内容创作与管理,赢得注意力经济,及时抢占市场,从而使企业资产增值,是每一个传媒企业都需要思考的生存之道。

据《中国传媒产业发展报告(2021)》,"十三五"期间中国传媒产业稳步发展,总产值年均复合增长率达8%,电视观众有年轻化趋势,但报刊市场持续萎缩。[①]《非诚勿扰》《觉醒年代》和财新传媒分别在综艺节目、电视剧和传统媒体领域做出成功示范。因此,本章将聚焦"媒介产品生产与内容管理",深入剖析三个案例在内容管理上的可取之处,以期学生了解并掌握媒介产品生产的基本流程和内容管理的要点,并延伸更深层次的思考。

第一节 婚恋交友类节目的成长与创新

一、案例内容

《非诚勿扰》是目前我国为数不多生存超过十年的综艺节目。该节目是以婚恋交友为核心的生活服务类真人秀,于2010年1月15日首次播出。节目形式取材于在全世界范围被广泛采用的英国的两性联谊节目Take Me Out和澳大利亚的节目Taken Out。节目包括"爱之初体验""爱之再判断""爱之终决选"等,通过24位女嘉宾与1位男嘉宾的交互式体验,以灭灯亮灯的形式来决定他们是否能够速配成功。《非诚勿扰》作为一档大

[①] 崔保国,徐立军,丁迈,等.中国传媒产业发展报告(2021)[M].北京:社会科学文献出版社,2021.

型服务类节目,具有强烈的民生性质,从性格迥异的男女嘉宾的观点输出中能反映出中国当下年轻人的婚姻恋爱观,能满足观众的自我观照需求和认同感。

图2-1 《非诚勿扰2022》截图[1]

《非诚勿扰》节目一经播出便引起收视狂潮,根据索福瑞公司数据,《非诚勿扰》2010年1月15日首期的收视率就达到1.6%。在节目开播不到三个月的时间,收视率便创下2.82%的新高,位居中国内地周末综艺节目的收视率冠军。2010年5月16日的收视率高达4.23%,创下中国内地综艺节目新纪录。节目走到第十三个年头,2022年3月12日的收视率为1.49%,依然占据江苏卫视的冠军宝座。

此外,在湖南卫视、安徽卫视等省级卫视优秀综艺节目频出的情况下,《非诚勿扰》的收视率依然能稳定地位列前十,令江苏卫视一举跻身全国省级卫视前列,并被哈佛商学院引进课程,足以证明该节目的影响力之大。

表2-1 2021年省级卫视综艺节目单日收视前10名[2]

排名	名称	频道	收视率%	市场份额%
1	2021电视剧品质盛典	东方卫视	2.364	8.92
2	非诚勿扰	江苏卫视	2.222	7.93
3	为歌而赞	浙江卫视	1.945	6.61

---

[1] 图片来源:优酷视频。
[2] 数据来源:CSM(2021年3月13日)。

续表

排名	名称	频道	收视率%	市场份额%
4	跨界喜剧王	北京卫视	1.169	4.02
5	念念桃花源	浙江卫视	1.077	6.47
6	跨界喜剧王巅峰时刻	北京卫视	0.925	3.88
7	快乐大本营	湖南卫视	0.619	2.20
8	我想开个店	江苏卫视	0.409	2.91
9	怦然再心动	湖南卫视	0.4	3.08
10	2021安徽春晚爱传万家喜福会	安徽卫视	0.399	2.82

在同质化严重的市场竞争中，各个省级卫视意识到走内容差异化战略才是正确的选择。因此，江苏广电总台为促进优秀创新节目的制作，推动了一整套创新系统的实施。《非诚勿扰》正是在这一背景下孕育出来的成果之一。

推动创新系统的实施，第一是实施"产研一体化"。《非诚勿扰》的制作公司远景影视运用对接型研发体系，一个项目组负责整个节目的研发、策划、生产等全过程，节目如果成功上线播出，项目组就是节目团队。如果节目没有通过，就是研发团队，并在考核激励上进行区分，这是一种集研发与生产为一体的节目创作方式。

第二是设置节目保护期。对于新节目设置"保护期"，在此期间内对该节目收视成绩的考核相对宽容。《非诚勿扰》的节目团队此前研发的季播节目结束，收视效果并没有达到预期目标，就自动转为研发团队。[1]在此期间，江苏卫视并没有因为之前的节目成绩不理想而否定该团队，而是安排充足的资金鼓励其进行新节目研发，并将该团队派往欧洲等地学习。《非诚勿扰》监制王培杰表示，从2009年9月开始，团队就已经开始研究《密室约会》《男才女貌》等国内外十几种婚恋交友节目，最终成功研发出《非诚勿扰》。

第三是激励优秀节目。坚持在考核上激励到位，对于优秀的创新节目提供具有倾斜性的激励。在这样的背景下，《非诚勿扰》从2010年首次开播到现在已经走到了第十三个年头。作为一个老牌婚恋交友类节目能在众多同质化节目中脱颖而出，从容面对不断创新的婚恋交友类节目的浪潮，这在国内的综艺市场当中尤为难得。因此，本案例将针对《非诚勿扰》的内容生产、同质化竞争中的亮点和我国婚恋交友类节目生产的嬗变三个方面进行剖析。

---

[1] 国家新闻出版广电总局发展研究中心.中国广播电影电视发展报告（2013）[M].北京:社会科学文献出版社,2013.

二、案例分析

(一)《非诚勿扰》的内容生产

美国著名营销专家艾·里斯与杰克·特劳特于20世纪70年代提出定位理论。他们认为,定位就是令企业和产品与众不同,形成核心竞争力的重要原则,应对产品进行准确的定位。这一"产品"不光指代商品,也可以指代机构、服务,甚至是一个人。因此定位理论同样可以运用到媒体的竞争当中,即媒体在充分了解市场、竞争对手和受众心理的基础之上,应制订一个明确的定位。

1. 准确灵活的节目定位

(1)定位背景

江苏卫视在2004年建立以"情感"为特色的频道定位,《人间》等节目成为当时的代表作。"情感"定位也使得江苏卫视形成独特的竞争优势,频道品牌形象逐渐深入人心。2010年,江苏广电总台进行运营升级,将品牌理念从"情感"升级为"幸福",在"幸福"理念的指导下,江苏卫视的品牌定位升级为"情感世界,幸福中国"。[1]2010年1月,配合江苏卫视"情感世界,幸福中国"的频道品牌定位,《非诚勿扰》应运而生。

(2)开播初定位

自开播以来,《非诚勿扰》秉承"适应现代生活节奏,为广大单身男女提供公开的婚恋交友平台"的制作理念,越来越受到观众的关注。节目创办初期,《非诚勿扰》定位为一档适应现代生活节奏的新派婚恋交友节目,顺应"剩男剩女"的社会现实,并与江苏卫视"情感世界,幸福中国"的品牌定位相契合。节目伊始的定位是准确捕捉受众群体心理和把握当下社会环境和主流价值观的体现,其不俗的收视成绩也证明了精准定位对于一档节目爆火的关键所在。

(3)调整后定位

江苏卫视是江苏广播电视总台旗下的卫星频道,在追求经济效益的同时更注重社会效益。在受到官方媒体批评和大众质疑之后,《非诚勿扰》针对相关问题积极整改,于2011年调整定位为"大型生活服务类节目",强调服务性大于娱乐性,功能性较为突出,其核心诉求仍是婚恋交友。主持人孟非曾表示,从本质上说,《非诚勿扰》的定位和属

---

[1] 甘雨柔.传播要素视角下分析《非诚勿扰》走红成因[J].科技传播,2019,11(19).

性,与《天气预报》《为你服务》《半边天》等节目是一样的,其功能就是服务,并坚决拥护政府出台的一切规章制度。因此《非诚勿扰》对自身的定位非常准确且灵活。

2.坚定的受众导向

(1)社会背景

受众即市场,电视媒体必须考虑自身的经济利益,节目的收视率与其赖以生存的广告费自然紧密联系,电视媒体依托并且迎合受众需要便是其生存的必然法则。[1]始终坚持受众导向,是江苏广播电视总台节目研发和生产的基本要求之一。欧文·戈夫曼曾在《日常生活中的自我呈现》中提出:"行动或概念的意义取决于它们产生于其中的背景。"[2]《非诚勿扰》播出时,中国正处于社会转型阶段,大龄男女青年的婚恋问题普遍存在,这不止关系到个人和家庭,还关乎社会转型时期不同价值观念的相互碰撞与交锋,因此容易成为社会共同关注的话题。

(2)市场调查

美国曾做过一个节目题材的调查,情感类的排在第一位。同样,中国观众最爱看与婚姻和情感相关的节目,它是最符合收视心理的节目类型,这也是《非诚勿扰》播出以来的收视保障。以婚姻情感话题作为节目收视的基础保障,能够吸引更多的年轻人。《非诚勿扰》作为中国相亲文化的缩影,节目突显出来的很多问题都是青年一代在交友时即将面临或亟待解决的。在新颖的节目形式背后,更能引起观众对婚恋观、价值观、社会现实等的思考。

(3)契合社会话题

《非诚勿扰》有着庞大且稳定的受众群体,契合社会话题是保证收视率的关键之一。《非诚勿扰》的成功就在于能够敏锐地抓住当时的社会焦点问题,即"剩男剩女"这样涉及社会民生的话题。该节目极具故事性与话题性,主持人只是起到串场与引导的作用,节目核心是嘉宾的个人展示与观点表达。节目通过每一个观点交锋与碰撞,呈现出嘉宾的情感婚恋观和人生价值观,映射中国现代社会人们的婚恋观念与生活状态。因此,可以说《非诚勿扰》不仅是单纯的婚恋交友类节目,更是一个展示年轻人婚恋观、价值观和思维模式的舞台。

---

[1] 杨康,李亚星.消费文化时代下的电视相亲节目探析——以《非诚勿扰》为例[J].新闻世界,2015(05).
[2] 〔美〕欧文·戈夫曼.日常生活中的自我呈现[M].冯钢,译.北京:北京大学出版社,2008.

3.新颖的节目规则

(1)叙事逻辑

综观国内外成功的真人秀节目,规则的设计都是重要部分。《非诚勿扰》的规则设计遵循两个基本逻辑:一是遵循现实生活中婚恋交友的基本逻辑;二是受江苏卫视情感栏目《人间》的启发,遵循"正在发生的事件"的叙事逻辑。遵循上述叙事逻辑,《非诚勿扰》利用舞台上的"表演"与观众一起共同构建了节目的真实性,观众在进入该节目构建的舞台情境时,他们与节目各个角色之间达成的共同心理认知使得节目的真实意义成立。即《非诚勿扰》的节目真实性是节目与观众通过相一致的社会认知经验而共同建构起来的,是受众对于投射其中的社会共同经验和价值观的真实性认可。①

(2)节目模式

《非诚勿扰》采用"交友+婚恋+娱乐+真人秀"的新模式,这种模式不仅打破了当前各种节目模式的界限,也是现实和虚拟的完美结合体。节目摒弃了传统相亲一对一的互动模式与多轮配对的缓慢节奏,而是采用1位男嘉宾对24位女嘉宾的格局,每期节目有5位男嘉宾登场,24位女嘉宾根据亮灯或灭灯来决定男嘉宾的去留,将日常生活中的交往情境投射至舞台荧幕上。不仅如此,节目中所讨论的话题还能够真实地体现出新时代的婚恋观。制片人王刚曾说:"节目的设计就会让大家看出现在年轻人的婚恋观。比方说一男对多女的情况,有的男士我们觉得很优秀,但是他会立刻被淘汰,有的男士看不出优点,却很受欢迎……那么,年轻人的价值选择自然而然的就在里面了。"嘉宾在舞台上的相亲"表演"就以符号化的象征呈现出当下社会的婚恋观与价值观。

(3)重点环节

《非诚勿扰》更重视的是嘉宾个人展示环节,这一环节以播放VCR的形式来呈现男嘉宾的生活状态与婚恋观念。节目组用最短的时间将男嘉宾较为全面地展现在女嘉宾和观众们的面前,便于女嘉宾在有限的时间内尽可能多方位、多维度地了解男嘉宾的个人特质,从而以亮灯或灭灯作出选择。

在媒介情境论中,人们的行为被分为前区、中区和后区。前区是人们愿意公开并向他人展示的行为;后区是不愿意公开的行为;在混合场景中出现的新行为也就是中区行为。《非诚勿扰》呈现的舞台效果则是典型的"前区行为"。而通过采访、跟踪拍摄男嘉宾的VCR,在一定程度上能够弥补节目传统"前区行为"的缺陷,使男嘉宾的"后区行为"呈

---

① 胡国栋.电视真人秀的真实性情境的构建——以《非诚勿扰》为例[J].新闻界,2012(24).

现在舞台上。不仅能为女嘉宾进行选择时提供男嘉宾的生活、价值观等更多信息,还满足了观众"窥探"的欲望。

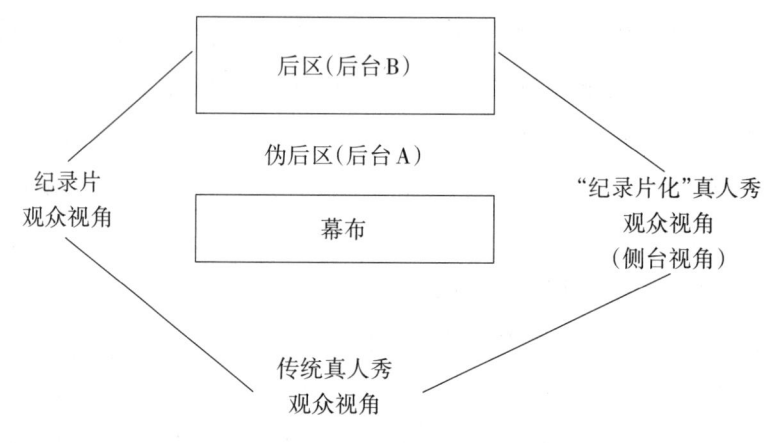

图 2-2　观众视角与舞台分布图①

4. 多样的嘉宾选择

(1) 报名流程

《非诚勿扰》一直以来都采取素人模式,为普通人提供婚恋交友服务。男女嘉宾在性格、职业等方面差异较大,因此能够引起更多元化的价值讨论。节目正是利用这些制造出不同的话题点,引发观众讨论,从而扩大节目的影响力。

在嘉宾报名方面,节目组不断扩大报名的渠道,在网络上设立官网报名、官方电话报名和官方短信报名等渠道,还携手几家相亲网站和新浪微博、腾讯等网站进行一对多的合作,为广大单身男女提供最便捷的报名途径。在规定时间内,各网站接受所有符合条件的嘉宾报名。合作的网站会首先对报名者进行第一轮筛选,然后嘉宾准备自我介绍视频,由江苏卫视对嘉宾进行面试,最终确认入选嘉宾。确定名单后,节目组提前拍摄入选嘉宾的生活短片,最后录制节目。

除此之外,《非诚勿扰》还在几个城市长期设立报名点,每周派编导前往实地进行一对一面试。负责嘉宾面试的《非诚勿扰》主编李政在接受《环球人物》采访时表示:"报名活动开始后,编导会到全国各地进行初选,两周后带着录像回到台里,负责各个城市的编导坐在一起研究所有报名者的信息资料,观看初选录像资料。"进行这样的筛选之后,嘉宾名单便能基本确定。

---

① 查伟诚.媒介情境论视角下电视真人秀"纪录片化"研究[J].中国电视,2015(09).

(2)嘉宾选择标准

节目经过整改之后,《非诚勿扰》更加注重嘉宾个人特质的差异化和多样性,筛选的男女嘉宾都是真实的、多元化的,要求一定要具有鲜明的个人特色,并且敢于表达自己的观点。节目组分别以年龄、学历、职业、收入和家庭背景等维度来挑选男女嘉宾,在每个人身上都能找到一个区别于他人的独特标签。[1]正是因为对嘉宾类型进行精细的划分,不同嘉宾之间客观的差异性所导致的审美上和观念上的差异常常能够引起现场的热烈讨论,为观众提供了更多看点,确保节目的收视率。《非诚勿扰》的节目性质要求参加节目的嘉宾具备较强的表现欲望和能力,这也是收视率长盛不衰的关键因素之一。

(3)嘉宾资格审查

《非诚勿扰》早期一直存在"找托儿"的嫌疑,某些嘉宾曾曝出节目存在表演性质,实属剧本安排,国家新闻出版广电总局也曾点名批评该现象,大大降低了公众对节目的信任。为了确保节目的真实性,《非诚勿扰》对报名嘉宾进行更为严格的资格审查、核实。包括将嘉宾选择标准调整为以"真实、真诚、健康、有强烈相亲欲望"为第一诉求;规范嘉宾选择流程,通过身份证、户口本等有效证件对其所填写的个人资料予以核实;拓展信息来源,通过对入选嘉宾所在单位或居委会、街道的实地采访或电话沟通,核实个人信息真伪,并对其生活状况、个人性格、价值观念等方面情况深入了解;开放录制现场,邀请媒体共同监督节目制作流程。[2]

(二)《非诚勿扰》在同质化竞争中的亮点

南京大学周晓虹教授认为,在价值冲突、对峙和差异当中,《非诚勿扰》提供了交流的平台,对于年轻人,它承担着"洗礼"和"矫正"的角色;对于老人,提供沟通、了解的平台。[3]《非诚勿扰》的社会意义已经远远超出同类型的婚恋交友类节目。坚守内容为王的原则,不断创新创优才能生产出具有良好社会效应的电视栏目,才能在竞争激烈的综艺市场中长盛不衰。

---

[1] 张皓妍.分析综艺电视节目《非诚勿扰》受欢迎的原因[J].戏剧之家,2017(17).
[2] 蒋芳.《非诚勿扰》改走"温情"路线 讲述真情实感[EB/OL].https://www.chinanews.com.cn/yl/yl-ypkb/news/2010/06-25/2364011.shtml,2010-06-25/2022-03-28.
[3] 张国华.江苏卫视《非诚勿扰》栏目研讨会综述[J].现代传播(中国传媒大学学报),2010(05).

1. 基于海外节目的本土化改编

（1）借鉴海外节目

2009年9月，节目组集中研究了《密室约会》《男才女貌》等国内外十几种不同类型的婚恋交友节目，最终节目组借鉴了英国相亲真人秀节目《Take Me Out》和2008~2009年播出的澳大利亚节目《Taken Out》，复制其节目模式，节目流程也近乎相似，但《非诚勿扰》成功地进行了本土化改造，例如在最后想了解的女嘉宾的资料中包括家务能力、兴趣爱好等，加入了中国传统婚恋中男女双方比较看重的一些条件。[①] 在原版节目的基础上，《非诚勿扰》将30个女嘉宾改为24个女嘉宾，增加更为新颖的规则设计，旨在最短的时间内将嘉宾形象完整、多维度地展现出来，并通过主持人孟非与点评嘉宾对讨论话题的引导融入中国传统的婚姻、家庭观念，使其更加符合中国本土国情以及受众需求。

（2）本土化改造

纵观《非诚勿扰》的节目流程，基本是按照中国人常规婚恋交友的流程走。24位女嘉宾占据主场位置，首先看男嘉宾的外形与气质，形成第一印象，以此对应"第一次灭灯"。然后男嘉宾个人基本情况的展现对应女嘉宾的"第二次灭灯"。接着男嘉宾情感经历的呈现对应"第三次灭灯"。最后是在互动问答中深入了解男嘉宾的性格和内心。在没有"预设剧本"的情况下，随着事件"正在进行"，每一个人的本色表现和本能反应常常产生意料之外的效果，情境之中的戏剧效果，大大增加了节目的悬念和可看性。

2. 基于受众市场的创新探索

内容升级是节目自我革新的重要一步，一档节目能够始终坚持自己的质量与调性，在不断向前发展的综艺市场浪潮中屹立不倒，其中最重要的一点就是坚持节目的开拓以及创新。《非诚勿扰》自创立以来，曾经历过许多微创新和几次重大改版。节目团队在高成本、大制作的真人秀节目夹击中，密切跟踪节目受众的潜在需求和市场变化，关注细节，不断调整节目的内容板块，增添新的节目元素，使节目内容更为丰富，进一步增加人们对节目的新鲜感。

（1）注重海外市场，扩大海外版图

《非诚勿扰》有清晰的品牌定位，节目不局限于国内市场，更致力于扩大海外版图，提升海外知名度。节目从地域的维度，相继推出美国、英国、法国、澳洲、加拿大、新西兰

---

① 王海霞，罗子明. 从文际性理论视角看国内婚恋类节目发展[J]. 现代营销(经营版)，2021(06).

等海外专场,为华人华侨相亲提供便利,呈现区域特色。2012年6月法国专场单期收视率破4.2%之后,节目收视一直保持稳定。《非诚勿扰》注重提升海外影响力,这也成为一个让世界更加深入了解中国的窗口。

(2)细分市场,照顾不同人群的婚恋需求

一直以来,《非诚勿扰》注重凸显人文关怀,节目从职业、特色主题的维度出发,推出外来务工、教师、返场男嘉宾等专场,全面照顾不同人群的婚恋需求。这些特色专场呈现了不同行业的生活状态、价值观念、教育文化和思维方式等方面的差异。强烈的人文关怀巩固了群众基础,使节目具备更强的包容性,真正体现出《非诚勿扰》的服务宗旨。节目组的持续创新,不仅可以稳定现有的受众群体,还可以挖掘潜在受众,从而扩大品牌的影响力。

(3)实现品牌全方位布局

制片人李政曾表示:"我们要尽可能把触角伸到每一个角落,最大限度与观众互动。"《非诚勿扰》不局限于自身婚恋交友类节目的定位,不断进行创新,力争实现品牌的全方位布局。该节目打破国内婚恋交友类节目固定在演播室录制节目的惯例,积极布局线上活动,比如《非诚勿扰》于2014年8月2日七夕节当天于南京地铁2号线首度推出"爱情地铁"活动,还有足迹遍布全国多个城市的"爱情地图"活动。除此之外,节目还在新浪微博设置"年终盘点"话题,通过"线上+线下"的方式进行品牌布局,实现品牌的自我创新。这些举措强化了节目的服务特性,也体现了《非诚勿扰》坚守办好生活服务类节目的宗旨。

3."主持人+专家"的互动模式

(1)市场调查

主持人是一档电视节目的核心人物,优秀的节目主持人是电视节目成功的关键因素。[1]曾有调查公司调查《非诚勿扰》的成功因素,结果显示:超过一半的贡献来自主持人孟非。自节目开播以来,孟非一直是代表《非诚勿扰》灵魂的IP人物,他早已形成节目的卖点和品牌形象。从市场调查也可以看出《非诚勿扰》能够成功的一项重要创新之处则是对于主持人的选择。

(2)主持人的选择

《非诚勿扰》在创办之初没有直接选择一位具有娱乐性的综艺节目主持人,而是选择了新闻节目主持人孟非作为这档节目的主持人。在主持人的选择上,《非诚勿扰》做

---

[1] 陈云萍.江苏卫视《非诚勿扰》的成功之道[J].新闻爱好者,2011(10).

了一个重大创新。孟非原是江苏卫视《零距离》新闻节目的主持人,从新闻主持转向相亲月老,这种幽默睿智的中年男人形象更加契合节目定位,能让观众对他产生更多信赖感,令节目更加贴近民生。如何在新闻与娱乐之间作出合适的调度,孟非已经给观众交出一份满意的答卷。

(3)专家的选择与变动

2014年正式诞生"非诚合伙人"组合概念,主要成员有孟非、黄菡及一位当红男艺人轮值担任。虽然点评嘉宾历经数次更迭,各领域的知名人物都曾担任过,但"非诚合伙人"组合在本质上并未发生变化,他们都作为"非诚合伙人"之一与孟非协同合作,凸显嘉宾的人物性格特点,为观众呈现精彩纷呈、阳光积极的婚恋观与价值观,传播正能量,在社会中引导舆论正向发展。到现在,节目仍然以"主持人+专家"的互动模式引领在场男女嘉宾进行话题讨论。

(三)我国婚恋交友类节目生产的嬗变

1. 模式从速配转向慢交往

在很长的一段时间里,国内综艺节目多以快节奏、对抗性的特点来寻求关注度,而《非诚勿扰》旨在适应快速的现代生活节奏,推动适龄单身男女速配成功,也经历了从娱乐性到服务性的过程。在这种速配式相亲模式盛行之后,受国外综艺节目模式与慢综艺的影响,近年来涌现出不一样的婚恋交友模式,比如《女儿们的恋爱》《心动的信号》《恋梦空间》《喜欢你我也是》等一批注重慢交往的婚恋交友类节目。从追求快节奏到慢生活,这种趋势符合当下社会人们的实际精神追求,是综艺市场发展的必然产物。速配式相亲模式强调快与全,而慢交往则是单身男女处于同一空间,在一段相对较长的时间里共同生活、慢慢接触,在不同的生活习惯与社交方式中感受彼此的性格与三观,更加注重人物内核的深入了解。无论节目是以明星为主角,还是以素人为主角,婚恋交友类节目中交友模式从"速配"转向"慢交往"是较为明显的变化之一。

2. 场景从表演转向生活

近年来,观众在一定程度上已经厌倦扎堆的选秀和快节奏的秀,综艺市场开始呼唤真实与自然,观众更加钟情于生活化的场景而不是具有表演性质的场景。由此衍生而出一批生活化的婚恋交友类节目,素人嘉宾常常共同处于一个封闭的空间,摄像机全方位、全时段纪实他们真正的生活状态,嘉宾展现出真实的自己和他们的社交圈子。在真实的场景下引发出具有热度的社会话题,会让观众在观看节目后观照自我、审视自我。《非诚勿扰》播出伊始,人们热衷于站在具有表演性质的舞台上展现自己的个性,表达自我。而如今婚恋交友类节目的场景从表演舞台逐步转向现实生活,这是由观众需求决定的。这一类节目让观众在观看时,能联想到自己的真实生活状态,更加具有接近性。

3.主体从素人转向"星素结合"

各大卫视和网站为顺应市场和受众的需求,节目主体的变化呈现了从素人转向明星,再转向明星与素人相结合的过程。《非诚勿扰》《我们约会吧》《新相亲大会》等一批老牌婚恋交友类节目以素人为主体,之后开始出现明星恋爱交友类节目,如今素人交友、明星观察类节目也逐渐盛行。

2015年7月22日,国家广播电视总局下发《关于加强真人秀节目管理的通知》,要求播出机构对真人秀节目进行引导和调控,"坚持以人民为中心的创作导向,关注普通群众,避免过度明星化。纠正单纯依赖明星的倾向,不能把节目变成拼明星和炫富的场所"。各省级卫视在创办节目时纷纷加入素人,而婚恋交友类节目也一改以素人为主角的传统相亲模式,探索"星素结合"的新形式,发掘符合节目调性的素人嘉宾,以素人交友、明星观察作为主要形式。

约翰·菲斯克在《电视文化》中阐述的"文际性"可以说是"互文性"的前身,他将电视文化转化为方便解读的"文本"概念。[①]任何电视文本的诞生、发展都有迹可循。回顾国内婚恋交友类节目的发展,从情感服务到明星仿真爱情,再到观察推理,足以窥见国人生活方式与婚恋观念的变化。

结语

传媒学者波尔斯和考特赖特曾经列出了一个大众传播、人际传播或以电脑为中介的传播可以满足的各种需求,其中在十一种需求中,放松和娱乐是排在第一位和第二位的需求。在充满娱乐性的同时,《非诚勿扰》更是注重社会效益,将服务性贯彻到底,除了商业之外,使得节目拥有社会与文化上的宽度和厚度[②]。在娱乐中彰显服务宗旨,这是《非诚勿扰》十多年来长盛不衰,在同类型婚恋交友类节目中保有强大生命力和广泛

[①] 王海霞,罗子明.从文际性理论视角看国内婚恋类节目发展[J].现代营销(经营版),2021(06).
[②] 卢伟.《非诚勿扰》上哈佛[J].青年记者,2013(19).

受众基础的重要因素。此外,《非诚勿扰》的舞台戏剧性与相对真实性有着天然的契合,在借鉴的基础上做好本土化改造,解决本土化受众的心理接受问题之后,仍然可以具有更大的成长空间。

《非诚勿扰》走出了婚恋交友类节目的狭窄诉求,紧扣爱情但不局限于爱情,为嘉宾提供了一个诠释他们对传统家庭观念与现代生活方式的碰撞以及话题认知与判断的平台。[1]这个节目所传达出的婚恋观念旨在促进不同年龄段人群的相互交流和理解,它所带来的碰撞使年轻人感受到情感的表达。且节目引领主流价值观的导向鲜明,主持人在一次次话题讨论与思想交锋的过程中将社会主流价值观穿插到娱乐中,引导观众在娱乐的同时重新思考自己的婚恋观与价值观。

综上,《非诚勿扰》的成长与创新并不仅仅是简单的媒介产品调整与升级,而是回归主流价值观、媒介责任意识觉醒的媒介产品生产与内容管理的成功案例。开发媒介产品应当扬长避短,在发挥优势的同时,也能够意识到自身发展的短板,并根据实际情况做出适当的调整,从而寻求长远的安身立命之道。婚恋交友类节目无论是以何种形式出现,都应回归服务性,为适婚男女提供服务性信息与交流平台,以此为基础来创新创优,才能具有强大的生命力。

第二节　主旋律电视剧的出圈之道

一、案例内容

2021年,为庆祝中国共产党成立100周年,中共北京市委宣传部、中共安徽省委宣传部、北京市广播电视局和安徽省广播电视局联合推出重大题材剧《觉醒年代》。[2]《觉醒年代》共43集,在央视一套首播,北京卫视、安徽卫视二轮播出,豆瓣评分高达9.3分,引起了强烈的社会反响。该剧由张永新导演,龙平平编剧,于和伟、张桐等领衔主演。《觉

---

[1] 沈忱.由《非诚勿扰》看电视传播中的"蝴蝶效应"[J].现代传播(中国传媒大学学报),2011(04).
[2] 边铷铷.《觉醒年代》:重大题材剧的典范[J].传媒,2021(20).

醒年代》秉承着敬畏历史的态度,以"南陈北李,相约建党"为主线,全景式地展现了从新文化运动、"五四运动"到中国共产党成立这段历史画卷,真实、艺术地再现了百年前数位时代英雄为探索救国救民真理、改变中国命运而奔走在黑暗的泥泞小道上的峥嵘岁月。

图2-3 《觉醒年代》海报[①]

2021年2月1日,《觉醒年代》首播便掀起收视狂潮,开播后口碑、收视节节攀升,广受好评。据中国视听大数据(CVB)统计,《觉醒年代》第一天播出的前两集收视率达到1.504%,全剧平均收视率1.290%,一度位居收视率榜首。2021年3月19日,《觉醒年代》在总台综合频道收官。该剧在第27届上海电视节白玉兰奖中提名八个奖项,一举囊括最佳导演、最佳编剧(原创)、最佳男主角三项大奖。

表2-2 《觉醒年代》收视率[②]

时间	剧集	收视率(%)
2021年2月1日	1-2	1.504
2021年2月2日	3-4	1.429

---

① 图片来源:《觉醒年代》官方微博。
② 数据来源:中国视听大数据公众号。

续表

时间	剧集	收视率（%）
2021年2月3日	5	1.461
2021年2月5日	6	1.430
2021年2月8日	7–8	1.355
2021年2月9日	9–10	1.381
2021年2月10日	11–12	1.436
2021年2月15日	13–14	1.368
2021年2月16日	15–16	1.334
2021年2月27日	17	1.150
2021年2月28日	18	1.124
2021年3月1日	19	1.148
2021年3月2日	20	1.067
2021年3月3日	21	1.220
2021年3月4日	22–23	1.227
2021年3月5日	24–25	1.407
2021年3月8日	26–27	1.236
2021年3月9日	28–29	1.210
2021年3月10日	30–31	1.228
2021年3月11日	32–33	1.288
2021年3月15日	34–35	1.150
2021年3月16日	36–37	1.169
2021年3月17日	38–39	1.186
2021年3月18日	40–41	1.231
2021年3月19日	42–43	1.296

《觉醒年代》的豆瓣评分从开播时的8.3分,一路飙升至9.3分,口碑良好。虽然该剧在3月19日就已经结束了首播,但是关于《觉醒年代》的讨论与热度却高居不下。据人民网舆情数据中心统计,截至2021年6月24日,《觉醒年代》全网相关信息量已达到357万条。在微博平台上,《觉醒年代》相关话题频频"出圈"。诸如#觉醒年代# #觉醒年代yyds#等话题在微博分别获得22.4亿、11.8亿次阅读量。①网民纷纷通过参与相关话题的互动、二次创作表情包、剧情解读推荐等方式进行分享,形成了良好的社会效应。

《觉醒年代》是近年来我国主旋律电视剧的突破,实现了历史价值和艺术价值的高度统一,不仅在创作层面实现了破圈,也在受众层面成功出圈。优酷站内数据显示,观众画像里35岁以下的青年观众占比近六成,90后、95后占比是全站基准值的1.6倍。《新京报》此前发布的一项调查显示,71.61%的《觉醒年代》观众年纪在26~40岁之间,超过80%以上的观众表示会二刷这部剧。这部优秀的主旋律电视剧收获了无数青年观众,这也证明了只有制作出内容上乘、符合年轻人审美的电视剧作品才能成功出圈。

《觉醒年代》作为一部主旋律电视剧,积极顺应时代潮流与受众需求,在题材立意、创作观念、艺术创新等方面有诸多突破,为主旋律电视剧的创作提供了很多有益经验,是近年来主旋律电视剧的新典范。因此总结《觉醒年代》的成功经验,探索其作为一部主旋律电视剧,为何能够出圈,对于同类型电视剧的制作乃至整个影视行业的发展都具有重要意义和示范作用。因此本节将针对《觉醒年代》的出圈之道进行分析。

二、案例分析

主旋律电视剧担当着党和国家、政府意识形态的宣传功能,承载着传播时代精神的重大使命。《觉醒年代》是北京市2018年首批文化精品工程重点项目之一,被列为国家广播电视总局2018-2022年的百部重点电视剧作品。在同类型作品层出的情况下,对于影视公司和出品方来说,作品是否能够被观众记住且收获良好口碑,最重要的是做好差异化内容布局。《觉醒年代》做到了收视与口碑双赢,成为中国电视剧产业的一个成功典范。因此本案例拟从制作观念、剧本创作、差异化内容方面对其进行简要分析。

---

① 刘亭序,林子蕊.《觉醒年代》何以受到青年人追捧[EB/OL].https://baijiahao.baidu.com/s?id=1703602500150597737&wfr=spider&for=pc,2021-06-26/2022-03-28.

(一)转变制作观念,追求多元叙事视角

中国广播电视社会组织联合会副会长李京盛指出:"这部作品在创作之初,就在主题和立意的表达上明确了目标——努力追求艺术创新,实现重大革命历史题材审美上的新发现。"[①]实际上,《觉醒年代》剧组从一开始对于这部主旋律电视剧的制作观念就是坚守历史史实,使用宏大叙事的同时,追求更高的艺术质感,以适应市场的变化和人民的审美需求。

1. 坚持观众本位观念

根据英国传播学家丹尼斯·麦奎尔的《受众分析》,探讨受众对于接收内容的选择倾向,可以看出,受众在新媒体的冲击之下,其结构性、行为性以及社会文化性也都相应受到影响[②]。在新媒体语境下,受众对于信息的接受习惯和接收方式已经发生巨大的改变。年轻人非常重视自身的话语权,愿意表达自己的诉求。从用户画像可以看出我国主旋律电视剧的观众呈现出年轻化的趋势。因此作为一部叙述革命经典,弘扬革命精神的主旋律电视剧,应如何吸引受众的注意力,扩大受众范围,是主创人员需要面对的重大课题之一。

《觉醒年代》在进行内容创作时,就已经充分意识到观众的主动性,因此在进行电视剧创作时就非常注重年轻化的风格表达。年轻化的风格展现、极具现实主义的视觉画面冲突使得受众不局限于中老年群体,还打开了青年群体的大门,从而扩大了年龄覆盖范围,做到红色经典的有效传播[③]。而在《觉醒年代》播出之后,剧方正确引导观众对影视剧进行适当的再生产创作,这有利于增强观众的黏性,也展示了制作方观众本位的制作理念。

2. 制作过程市场化

2020年,播出《山海情》《功勋》《光荣与梦想》《觉醒年代》等一大批主旋律电视剧,涉及主题包括新民主主义革命、社会主义革命和建设、改革开放等。从这些主旋律影视剧的制作公司和团队可以看出,基本上都是头部影视公司,集结了影视剧行业的市场型人才。

[①] 叶晨玮,宁雅虹.爆款主旋律的"觉醒"《觉醒年代》研讨会[J].广电时评,2021(09).
[②] 康彬.新媒体时代的受众研究——由麦奎尔的《受众分析》谈起[J].新闻知识,2011(01).
[③] 张磊.新时代献礼剧的情感召唤与价值认同——以《觉醒年代》为例[J].中国广播电视学刊,2021(10).

过往的主旋律作品更加重视的是主流价值观和意识形态的宏大叙事表达,说教气息浓重,在观众心中已经形成较为严重的刻板印象。而《觉醒年代》获得多方好评,重要原因之一就是主旋律作品的制作思路已经发生改变。如今电视制作更加看重作品的内容与口碑。《觉醒年代》的主管部门起用一批市场型人才,使得更多的商业片手法被纳入主旋律电视剧作品当中。从电视剧的内容上看,不论是鲁迅出场、毛泽东在风雨中见证苦难社会的长镜头,还是陈独秀与陈氏兄弟码头惜别的蒙太奇等名场面,都有着精良的制作手法和极为创新的镜头表达。

3.叙事视角多元化

影片通过人物所承载的价值观给观众带来的核心体验,是决定一部影片是否能够在市场中取得成功的根本原因。[1]同样,主旋律电视剧所要向观众传达的价值观是剧目的核心要务。《觉醒年代》通过多元化的叙事视角和多维度的人物形象塑造,让观众在观看过程中为剧情故事所触动,以自己的视角代入,深入体验剧目所承载的价值观,从而成为革命精神力量的"参与者",而不仅仅是精神力量的接受者。《觉醒年代》通过较为生活化的描写,将救国的过程呈现出来,清晰地反映出马克思主义在中国的早期传播和中国共产党创立的全过程。

宏大叙事在电视剧创作上,常用于表现重大事件,刻画叱咤风云的重要人物,揭示深刻而厚重的思想情感,具有故事冲突尖锐、情节复杂、场面宏大等特点。[2]但主旋律电视剧若是一味坚持宏大叙事手法,就会落入只重讲述缺乏感情的窠臼,这种单一的叙事手段只会离观众的审美需求越来越远。《觉醒年代》则是将宏大叙事与个人命运叙事、情感叙事高度融合。该剧以人物性格串联起故事的发展脉络,用宏观和微观相结合的叙事视角,展现人物的成长经历和命运沉浮,以此折射出国家和时代的伟大变迁。[3]通过对特定年代下陈独秀、李大钊等人探索救国道路、新旧文化博弈、日常生活等描写,全景式呈现剧中人物革命事业的不易,让观众共同见证了建党的整个过程。通过个体化叙事,他们不再是作为单一的集体符号而存在,而是独立存在的生命个体,将个人理想与生命价值的本位追求穿插在家国天下的忧患意识之中。[4]

---

[1] 吴春集.新时代主旋律题材影片的价值观探究:以70周年国庆档影片为例[J].电影文学,2020(17).
[2] 张智华.电视剧叙事艺术研究[M].北京:中国电影出版社,2013.
[3] 杨杰,刘琳璐.主旋律电视剧的叙事创新探究——基于新中国成立70周年电视剧展播视角[J].中国电视,2020(03).
[4] 黄晴.《觉醒年代》:以个体化叙事展呈历史真实与精神图像[J].电影评介,2021(12).

(二)扎实创作剧本,还原时代氛围

戏剧理论家威廉·阿契尔认为:"有生命力的剧本和没有生命力的剧本的差别,就在于前者是人物支配着情节,而后者是情节支配着人物。"[1]如何在特定历史大背景之下,还原历史事实,在历史性上创设更符合受众意识的情节,塑造出真实性与生活性并存的历史人物形象,是《觉醒年代》剧本创作的重点。

1.六年打磨剧本,强化历史质感

历史是不以后人的意志为转移的客观事实,而历史剧是对历史的叙述,是以史实为依据的艺术创造。从这个意义来看,历史存在是第一性的,而对它的叙述是第二性的。[2]追求历史真实可以说是《觉醒年代》这部剧存在的前提。

编剧龙平平长期研究党史,曾主创过很多影响很大并口碑很好的影视作品,积累了丰富的文艺创作经验。龙平平在2014年年底便开始酝酿《觉醒年代》,2015年开始写剧本,以正确的历史观为前提,史实与虚构情节相结合,全景式地反映了中国共产党从无到有的整个过程。《觉醒年代》一个重要的特点,就是坚持历史唯物主义的观点,尊重历史事实,遵循既定的历史认同。[3]注重真实的历史观和敬畏历史的创作态度为《觉醒年代》剧本打下扎实的基础。

《觉醒年代》的主创团队在进行创作的过程中,秉承"绝不容许在历史史实展现上有任何闪失"的原则,对剧中的各个关键情节都谨慎呈现,用正确的历史观去还原历史真实,坚持做到每一处都有出处,符合逻辑。龙平平在访谈中曾提到关于虚构陈氏兄弟在北京办工读社的情节,虽然他们办工读社这一情节是虚构的,但是在查阅相关资料后,在有证可考的情况下虚构的,这就叫"大事不虚,小事不拘"。再者,为了更加贴近伟人们的真实形象,塑造出生动、立体的人物角色,主创团队翻阅大量资料,四处托人打听,大到行为、小到称呼,就比如剧中赵纫兰对李大钊"憨坨"的称呼,就是他们辗转联系到了李大钊的后人才了解到的;再比如,李大钊典当衣服助人为乐的情节,也是基于他将绝大部分的工资都拿去帮助别人的真实情况来设计的。[4]《觉醒年代》的内容创作注重

---

[1] [英]威廉·阿契尔.剧作法[M].吴钧燮,聂文杞,译.北京:中国戏剧出版社,2004.
[2] 周月亮,韩俊伟.电视剧艺术文化学[M].北京:中国传媒大学出版社,2006.
[3] 王桂环.用艺术精品宣传研究党史的一次尝试——访《觉醒年代》编剧龙平平[J].北京党史,2021(03).
[4] CCTV电视剧.央视专访《觉醒年代》编剧龙平平,揭秘剧本背后故事[EB/OL].https://mp.weixin.qq.com/s/KH1XK3yYjFp2gE4fT-CAEEw.2021-05-13/2022-03-28.

表现和体验。在大量真实的历史素材的基础上,带领观众在观看电视剧的过程中共同体验历史。

2.新老演员精湛演绎,塑造鲜活人物

在选角方面,《觉醒年代》剧组秉承"追求神似,兼顾形似"的原则,神似要远大于形似。每一个演员都能最大限度地理解人物,奔赴人物内心的精气神,塑造出一个个鲜活的人物,能将剧本中所要表达的内涵精准呈现出来。剧组在选角上花了很多心思,从我们比较熟悉的李大钊、陈独秀、鲁迅、毛泽东等主要角色,再到溥仪等其他角色,大多数形神具备,充满精气神。但是较高的人物还原度、形神兼备只是演员的第一步,演技过硬,能为角色下苦功夫才是人物立得住的根本。比如于和伟与其饰演的陈独秀在外表上并不神似,但他抓住了陈独秀这个角色的精气神,能够把握角色所要带给观众的核心体验。

事实证明这部剧无论是主角还是配角,是老戏骨还是新秀,演员们对角色的把握都比较准确,做到了生活化地诠释人物,与历史人物融为一体。他们怀着极大的热忱与敬畏,翻阅资料,深入了解历史事实和人物性格之后,尽可能地将剧中人物形象立体地呈现出来。正如张桐接受采访时所说:"我想给观众看到一个鲜活的李大钊先生,而不是某种空壳,不是某种教条,甚至不是某种象征。"鲜活的人物演绎是观众能够跨越时空与历史对话的基础。

在人物塑造方面,《觉醒年代》的导演张永新曾经对人民网的记者提及:"剧中涉及大量思想先驱和文化先驱,很多人物都已深入人心,如何把一个个熠熠生辉的角色塑造得更立体、更饱满,这是我们下功夫最多的地方。"该剧致力于赋予人物生命,让人物尽可能丰满,流露他们的真情实感,达到移情的效果,使观众产生共鸣感,进而呈现出好的故事。[1]这部剧作能够赢得如此成功的口碑和年轻受众的关键是没对重要历史人物进行脸谱化、概念化的塑造,而是通过查阅历史资料,严谨又不失生活化地展示人物群像。

观众对于剧中的陈独秀、李大钊、胡适、毛泽东、周恩来等历史人物并不陌生,但是从《觉醒年代》中,人们可以看到这些大人物不同于历史书上的性格特征和生动面貌。《觉醒年代》一改过往概念化表现重要历史人物的手法,依托史实资料,将伟人们一些生活上、性格上的缺点表现出来,将一个个历史书上的人物转化成我们生活当中的革命同志,唤起共鸣。不管是对陈独秀"封建大家长"的调侃,还是李大钊"憨坨"外号的"反差

---

[1] 〔美〕罗伯特·麦基.故事[M].周铁东,译.天津:天津人民出版社,2014.

萌",演员们的演绎为观众呈现出一个个区别于历史书上的饱满、鲜活、立体的历史人物形象。此外,剧组还在创作过程中加入轻喜剧桥段,比如陈独秀与陈氏兄弟的互动、陈独秀请辜鸿铭吃饭等情节就增添了生活氛围。适当的轻喜剧桥段在正剧、史剧中的运用,能够调动观众的情绪,促进其在社交网络等传播平台的影响力。

3. 场景搭建真实,服化道细致

除了演员的精彩演绎,网友们还对剧中的场景搭建和服化道的细节给予高度评价。全面细致、力求完美地对当时社会环境进行复刻是《觉醒年代》成功的要素之一,也体现了主创团队还原时代氛围,全方面表现场景真实感的决心。

2018年10月,《觉醒年代》的置景工作全面展开。在场景方面,《觉醒年代》设置了340多个主要场景,不管是箭杆胡同,还是韩文公祠、长辛店工厂,甚至连北大红楼都是剧组自行搭建的。北大红楼是全国重点文物单位,在北大红楼实地拍摄根本不现实,因此剧组按1∶1.2的比例来搭建北大红楼,由于资金与周期有限,只搭了一层,用一层来表现五层,楼层变化用特效来表现。

陈独秀家门口的箭杆胡同有二十多米的路程,剧组全部铺上渣土和黄土,最后放上碎石子。38辆8吨重的车将这些土压进去之后,用马车在土上来回压三天,才呈现出剧中的车辙。张永新导演在《觉醒年代》纪录片中表示,这部戏的文化气质是先天的,所以必须要具有多异性和隐喻性的表达。箭杆胡同那条路便是一个隐喻:我们不变的车辙,如何去面对船坚炮利,只有一条路,那就是觉醒。因此车辙背后就暗喻了这部剧的主旨,即寻找道路。

关于鲁迅、陈独秀等文人后院的造景也十分细致。鲁迅曾说过:"在我的后院里,可以看见墙外有两株树,一株是枣树,还有一株也是枣树。"当时在横店找不到很好的枣树,制片部就从山东买了两颗枣树,栽种到鲁迅的院子里,用枣树的精气神来表现鲁迅的人物形象与气质。剧组在陈独秀的院子里还增加了大量的生活细节,专程从河北把葡萄架子拉到后院,放置鸡、鸭、鹅、羊羔等小动物,如此陈独秀在北京的家里就更具有生活质感和氛围。

除了场景搭建,服化道也是为人称道的地方。服装非常考究,1916~1921年的服装与1921年之后不一样,需要考究很多细节,因此剧组一共制作了1.05万套服装。知识分子穿的长袍、官员穿的西装、工人穿的工服,对于样式和质感的要求都是不一样的,比如长辛店工人葛树贵的服装需要很破旧才符合人物的设定,工作人员就用砂纸来手工制作出质朴和破旧的感觉。[1]剧中军官的服装也都要根据历史还原,制服帽檐全是皮质,扣子均由真铜制作。剧中图书馆的报纸专门请新闻单位进行1∶1复刻,光是材料费就花了一百多万,加上人工花费两百多万。但凡是镜头内出现的道具,都必须细节到有证可循。

(三)营造独特审美体验,打造差异化内容

由于某些主旋律电视剧过于注重作品对受众的认识与教化功能,一定程度上淡化了作为相对独立的艺术门类所应该具有的审美性,从而导致主旋律电视剧在艺术呈现上不尽如人意。[2]但是《觉醒年代》的出现打破了观众对同类型电视剧的固有看法。该剧在尊重历史的基础上进行艺术创造,成功打造了差异化内容。

1. 统一历史真实与艺术真实

编剧龙平平对历史有非常严谨的考证,坚持所有情节都必须建立在客观史实的基础之上,秉承依托客观史实,立足历史认同的制作理念来进行创作,在情节设置上遵循"大事不虚,小事不拘"的原则。

剧中主要人物陈独秀出场的打扮比较随意,设置这场戏有很大深意。《觉醒年代》是在充分了解历史资料的基础上,非常谨慎地设置了主要人物陈独秀的出场戏。有资料记载,在日本期间,陈独秀与章士钊、易白沙等人为《甲寅》杂志撰稿,他当时内心非常苦闷,半个多月的时间里一直在写文章,闭门不出。剧中通过这场戏反映了陈独秀当时的真实状态,体现了探索救国之路的艰辛。

除了巴黎和会、"五四运动"等重大历史情节,片中还有一些出彩的虚构人物,比如因巴黎和会上青岛被强占,含恨而终的青年学生郭心刚。在小情节虚构上比较出彩的是著名的南陈北李相约建党事件:陈独秀与李大钊在外目睹灾难遍野,二人相互誓言建党。其中有些情节虽然是虚构情节,但一切都是建立在龙平平查阅资料的基础上,陈独秀与李大钊相约建党的那一年北方大灾,饿殍遍野。因此在情节上虚实结合,才能够在尊重史实的前提下对人物进行更加丰满的塑造,对情节进行合理化的艺术创作。

2. 营造独特的东方式审美

《觉醒年代》一方面追求历史氛围、历史细节的真实性,另一方面则自觉地对历史进

---

[1] 秦孟婷.寻找道路就是《觉醒年代》的主旨[N].长江日报,2021-04-06(9).
[2] 杨杰,刘琳璐.主旋律电视剧的叙事创新探究——基于新中国成立70周年电视剧展播视角[J].中国电视,2020(03).

行诗意化的表达,从而体现出一种"意与境浑"的审美风格。①北大校长蔡元培曾"三顾茅庐",在风雪中三次登门拜访陈独秀,邀请其出任文科学长,以及陈独秀、李大钊、胡适三人走过泥泞小道等情节都是中国人所特有的诗意化的东方式审美。导演张永新认为,这种表达的背后,是孕于中国人血液之中的、东方语境下的诗情画意。

毛泽东的出场是剧中富有诗意和哲学意味的经典片段。全程108秒,共44个镜头,是毛泽东抱着新出版的《新青年》在雨天奔跑,蹚过民不聊生的街道。在镜头运用上,采用了大量的对比手法。比如坐在马车上吃三明治的富家少爷和街边待售的穷人女孩,楼上观景的女孩和街边的乞丐等。镜头掠过穷人、乞丐、军阀等形象,整个过程便是当时旧中国的缩影。这样一系列长镜头的铺垫加上极具诗意的画面美感,给观众营造出独特的审美体验和极其震撼的心理冲击。

除了加入中国特有的诗意化表达之外,《觉醒年代》还将版画艺术融入剧中。导演聘用天津美术学院教授做了1000多幅版画,最终采用100多幅,用来作为叙事转场的变化手段。《觉醒年代》的片头和片尾都以版画的视觉形象呈现,提炼作品主题。版画还穿插在历史叙事的各个关键时刻,达到画龙点睛的效果。

3.富有新意的镜头语言

《觉醒年代》在现实主义创作的基础上,还注重浪漫主义的创作。在拍摄时,制作团队希望在视听语言上有所拓展,将写实与写意相结合,在丰富镜头语言的同时,也希望在审美层面带给观众多维度的感受。

剧中蚂蚁、青蛙、鸽子等小动物都运用了隐喻的手法,不同时期小动物的出现都有着不同层次的变换。以蚂蚁为例,剧中陈延年在码头做苦工时第一次出现放生蚂蚁的桥段,此时蚂蚁代表中国的底层人民。陈独秀在演讲《新青年》的创刊词时,麦克风上有蚂蚁爬过,特写镜头聚焦在蚂蚁上,就象征着中国社会的百姓,他们渴望用无数个体的力量发出救国的心声。而李大钊坚定自己信仰的时候注视手臂上的蚂蚁,影射了以顽强斗志前行的所有革命者和苦难百姓。

在镜头表达上,《觉醒年代》还使用了各种颇具隐喻意味的蒙太奇手法。苏联著名导演罗姆说过:"蒙太奇——这是艺术家的想法,他的思想,他对世界的视像,这种视像表现怎样选择镜头和镜头对比,使电影动作具有最富于表现力的和最能引人深思的形

---

① 尹鸿,杨慧.历史与美学的统一:重大历史题材创作方法论探索——以《觉醒年代》为例[J].中国电视,2021(06).

式。"①《觉醒年代》最具震撼力,也是讨论度最高的蒙太奇叙事桥段当数陈独秀在码头送陈延年、陈乔年去法国时的场景。

图2-4 《觉醒年代》第39集截图②

图2-5 《觉醒年代》第39集截图③

---

① 郑洞天.电影导演的艺术世界[M].北京:中国电影出版社,1997.
② 图片来源:CCTV8-电视剧频道官网。
③ 同上②。

陈延年、陈乔年在留学法国前的姿态和牺牲前无所畏惧的笑容形成鲜明对比,再加上陈独秀复杂神情的,使得这个画面出现更加深刻的意涵。导演将当年陈延年、陈乔年英勇就义的行为认知投射到陈独秀的心里,并通过意识流的手法,展现了陈独秀与两个儿子惜别的场景。这个想象的未来时空和陈延年、陈乔年当年在码头时(现在时空)与陈独秀的告别情境交叉相接,构成了这一有特殊效果的心理叙事效果。[①]

除此之外,还有鲁迅完成《狂人日记》也运用了极致的镜头语言。剧中运用慢镜头,以环境作为前景慢慢推进正趴在地上写书的鲁迅先生。通过仰拍的方式,加入远景镜头,表现鲁迅完成《狂人日记》的动作神态,更突出了人物性格。而各种修辞和象征手法的运用使得该剧在表达历史真实的基础上增加了艺术深度和艺术价值。

结语

德国社会学家齐格弗里德·克拉考尔曾提出:一个国家的电影总比其他艺术表现手段更直接地反映那个国家的精神风貌。一部主旋律影视作品的创作不是普通的艺术创作,除了自身要符合艺术创作规律之外,往往还承载着意识形态使命。《觉醒年代》正是我国电视剧创作的一个良好范式。

《觉醒年代》之所以能大获成功,在年轻一代中掀起收视浪潮,可以总结为以下三点:一是叙事视角多元化,将宏大叙事跟个人命运叙事、情感叙事高度融合;二是适应时代潮流和受众意识,进行年轻化的风格表达;三是坚持以历史唯物主义为基础的现实主义创作道路,在重大历史事实基础上进行还原之外,敢于创新实践,挖掘不同的艺术手法,追求诗意化的表达。综上,《觉醒年代》真正实现了历史价值、思想价值和艺术价值的深层统一。

《觉醒年代》这部剧具有重大的时代意义,它打破了观众对主旋律电视剧的刻板印象,让观众在获得了良好观剧体验的同时,能够以一种全新的认知来看待主旋律作品。中国主旋律电视剧要想更好地产业化,取得经济效益和社会效益,再将收益再次投入生产,在形式上进行技术创新、走精品化道路就是必经之路。[②]在内容创作上一定要把握时代脉搏,适应现代社会需要,适应年轻一代的需求,才能不断获得生机与活力,深刻传

[①] 王伟国.本体自觉的影像叙事 高品质的审美化表达——电视剧《觉醒年代》学习笔记[J].当代电视,2021(11).
[②] 刘怡男.主旋律电影产业化发展的策略与启示[J].青年记者,2020(12).

达中国人的文化自信,从而促进中国的文化产品走向世界。因此主旋律电视剧只有坚持以人民为中心的创作导向,打造差异化内容,才能在激烈的注意力竞争中取得优势,不断创造符合人民审美追求与精神需求的优秀作品。

第三节 传统媒体数字化转型的内容管理

一、案例内容

财新传媒最初成立于2009年底,创始人是著名媒体人胡舒立。2009年11月15日,《财经》杂志创始人、主编胡舒立从《财经》杂志离职后自立门户,带领原《财经》杂志部分记者、编辑创办组成财新传媒。财新传媒是提供财经新闻、高端金融数据和资讯的全媒体集团。该集团依托专业的团队和强大的原创新闻优势,已建立起以"新闻+数据"为两翼的业务集群,覆盖中英文媒体、会议、数据等多层次产品,为中国最具影响力的业界受众群提供准确、全面、深入的财经新闻和资讯。[1]根据资源基础理论,资源在企业间是不可流动的且难以复制,这些独特的资源与能力正是企业持久竞争优势的源泉[2]。正如财新传媒对自身的定位:财新传媒不是一个有网站的杂志传媒公司,而是一个以财新网为旗舰产品,拥有杂志出版、会议培训业务的互联网公司。可知财新传媒一直朝着集资讯、信息、新闻服务为一体的传媒集团,扩展自身资源优势,为实现跨产业协同进步的目标而努力。

面对新媒体的冲击,财新传媒开始效仿国外媒体的付费模式,在2017年宣布旗下的数字新闻对用户进行全面收费,正式加入新闻付费的行列。溯源新闻付费模式,在国际市场中,早在1998年华尔街金融风暴爆发前夕,《华尔街日报》便开始试水新闻付费业务;进入21世纪,为了应对金融风暴和新兴媒体的冲击,《阿肯色州民主党公报》《泰晤士报》《太阳报》《纽约时报》等报纸陆续开始建立付费墙,并由此掀起一波全球传媒业的网

---

[1] 资料来源:财新传媒官网。
[2] 丁琦瑶.财新传媒发展探析[J].新闻前哨,2016(05).

络新闻付费高潮。随着互联网的飞速发展,国内传统媒体赖以为生的二次销售模式被颠覆。自2006年开始,国内纸媒广告发行开始下滑,为了弥补损失,一些报社借鉴国外新闻付费的经验,开始尝试新闻付费模式。

2017年,财新传媒创始人胡舒立参观了《经济学人》《金融时报》等国际经济大报,并访谈了他们的掌舵人。这些媒体都是较早开始做付费新闻阅读的机构媒体,且成效显著。同年10月16日,财新网宣布全平台自11月6日起启动全面收费阅读模式,推出融合财新网和周刊的"财新通",售价为498元/年,开辟国内网络新闻内容付费阅读的新模式。这是财新传媒成立8年来的商业模式转型,目的是聚焦精准用户,倾力提供高质量原创财经新闻内容,也是借鉴国际同行经验、探索严肃内容价值变现的大胆探索。[1]

表2-3　2021年全球新闻付费订阅榜[2]

Country	Title	Subscribers	Reported	Source	Change	Cost
USA	New York Times	7600000	2021 Q4	Source	1014	USD 17/4 weeks
USA	Washington Post	3000000	2020 Q4	Source	-	USD 100/ year
USA	Wall Street Journal	2700000	2021 Q3	Source	976	USD 38.99/ month
USA	The Informer	2100000	2019 Q3	Source	-	USD 68/month
UK	Financial Times	1300000	2020 Q1	Source	-	GBP 33/ month
USA	The Athletic	1200000	2021 Q2	Source	-	USD 5.99/month
UK	Guardian (members + subs)	961000	2021 Q3	Source	678	Not applicable
Japan	Nikkei.com	816682	2021 Q2	Publisher	634	JPY 4277/month
USA	Medium	725000	2021 Q1	Source	New entry	USD 5/ month
China	Caixin	700000	2021 H1	Publisher	3725	RMB 58/month

国际期刊联盟(FIPP)发布的《2021全球数字订阅报告》显示,截至2021年,财新传媒以70万付费订阅用户入围榜单,名列全球第十位,是唯一上榜的中文媒体。付费新闻用户规模全球第十、中国第一,财新传媒的付费模式已取得初步成功。财新传媒在国内外传媒业局势变化巨大的现状面前,如何从新闻的生产、呈现和消费等环节作出创新值得

---

[1] 张志安,李霭莹.2017年中国新闻业年度发展报告[J].新闻界,2018(01).
[2] 数据来源于国际期刊联盟(FIPP)。

回顾和研究。因此以下将针对财新传媒数字化转型的原因、内容生产和转型的战略进行剖析。

二、案例分析

对于一个以传统媒体业务为主的机构来说,财新传媒面对新媒体的冲击不断进行改革和转型创新,从免费到付费的成功探索并不是一蹴而就的。在数字化转型过程中,国内也曾有几个报社尝试过新闻付费阅读,但效果甚微,财新在转型中合理的内容生产管理具有很强的实操性,对国内报业具有参考价值。

(一)财新传媒数字化转型的原因

1.政策制度支持媒体转型

近年,国家多次在政策、制度上出台利好消息,在政策上推动了媒体的数字化转型。2011年,国家"十二五"规划的出台加强了对战略性新兴产业和文化传媒产业的政策倾斜,"数字报业"成为中国报刊业"十二五"时期发展规划的重点工作。政策还出台了加快信息服务业发展的发展细则,而财经信息服务业作为现代服务业中的重要细分行业,具有极大发展潜力。[1]2014年,习总书记专门针对我国新闻传播业发展方向提出了重要指示:要推动传统媒体和新兴媒体融合发展,着力打造一批形态多样、手段先进、具有竞争力的新型主流媒体,建成几家拥有强大实力和传播力、公信力、影响力的新型媒体集团,形成立体多样、融合发展的现代传播体系。2019年,习总书记强调,各级党委和政府要从政策、资金、人才等方面加大对媒体融合发展的支持力度。因此财新传媒在国家政策的支持下逐步进行数字化改革和转型。

2.媒体盈利模式单一

早期报纸作为一种商品,采用"一次售卖"的经营模式,直接将信息产品卖给受众,获取利润。"二次销售"经营模式真正确立的标志是便士报的诞生,第一份便士报《太阳报》诞生于1833年。便士报以大发行量来吸引广告,不依靠订报费和政党补助,因此报纸出版的经济结构趋于合理。广告和销售所带来的以市场为基础的收入,取代了依赖

---

[1] 沈罟.财经媒体的战略转型研究[D].上海:复旦大学,2012.

社会关系和政党关系的财源。①传统纸媒的盈利渠道单一,主要以"二次售卖模式"为主,第一次售卖是媒体生产新闻内容,通过发行渠道贩卖给受众,受众购买后阅读新闻;第二次售卖则是媒体利用在受众之间的影响力,向广告主兜售媒体的传播力,以此获得广告费用。但传统报业广告收入持续下降已是不争的事实。世界报业趋势调查显示,全球报纸发行收入在21世纪首次超过报纸广告收入。②在新形势下,传统媒体若是执着于传统盈利模式,只会加速报业的衰亡。媒体只有积极创新构建新的盈利模式,才能转危为安,屹立于互联网大潮的冲击中。

3.新闻生产模式与UGC模式冲突

UGC模式是互联网时代下发展的产物。UGC全称为User Generated Content,即用户生产内容,用户可以自行创造内容,将原创内容发送至互联网平台,其他用户也可通过网络查看自己需要的内容。而新闻生产模式则是通过采写、编辑、审核等环节生产出新闻内容,再提供给受众。根据大众传播学的使用与满足理论,受众有其特定需求,在摄入能够满足自身需求的信息之后,将减小对于传统媒体的依赖性,即新媒体在与传统媒体竞争的过程中,受众出现了分化的趋势。而这种现象深层次的冲突是,互联网思维与传统媒体运作思维的冲突,这需要传统的新闻机构从制度上和人员培训上,更加注重互联网传播的习惯来实现全媒体的转型。③在新媒体时代,从用户层面来说获取信息的成本降低,在这样的背景下,传统媒体必须顺应时代发展与市场需求,积极进行数字化转型,找寻新的经济增长方式,探索出一条适合自己的发展道路。

(二)财新传媒数字化转型的内容生产

视觉化的发展与研究由来已久。19世纪的学者们观察到了存在的视觉化的趋势,于是他们将目光投射到关于图像的文化实践中来。由此,美国学者米歇尔提出了"图像转向"的概念。④视觉化的确是媒介技术发展的必然趋势和要求,其允许信息诉诸更多的感觉通道,实现感官逼真度的不断提高。⑤由此可见,制作可视化新闻是时代发展的潮流。美国北卡罗来纳州立大学教授菲利普·迈耶在《正在消失的报纸:如何拯救信息

---

① 〔美〕迈克尔·舒德森.发掘新闻——美国报纸的社会史[M].陈昌凤,常江,译.北京:北京大学出版社,2016.
② 张宸.全球报纸发行收入首超广告收入——《世界报业趋势》揭示最新发展数据[J].中国报业,2015(13).
③ 王琨.财经类媒体的全媒体转型研究——以《财新网》为例[D].北京:中国青年政治学院,2015.
④ 李潇.视觉时代新闻的图像转向[J].青年记者,2019(32).
⑤ Biocca F, Kim T, Levy M R. The vision of virtual reality[M]. Communication in the age of virtual reality. Mahwah, NJ: Lawrence Erlbaum Associates, 1995.

时代的新闻业》一书中提出了著名的"报纸即将消亡"的观点,也表现出"拯救新闻业"的积极态度,即考虑新的应用方式,即利用新技术来增值。[1]而数据可视化的应用正是其增值的关键,因此本部分将着重研究财新传媒数据新闻的制作与呈现方式。

1. 数据新闻概述

2006年,《华盛顿邮报》软件开发人员阿德里安·哈罗瓦提率先提出"数据新闻"的相关理念,他提倡媒体机构公布结构化的、机器可读的数据,抛开传统的大量文字。与传统新闻产品的报道方式不同,数据新闻则是以宏观视角展现事件全貌,如今已经逐渐成为主流的新闻样态。因此数据新闻成为很多传统媒体寻求转型的突破口之一。英国《卫报》在2009年最先尝试数据新闻报道,而后,《纽约时报》《华盛顿邮报》等美国传统主流媒体也开始涉足数据新闻领域,并取得一定的成果。在国外数据可视化技术日趋成熟的同时,我国以网易、新浪等为代表的大型新媒体以及《新京报》、新华网等主流媒体及门户网站自2012年已经率先进行数据新闻的探索与实践。[2]

财新传媒在2013年开始尝试数据新闻与可视化报道,同年10月正式成立财新数据新闻与可视化实验室,为数据新闻生产提供完整的技术支持。并同步推出"数字说"栏目,将财经报道与数据可视化相结合。"数字说"栏目的定位是"用数据解读新闻,用图表展示新闻,将数据可视化,为用户提供更好的阅读体验"。财新传媒在数据新闻领域实现了很多创新与突破,取得不俗成绩,受到业界广泛认同。表2-5总结了财新传媒自"数字说"创立以来数据新闻的获奖情况。

表2-4 财新传媒数据新闻的获奖情况[3]

时间	作品	获奖情况
2014年	青岛中石化管道爆炸事故系列报道	获得亚洲出版业协会(SOPA)卓越新闻奖之卓越突发性新闻奖。
2016年	从调控到刺激楼市十年轮回	获得亚洲出版业协会(SOPA)卓越新闻奖之卓越网络新闻奖,同年入围第五届凯度信息之美大赛。
	像市长一样思考	在国际数字媒体创新大赛总决赛中获得季军。
2017年	2016·洪水暴至	获得亚洲出版业协会(SOPA)卓越新闻奖之新闻报道创新奖。

---

[1] [美]菲利普.迈耶.正在消失的报纸:如何拯救信息时代的新闻业[M].张卫平,译.北京:新华出版社,2007.
[2] 戴欣言.从财新网看我国数据新闻报道的创新[J].新闻传播,2021(05).
[3] 资料来源:财新传媒官网。

续表

时间	作品	获奖情况
2018年	北京人口	获得亚洲出版业协会(SOPA)卓越新闻奖之卓越数据图像奖。
2021年	交互地图——健康中国无烟立法进行时	获2020年度中国烟草控制大众传播活动新媒体类作品三等奖。

2.数据新闻生产流程

知名数据新闻记者、德国之声的米尔科·劳伦兹把数据新闻的生产流程描绘为四步:第一步是获取数据;第二步是对原始数据进行清洗,过滤掉无用的数据;第三步是可视化呈现,对剩下的有价值的数据进行可视化处理,使抽象的数据更易被人理解;第四步是以新闻故事的方式传播出去。以下对比展示传统新闻生产与数据新闻生产的流程,能更直观地了解数据新闻生产的不同。

确定选题 → 采写 → 编审 → 排版 → 发行

图 2-6 传统新闻生产流程

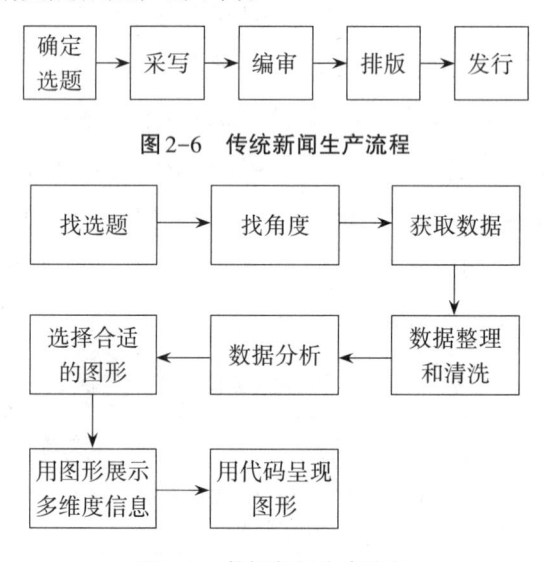

找选题 → 找角度 → 获取数据 → 数据整理和清洗 → 数据分析 → 选择合适的图形 → 用图形展示多维度信息 → 用代码呈现图形

图 2-7 数据新闻生产流程

相比传统新闻生产的线性流程,数据新闻生产的前两个步骤可以理解为策划环节,从第三步进入实操环节,由于新闻报道中包括数量庞杂的数据信息,会有较大的工作量[①]。采编人员在采访及撰写新闻报道时,需要搜集大量数据。数据分析师从海量的数据中进行提取并整理,以数据库的格式进行储存,便于程序员在写代码时提取数据。然

---

① 黄志敏,张玮.数据新闻是如何出炉的——以财新数据可视化作品为例[J].新闻与写作,2016(03).

后分析数据特征,进行报道内容生产,使错综复杂的关系网条理清晰,最终呈现出数据可视化新闻作品。

3.财新传媒数据可视化呈现方式

(1)数据地图可视化

在新闻报道中常常涉及地理位置、人员流动等信息,采用传统的文字报道方式很难让受众清晰感知空间变化。数据地图通过把数据添置在地图的坐标中,直观地展现出数据之间的空间关系,更好地传达新闻信息。①

图2-8 "高铁6小时能到的地方,你想去哪个?"报道截图②

从财新传媒具有代表性的数据可视化专题作品"高铁6小时能到的地方,你想去哪个?"中可以看到,读者点击任意出发站与终点站即通过色彩直观地了解两地之间列车的运行时间。这个作品以数据地图的形式将全国高铁与动车的线路图和运作时间制作成H5交互页面,读者能够更直观地获悉两个数据之间的空间关系。

(2)时间轴可视化

时间轴是从时间维度来展现事物变化轨迹的一种可视化形式,适合对时间跨度较大、涉及数据类型较多的新闻事件进行呈现,是运用较为广泛的可视化呈现手法。从叙事学角度分析,新闻叙事经常按照事件发展的时间顺序进行,当事件的时间跨度长、数据庞大、关键信息多的时候,多使用时间轴形式报道。

---

① 贾文文.财新网"数字说"数据新闻内容生产研究[D].保定:河北大学,2020.
② 图片来源:财新网数字说频道。

67

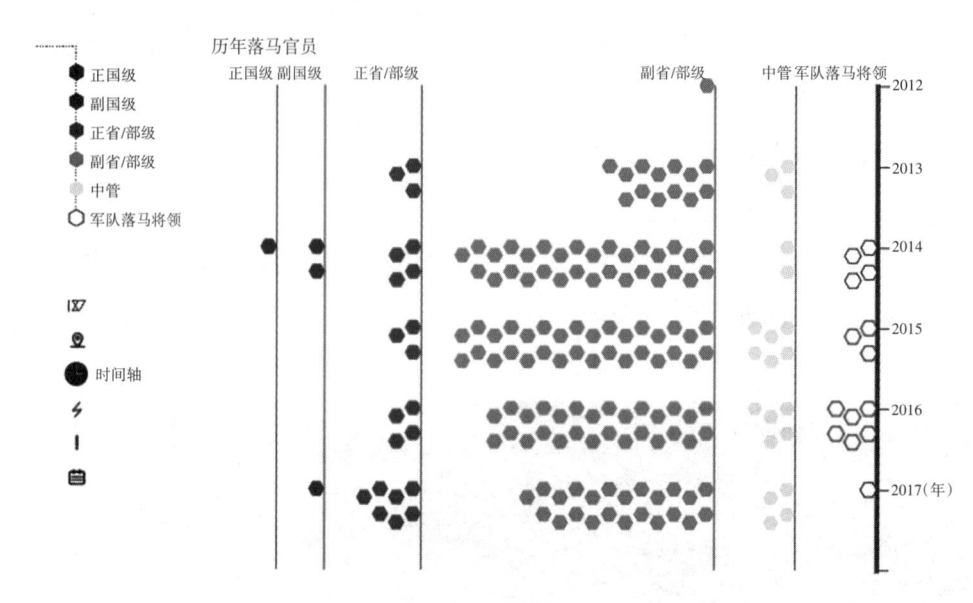

图 2-9 "反腐:187张面孔"报道截图①

财新传媒在2017年推出反腐专题作品"反腐:187张面孔",以从总到分的叙事逻辑展开,用时间轴和地图的形式回顾了中共十八大以来到十九大召开后五年间落马的187名高级干部。从地域分布、时间年份、违纪情况、罪名信息和刑期进行多维度叙述。在时间轴界面,用户可以直观地看到历年来官员落马人数,鼠标点击六边形框,即可获悉某一人物的详细资料,包括人物头像、任职等。还整合了落马原因、罪名、刑期等关键信息,减轻读者的阅读成本,最大程度增强读者的感官体验感。

财新传媒的前端工程师刘佳昕在一次分享会中表示:原本打算用更加新颖、炫酷的形式呈现落马干部的地域分布和落马原因,但经团队考虑,还是决定使用传统地图、时间轴等更简易的交互形式。由此可见,财新传媒认为读者是需要"培养"的,并且在制作可视化作品时,读者的阅读体验和传播效果最为重要。

(3)交互式图表可视化

传统的数据图表多为静态的,缺乏交互性,影响传播效果。而交互式图表融合了多种元素,内容更为丰富,更适合呈现较为复杂的数据信息,受众可以通过点击图标、输入数据等方式,获取感兴趣的内容,增加受众的参与感。

---

① 图片来源:财新网数字说频道。

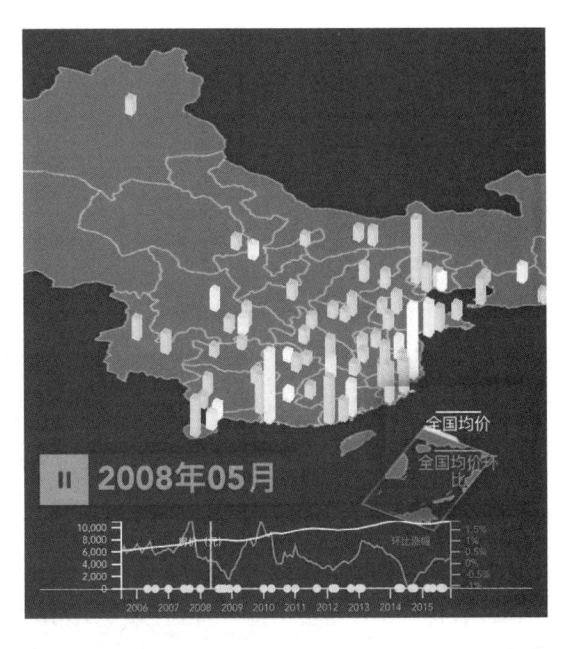

图2-10 "从调控到刺激:楼市十年轮回"报道截图①

图2-11 "从调控到刺激:楼市十年轮回"报道截图②

在"从调控到刺激:楼市十年轮回"的报道当中,财新传媒整理并分析了在东部、中部和西部地区70个城市从2006年到2015年的城市房价数据。设置动态地图、时间轴、环比图等互动功能,能够充分展示出庞大的数据信息。用户可以通过鼠标点击,在时间和空间上横纵向对比数据信息,能更精准获得资讯。除此之外,还创新设置了"房奴计

---

① 图片来源:财新网数字说频道。
② 同上。

算器"的程序,用户在计算器中输入省市和家庭月收入的信息,程序就会自动计算在相应城市买房需要还贷的年限,从量化的角度体现买房难的问题,用户也能得到一种充实的获得感和体验感。

(三)财新传媒数字化转型的战略

1. 打造专业团队,制作高质量内容

要想实现收入的持续增长,财新传媒必须一如既往地制作高质量内容。通过独特、原创、高品质、有价值的内容来吸引潜在用户进行付费订阅。而财新传媒实行全面付费的底气多半也源自其专注深度财经的品牌形象。因此,要想在同质化市场中脱颖而出,就必须建立起有别于免费媒体的品牌意识,精准定位人群、提供独特内容,使付费成为品质的契约性保障。[①]

在媒体发展的任何时期,将内容置于最前沿,锻造一支分工明确、优势互补的内容生产与运营队伍都尤其重要。由于数据新闻与传统新闻具有不同的特征,理想的数据新闻工作者应同时具备新闻报道、数据分析、软件编程和版面设计等多方面的能力,但这类全媒体人才数量稀少,这就需要组成一支具有复合型专业结构、体现媒介融合特征的新闻制作团队。

2013年10月8日,财新传媒组建了国内首支专业化数据新闻团队——财新数据可视化实验室,现已更名为财新数据新闻中心,主要负责数据新闻的内容生产。数据新闻团队主要由三种人组成:编辑、设计师和程序员。中心并行多个项目,每个项目按需要抽调人手组成项目组,有时还会临时与不同记者合作。[②]这支团队打破了传统的团队建设理念,由编辑、设计师和程序员等组成非独立跨部门的虚拟团队。团队成员有着不同的专业背景,深入参与到数据挖掘、新闻价值提炼及可视化设计等各个生产环节中。团队成员有十余人,只有少数人的工作固定,其余成员分布在编辑部门、设计部门和技术部门。在中国数据新闻发展历程中一直走在前列的财新数据新闻团队,逐步走过了从内容形态迭代到数据产品商业化的探索过程,目前已经被并入经营部门。[③]

[①] 方苏,傅中行.内容付费时代新闻付费模式探索与策略思考[J].新媒体研究,2019,5(22).
[②] 黄志敏,陈嘉慧.财新数据可视化实验室的创新[J].传媒评论,2015(04).
[③] 王琼,徐园,武汉大学数据新闻研究中心,等.中国数据新闻发展报告(2018~2019)[R/OL].https://www.pishu.com.cn/skwx_ps/bookdetail? SiteID=14&ID=12280765,2020-11-01/2022-03-28.

2. 瞄准各类用户不同需求,创新多元化付费模式

财新传媒从正式启动付费阅读以来,在不同用户不同需求的基础之上,推出"四通"优惠订阅专享计划,包括财新通、周刊通、数据通和英文通。财新通涵盖了财新网的每日新闻和有关周刊通的所有权益。周刊通用户则可以在不同的平台上阅读《财新周刊》全部内容。数据通以四大基础数据库为基础,整合了财新通、深度图文研报和《财新周刊》三大资讯服务,用户可以根据自身需求,获取行业相关数据或新闻数据。英文通涵盖财新网英文平台Caixin Global的全部版权内容并享有周刊通和财新通的所有权益。[1] 财新传媒还在客户端推出有关宏观经济、金融投资、理财消费、健康心理、经营创业、技能职场、教育文化等话题的私房课,根据授课内容的不同,各个课程的定价也不同。

在划分不同用户的需求之后,财新传媒积极创新多元化的新闻付费方式,致力于培养并巩固用户的付费习惯。财新传媒的新闻付费方式主要由计量付费、计时付费、分类付费、微支付、捆绑付费等相互结合,其中计量付费模式应用最为广泛。目前,财新数字新闻版有5篇文章可以免费阅读,其他文章则需要单篇购买或订阅财新通;限免板块允许用户在一定时间段内免费阅读内容;分类模式主要是开放部分免费内容,对于独家、深度报道以及财经、金融类的专业报道则需要收费。[2] 财新传媒利用多样化的付费模式培养用户的付费习惯,这是其能够成功实践新闻付费的关键。同时,这对于国民版权意识的提升具有重要意义。

3. 进行立体式推广与营销

作为国内第一家全面收费的新闻网站,财新通上线之后,引发市场和用户的高度关注。财新传媒也相应在线下安排了一系列推广活动,在机场和一些商业地标针对目标用户广告,旨在突出专业新闻的价值、激发读者对于收费阅读的支持。除自有媒体平台的宣发,财新传媒还在抖音平台开辟了"财新时间""财新FM"官方账号,用以传播具有显著新闻要素的片段,借助抖音的强大曝光能力起到宣传和引流的目的,充分利用线上平台来进行宣传。

据财新传媒副总编辑、财新网总编辑张继伟介绍,《财新周刊》自2010年上线起即为付费阅读,不仅积累了大量付费用户及相关数据,还积淀了相关技术准备,此次财新通的收费自2017年10月16日开始预热,而周刊的付费用户(298元/年,后调整为348元/

---

[1] 肖万宁.我国网络新闻内容付费模式的创新研究——以财新网为例[J].出版广角,2019(23).
[2] 钟健华,景小峰.变与不变:从财新网看出版业的创新[J].采写编,2021(04).

年)在11月6日前均可免费升级财新通(498元/年)。[①]

对已形成付费习惯的用户开放新升级新闻付费产品的使用权限,一方面,令财新传媒与老用户之间更加紧密地联结起来,另一方面,新上线的付费新闻产品完整承继了前一阶段财新传媒的资深用户。周刊的付费用户在11月6日前均可免费升级财新通这一营销策略,实际上是在引导线下付费用户转为线上付费用户,力图在数字化转型过程中,不流失原有用户的同时,顺利地促进媒体自身转型。

结语

按照布尔迪厄的资本转换理论,文化资本在一定条件下可以转换为商业或经济资本。在当前受众越来越愿意为优质内容付费的大环境下,新闻媒体可以积极将文化资本转换为经济资本,探索多元盈利模式。新媒体的冲击和传统盈利模式的结构直接促使传统媒体主动开辟新的盈利渠道。而新闻报道作品是新闻媒体最主要的产出,对其内容进行收费是最为直接的收入来源。财新传媒实行全面收费的成功实践对其他媒体来说具有很大的借鉴意义。

财新传媒对自己的定位是财经专业领域的垂直深耕平台,以专业独家的深度报道见长,原创性、专业性都非常强,能够为用户提供最为专业、前沿的财经资讯。其报道内容与资讯信息长期以来以准确、客观、严谨、克制的风格著称。而在新闻的内容制作和表现形式等方面,财新传媒一直在探索前进。无论是传统媒体还是新媒体,生产原创优质内容永远是核心竞争力。在新闻同质化严重的现状下,将原创优质内容展示给受众更是取胜的关键。

作为一个商业化运营的媒体,财新传媒在数字化浪潮中的内容管理策略有非常强的可行性。也为国内媒体行业敲醒警钟,在数字化转型过程中,无论进行何种改革与创新,用专业能力生产出差异化的内容才能具备强劲的竞争优势。

知识回顾

从广播电视和报刊来说,《非诚勿扰》《觉醒年代》和财新传媒的性质有所不同,但三者同属传媒行业,各自在内容生产和管理方面都有突出的亮点。总体而言,三者在

---
① 张继伟.付费阅读:财新网的思考与实践[J].新闻战线,2018(05).

媒介产品生产与内容管理方面的创新可以总结为以下三点：第一，坚持受众本位原则，着重关注受众的体验感；第二，积极拥抱新媒体，以互联网思维从容应对新媒体的浪潮，不断创新创优，在内容和形式上都作出创新；第三，打造差异化内容，即"拳头"内容，树立精品品牌意识，在生产内容前有既定的定位和目标，再围绕品牌核心进行媒介内容创作。

在新媒体语境下，保持内容的专业化调性，坚持自己的风格并不断进行开拓创新永远是传媒行业发展的根基。媒体工作者应高度重视媒介产品的生产原理与机制，树立精品品牌意识，不断创造出导向正确的新闻作品与影视文化作品。

思考题

1. 谈谈未来综艺节目生产的新趋势。
2. 简述《觉醒年代》的成功对国内主旋律影视作品的启示。
3. 请任选一家媒体，分析其转型过程中内容管理的亮点。

第三章　媒介业务拓展与商业模式

知识目标

1. "罗辑思维"的多平台业务模式和商业化思维。
2. 英国《卫报》的传统新闻业务模式和数字化变革方式。
3. 凤凰传媒出版集团的经营模式和融合转型方式。
4. 长江云融媒体平台的实践转型与机制创新。

能力目标

1. 了解"罗辑思维"的业务内容与盈利方式及知识付费的发展状况。
2. 了解《卫报》新闻业务模式与流程和数字化变革方式,并能延伸至我国传统纸媒的转型发展。
3. 了解凤凰传媒出版集团的主营业务、经营模式及其融合转型方式并学会延伸。
4. 了解长江云融媒体平台的实践过程以及所呈现出的"湖北模式",可独立探索国内其他地方融媒体实践方案。

思维导图

- 媒介业务拓展与商业模式
  - 文化产业的一源多用
    - 以"罗振宇"为核心的明星业务模式
    - 以得到 App 为核心的平台业务模式
    - 知识服务商业化思维带来的启示
  - 老牌报业集团的数字化变革
    - 开放式新闻模式的开创
    - 新闻模式创新下的业务拓展
    - 新盈利模式的探索
  - 出版公司的融合转型发展
    - 数字化转型的探索
    - 跨行业业务经营
    - 传统出版业的转型升级
  - 长江云融媒体平台的实践过程
    - 连接与交互:传统媒体平台化的发展方向
    - 场景选择:传统媒体平台化的功能设计
    - 机制创新:水到渠成的"湖北模式"

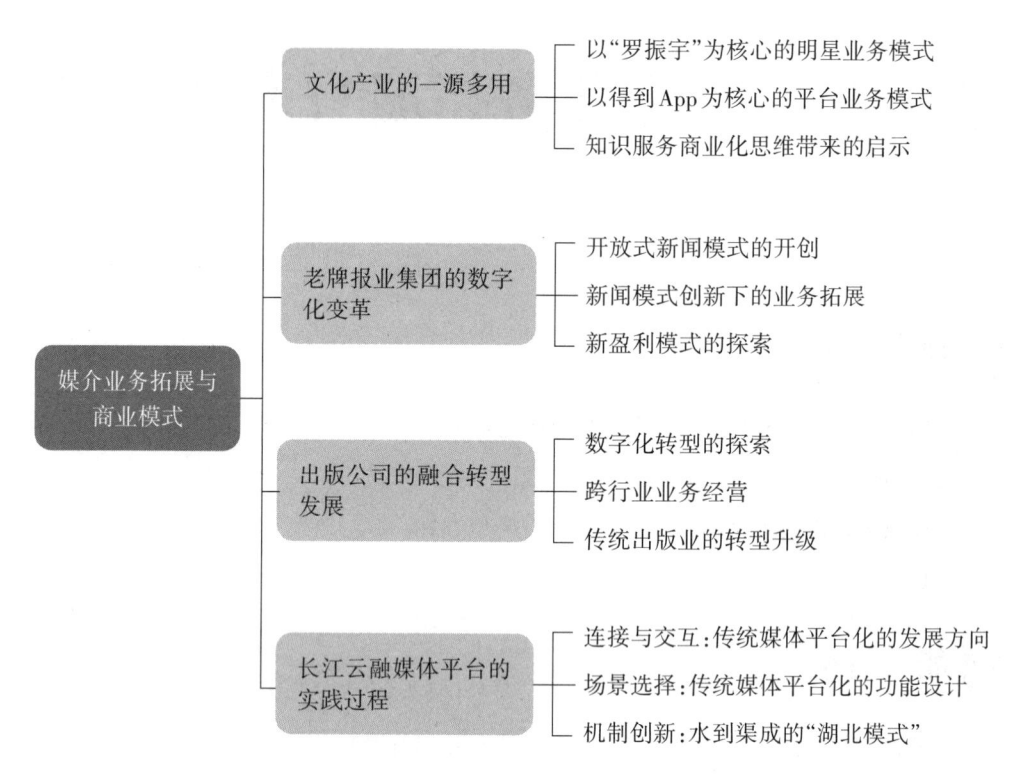

引言

本章选取了网络知识付费领域成功的"罗辑思维"、传统媒体数字化转型先锋英国《卫报》、数字化出版探索的凤凰传媒出版集团以及长江云融媒体平台的实践与创新为案例,分别对其进行媒介业务与商业模式的探讨,意图涉及各类型具有典型性的媒介产品,探索其发展的成功之道。

第一节 文化产业的一源多用

一、案例内容

2012年12月21日,《罗辑思维》第一期节目"末日启示向死而生"上传到优酷上,播放量达到162万次,评论近1500条,虽不及平均每期播放量超过400万次的《晓说》,但其表现已经远远超出优酷上大多数同类节目,《罗辑思维》一炮而红,此后每周更新一期。《罗辑思维》主讲人罗振宇是媒体人出身,昵称罗胖,曾担任过CCTV2《对话》栏目的制片人,从央视辞职后担任过《中国经营者》等节目的主持人,也曾出任第一财经频道的总策划。2012年底,罗振宇与独立新媒体创始人申音联手打造知识型视频脱口秀《罗辑思维》。凭借罗振宇强大的知识储备和独特的语言表达风格,仅仅半年,《罗辑思维》就由一款互联网自媒体视频产品逐渐成长为炙手可热的互联网知识社群视频产品。罗振宇认为,新媒体的本质就是社群。未来每个人都会摆脱工业时代给我们固定的社会角色和分工,自由联合,形成社群。

2014年5月,合伙人对"罗辑思维"未来发展方向出现分歧,罗振宇希望做大社群平台,进行更多商业化尝试,带着"罗辑思维"品牌和大部分员工出走。之后,罗振宇找到了两位新的合伙人,分别是软实力研究中心创始合伙人李天田和凡客前任副总裁吴声。李天田曾担任过多家大中型企业软实力建设项目负责人,熟悉80后和90后,拥有极强的能力。而吴声是电子商务和互联网研究专家,与凡客、顺丰、乐蜂网等公司关系密切。这三个人被称为"罗辑思维"的三剑客,共同将"罗辑思维"打造成互联网的实验场,进行各种商业化尝试。[①]针对罗振宇和知识付费的质疑声从来没有停止过,有人认为知识付费"听上去很美",但并没有从根本上解决实际问题,反而更多是在贩卖焦虑,曾经不会的知识现在依旧不会。这就不免让人质疑,"罗辑思维"的"知识付费模式"到底是否可行?也有人认为知识付费恰好满足了当代人的信息和知识获取需求,更好地填补了传统教育的空白。事实上,"罗辑思维"开创的知识付费模式创造了巨大的商业价值,引发

---

① 杨晓华.《罗辑思维》的商业模式与想象空间[C].两岸创意经济研究报告,2015.

了知识付费的时代潮流,为互联网时代自媒体的发展提供了新的思路,构建了成功的品牌社群。因此,我们对"罗辑思维"知识付费的商业脉络进行探索,以期探寻自媒体行业在互联网时代的商业创新模式以及知识付费平台的可行性与未来发展可能。

二、案例分析

(一)以"罗振宇"为核心的明星业务模式

1.创立节目打造知识圈,构建粉丝自媒体模式

在传媒企业发展初期,媒体人的个人形象和独特魅力能够起到关键性的作用,而在企业发展后期才会更多地依赖于组织管理和商业社群。在如今自媒体发展迅猛的时代,媒体人的个人形象更加关键,突出的、有魅力的个人形象能够使自媒体在供给市场饱和的情况下快速吸附受众,形成初步的粉丝社群,构建高忠诚度的粉丝基础群体。罗振宇在自媒体经营初期就是通过展现清晰的人格和独特魅力来赢得粉丝,效果显著,具体操作有如下两方面。

其一,打造知识网红,塑造媒体品牌。"罗辑思维"在媒介营销的初期,着力打造罗振宇的"魅力人格体系",塑造媒体品牌。罗振宇曾经在央视《对话》栏目中担任过制片人,因此,其对媒体发展有着独特的洞察力,开始自媒体创业后,罗振宇以他睿智的学识和犀利的观点,迅速成为"知识网红"的代言人。在"罗辑思维"中,罗振宇作为营销主体,既是"网红代言人"又是信息传播活动的"把关人"。罗振宇依靠其人格魅力,借中央电视台前主持人、第一财经频道总策划人的身份背景,通过整个团队对人格品牌的打造,聚集了一大批具有相同世界观和方法论的新中产阶级,并且将其平台定位为一群中产阶级知识分子追求创意、追求知识、追求投资的社群。精准的用户定位和内容输出使得"罗辑思维"经营了一大批粉丝,既沉淀了用户,又有效地构建了社群。借央视前主持人身份聚集了一众"粉丝",又进一步通过地区来划归"会员",完成了对社群高效有序的建构,根据不同的粉丝性质、忠诚程度实现了圈层化管理。

其二,多渠道节目宣传,提升品牌知名度。在创立初期,"罗辑思维"的主要业务渠道包括优酷视频、微博、微信公众号。2012年12月21日,罗振宇在优酷发布了第一期《罗辑思维》脱口秀,这是罗振宇首次出现在公众视野,《罗辑思维》脱口秀节目每周五在

优酷网播出,每期45分钟。与此同时,《罗辑思维》同名微信公众号上每天会推送一条60秒左右的语音,只要用户进行回复就可以立即收到推荐文章。同名微博上也同样每天保持和微信公众号一样的速度同步更新推送新文章。在节目创立不久,"罗辑思维"品牌很快成为自媒体领域的标杆,也让罗振宇迅速走红。微博、微信等官方账号联动展开对脱口秀视频的多渠道传播,吸引了更多粉丝关注。社交平台高频率的互动进一步增加了粉丝黏性,为之后的内容变现打下了坚实的流量基础。除了开通官方微博和微信公众号之外,罗振宇个人微博也是重要的广告阵地。罗振宇个人微博会同步运营,"罗辑思维"官方微博会通过经营"#罗胖的365天#"等话题来强化罗振宇的个人流量和影响力,通过罗振宇自身IP的高信任度捆绑用户对"罗辑思维"的热爱。

2.开拓实务电商领域,探索电商自媒体模式

在成功打造了核心人物IP之后,"罗辑思维"的后续发展模式变为围绕核心IP人物推出各类衍生产品,创造契机、制造噱头吸引粉丝买单,从单纯内容输出的媒体逐渐转变为知识型电商,主要从四个方面探索不同的知识变现路径。

其一,推出微信小店,代销精品书籍。2014年6月,"罗辑思维"微信公众号首次尝试推出微信小店,以微信商城为平台开始转向电商模式,试水互联网出版。"罗辑思维"的微信小店主要以卖书为主,从产品类别上来看,图书与知识媒体的定位最吻合,因此图书成为小店的核心销售产品。"罗辑思维"微信小店中销售的书籍种类丰富,有核心人物自著的书以及代理销售的书,还有许多其他平台买不到的新书以及具有罗氏烙印的精致商品。2015年,微信小店从不定期上新到每周五固定上新书,从开始的三五本书到独家销售的六十多本书,一年的图书销售额就超过了1亿元。

其二,原创图书,收购版权。除了代销图书之外,对"罗辑思维"产出的原创图书加以销售。例如"罗辑思维"会将其视频节目的优质内容精选出来编辑成册出书。2013年10月同名书籍《罗辑思维》出版,2014年4月,《罗辑思维Ⅱ》出版,两本书不但面向"罗辑思维"的会员和粉丝进行销售,也通过各大书商渠道进行销售,取得了很好的销售业绩。"罗辑思维"还在微信小店推出了"微刊",就是将微信公众号上的语音和文章整理后出版,吸引了大批粉丝争相抢购。这样"罗辑思维"既可以享受到版权收益,还可以通过自己的销售渠道获取书籍销售回报。在自己出书的同时,"罗辑思维"也在收购他人版权。"罗辑思维"致力于让断版书籍复出市场,这样既提高了公众对"罗辑思维"品牌的好感度,又拥有了丰富的独家书籍资源,能进一步吸纳潜在的受众。

其三,拓展销售IP衍生品。除了图书,"罗辑思维"还进行衍生品的拓展和销售。以《大唐雷音寺》为例,这个视频自媒体以"老梁"梁宏达为招牌,主讲历史、财经、创业、体育、时事等各个方面的趣闻。他们以节目为基础开发出了各类衍生品,例如梁宏达著作、折扇、字画、服装等,以突显文化气质为标语,吸引粉丝购买。再如,"罗辑思维"还售卖过柳桃、茶叶、《吴晓波频道》的"吴酒"等,以知识的名义给商品冠以文化的气质,精准投喂特定的粉丝群体。

其四,创新多样的销售形式。除了关注销售的产品外,"罗辑思维"在探索电商、微商的过程中十分注重销售活动的形式感和趣味性,以和"罗辑思维""有种、有趣、有料"的品牌调性相符合。互动、游戏及能否"玩"起来是"罗辑思维"评价活动成功与否的重要标准。2014年7月19日,"罗辑思维"开始在微信小店售卖月饼,月饼本身就具有很强的社交属性,可以很好地测试社交关系转化销售流量的极限边界。在实际销售过程中,"罗辑思维"与合作方"口袋通"着重设计,强化用户购买时的"分享"环节,比如在付款设计上突出社交功能,可以单人代付、多人代付,也可以采用送礼模式。单人代付是指用户下单但不付款,通过微信转发给朋友,由他人代为付款;多人代付同样是用户下单但不付款,通过把订单分享到微信之后由多位朋友共同为其付款,相当于一次迷你众筹;送礼模式是用户下单后完成支付,分享到微信后他人可以输入收货地址领取月饼。

3.线上内容线下活动,探索新盈利渠道

2015年12月31日,罗振宇在北京水立方做的第一场"时间的朋友"跨年演讲开始,"知识跨年""思想跨年"作为一种新型跨年方式,受到向往美好生活和处于努力拼搏状态的中青年人的追捧,逐渐成为一种新的社会潮流。2016年,第二场"时间的朋友"跨年演讲在深圳春茧体育馆举行,优酷平台和深圳卫视进行同步直播。这一年深圳卫视将"知识跨年"的形式引入了全国卫视跨年PK舞台,打破了传统跨年演唱会格局,跨年演讲实时收视率一度升至全国同时段第一,直播影响力引爆全国,赢得社会各界良好口碑。[①]"罗辑思维"团队用其特有的知识服务方式,创新了跨年的形式,并且在众多跨年方式中赢得了一席之地,为知识付费开辟了一种新型的商业模式,给同行树立了典范。

跨年演讲的出现使得"罗辑思维"的粉丝群体进一步被细分,进而使得"罗辑思维"把产品打磨得能够更加精准地匹配到铁杆粉丝群体中的核心创业人群,也就是"罗辑思

---

① 郭玲,李向辉.深圳卫视"知识跨年"引领行业新风潮[J].北方传媒研究,2018(01).

维"粉丝群体中的高消费人群。相比线上普通会员一年200元的费用,铁杆会员一年费用是1200元,跨年演讲的票价更高,例如罗振宇2020年"时间的朋友"跨年演讲的票价分为880元、1580元、2980元、4580元四档。通过演讲会可以进一步将粉丝分层,具有高消费能力的铁杆粉丝买票去现场,感受现场氛围,近距离观看偶像罗振宇,其余的粉丝可以通过优酷和深圳卫视直播观看,实现演讲的传播价值,最终将粉丝商业价值最大化。

"罗辑思维"通过自媒体聚拢粉丝流量,着力打造知识网红罗振宇的个人影响力,成功构建起社群品牌增加用户黏性,利用知识网红身份顺利带货。辅之罗振宇开办的线下个人演讲反哺"罗辑思维"品牌影响力,进而将慢慢聚集的粉丝孵化成刚需的粉丝流量,再转移到后续的延展平台——"得到App知识付费平台",进行流量的迁移。"罗辑思维"跨平台、多维度地传递了其"爱智求真"的品牌形象。

(二)以得到App为核心的平台业务模式

得到App于2016年5月上线。2020年5月26日,得到App诞生四周年,在一年一度给得到App用户的一封信中,罗振宇公布了最新数据,得到App的用户达到了3870万人,显示出其强大的营收能力。得到App问世后,"罗辑思维"节目进行了全面改版,已养成知识摄取习惯的粉丝几乎被强制性转移到得到App平台。

1.得到App的平台开发

其一,得到App的平台布局。2015年"罗辑思维"逐渐弱化卖书模式,开始从单纯的知识型IP转变为知识服务平台的流量入口,全力打造得到App,弱化罗振宇的个人形象品牌。得到App的知识内容在表现形式、时长、生产周期、学科、种类等方面都呈现出多样化特点,以满足不同用户多样的场景需求。在内容表现形式上,有文字、图片、音频、直播(视频)等,满足用户多样学习偏好;在时长方面,分为1分钟、5分钟、10分钟、30分钟或者更长不等,用户可依据自身时间安排选择;在生产周期上,有日生产(知识新闻、每天听本书)、周生产(得到周刊、得到一周金句)、季生产(罗辑思维1~5季)、年生产(专栏订阅)等层进式架构,满足分层受众在信息需求上的不同深度;在学科上,可分为历史、心理学、教育学、经济学、文学、哲学、艺术学等,满足不同职业群体的知识需要;在种类上,可分为职场技能、人际公关、文案写作、科技动态、艺术鉴赏、名人演讲、行业走向、儿童教育等,满足不同受众的知识需求。[1]得到App中付费产品主要有付费课程、电子

---

[1] 张耀辉,段弘.移动互联时代的信息生产与知识运营——以"罗辑思维"为例[J].出版广角,2016(10).

书、听书、训练营、商城、订阅专栏等,免费的产品主要有知识新闻。在平台内除罗振宇本人之外,还有众多学者入驻平台,例如李笑来、李翔、刘雪枫等"大咖",他们的入驻的同时为平台引进了大量流量。

其二,开设得到直播间。得到App专设了得到直播间,用直播形式对"订阅专栏"进行营销,集合了多位有影响力的人物,订阅专栏以"音频+图文"的形式为主,内容涉及经济学、自然科学、人文科学、音乐等多个学科领域,主讲人都是学界具有相当影响力的学者。例如得到App有一期主题为"通向财富自由之路"的直播创造了得到直播的最高纪录,主讲人是李笑来,当期直播预约人数为57325人,实际在线人数最高达到43857人,其直播的主要目的就是推销通向财富自由之路课程体系。直播平台具有强大的实时交互功能,它使内容生产与用户需求有着更高的契合度,按用户需求进行内容的定制化生产成为可能。主播可以基于自身特质寻求合适的受众,从而能够更容易、更便捷地按需求定制内容。在直播过程中的实时交流互动能让主播随时把握受众的需求变化,从而及时更新和调整内容。

2. 得到App的跨界合作

其一,与线下企业跨界合作,扩大用户基数。得到App服务的用户都是单一个体,因此也使得其购买力有一定的局限性。2018年7月20日,学道家塾微信公众号发布了得到App与企业培训的服务商益策教育合作的消息,通过益策教育面向企业提供得到App的知识内容和混合式学习产品定制服务。万科、美的、格力等200余家企业,通过益策订购了得到App的产品,用于构建跨界知识场域,赋能企业员工,为终端客户提供更优质的服务。由此,得到App又一次完成了商业经营模式的转型发展。"罗辑思维"逐渐发展成为聚合了300多万优质用户的大型平台,许多商家慕名而来寻求合作,商家利用"罗辑思维"的各类渠道和平台售卖产品,相应地会向"罗辑思维"交付一定的渠道费。比如,推广和菜头的鉴鉴软件,推广益策教育创始人李发海的课程等。除了直接收取渠道费用,"罗辑思维"也通过企业跨界合作增加自身曝光度,例如其与ZUK手机合作,用户只要回答对ZUK负责人常程的问题,就可以抱走由ZUK付过款的图书包,这样ZUK获得了品牌曝光,幸运的用户获得了图书包,"罗辑思维"也获得了售书的收入,实现了多方共赢。

其二,与传统媒体联手推广知识文化类节目。近几年,娱乐类、竞技类、亲子类等节目高频出现,长时间霸占了观众的视线,使观众产生严重的审美疲劳。随之而来的《朗读者》《见字如面》等文化类节目结合时代元素开始进入观众视野,广受好评。得到App

作为知识服务的主要发起者与参与者,为了扩大自身影响,也跻身知识文化影视推广的行业中。2018年7月27日,由得到App、江苏卫视、爱奇艺联合出品,在江苏卫视、爱奇艺、深圳卫视同步播出大型知识类脱口秀《知识就是力量》,弥补了得到App作为头部知识产品生产商在主流电视节目市场的空白,也使得到App开拓出传统媒体的大众传播空间和场景。

3.得到App的业务拓展

"罗辑思维"建立了"得到大学"。为增强用户的互动性,得到App建立了线下学习平台。得到App作为一款手机应用软件,交付的用户分散在世界各处,缺乏彼此间的互动性、协作性。为了让线上知识付费为线下课程导流,也为了用户更好的学习,得到App开始将用户的学习场景回归到传统严谨的课堂中去。2018年10月13日,"得到大学"在北京、上海、深圳三座城市落地,第零期课程开始,共招生278名学员,这278人是来自各行业处于职业上升期的精英人物。它的招生要求极高,后续第一期招生报名者超过5000人,录取者却只有300人,并且都是行业领袖和顶尖企业家,录取比例只有5%。[①]之前得到App交付内容发生在线上,是知识经济和终身学习背景下,用户自主学习产生的行为,但对于用户的真实学习过程和学习效果,实质上是很难正确判断的,线下成立实体知识教育机构就能够很好地解决这个问题,让学员回归传统的集体学习的场景中,学员之间可以互相鞭策和激励,实现更好的学习效果。用户购买线上知识付费产品后,下一步自然需要向线下课堂进行转化。"得到大学"的尝试旨在最大化地实现线上线下的数据融合,给未来教育培训产业提供了一种新的发展思路。未来教育培训产业将形成一套完整的线上知识付费引流,平台内培育价值与信任,再向线下导流的整体运作模式。

(三)知识服务商业化思维带来的启示

1.完善平台规则,建立管理细则

其一,注重知识产权保护。关于内容付费的尝试心得,罗振宇曾亲自讲述过如下三个层次:第一层次,把头部的人和内容圈起来就能赚钱,但是后来意识到了问题,因为在互联网时代每个人都在被赋能,赋能到极端的用户就需要一个翰林院;第二层次,在不同行业找到牛人分兵把守信息,如得到App推出的《前哨·王煜全》和《吴军·硅谷来信》产品;第三层次,把某一领域的知识做成新时代的版权级的产品。罗振宇认为,

---

① 姚亚新."得到"App知识交付创新策略探析[D].保定:河北大学,2019.

用户更愿意为"版权型知识产品"付费。以《新华字典》为例，商务印书馆"抢占"了汉字字典这个认知后，其他竞争对手再难跟进。占领用户的认知将是内容付费市场竞争的关键，所以"罗辑思维"更加注重知识产权的保护措施。"罗辑思维"作为一个知识中介，其知识服务试图建立标准化生产的流程和规范，以保证知识服务的品质，其坚持邀请制，不开放任意上传的权限，把自律作为重要的产品战略，对所有的知识产品做严苛的品控管理。

其二，业务操作流程标准化。做知识消费品，内容是建立商业模式的基础，失去优质的内容就失去了可以源源不断提供用户流量的入口。在"罗辑思维"内部有专业的选题和内容团队为每期节目提供素材，保证内容输出的质量。比如铅笔社的李子旸为"罗辑思维"供稿等。还有众多社会各界不同领域的资深创作人将某本书吃透，经过严格的内容把关后为罗振宇提供观点、数据素材等，经由罗振宇消化吸收后，以自己独特的方式呈现出来，形成其"有种、有趣、有料"的知识内容，降低广大受众接受的难度，赢得用户的喜爱。只有专业的人做专业的事，只有成熟的作业流程机制，才能最大地发挥出资源整合的效能。

2. 垂直领域深耕，提高内容质量

在得到App推出一年多的时间里，年度订阅是其主打的内容产品，其推出第一个订阅专栏时，定价199元。得到App在市场上的竞争对手喜马拉雅等媒体产品主要的定位是内容较为丰富，只要内容符合基本要求就可以在平台上销售和传播，而得到App走的则是一个差异化的道路，它更注重的是精不是多，尤其强调内容的品质化、原创化，其更关注用户需要什么，这种差异化的运营方式和市场定位有助于得到App的长期可持续发展，稳扎稳打维护消费者。得到App深入内容孵化生产环节，严格把控每个内容产品的质量，保证每一个内容产品都是精品。它采取买断专业内容生产的内容版权模式，辅助PGC生产制作知识内容、自制知识内容等方式，不仅提高其在知识付费行业的竞争力，也促进了用户参与和知识创造。

在内容为王的时代，经营者要把视线从超越竞争对手移向专注受众需求，才能获取更持久稳定的发展。以内容为纽带去连接用户，建立一种利益共享的经营模式至关重要。对于很多平台为博眼球，内容粗制滥造，为吸引流量主打"标题党""刷流量"等只是一种短期的盈利模式，无疑是在饮鸩止渴。"罗辑思维"从2012年开播到现在，粉丝数量不断上升，最主要的原因就是它对于内容的严格把控，在迎合受众的同时，又能做到自

身的营销纯化。因此,在自媒体时代,只有积极打造优质内容,才能最终被受众所认可和接受。

3.打造知识社群经济,探索多种盈利模式

媒体人个人魅力的作用会随着媒体的不断成熟而逐渐被组织管理和商业社群替代,因为相对于传统的粉丝经济来说,社群经济更加持久繁荣。社群经济发展到一定程度会自我运作,但粉丝经济不会[①]。社群经济更强调人与人之间的横向沟通,而粉丝经济向心力过强。[②]社群经济是一种相互交叉的网络关系,为了服务用户而产生的经济效应,而粉丝经济则是有一个中心,所有人围绕中心产生的经济效应。[③]因此,发展社群经济成了众多自媒体的发展战略。"罗辑思维"聚集起一批兴趣、价值观一致的用户,开创丰富多彩的玩法,形成了自己独有的社群文化,在全国各地建立了"罗辑思维"活动小组,形成线上与线下的有效互动。

"罗辑思维"积极构建了粉丝知识圈,发展会员制度,开创"众筹"新盈利模式。在运营初期,"罗辑思维"主要是通过收取会员费、微信用户打赏费以及优酷广告费来进行盈利。"罗辑思维"的会员招募一共进行了两次,2013年8月9日"罗辑思维"第一次招募会员,号称"史上最无理的会员召集",不承诺任何会员回报,结果却惊人——原计划招募5500人,筹备5天的销售期,竟然6小时就抢购一空,最后还增加了600个名额,瞬间集资160万之多。[④]2013年12月27日进行了第二次会员招募,唯一通道是微信支付,24小时内共有2万人购买了会员资格,轻松募集800万,创造自媒体收入新高度。

结语

"罗辑思维"的诞生是新媒体时代技术盈余和知识盈余的结果,知识付费的思维和模式其实就是走向深层的知识共享的实践,而"罗辑思维"无疑是这一实践的佼佼者。知识付费平台要想持续发展,需要两个方面的生产,一是社区的知识生产,二是社区成员形成的"知识共同体"的生产,两者并行,才能为知识转化为经济做出更全面的铺垫。"罗辑思维"实际上就是着重在做这两件事情,构建以罗振宇为核心的明星业务模式,打

[①] 魏武挥.社群经济与粉丝经济[J].财会月刊,2014(34).
[②] 胡泳.社群经济不等于粉丝经济[J].商学院,2015(09).
[③] 陈建英,文丹枫.解密社群粉丝经济学[M].北京:人民邮电出版社,2015.
[④] 张晗梅.罗振宇跨年演讲会的商业模式及一源多用策略分析[J].现代商业,2020(31).

造粉丝社区,创建"得到"App平台,为社区成员提供一个真实便捷的交流聚集地,通过众筹、开发会员、线下教育等形式,最终由知识向经济转化。互联网为自媒体提供了广阔的发展平台,使自媒体得到了很大程度的发展,同时,自媒体的发展也为信息传播提供了多种渠道,"罗辑思维"的发展就是实例。自媒体作为媒体的一部分,其在发展过程中必然会遇到阻碍,但只要自媒体人能够本着正确的发展理念,不断地进行创新,就能够有效地推动自媒体的发展,并且在满足人们需要的基础上获取更多的经济效益。

第二节 老牌报业集团的数字化变革

一、案例内容

《卫报》(The Guardian)原名《曼彻斯特卫报》,最早创于1821年,1959年更名为《卫报》,是英国的全国性综合内容日报,与《泰晤士报》《每日电讯报》合称为英国三大报。该报注重报道国际新闻,擅长发表评论和分析性专题文章,主要读者为政界人士、白领和知识分子。在欧洲知识界,《卫报》的影响力超过了任何一张报纸。发展至今,《卫报》成了严肃的、可信的、独立的新闻代名词,是一份定位于高端市场的主流大报。2014年,《卫报》与《华盛顿邮报》一同报道了一则震惊全球的新闻:披露美国政府大规模的监控活动,也因此获得国际新闻界公认的最高荣誉——普利策奖。而后在新媒体的冲击下,《卫报》率先意识到必须进行数字化改革才能自救,曾一度被业界赞为拥抱新技术的先锋报纸。面对数字化浪潮,《卫报》进行了彻底的开放式转型,这种转型不仅是新闻内容模式的转变,还包括整个商业模式的转型。

英国人酷爱看书读报,可以说是全民读报。报纸的种类繁多,以至于曾有这样的调侃:在英国,光看一个人所读的报纸就能判断他(她)的阶层、教育和生活。在未受到新媒体冲击之前,英国报业市场每年收入规模居世界前五位,可谓是拥有强大媒体力量的传媒大国。但据相关数据显示,2007年到2017年的10年时间,英国共有292家地方性报纸关门,新创办的120家报纸也岌岌可危,纷纷削减支出。英国主流报纸的发行量从2013年开始急速下滑,仅2017年,整个英国报业发行量下降了7.6%,英国全国性报纸的广告收入也下降了12%。[①]在过去,广告收入一直是报业的主要盈利来源,但随着广告量的逐年减少,《每日电讯报》于2014年裁撤80个纸质版编辑岗位;英国其他主流大报《金融时报》《泰晤士报》等也都宣布各自削减数十个纸质版编辑岗位[②];199IT互联网数据中心显示,英国《独立报》于2016年3月开始停止发行印刷版,转向单一数字化发展;《卫报》也将在2016年裁撤250个职位,削减20%成本。以上列举数据仅仅只是英国几家报业,主流报纸的命运尚且如此,其他上千家小型报社的困境便可想而知。

为了适应用户全新的媒介使用习惯,英国许多报社纷纷投向新媒体阵营,许多大报都开始把新闻业务的重心转向数字化版块,设立门户网站、开发新闻App、开启内容付费等全新的商业模式。这样的模式显然是成功的,如《金融时报》的"数字和服务"收益远远超过过去赖以生存的广告收益,其他报社也通过转型顺利度过了纸媒的"寒冬"。《卫报》通过创新数字可视化报道、增加用户参与、利用社交平台等方式,成为西方报业数字转型的先驱,却长期面临亏损。为提升数字化全平台策略,抓住数字转型机遇,《卫报》力求打破"数字泡沫"假象,注重整合编辑与商业运作。2020年,《卫报》扭亏为盈,其数字收入占总收入的一半以上(55%),远远高出《纽约时报》的同期数字化转现率(40%)。

从英国传统纸媒最终度过低迷期我们可以肯定,"纸媒消亡论"太过消极,传统纸媒以积极融合的方式存活了下来,更加证明了:没有跟不上时代的行业,只有跟不上时代的思维和人。

二、案例分析

《卫报》作为在英国久负盛誉的老牌报纸,在传统报业持续低迷时期果断求变,主动融入新媒体、拥抱新技术、拓展新业务,拯救自身命运。本节将从以下三个方面探索《卫报》的数字化变革之路。

(一)开放式新闻模式的开创

开放式新闻模式首次被提出是在2012年,什么是开放式新闻,我们用2012年《卫报》推出的一则短片来解释它:《三只小猪》的童话故事在英国人人皆知,《卫报》以此为

---

① 姚青君.传统纸媒危机下英国报业的创新探索[N].中华读书报,2018-2-28(13).
② 白阳.英国纸媒转型之路不轻松[N].人民日报,2014-7-3(22).

蓝本进行二次创作。改编版的故事讲述了三只小猪炖煮了一只大灰狼,警方调查后发现三只小猪是为了还房贷而进行骗保。视频一经推出就引发舆论热议,民众积极参与探讨其中映射的社会问题:弱势群体的犯罪与私有财产的正当捍卫,还有"房贷"这一世界性难题。《卫报》用报纸、网站、推特等各种媒介进行全方位的报道,使该事件在舆论大潮中一步步演变成全球焦点,传播范围极大,但在整个事件的报道中,《卫报》并没有发出自己的声音,而只是从一个叙述者的角度全面、公正、客观地将事件原原本本呈现给观众,将发表意见的权利完全交付给观众。因此我们可以看到,越来越多的民众在各个开放的媒体平台发表言论,事件的走向不由媒体预设而是由民众舆论来带领,《卫报》俨然已经向观众传达了其"独立自主,不受政治影响"的立场,更展现了自己的态度:将新闻从开始到结束的全部过程全面呈现给观众。至此,《卫报》以短片的形式向外界宣告了其进行数字化转型的决心。

《卫报》提出的开放式新闻模式就是向用户开放一切,包括对其开放数据、平台,让用户直接参与内容生产的环节,用开放式服务与用户"共创新闻"。[1]《卫报》从新闻主导者变成帮用户获得文本信息的协助者,这一思路颠覆了传统新闻生产的方式,也为《卫报》的转型奠定了核心基础。开放式新闻模式的具体实践可从以下三个方面进行探析。

1.开放数据源

其一,用大量数据制作新闻。英国《卫报》是最早探索数据新闻的媒体之一,其运用各种技术在各大平台与用户积极互动,如今已成为数据新闻领域的模范。《卫报》的交互性贯穿数据新闻报道的多个环节。《卫报》在2009年率先开设了"数字博客"栏目,这是全球主流媒体中采用纯数据报道新闻的首位开创者,让新闻得以用可视化的方式呈现。数据的开放不仅意味着以数据为主的新闻在未来将成为主流报道形式之一,更有可能改变新闻分发的流程。在传统新闻生产中,媒体通常要承担"新闻一出,无人问津"的风险,这是因为新闻采编人员事先无从得知用户的喜好,且用户的兴趣变化是无法掌握的。但海量的数据分析却可以帮助媒体及时获取用户的兴趣偏好,做到精准地向不同用户推送他们喜欢的内容。

其二,向用户开放数据。用户可免费下载《卫报》网站上的所有数据,其目的是获得更多用户的注意力,在有大量用户的基础上就能够开发其他盈利模式便于业务拓展。

---

[1] 周宇楠,叶新.传统报业的转型生存之道——以英国《卫报》为例[J].出版广角,2017(21).

有数据为支撑的新闻可信度一般高于纯文字新闻,用户借助数据,会更加认可其新闻的真实性和可靠性,对其新闻质量的认可实际上等同于对《卫报》的认可。《卫报》向广大用户开放了世界各国政府、高等院校以及科研机构的数据库链接和搜索引擎,并提供下载服务。这些链接是《卫报》新闻数据的源头,用户甚至可以从中捕捉到未曾公开的隐含信息。为了让这项业务更好地开展,《卫报》还专门设立了"数据商店",不仅为用户提供数据新闻的培训教程,还售卖新闻生产所需要的辅助性工具,帮助用户更好地使用诸如Google平台中的数据操作软件,让用户自己编辑新闻,从而更好地吸引流量。

其三,免费公开研发的软件,开设相关辅导课程。用户可以自行通过这些免费软件和课程更加清晰地了解如何使用网络工具和编辑数据新闻,使得他们能够更好地参与其中,体验"记者"的工作,大众传播的双向效果更加明显。《卫报》向用户完全开放数据、评论和应用工具,并提供数据新闻写作培训,从而发展出完整的由用户主导的众包新闻报道模式。这一模式有助于强化用户参与、拉近用户关系、提升公众媒介素养,让用户成为真正的新闻参与者,也有利于促进社会整体对数字新闻报道和《卫报》品牌的认知度、参与度和信任度。

2. 开放编辑部

开放式新闻的另一种实践是向读者开放编辑部,让读者参与新闻制作过程。在传统纸媒的新闻采编流程里,新闻选题及新闻内容在稿件刊发前都是严格保密的。但《卫报》反其道而行,选择将资源开放以作为变相的宣传。

其一,编辑部会在网络上公开近期的拟用选题,读者可以自由发表意见,最终根据读者的反馈情况来确定新闻选题。这意味着读者和编辑有了交流探讨的机会,改变了以往新闻制作过程全封闭的模式,让读者参与其中,从"读者可以选择自己想看的"转变成"读者可以决定自己想看的"。当然,可探讨的选题范围是有限的,前提是不违背法律道德,不违背新闻真实。

其二,让读者成为作者。对于《卫报》而言,信息收集是一个双向的过程:网络平台不仅仅是信息发布的平台,也可以成为收集信息的平台。[1] 早在1997年开始《卫报》就在报纸栏目设立"读者编辑"的职位,有意将读者纳入新闻生产队伍,这个职位最主要的功能就是实现传受的良性互动,在记者、编辑和读者之间搭建了一个畅通的交流渠道。读者可以通过网络获取信息,平台也可以通过读者的评论收集信息,《卫报》会将读者对新

---

[1] 章戈浩.作为开放新闻的数据新闻——英国《卫报》的数据新闻实践[J].新闻记者,2013(06).

闻的评论附加在新闻内容后面共同印刷刊登。此外,在"开放新闻"一栏,读者可以提供自己的新闻作品,由编辑筛选合格后即可刊发。

3.开放平台和技术

开放平台意味着打破新闻媒体的分发系统,允许外部平台将其他平台的内容应用到自己的程序中。①《卫报》向第三方平台开放 API(Application Programming Interface)技术,使其可免费获得《卫报》的数据资源以及网站上的所有内容。②平台开放打造了一种新的商业模式:免费使用数据和内容的前提是第三方要在自己的发布内容上附加《卫报》的网址链接。这就为《卫报》增加了多个传播源和宣传渠道,当第三方平台上的内容被广泛传播、转载、分享时,用户实际上看到的是《卫报》的报道和链接,既实现了自我平台宣传,又实现了与合作方的双赢。再者,并非所有人都愿意将《卫报》视为接收信息的唯一来源,市场各种媒介竞争激烈,用户选择多种多样,《卫报》开放平台的目的就是为了自身内容能尽可能多地嫁接到其他平台,通过多平台策略促使信息流向那些没有以《卫报》作为接收源的受众,既增加了曝光率和传播面,吸引了广告商投资,又增加了受众从关注第三方平台继而关注《卫报》的可能性。

(二)新闻模式创新下的业务拓展

1."移动+新闻":创新新闻推送理念

随着移动互联网的快速发展,全球的媒体用户对智能手机的依赖程度日益加深。为此,《卫报》于2015年打造移动创新实验室(Mobile Innovation Lab),开启"移动+新闻"的传播模式,抓住移动端用户的市场,在内容上为用户提供更好的阅读体验。

其一,即时通知。新闻推送本是移动端最常见的传播手段,但大多数的信息推送要通过新闻App进行,没有下载App的用户就无法接收推送。而《卫报》的即时通知弥补了这一缺陷,它借助谷歌网页推送技术,让用户无须下载移动创新实验室的App也能接收新闻。移动创新实验室的"即时通知"项目先后在"美国就业报告""美国大选""英国脱欧"的新闻报道上进行试验。如"英国脱欧",《卫报》采用投票调查的推送形式吸引用户

---

① 王辰瑶,刘娉婷.《卫报》"开放新闻"实践的个案研究[J].编辑之友,2016(07).
② API 技术:即应用程序编程接口。应用程序编程接口是一组定义、程序及协议的集合,通过 API 接口实现计算机软件之间的相互通信。所谓的开放 API 是服务型网站常见的一种应用,网站的服务商将自己的网站服务封装成一系列 API 开放出去,供第三方开发者使用。

关注,公投期间,约有1.4万人订阅了移动创新实验室的"即时通知",其中93%来自手机用户,7%来自桌面用户[①]。《卫报》使用这种方式,最大程度降低了用户获取信息的成本,争取到大量没有下载App的潜在用户。一方面使用户以更便捷的方式获取信息,增强其阅读体验,另一方面也提升了《卫报》的影响力和知名度。

其二,智能算法打造"智慧文章"。《卫报》移动创新实验室与谷歌合作,利用算法开发了一种新闻叙事新模式——智慧文章(Smarticle),旨在推送用户认为最有用的信息。该新闻页面由多个小板块组成,用户访问页面时,会根据用户访问各板块的频率、阅读时间等推测该用户感兴趣的新闻,从而进一步推送相同主题的后续报道,帮助用户形成模块化知识体系。根据格式塔心理学原则,人倾向于将看到的事物当作一个整体感知。[②]这样的模式有助于用户将接收的信息形成一个完整的图式,提升用户的能动性以及对新闻报道的理解深度。

2."数据+新闻":丰富新闻内容载体

其一,数据新闻可视化。《卫报》开创"数据博客",专门报道数据新闻,成为国外数据新闻较早的一批实践者。自"数据博客"开创以来,至今已经发布了数千则新闻。《卫报》的数据可视化呈现形式非常丰富,有数据地图、时间线、动态交互、泡泡图等,涉及从国内到国外,从政治到生活的各个方面,丰富的形式对数据新闻的包装起到了很好的辅助作用。为尽量获取全面准确的数据,《卫报》制作数据新闻的信息主要来源于政府及政府组织,信息源可信度高,数据量大,用户获取便捷。相比传统媒体枯燥乏味的文字报道方式,数据新闻让用户们能够看到更加生动灵活的新闻报道,使新闻具有立体感,打破了传统媒体的二维时代。通过平面和视频动画的完美结合,运用数据使新闻呈现出生动化和立体感,增强了新闻报道的可视化,激发用户的参与性和互动性,开创了一种全新的报道方式。

其二,数据新闻的交互性。在"数据博客"中,用户可以根据每篇数据新闻中注明的链接免费下载数据新闻。同时"数据博客"中开放的评论平台,用户可以自由地发表看法,也可以对新闻报道提出疑问,并将自己的意见或者看法与编辑进行交流和沟通,促使新闻报道更加完善,能尽可能地还原事实。通过"数据博客"的评论平台,数据新闻的双向互动效果更加明显。相比传统媒体的单向互动或双向互动,如读者来信,数据新闻

---

① 祝源.《卫报》:"移动创新"让更多记者参与[J].新闻战线,2016(21).
② 毛良斌,汤子帅.数据新闻:操作与实践[M].杭州:浙江大学出版社,2019.

的报道更为及时,符合受众的口味。此外用户还可以根据自己的喜好将正在浏览的新闻报道分享到其他渠道,及时传播和互动。

3."智能+新闻":拓展新闻接收场景

其一,离线新闻。2017年10月《卫报》移动创新实验室推出了一款名为Lab Rdr的应用,它的主要功能就是推送离线新闻。只要用户开启离线推送服务,便可以在没有网络的情况下,依然可以根据自身的阅读兴趣获得新闻推送。此外,用户还可以根据自己的网络状况手动设置离线新闻的推送时间,Lab Rdr会利用大数据攫取用户的阅读偏好,将满足用户个人喜好的定制内容打包离线推送给用户,使推送的内容更加精准。离线新闻能为一些没有网络服务的用户提供个性化服务,满足了用户即使在没有网络的情况下也能随时随地看新闻的需求。

其二,沉浸式新闻。《卫报》开发了9种能够产生不同体验的VR模块,让用户初步了解该项技术。沉浸式新闻是通过虚拟现实技术把受众代入"新场景",产生身临其境之感。在新闻生产和推广中应用虚拟技术往往会让新闻阅读体验更加立体化。在报道新闻的过程中,传统媒体除了使用影像资料和图文之外,还可以借力传播渠道的开发,采用VR等新兴的传播技术还原新闻现场,让用户在数字虚拟环境中重回新闻事发现场,感受现场的真实情况。沉浸式新闻既增加了用户的参与感和互动性,又增强了新闻事件的客观性传递,成为一种新闻报道的全新形式。

(三)新盈利模式的探索

在盈利模式的选择上,《卫报》坚持内容免费模式,用户无须付费就能浏览网站上的所有内容。然而,内容免费不利于企业维持经济效益和保证内容品质。为解决这一问题,《卫报》采取了见缝插针式的多元化营利模式来解决内容免费带来的问题。

1.贩卖数据和技术

我们在前面提到过《卫报》实行开放数据源战略,数据虽然是无偿的,但第三方使用数据后所带来的收益是有偿的。开放式数据平台上,《卫报》允许用户不出于商业用途免费使用其数据库,与此同时还授权第三方接入数据平台,但后者则需要和《卫报》达成定制协议,即第三方可以把《卫报》的数据内容用于商业营利,但所获得的收入必须与《卫报》平分。例如,某个第三方平台获得授权后将《卫报》上的新闻通过原文转载、修改创作等方式发布在了自己的平台,通过此新闻获得了流量、广告业务等收益,但第三方实际上没有投资成本,而是利用了《卫报》数据库的现成资源,因此这份收益需要与《卫报》共享。这种做法不同于传统的思维模式,因为直到今天,很多媒体仍然将数据视为命脉,而《卫报》将获得的各种数据向第三方公开,其理念是"数据共享则利益共享"。一则增加了《卫报》收入来源,二则拓展了《卫报》的业务范围——从前收集数据是为内容制作和报社发展提供参考,如今数据本身也具有价值,使用的第三方平台越多,收益也就越多。

2. 付费平台和广告收入

《卫报》的平台收入主要来自两个方面。第一个平台是电子商务平台。《卫报》借助自身品牌的影响力,按照电子商务模式建立了书城和电子书交易平台,这个平台同时作为一个出版中介平台帮助中小型出版社获取出版资源,收取一定的中介费用。第二个平台是社交平台。《卫报》利用自身的品牌影响力开辟了"卫报心灵伴侣(Guardian Soulmate)"交友网站,用户可以在该网站上免费注册账户,但只有付费订阅后才能查看别人的完整信息以及开通留言和筛选功能,这也为《卫报》的盈利拓展了更宽的渠道。

广告是报纸的重要经济来源之一,这一点在网络时代也从未改变。《卫报》的网站和各个平台也接受网络广告的投放,但《卫报》在自己的开放平台上设置了广告共享,即用户在免费使用数据和内容时必须同时保留和分享网站的广告。广告共享加之开放数据平台带来的高曝光率,使《卫报》网络平台广告的传播效率比传统的广告刊登传播效率高得多,这使得广告商愿意投入更多的广告费来投放广告。

3. 拓展数字付费会员

为打造可持续发展的商业模式,《卫报》的数字转型持续升级。《卫报》推行了以用户为中心的数字付费会员计划,其会员等级有三种:支持者、好伙伴、老顾客,对不同类型的会员收取不同的费用。除了一些所有会员都能享受到的基础福利外,《卫报》针对不同等级的会员提供不同级别的服务,会员等级越高,享受的增值服务也就越多。支持者可获得每周新闻简报、专栏作者答疑、来电问答等;好伙伴可享受线下活动门票、实体刊物等福利;老顾客可在前两者基础上获得更多服务,例如参加《卫报》俱乐部所提供的高端沙龙,享受更多文化类产品。《卫报》从2014年开始实行会员制,次年《卫报》就收获1.2万名会员和17.5万名纸质和数字订阅用户;自2016年实施"关系战略"之后,其订阅收入首次超过广告收入,月付费者达30万人。截至2019年,约有80万名读者向《卫报》付费,其中30万名为惯常付费会员,较之两年前增加5万名。此外,共有来自140个国家的20万名数字及纸质报纸订阅读者,这些读者带来的"一次性捐赠"次数累计达30万次。①

会员制的盈利模式发展至今已经成为业内一种普遍的商业趋势,如今各大视频网站、App等都在开展会员制。但这种模式是在尊重知识产权意识逐渐被强调的基础上进行的,这要求新闻必须要有赢得读者信任、有阅读价值的内容,否则难以吸引足够数量的付费会员。但总体而言,《卫报》实行的会员制开启了新的盈利模式,改善了以往纸媒运营过度依靠广告收入的境况,也提升了《卫报》自身的品牌价值。从短期来看,会员计划或许只是帮助《卫报》快速拓展收入来源的一种方式,但它的影响远不止于此,《卫报》在为用户提供优质内容、附加体验的同时,用户也为《卫报》相应地提供了有关创意、未来发展模式等方面的建议。通过这种双向互动的方式,媒体和用户都能得到提升。

4. 众筹模式

其一,网络打赏。《卫报》的众筹模式即内容需要读者"打赏"(类似于今天的微博文章打赏)以帮助记者进行进一步的新闻调查。《卫报》在每篇新闻报道页面下方均标示出"请求打赏"的链接与文字说明,读者可以自愿选择定期支付或一次性支付。为此《卫报》还组建了专门的小组,由新闻编辑部、业务部、用户体验设计和软件工程师组成,研究如何将新闻与订阅和打赏结合起来。这个部门大约有50人,他们的工作之一是进行大量的测试来支持订阅和打赏项目,不断测试如何提高用户打赏意愿,提高用户转化率。这种打赏模式实际上是基于用户中心的思维,将用户的情感与信任连接到媒介品牌上,取得了明显效果。这种众筹模式在实行初期虽然受到了不少同行的谴责,但据相关数据显示,到2016年底,《卫报》已经拥有了50万固定的用户和30万一次性打赏的用户。来自读者的收入,包括订阅、会员、线下销售和一次性打赏,已经超过广告收入。②

其二,网络捐赠。《卫报》还会向读者提出捐赠资金的要求。如果读者在网上阅读《卫报》的报道,经常会在报道下方看到一个请求读者为该报捐赠资金的说明。如果读者选择点击捐赠,默认的选项是每月重复捐赠一次,但是读者也可以选择一次性捐赠一笔资金。对于一个每天都在报道新闻的媒体组织而言,重复获得的资金收入显然至关重要。

---

① 马黛,宋芹.英国《卫报》融合转型的盈利模式创新[J].传媒,2021(19).
② 企业案例集.英国卫报:向读者请求打赏[EB/OL].https://baijiahao.baidu.com/s?id=1687023436753948320&wfr=spider&for=pc.html.2020-12-25/2022-03-29.

不论是网络打赏还是网络捐赠,其本质上都是数字时代流行的一种用户自愿参与的支付行为模式。在数字化、智能化信息服务场景中,用户的自愿支付模式多种多样,如常见的网络募捐、众筹或者在网络直播中刷礼物等。在身份认同研究领域,曾有社会学家将自愿行为、价值观与身份认同结合起来,认为自愿行为是一种表达个人核心价值观的方式,并能够实现自我认同。作为一种自愿行为,打赏或捐款可以有效连接优质内容、用户情感与品牌信任,从而真正实现数字转化落地。

开放式新闻模式是《卫报》在数字化转型过程中摸索出的一条较为适合自身的道路,然而它在商业上的可行性并不代表这种模式是完美无缺的。由于坚持内容免费,开放式新闻模式最开始出现的问题是收支失衡,我们可以从《卫报》见缝插针式的营利模式中看到他们所做的努力。然而,多元化营利模式在解决内容免费问题的同时,也暴露出新的矛盾,这就是商务经营和新闻公共职能之间的矛盾。例如在网络广告投放过程中,广告量过多或广告质量差,甚至有一些虚假广告都会导致用户体验感变差,进而影响《卫报》的信誉度。此外,个性化定制新闻也饱受质疑,个性化内容和定制内容的推送应用在商务平台并无不妥,但在新闻媒体上广泛应用就可能成为灾难。新闻媒体作为大众传媒具有环境监测和社会协调等公共职能,新闻的本质是让人们知道更多的必要信息,而非本末倒置地为了迎合受众的口味而缩小他们的视野,不利于受众对环境的真实感知和对社会公共事件的积极参与。

《卫报》曾举办一年一度的媒介变革峰会,试图探讨与解决媒介变革过程中存在的问题和解决方式,开放式新闻模式只是这个百年老报征服未来新闻领域的起点,虽然当前这种模式转型还存在诸多风险,但这并不能阻止《卫报》一路披荆斩棘,开辟一条属于自己的生存之道。

结语

当今时代,数字信息与人工智能技术发展迅猛,信息传播在选择、接收、处理、传递和反馈等环节发生巨大改变,信息生产与分发表现出更加明显的个性化与多元化趋势。与此同时,后真相时代下个体与社会整体认知模式发生转变。这对主流媒体的新闻价值和社会功能提出了更高的要求,传统媒体面临着更加严峻的融合转型环境。因此,

《卫报》采取了数字化变革的方式,通过对新闻源、新闻内容制作、新闻推送、受众接收场景等新闻传播的各个领域进行数字化转型与模式创新,寻求新的业务拓展与变现方式。但无论怎样,坚守新闻专业主义,坚持"内容为王"才是"纸媒不死"的密码。

第三节 出版公司的融合转型发展

一、案例内容

2001年9月,在江苏省出版总社的基础上成立了江苏出版集团,凤凰出版传媒集团由江苏出版集团更名而来。产业领域涉及图书出版、图书发行、报刊印刷、网络出版、文化酒店、文化地产、金融投资和艺术经营等多个板块,是中国出版行业的龙头企业。凤凰出版传媒集团在新闻出版业总体经济规模和实力评估中连续七年名列第一,连续十九年保持图书发行规模全国第一。其大众出版位列国内出版业第一阵营,中小学教材出版是国内第二。自2015年以来,凤凰出版传媒集团在稳固传统业务的同时,资源配置向高利润的领域倾斜。总体来看,凤凰出版传媒集团正在构建一种基石建设的利润模式,即由自身的核心业务向利润丰厚的其他领域扩展。一方面,进一步夯实出版、发行等传统业务的"基石",确保主业的稳定,建立防火墙,有效阻止竞争者进入,保护整个系统的主利润池,进而为开创高利润的业务创造条件。另一方面,打造影视、数据、游戏、软件等新业务,开辟更多的收入来源,迈向高利润区。凤凰出版传媒集团通过延伸产业链以及数字化转型等举措,进一步在高利润区攻城略地,将整个基石建设系统的营利最大化。

二、案例分析

(一)数字化转型的探索

1.建立云建设中心和数据库

其一,数字出版技术的引进。顺应新媒体时代"互联网+"的趋势,凤凰出版传媒集团在数字出版各环节引进了多种先进技术,如:数据仓储、信息挖掘、人工智能等技术,支撑内容聚集、整合、加工,建立起了特色的内容资源数据库,实现了内容多元化、特色化、分众化的生产。凤凰出版传媒集团数字化建设的主要成果其实就是存量资源数字化、数据库建设、云计算服务、网游出版、数字教育服务、多媒体出版、移动阅读、数字印刷等。在内容资源库建设方面,科技社内容资源库累计入库图书2500本、入库图片30万张,教育社基础教育有50万道题入库;在数字版权方面,各出版社广泛与中国移动、亚马逊、当当、京东、苹果、掌阅等主要电子书销售平台合作;在网络营销方面,各出版社充分运用网媒、自媒体、App、其他网络渠道等扩大传统纸质图书的影响力,通过微博、微信营销平台加大对重点板块的立体开发和推送力度,促进传统出版与数字出版融合发展。凤凰出版传媒集团还上线了凤凰创壹教育云平台,该平台囊括了49个专业大类460门三维互动数字化精品课程,基本实现职教课程全覆盖。凤凰集团还与华为签订了长期的战略合作协议,以共同打造"凤凰云平台"。[1]

其二,纸质内容数字化。凤凰出版传媒集团以优质内容为着力点,以符合市场需要的多媒介融合方式为发力点,构建了多媒介融合数字出版体系,赢得了数字出版转型发展先机。凤凰出版传媒集团的出版介质形态从纸质延伸到电子载体,从光盘版到网络版,再到如今集文字、图像、音频、视频等多种媒介于一体的丰富媒体数字出版形态,实现了内容产品可读、可视、可听,动态、多维的全面升级。声、形、色兼备的数字出版内容形态引人入胜,使多终端传播成为现实,让读者阅读体验更加丰富,阅读品质得到显著提升。紧扣时代脉搏的跨媒体融合使凤凰出版传媒集团在数字化时代更具有活力。

2.智慧教育业务板块做核心

凤凰出版传媒集团自2010年起就高度重视在线教育,并定位在线教育为未来战略方向,并做了以下方面的建设。其一,完善在线教育基础设施建设。凤凰出版传媒集团

---

[1] 刘海阳.基于多元化经营的出版集团数字出版战略研究——以凤凰出版传媒集团为例[J].出版广角,2016(20).

已建成华东单体规模最大、电信等级最高的云计算中心,拥有6万台服务器的存储能力,同时,凤凰数码印务在江苏泰州、徐州、扬州等地布点,已建成亚洲第一条数码印刷POD连线设备;在团队建设方面除了8家出版社的数字出版部以外,还拥有8家专门从事在线、数字化教育的企业,目前专业从事在线教育、数字化教育产品策划、研发的人员近2000人。①

其二,数字化资源的建设。以凤凰版数字化教材、助教资源库、助学资源库、题库为核心的数字教育内容体系,为各级各类教育系统提供了优质数字教育内容。凤凰出版传媒集团目前是国内最大的教材生产商之一,公司旗下学科网注册会员数量超过1400万人,其中85%为教师会员,覆盖全国中学教师80%,平台拥有资料总数400万套,总容量11000多GB,是国内最大的垂直型教育门户网站。②学科网依托公司教材教辅出版和发行实力绑定教师和学生对网站的依赖度,目前网站孵化期已经结束,数字化转型孵化进入尾声,公司也将由过去的传统出版向新型数字出版媒体升级。

其三,融合教育产品的开发。随着5G、大数据、人工智能等技术的迅猛发展,行业外公司正加速向智慧教育、智能教学领域渗透,教育信息化时代已经来临。新冠疫情期间,教育部下达的"停课不停学"的命令对以线上学习为主的融合教育产品是一次实战大演练,也是一次发展的机遇。在疫情期间,凤凰出版传媒集团动员全体人员,紧密联动各教育出版单位,由凤凰音像数媒公司联合苏教、苏科、译林、苏少、苏人等教材出版社,第一时间研发电子课本供师生使用,保障学生"停课不停学"。电子课本自2月3日发布,上线以后访问数超过22亿。③与此同时,凤凰音像数媒公司还推出了全国首家网络版语音教材。在保障教材供应的同时,凤凰出版传媒集团通过凤凰易学、凤凰慧学网、小凤凰FM、唯尔职教云平台等开放了大量免费的在线助学资源和在线课程。凤凰出版传媒集团提供的在线课程在江苏省名师空中课堂平台播放。在教师服务方面,凤凰出版传媒集团旗下学科网免费向湖北以及全国的中小学校开放网校通、e卷通、教学通等产品。疫情客观上推动了教育融合出版工作,使得凤凰出版传媒集团的各类教育平台与产品都得到了较大的发展。自此,凤凰出版传媒集团加大力度推进融合出版大项目大平台的建设,对旗下各家出版社进行专业细化的定位,以龙头项目为抓手,整合内容、技术和渠道三方面的优势,打造教育融合出版精品生产体系,打出创新发展的组合拳。

---

① 唐世发.凤凰出版传媒集团的在线教育之路[J].出版参考,2015(10).
② 同上。
③ 王双双.构建教育出版融合发展产业新布局[N].中国出版传媒商报,2020-09-29(02).

3.报业转型融合发展

凤凰出版传媒集团旗下的《现代快报》率先开启了其转型融合之路。2016年《现代快报》战略投资新媒体ZAKER,并打通业务层面合作,推出多个具有广泛影响力的融媒体报道作品,获得中宣部、省委宣传部等主管部门多次表扬。2017年9月,中宣部专门就《现代快报》的一系列现象级作品推出新闻阅评,认为"现代快报在媒体深度融合之路上已经初现成效。"[①]《现代快报》以技术、创意、服务为"三轮驱动",激发融合发展的内生力;以四商("四商"指全媒体内容生产商、全媒体产品分发商、全媒体技术服务外包商、全媒体创意营销供应商)格局,创新融合模式;实现了五大融合,打造了全媒体新生态。《现代快报》在产业链融合、科技与内容融合、媒体和用户融合、内容与需求融合、产业跨界融合,进行了探索与创新。

(二)跨行业业务经营

1.打造新型酒店

凤凰出版传媒集团旗下有多家酒店,凤凰出版传媒集团将其文化理念深度融入酒店的经营理念中。酒店内拥有各种类型的客房、餐厅、酒吧、会议中心,以及美术馆、书吧、茶吧等,设计新颖、功能齐全,具有浓郁独特的文化氛围。江苏明都凤凰台饭店有限公司是其投资的子公司,位于"中国报业第一楼"的新华大厦内,该大厦位于南京第一商圈的新街口。饭店总面积为12000平方米,内部包括可容纳700人的国际会议中心、多种类型的客房以及具有淮扬风味特色的餐厅等,可以满足多层次的商务会议和散客的需求。整个饭店装修庄重典雅,具有浓郁的文化气息和宽松氛围,体现出了凤凰出版传媒集团的特色。旗下的北京凤凰苏源大厦位于中国电视剧制作中心附近,大厦楼高15层,拥有客房234间,设有中西餐厅、大堂吧、综合宴会厅等,其中综合宴会厅可举办各式会议、学术交流等,另有多种会议室。[②]凤凰出版传媒集团的酒店板块利用集团拥有的大厦,例如原新华书店大楼的旧址,集团对其进行翻建改造,着力打造依托文化品牌,建设与众不同的连锁酒店,将书、报等文化元素融入酒店装修中,利用凤凰出版传媒集团的品牌和文化背景对酒店的风格进行打造,使其充满文化氛围,以区别于其他酒店,

---

① 周斌.寻求有高度的高质量发展之路——江苏凤凰出版传媒集团的经验路径分析[J].出版参考,2019(01).
② 王雅婷.凤凰出版传媒集团跨行业经营研究[D].保定:河北大学,2013.

同时文化酒店的打造也成为集团的宣传窗口和服务平台。酒店以"文化品牌、特色服务"为经营理念,拓展酒店的业务板块,新增服务区域的功能,初步实现对凤凰出版传媒集团内部资源的互补。酒店的建设可以满足凤凰出版传媒集团文化交流中的住宿、餐饮、会议等多种需求,同时利用了企业内部的闲置和富余资源,提升了资源的利用率,降低了生产成本,成为凤凰出版传媒集团产业链中不可或缺的一环。

2. 线下独立书店及凤凰文化广场的建设

实体书店是重要的文化设施和文明载体,是人们能够感知的文化体验空间。为了能够更好地履行社会服务功能,凤凰出版传媒集团近年来通过各种方式建设了一批有特色的实体书店,如海南凤凰九里书屋、南京吾在书舍等。其中,省内7家、海南1家门店获评"中国最美新华书店"。凤凰云书坊为推动全民阅读建设书香江苏、助力南京申报联合国教科文组织"世界图书之都"而打造的全民24小时阅读生活空间,被南京市委宣传部指定为"城市文学客厅",为南京读者们点亮通往智慧与知识的旅程。①

在线下,凤凰出版传媒集团还通过启动卖场升级的方式,打造了大型多元文化服务综合体——文化Mall,实现了文化产品的营销,凤凰出版传媒集团以经营图书为核心业务,引进多元文化产品及服务,形成集书城、影院、文体产品中心、娱乐文化休闲中心、各类人群活动中心等为一体的文化Mall,专注于为用户提供文化体验,满足消费者多层次文化需求,为产品的下线销售拓宽了渠道。凤凰出版传媒集团线上线下跨渠道的O2O传播体系,契合数字时代消费新需求,实现了更高效的出版销售。

3. 文化产业板块为新增长点,拓展版权运营

要想实现以内容为核心的产业链延伸,就要从单一的纸质书出版向全版权运营拓展,从纸质书和电子书的入口进去,从更多的传媒出口出来,不再仅仅依靠纸质书和电子书盈利。这一点对大众出版,尤其是原创文学出版尤其重要。目前最明显的是影视产品对文学图书销售具有巨大的推动作用,让纸质书在延伸自己产业链时得到了巨大附加值。凤凰出版传媒集团目前已经有三家规模不等的影视公司和一家全媒体版权运营公司。通过文学作品版权的全媒体运营,通过话剧、电视剧、网络剧、电影的制作和运营,一方面可以带动文学图书的销售,延长其生命周期;另一方面,这种延伸本身使图书的内容具有了更多的附加值。据中国票房网统计,由文艺社图书改编的同名电影《匆匆

---

① 周斌.寻求有高度的高质量发展之路——江苏凤凰出版传媒集团的经验路径分析[J].出版参考,2019(01).

那年》,投资4000万,票房距今已经累计5.88亿,由译林社图书改编的同名电影《左耳》票房达到4.8亿,同时也反向带动了图书的销售。

(三)传统出版业的转型升级

1. 积极整合多种资源

传统出版业需要能够结合自身定位,选择适合的内容资源进行挖掘,推动自身产品的内容更加现代化。数字化发展的过程中,传统出版业应该重视媒体资源,以当前的发展模式作为基础,和新媒体进行适时适度的融合,充分挖掘媒体的功能性,抢占数字化出版市场,积极挖掘传统出版行业融媒体的新形式,例如凤凰出版传媒集团建立的"凤凰云平台",以及《现代快报》的媒体融合的成功尝试。《现代快报》在融合转型的过程中,按照扁平化运作的方向,重组了组织架构,在报社层面成立了融媒体运营中心,统筹整个报社融媒体产品的创意策划、生产播发、技术支持、推广运营工作,彻底打破了传统媒体内部各自为政、割裂封闭的组织架构,消除了传统采编和新媒体采编之间的壁垒,将全部内容生产和经营资源统一到一个平台上,实现了纸媒和新媒体、线上和线下、南京和周边区域、采编和运营、技术和生产的高效统一与高度协同,为报社整体转型奠定了坚实基础。如今信息化时代,传统出版业要利用网络建立自己的平台,和读者进行更多的互动,了解他们有哪些需求,再根据反馈来调整自身发展的模式以及未来发展的方向。随着经济的不断发展,人们的知识文化需求越来越高,越来越多的受众需要各类文化类平台和渠道吸收知识,凤凰出版传媒集团借此打通了线上线下的书店渠道,从线上天猫官方旗舰店,到线下海南凤凰九里书屋、南京吾在书舍等社区书店,线上线下联通渠道,互相引流,完善平台的体系化建设。整合多种资源也是拓展企业业务的多种可能性,企业可以通过品牌的打造和文化的传递,创建特色IP,开发IP衍生品;还可以深耕文化影响力,将其根植于线下的实体行业,如凤凰出版传媒集团的酒店经营,对集团内部的资源进行互补,实现多元化的经营版图。

2. 优化出版产业链

网络对人们的影响越来越大,特别是随着5G时代的到来,各行各业很可能会迎来一场巨大转变。传统出版业的创新发展中首先应该融合互联网的特征,要对行业流程进行不断的优化,改善整个产业链,以满足行业发展的需求,同时备战5G时代的到来。特别是当下人们的生活水平比较高,对产品和服务都有了更高的要求,在这样的形势下传统出版业必须不断优化流程和产业，满足人们的需求，才能够提高竞争力。企业可以与BAT等互联网巨头进行深度合作，打造云平台，为用户提供更精致精准的服务。例如读者总是会电话咨询或者邮件咨询相关书籍的出版日期，或是今年是否仍会出版或改版等相关资讯，但是少有出版社将对应的热门书出版计划提前预告公示，反而是淘宝第三方店家对于相关资讯更熟悉，这无疑是传统出版业可以改进的。现在传统出版行业的网络销售页面上虽然有书摘以及试读，但是普及率不高，形式也比较单一，所以可以在形式上进行创新，提升与用户的交互。例如凤凰出版传媒集团在其平台上开发视频形式的领读或者交互类视频形式的试读，紧跟时代，创新形式以吸引用户。融媒体出版是时代发展的必然结果，传统出版社应该将其内容通过新的形式、技术等展示出来，整合不同媒体媒介的优势，在纸质图书之外采用如手机、电脑、广播等更多的展示形式。坚持促进媒介融合才能更好地优化出版产业链，促才能进传统出版行业转型升级。

3. 推动数字化发展

数字出版虽然在形式上冲击着传统出版业，可是传统出版毕竟有着多年的积淀，在内容方面始终有着很大优势。一方面，传统出版应积极推进数字化进程，将有价值的或是有固定受众的内容优先实现数字化上架。另一方面，也要做好保护措施，要控制版权许可的范围，同时进一步分析《信息网络传播权保护条例》，不断加强自身的数字版权保护，以更好地筹备未来开发的产品和服务工作。此外要认识到不同的媒介渠道有不同的特点，即使是相同的内容也必须体现出差异性，通过这样的形式来提高其品牌的影响力，进一步延长产品的价值链，提高自身的竞争力。

与此同时，传统出版业要优先优化传统出版的流程，以加快数字化发展进程。目前凤凰出版传媒集团在数字化发展过程中的云印刷以及云出版，可以大幅度优化传统出版流程链条。首先是云出版能够加密出版资源，对自己的数据进行保护，让出版商可以放心大胆地选择发行渠道以及合作方，同时又能够监控相关数字产品的销售、阅读以及购买等行为。云出版不仅改变了传统的产业链，为出版商提供了更多的销售渠道，有了多样化的盈利模式，同时更用一站式的方法来完成数字产品的推广、授权以及线上交易等活动，大大节省了人力物力。同样，云印刷平台集中了很多先进技术，能将资源共享到全球并进行印刷，能够实现异地实时印刷，同时内容具有安全性。这将互联网和印刷业紧密结合，将链条上的资源整合到一起，同时解放出了人力物力，使出版流程得到简化，传统出版行业也能有更多的收益。

结语

随着新媒体的发展以及网民数量的不断攀升,数字出版的优势逐渐显现,传统出版业的融媒转型已是大势所趋。要想实现融媒转型,就必须吸纳新兴出版业的技术优势,完成技术融合再创新。一方面,打造"线上+线下"多方位全新业务模式;另一方面,改善生产流程,构建协同编撰系统,共同完善资源库,及时更新,形成全新的数字化出版生产方式。技术融合不仅加快了融媒转型的精度,还提高了创作盈利的效率,是传统出版业向数字出版转型的关键。新兴媒体在改造和替代旧媒体的同时,也在帮助传统出版业开辟新的发展天地。传统出版产业既要立足自身特点,发挥自身固有优势,做以内容为核心竞争力的"守望者",也要顺应时代潮流,积极开辟新的发展道路,做向数字出版转型的"探索者"。

第四节　长江云融媒体平台的实践过程

一、案例内容

长江云融媒体平台是湖北广播电视台(简称湖北广电)在探索媒介融合的过程中为实现省市县三级媒体资源共享、优势互补进而构建的湖北省全媒体传播体系建设的初步成果。2014年,《关于推动传统媒体和新兴媒体融合发展的指导意见》的通过标志着媒体融合开始上升为国家意志,各家传统媒体纷纷开始整合现有的新媒体资源成立新媒体集团,加快推进媒体融合。

2014年9月,湖北广电上线长江云客户端,并于次年9月推出了湖北新媒体云平台。此后,湖北广电在新媒体实践过程中不断对主流媒体的传播力与影响力、媒介经营与人才环境等情况进行全面、深入的考察,结合宣传管理部门对于网络舆情的管控经验后,湖北广电意识到在互联网平台新媒体持续颠覆传播格局的情况下,传统主流媒体想要重回传播与舆论的高地,当务之急是找到媒体融合发展的方向,实现优势资源利用的最大化。

2016年,湖北省政府提出依托长江云平台,建立各地各部门政务移动新媒体,打造"新闻+政务+服务"移动网络综合信息服务平台,至此,湖北长江云新媒体集团开始执行平台化传播的媒体融合战略。

2018年,"平台"成为中国新闻业的关键词。[①]互联网平台出现媒体化倾向对传统媒体的内容传播产生了一定的影响,倒逼传统媒体开始进行平台化实践的探索。在中国语境下,平台型媒体是指既拥有媒体的专业编辑权威性,又拥有面向用户平台所特有开放性的数字内容实体。[②]同年,湖北省委研究制定了关于长江云移动政务新媒体平台引领性发展计划,依托长江云新媒体平台,即云计算、大数据以及人工智能等现代信息技术,扎实做好县级融媒体中心的建设。

在平台化传播与区域性服务的战略指引下,目前长江云融媒体平台已然发展成为由湖北省委省政府主管,省委宣传部主办,湖北广电承办,由长江云新媒体集团和各市(州)县共建单位联合运营的移动政务融媒体平台,形成了"长江云+120个云上客户端"的运营模式,在各个切口实现了重大突破,不断深耕"新闻+政务服务商务"模式,持续选取新的赛道进行平台服务的优化迭代,在各个重大公共事件与日常生活中发挥出巨大的媒介平台的力量。

2021年,"推进媒体深度融合,做强新型主流媒体"被纳入"十四五"规划以及2035年远景目标纲要。在更有力的政策支持与更强烈的市场反馈下,主流媒体的平台化建设在去中心化明显的互联网时代显得更有实践意义。而长江云融媒体平台一直坚持的"新闻+政务服务商务"的模式,其对于平台化传播的理解,对于平台功能设计的底层逻辑的理解,对于媒体深度融合发展方向的设计,都已成为其他主流媒体在进行平台建设时可以借鉴的经验。

---
① 张志安,李霭莹.变迁与挑战:媒体平台化与平台媒体化——2018中国新闻业年度观察报告[J].新闻界,2019(01).
② 喻国明,焦建,张鑫."平台型媒体"的缘起、理论与操作关键[J].中国人民大学学报,2015,29(06).

二、案例分析

(一)连接与交互:传统媒体平台化的发展方向

现代社会正在经历一场快速数字化或称平台化的进程。[①]2018年以后,平台化传播被认定为传统媒体的整改出路。在互联网平台不断进行媒体化改造,试图抢占媒体消费市场的时候,传统媒体在进行平台化建设时需要遵循什么样的逻辑,改变哪些方面的认知,才能实现有效的更迭优化,一直是各大传统媒体在探索的。中国传媒大学姬德强教授在研究传播与媒体的平台化转向时提醒道:任何试图将平台看作单一媒体或将媒体设计成平台的理念,都没有抓住平台的核心特征。

根据《平台革命:改变世界的商业模式》一书对于互联网平台的介绍,平台将生产者和消费者连接起来,每个平台在开始设计时都应先设计生产者与消费者之间的"核心交互"[②]。所谓交互和现实生活中相同,平台内部也会发生不同主体之间的信息、商品、服务或货币之间的交换,而核心交互则是最重要的,是生产者和消费者共同所需的价值交换。根据"参与者+价值单元+过滤器=核心交互"的平台建设基本逻辑,从实现双方价值交换的目的出发,以参与者(participants)、价值单元(value unit)、过滤器(filter)三个要素为切入点,按照连接、匹配、把关等环节促进价值交互的互联网平台化构建。而长江云融媒体平台的建构也同样可以从这三个要素切入,从分析互联网平台建设的角度进行进一步的分析。

1. 平台参与者:省市县三级架构的搭建模式

传统媒体在进行平台化建设的时候,对于平台参与者的理解至关重要。简单说也就是透视用户与平台之间的关系,明确用户定位,了解用户需求。从媒介信息产品的角度出发,当下媒介信息产品的使用者具有双重身份,他们在消费信息的同时也会是创造价值的人,所以明确地描述和理解用户的需求定位是一个极其重要的事。而对于媒体平台用户需求的考察,换句话说是了解当下的传播格局中,信息的传递者需要什么样的传播空间,而信息使用、消费者又需要什么样的获取渠道,并且会利用媒体平台完成什

[①] 姬德强,朱泓宇.传播与媒体研究的平台化转向:概念基础、理论路径与动力机制[J].现代传播(中国传媒大学学报),2021,43(11).
[②] 〔美〕杰奥夫雷G.帕克,等.平台革命:改变世界的商业模式[M].志鹏,译.北京:机械工业出版社,2018.

么样的活动,收获什么样的感受是至关重要的。

长江云融媒体平台在设计层级时采用了三级架构模式。在平台建设之初,湖北广电便把目标定在了发挥省级媒体的枢纽作用上,带动省市县三级媒体单位实现全湖北的信息共通。平台的主办单位长江云新媒体集团将自己定位为一个技术服务商,以省级平台的名义通过提供技术支撑服务市级、县级融媒体中心的建设,形成了"长江云+120个云上客户端"的模式。

作为统领层级,长江云融媒体平台为全省各家媒体统一搭建移动采编体系和"云稿库",提供标准化模式化的功能设置,组建"云上联合报道团队",按照"一体策划,全平台共振,立体化传播"的理念,形成"多元采集、多样编辑、多种产品、多端分发"的省市县三级媒体融合新闻生产运作流程和常态化的信息协作联动机制。这样的内容生产模式,在面对传统媒体的运营局限时实现了三个突破。其一是突破了单个媒体的局限,让不同的媒体在同一个平台共同实行产出;其二是突破了单一媒体的局限,从广播或电视媒体融合拓展至广播、电视、报纸、政府网站、两微一端等所有媒体的整体性融合;三则是突破了单纯媒体的局限,实现媒体与政务、社会资源的融合。

而120个云上客户端是指各市、县融媒体中心成为长江云新媒体集团的"租户",由长江云融媒体平台提供通用+定制化的系统,每个租户都拥有单独的账号,通过主账号来分配不同的二级账号给自己平台的编辑人员使用,打造属于各个市、县的新媒体客户端。

2. 创造价值单元:打破单纯媒体的功能局限

互联网平台中,核心交互的开端产生于生产者对价值单元的创造。用户在平台上产生交互的驱动力来源于获取到需要的或对自己有利的信息,因此,平台的价值正是生产者创造出来的可能被用户需要的信息。但这里需要明确,平台本身并不创造价值,因此价值的创造与使用均为平台的参与者,我们暂将创造价值的平台参与者称为生产者。而价值的生产者与消费者之间存在信息差,同时也处于一对多的传播模式中,因此,生产者需要创造不同的价值单元,也就是提供不同方面的信息供消费者选择,进而形成交互。

在不同的互联网平台中,价值单元以不同的形式存在。例如在淘宝、亚马逊等购物平台中,产品的信息与各类功能列表就是平台的价值单元。而在一个新媒体平台中,创造不同的价值单元意味着平台主体想要通过这个平台,以什么样的身份向用户提供什么样的服务。而对于长江云融媒体平台来说,他们的用户分为两类:一类是信息消费者,另一类则是身为租户的120个市、县融媒体中心,两类用户的身份不同也自然有着不同的需求。

面对用户的信息需求,长江云融媒体平台突破了传统媒体信息生产的单一功能,响应主流媒体贴近民众、服务民众的号召,从"服务消费者"的思路出发,打造多样化的民生服务入口与移动政务运营体系。此外,提供给120个市、县级融媒体中心标准+定制化的服务,同样也是长江云融媒体平台的重点工作。

在平台建设之前,长江云融媒体平台对湖北省各县级融媒体中心进行了大量的调研,发现基层媒体的实践流程与标准化分工之间存在一定的差别。例如,在内容生产的标准流程中,有专门的记者与内容编辑进行文字类信息的采访、撰写与发布,短视频内容板块也应该有专门的摄制组与编辑进行前期素材的拍摄以及后期的剪辑与平台分发,包括在商业平台上进行分发。然而,在真正基层媒体工作中,由于人才经费的短缺或对信息时效性的追求,往往是各平台内容共用。而编辑的区分度比较大,比如同一条新闻,有文字、电视与新媒体编辑,对内容进行属性拆分与加工后在不同的渠道进行投放。

此外,不同地区的人员结构和业务流程,包括不同地区的建设思路和使用习惯都是完全不同的,所以作为技术服务商,长江云融媒体平台的市场业务痛点就在于定制化需求的调研上。以湖北省首家市级融媒体中心——鄂州市融媒体中心为例,为了充分发挥鄂州纸媒积累多年的力量,平台团队充分调研了广播电视与报社合并后的业务形态,推出了"电视+报纸+新媒体"三渠道共存的融媒体平台。根据调研结果所示,三条渠道中内容生发的共通点在记者这里。鄂州报社的时政新闻部有两个记者部门,他们写稿、传素材提供给不同的编辑,并且遵循传统的电视稿件先行的规则,先由电视编辑进行电视画面与口播的制作,然后才是纸媒与新媒体平台的编辑。针对不同的编辑使用共同平台,前提是需要各平台之间的对接,长江云融媒体平台为鄂州市级平台提供了通用型平台建设规范后,又实现了让报纸、电视的两个编辑平台与市级平台的后台进行技术对接,实现了报纸、电视与新媒体三方面的整合,让电视编辑以及报纸编辑进行无感的跨平台操作。同时也增强了市级宣传部门的管控功能,具备了区域统一调度、媒资管理、传播数据与内容管理以及舆情管理的多项功能。

3.过滤器:信息获取与算法逻辑

从社会技术路径,也就是技术与社会之间的关系出发去看互联网平台建设,"数字基础设施"的概念成为核心。而数字基础设施的实现路径则是算法逻辑,算法可同时赋能和分配,管理和影响用户对信息的感知能力,而平台的最终目的是将生产者与消费者吸引到平台上进行价值生产与交换,于是平台的后台设计就成为吸引用户参与,增强用户黏度的关键。

长江云融媒体平台的系统技术架构以数据资源为纽带,以 Hadoop 分布式体系为核心搭建而成,包括资源采集、"中央厨房"以及终端应用三个层级。[①]其中的"资源采集"层分管各类数据的收集与汇总,包括互联网公开资源和媒体记者提供的采编内容,以及平台用户的注册登记信息、浏览痕迹以及各类偏好信息。与此同时,长江云融媒体平台在后台建立起了成熟的用户管理体系,通过量化各项使用信息进行分析,用海量数据锻炼算法的识别能力,通过大数据与建模实现为用户推送和当下场景有关的资讯内容,完成精准化、个性化信息定制。

(二)场景选择:传统媒体平台化的功能设计

1.精耕新闻,坚守初心

主流媒体的公信力与权威性的重建,是国家治理体系和治理能力现代化的一个表现。[②]主流媒体需要搭建起政府持有的社会公共信息的传递平台。长江云融媒体平台将自身定位为"多媒介资源,全生产要素整合的综合平台",本质属性仍然是新闻媒体,只是在功能开发的方面会向政务、商务以及社会服务拓展。而在新闻业务方面,长江云融媒体平台则覆盖了传统媒体与新媒体,将报业、广电与两微一端融合成一体,通过建立"云稿库"与"中央厨房",实现内容资源共享,与此同时,平台的内容团队所生产的作品,直接嵌入所有云上系列客户端,实现省市县三级贯通。

首先,在新闻作品的选题策划方面,长江云融媒体平台坚持扎根本土资源,贴近民生,做百姓的故事给百姓看。2020年疫情期间,平台联合各地方媒体组建战"疫"报道联盟,推出了《共同"面"对,为湖北加油》《湖北,最硬的鳞都给你!战必胜!》等经典抗疫作品,平台发布抗疫报道合计265739条,重大策划15个,重大主题报道22个,平台用户日

[①] 刘星,黄小刚.长江云:媒体融合创新发展的"湖北模式"[J].传媒,2021(10).
[②] 姬德强.媒体融合与国家治理体系的平台化转型[J].青年记者,2020(10).

增15万,日均浏览量增长5倍,真正做到了在重大公共危机事件当中充分发挥主流媒体的公信力,传递力量安抚社会情绪。

图 3-1　长江云移动客户端页面展示

其次,长江云融媒体平台在直播方面也有所突破。疫情期间,湖北省疫情防控指挥部每日需召开至少一场新闻发布会,而平台负责配合湖北省宣传委承办发布会。在重大公共危机事件面前,为保质保量完成发布会,在国家新闻出版广电总局、国家通信管理局等管理部门以及华为公司的技术人员的支持下,长江云融媒体平台实现了国内首次启用5G技术完成信号传输,成功使用线上形式召开新闻发布会。疫情期间,长江云融媒体平台共发布了135场无接触线上新闻发布会,第一时间传递疫情信息,向全球多家媒体提供直播信号,这一战"疫"发布机制也被写入国务院新闻办公室《抗击新冠肺炎的中国行动》白皮书中。

除此之外,长江云融媒体平台紧跟新型消费的发展趋势,将直播与扶农紧密结合。受疫情影响,湖北省内多地出现了农副产品的滞销,长江云融媒体平台联动"学习强国"学习平台、全省各县级融媒体中心,推出"搭把手 拉一把——湖北农副产品公益大直播",用平台流量带动省内各地特色产品的销量。例如子规县的脐橙等产品,顺利实现产销对接,推动线上线下融合消费的双向提速,达到农户和消费者的双赢,让大家真正看到助农行动的实际成果。据统计,长江云融媒体平台为扶贫助农直播共计100余场,累计点击量过亿,助农销售成交额过亿元,也因此荣获"2020年中国新媒体扶贫十大优秀案例"。

现任长江云新媒体集团的总编辑,曾荣获长江韬奋奖的邓秀松表示"参与社会治理是主流媒体的天职。"[①]在不断推进媒体全方位深度融合的过程中,主流媒体在不断探索新的运营模式,应对新的传播格局,拥抱更多传播的可能的同时,也需要坚守自己作为新闻媒体的本质属性,最大程度地发挥新闻媒体传递信息,推动社会进步,安抚社会情绪等作用。

2.政务服务,效率至上

2016年,湖北省委便明确提出,依托长江云融媒体平台建立各地各部门移动政务新媒体,意在聚合省、市、县三级党政机关的政务资源,形成覆盖省内各区域的政务服务通道,打造出专属湖北人民的移动政务运营体系,设置了移动端的用户问政通道,并有超过2200家党政机关入驻平台,深度合作服务省直厅局42家,承建了多个智慧湖北信息化建设项目。

长江云融媒体平台始终致力于做政府与人民沟通的桥梁。站在政府的角度,舆情监控、管理以及及时回应社会关切始终是政府重要的民生工作。长江云融媒体平台通过对全省热点新闻进行数据检测,对各个媒体端口热词监控从而发现舆情,实现全面准确、稳定高效、深度挖掘的全天候、全方位、全数据的舆情监测。疫情期间,长江云融媒体平台首次采用大数据手段参与防控工作,以机器初筛+人工精筛、分析专报+求助个案表的形式为中央、省疫情防控决策提供数据支持,撰写舆情专报200多份共100多万字,为提升政府公共服务和社会治理能力提供了有力的平台支撑。

从民众的角度出发,长江云融媒体平台在移动端设置"问政"窗口,群众可以通过手机进行"报料"。平台的后台与各地党委政府和公用事业单位联通,需由市县政府解决的诉求,能转办至对应的市县"云上"平台"问政"板块进行办理,同时还可以转办到媒体,实现更多功能。和"报料"板块并列的"强力督办"的板块意为汇总热点、重大事件,提醒更多的用户进行关注。为尽可能缩短问政路径,追求效率至上的长江云融媒体平台也设置了网民对于政府反馈情况的打分机制。网民通过"满意度""回复率"等指标进行评价,后台统计数据并整理出相关部门的排名进行实时公布。不断加快解决群众诉求,为地方党委政府和人民群众之间架设了沟通的桥梁。

---

① 李静.参与社会治理是主流媒体的天职——专访湖北长江云新媒体集团总编辑邓秀松[J].中国广播,2021(06).

3.民生服务,精选赛道

平台的开发者在进行功能设计时,选择合适的赛道与应用场景是吸引用户的关键,主流媒体的平台建设也是同理。在推进政府信息更公开、更透明的同时,让社会相关利益群体和公民个人能够依靠平台获取更为可靠有效的信息,再就业、教育、医疗等与生活息息相关的方面避免被虚假信息误导影响正常生活,开通多样化的民生入口,更积极地推进网上服务群众的工作,同样也是主流媒体在推进媒体深度融合过程中的目标。

长江云融媒体平台积极探索网上服务群众的方法是,让数据多跑路,让百姓少跑腿,在"云"上多办事。通过对接全省市县的各类民生服务资源,长江云融媒体平台通过与湖北省政务服务平台"鄂汇办"的打通,将600余项政务民生服务一键部署至全省120个云上系列移动政务客户端,打造了湖北特色"县融中心+政务服务"。

除了便民服务,新时代文明实践平台也是长江云融媒体平台在民生服务上的一大创举。在中央和省委关于创建新时代文明实践中心的相关精神引领,以及省委宣传部、省文明办的指导下,长江云融媒体平台利用移动互联网、云计算、大数据、人工智能等新技术新手段,按照省、市、县、乡、村五级架构自主开发了新时代文明实践平台,根据不同的地域特色建设不同的实践平台。例如,在黄冈市打造了一市九县"4+N"模式,以及夷陵地区的"5210"(我爱夷陵)模式,均取得了显著的成效。

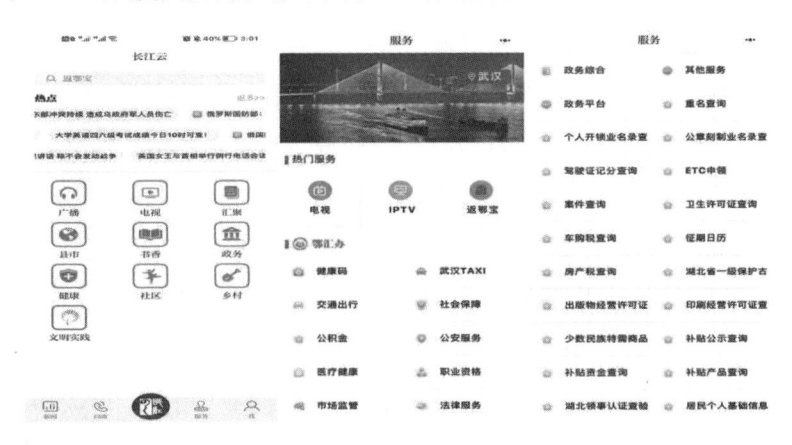

图3-2 长江云移动客户端页面展示

在文明实践平台中,用户可以看到自己附近正在进行的志愿者活动以及招募信息,可以自主选择报名参与。同时,长江云融媒体平台也将信息内容通过大屏端进行实时传输和用户触达,实现大、小屏的联动。通过构建电视、移动端、PC端的多渠道多屏融合分发体系,打通了全民精神文明建设的最后一公里。

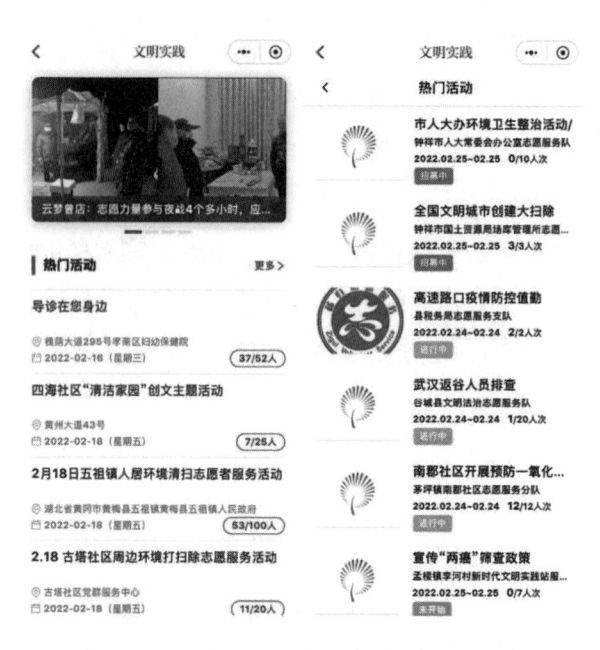

图 3-3　长江云移动客户端页面展示

(三)机制创新:水到渠成的"湖北模式"

学者姬德强提出了关于媒体深度融合的三个评价体系,其一是传播效果,其二是党政、公共与商务三位一体的服务,其三则是内外部的协同治理。[①]这三个维度代表了媒体融合的目标已不再局限于传统媒体的自救策略,而是和国家政策、国家治理体系的发展深度绑定。当前,媒体融合已被扭转为一个以政治和社会逻辑为内核的主动融合政策,服务于国家治理体系和治理能力的平台化转型。

因此,主流媒体在进行媒体融合的探索、平台化建设的尝试时,除了需要遵循互联网的发展规律以及现代社会和消费者的信息传播与消费习惯的同时,还需要着眼我国的体制以及运行规律,认清媒体在国家治理体系转型中的位置,在机制与资源上进行全方位的整合,避免因地区发展差异而出现的浪费与短缺并存的情况,在技术上通过坚持内培为主外引为辅,建设自己的技术团队,在机制上不断整改创新,唤醒媒体的生命力。

2014年7月,长江云新媒体集团组建。经过近十年的发展,长江云融媒体平台逐渐从打造新媒体产品走向了打造融合媒体平台,不断进行媒体作品、媒体产品多项创新。同时,逐渐发展出:统一建设、分级运营和利益共融的机制创新模式。

---
① 姬德强,朱泓宇.传播、服务与治理:媒体深度融合的三元评价体系[J].新闻与写作,2021(01).

1.统一建设

长江云新媒体集团提出的统一建设是指,作为省级平台协助建设各市县的新媒体平台时,需严格依照统一流程进行。2014年9月,省级客户端长江云正式上线。2016年2月至5月,云上恩施试点的客户端建成上线,从此开始在全省范围内进行云商平台的推广。2016年10月,长江云融媒体平台根据《县级融媒体中心建设规范》推出了平台整体设计方案,随后推出了产品手册、省直机关入驻指引手册以及地市入驻指引手册等一系列的操作细节蓝本,为各市县融媒体中心建设提供了统一的操作规范。

在协助各市县进行云上平台建设时,长江云新媒体集团有严格的流程。在建设之前,会组建一个协调小组进行前期工作,分别确定一套实施方案,明确一个运营主体,深入进行实地考察,进行一次需求调研然后签订一份合同协议。而后则是,召开推进大会,进行产品的设计研发与交接,并进行操作培训和督办验收,以及负责给出运作办法。

而这个流程具体到实践过程中,就变成了无数次的调研与调试。根据长江云融媒体平台事业部的成员介绍,他们调研的第一步是了解各地区不同渠道媒体的融合需求,例如市级融媒体建设往往会有报业融合的需求,而县级则主要是电视和新媒体的建设。然后,他们需要找到该融媒体中心现有环节的共通环节,进行功能设计,而后进行规范的制定,再根据使用过程中的租户需求进行平台服务的迭代与优化。

2.分级运营

在平台建设之初便已确立好了明确的运营主体,因此在建成之后,平台的管理责任由所属地区的运营主体担当,在内容的生产、发布与审核上拥有绝对的自主权。例如,长江云融媒体平台给出的规范当中,标准的制度是三级审核,按照正常的流程,如果出现了稿件内容驳回的情况,按照流程会统一打回到生产环节。但在实践过程中,如果内容驳回发生在二审,一部分地区会要求直接打回生产环节,而有一部分地区要求打回一审环节进行修改。面对这样在产品的功能配置上的需求差异,长江云融媒体平台的开发人员通过权限设置来解决,并进行了权限的分级和控制权限的可见范围。

省级平台用技术支撑为下级运营方提供了最大的活动范围,在最大程度上给予租户功能模块的自主决定权,赋予各入驻平台机构独立的经营权。与此同时,协助所属地进行当地品牌的打造,让各地的政务App真正成为当地人民熟悉的、信赖的信息与政务窗口。

3. 利益共融

长江云融媒体平台依托强大的政策优势与技术上的聚合能力，实现资源聚合，产生规模效益。在首届长江云的会员大会上，长江云融媒体平台运营合作体成立，由120个云上系列客户端运营单位共同组建，并表决通过了《长江云平台运营合作体章程》以及《长江云运营合作体直播积分体系》，有效解决了地市级媒体机构在进行平台化建设的过程中存在的资金短缺、技术薄弱以及缺乏专项人才等问题。

更为重要的是，湖北长江云新媒体集团作为国家级高新技术企业、武汉市重点研发单位，团队1/4以上的人员为技术专项人才，拥有多项软件著作权。在云上模式逐渐成熟后，长江云融媒体平台与多家商业平台签订了战略合作协议，真正实现了主流媒体的自主盈利。

结 语

在不断推进平台化建设的当下，长江云融媒体平台按照互联网思维，从调研用户需求与创作者需求开始，在实践中不断探索媒体深度融合之路，不断探索主流媒体参与社会治理的渠道与方式。而回顾长江云新媒体集团发展的这些年，他们首先是明确了自己的市场定位，也明确了技术对新时代主流媒体发展的重要性，组建自己的技术团队，构建专属的技术体系，打造属于主流媒体自己的数据汇聚平台。同时打造了定位清晰的平台规范，将规范通过联动合作的方式帮助那些实力相对较弱的市县级媒体的融合发展，助力全省各地媒体依托长江云实现转型升级，最终整合了全省主流媒体力量，形成湖北特色的全媒体传播格局。

知识回顾

"罗辑思维"成功的商业模式为自媒体行业的商业创新变革提供了管理启示。"罗辑思维"在发展早期利用个人魅力发展粉丝群体，后期准确研判内外部环境，组建社群，打造社群经济。

凤凰出版传媒集团在"互联网＋"的冲击和挑战下进行了准确的"互联网＋出版"战略定位，在传统出版的基础上成立数字出版部，将互联网精神内化到数字出版的各环节，增加了数字平台研发、新媒体出版等全新项目投资。同时在印刷、酒店等多行业进行发展,从多个维度融合发展探索"互联网+出版"的转型升级之路。

在新媒体势力的崛起给传统报业带来巨大冲击的背景下,英国《卫报》成功在时代巨变下重新找到其生存方式,创新数字可视化报道、提升数字化全平台策略,成为西方报业数字转型的先驱。

长江云融媒体平台在实践中不断探索媒体深度融合之路,明确市场定位,组建专业的技术团队,构建专属的技术体系,打造属于主流媒体自己的数据汇聚平台,助力全省各地媒体依托长江云实现转型升级,最终整合了全省主流媒体力量,形成湖北特色的全媒体传播格局。

思考题

1. 你认为知识付费还面临着哪些问题和困境?

2. 请自主选择一家我国的主流纸媒,对其数字化改革方面的问题进行分析。

3. 你认为数字化出版是否能够替代传统出版?

第四章　媒介资源开发与经营战略

知识目标

1. 光线传媒的资源开发和新商业模式。
2. 维亚康姆集团的跨国经营战略。
3. 喜马拉雅的战略布局和运营策略。
4. 星空购物频道的业务转型和困局突破。

能力目标

1. 掌握各类型传媒集团的业务内容和资源拓展方式。
2. 掌握新媒体时代下各类型传媒集团的商业化转型路径。

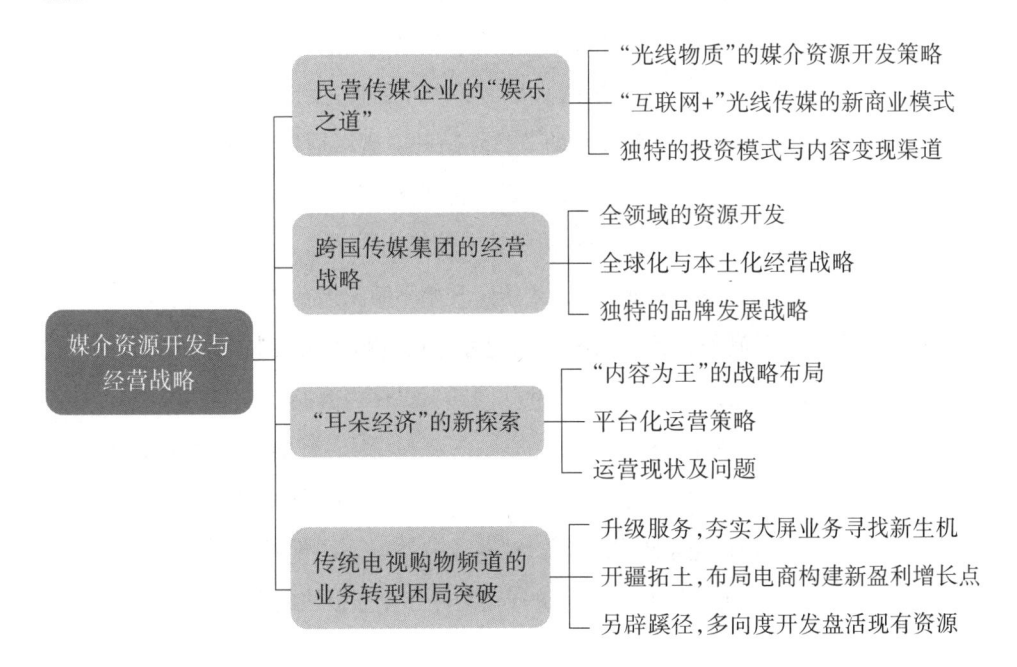

思维导图

```
                        ┌─ "光线物质"的媒介资源开发策略
            民营传媒企业的"娱乐
            之道"         ├─ "互联网+"光线传媒的新商业模式
                        └─ 独特的投资模式与内容变现渠道

                        ┌─ 全领域的资源开发
            跨国传媒集团的经营
            战略          ├─ 全球化与本土化经营战略
媒介资源开发与              └─ 独特的品牌发展战略
经营战略
                        ┌─ "内容为王"的战略布局
            "耳朵经济"的新探索 ├─ 平台化运营策略
                        └─ 运营现状及问题

                        ┌─ 升级服务,夯实大屏业务寻找新生机
            传统电视购物频道的
            业务转型困局突破  ├─ 开疆拓土,布局电商构建新盈利增长点
                        └─ 另辟蹊径,多向度开发盘活现有资源
```

@ 引言

本章节选取了我国民营传媒的领军企业光线传媒、美国跨国发展的传媒龙头维亚康姆集团以及伴随人们听觉传播需求产生的新生代平台喜马拉雅以及星空购物作为案例,分别对其媒介资源开发利用及经营战略进行探讨,意图通过各类型具有典型性、成功性的传媒集团或媒介产品发展模式,探索传媒集团和媒介产品经营成功的潜在规律。

第一节 民营传媒企业的"娱乐之道"

一、案例内容

光线传媒(ENLIGHT MEDIA)由王长田于1998年成立,经过十多年的发展于2011年8月3日成功在深交所创业板挂牌上市。上市之后的这十年,光线传媒稳步发展,目前已经成为我国影视行业中数一数二的影视公司。光线传媒是在90年代电视台行业制播分离政策下诞生的,最初在电视传媒领域专攻内容制作,以其精良的节目制作水平和出色的观众需求判断在民营传媒公司中崭露头角。2000年前后,受国内省市电视台与有线电视台全面合并改革的影响,光线传媒的节目作品一度遭遇播送渠道难题。在经历过一段时间的电视台保护主义打压后,面对传媒平台缺乏市场化的状况,光线传媒开始着手建立节目联供网,组建自己的渠道网络,开始了传媒业内的多元化经营。为了保持优秀的作品输出并巩固自己的行业地位,光线传媒开始不断拓展业务范围,完善内容产业链,实现业务领域全面覆盖。其当前的主营业务包括电影投资、制作、宣发,电视剧投资、发行,电视节目制作、发行,艺人经纪,互联网的新媒体内容制作以及游戏的开发等。光线传媒通过多年经营发展已经形成了"多板块、多业务、多厂牌"的多元化格局。每个板块包含多个业务,各板块之间看似独立、各有重点,实则各业务之间环环相扣、互相联系。多元化经营将"鸡蛋"放在不同的"篮子"里,让企业分散单一经营风险、有效利用企业资源、协同提升竞争优势。能合理布局涉足的产业领域和业务板块的企业能在多个产业经营板块中或不同产品生产之间进行协调,共享特定资源,实现相互协作、融合发展,进而谋求协同效应与范围经济,从而获得更高收益预期,提高资源利用效率和市场竞争力。[①]

从2019年年底开始,新冠疫情对于整个影视行业造成了前所未有的沉重打击,影院无法营业、新片未能按时上映、影片拍摄进度减速、投资回款周期拉长等一系列不利影响导致业内公司经营发展举步维艰,院线电影票房一度停滞[②],大量影视公司歇业或倒闭。一份截止日期在2020年4月底的数据显示,仅当年四个月,全国注销的影视公司数量是2019年全年的1.78倍,达5328家。[③]2020年7月16日有关部门发布通知,低风险地区的电影院在各项防控措施有效落实到位的前提下,可于2020年7月20日有序恢复营业。据猫眼专业版数据,2020年7月20日全国影院复工首日的观影人次超过5万,全国预售票房已经超过150万。8月21日首映的电影《八佰》,截至目前票房已突破31亿。[④]可以看出,在面对不可抗力的情况下,光线传媒依旧保持自己的盈利是正值,其业务模式和商业模式值得我们研究。

二、案例分析

(一)"光线特质"的媒介资源开发策略

1.扩大传统业务范围,打造品牌

光线传媒自成立以来,一直从事电视节目和影视剧的投资制作和发行业务。电视节目的业务主要包括电视节目制作和发行、电视剧制作发行及电视台播出的演艺活动。影视剧业务主要集中在发行。其中,光线传媒在作为其发展核心的电影业务中倾注了大量心血。其秉承只做商业类型片、参与国际合作以及介入推广发行的三大原则,依托旗下各具特色和发展各有侧重的知名厂牌,制作出品的多部电影取得了业界瞩目的成绩。

其一,出品电视节目与电视剧。光线传媒的电视节目制作始终专注关注细节,坚持"服务观众第一,传达信息第二"的原则,从前电视上"广告之后,马上回来"的温馨提示就是光线传媒带头进行投放的,拉近了观众和节目的距离,让观众有一种宾至如归之

[①] 裴冠一.国内影视企业多元化经营研究[J].文化产业,2021(12).
[②] 刘青青,石丹.《哪吒》珠玉在前,《姜子牙》能救光线传媒吗?[J].商学院,2020(10).
[③] 庞榕榕.光线传媒公司发展战略研究[D].南宁:广西大学,2020.
[④] 同上③。

感。光线传媒还将其收视率较好的周播节目改为日播,以增加节目的播出频率,这样长期高频度的节目播出更容易吸引眼球,提高受众黏性。光线传媒根据多年的节目制作经验,打造了众多品牌节目,并不断优化自身的运作流程,形成了一套完整的电视节目工业化流水线——电视节目联供网,使其内容体量远远领先于其他同类型公司。①光线传媒出品的《娱乐人物周刊》《中国音乐风云榜》等具有代表性的电视节目已经成为节目制作的典范,光线传媒每年还会借这类优质节目的影响力和流量,固定承办音乐风云榜颁奖礼、国剧盛典、时尚风云榜等活动,再将这些活动作为内容反哺到各个节目中,支撑节目制作的持续发展。

2012年,光线传媒收购了欢瑞世纪的部分股权并合作发行了《盛夏晚晴天》《画皮2》《少年神探狄仁杰》等电视剧;2013年,对电视剧领军企业新丽传媒进行了投资,2018年,光线传媒将持有的新丽传媒27.64%的股份转让给了林芝腾讯,并与其签订为期五年的战略协议,双方承诺将在优质IP资源开发、影视制作、宣传发行等领域开展深度合作。其中不乏《古剑奇谭》《盗墓笔记》《青云志》等优秀作品,这更加奠定了光线传媒在电视剧领域的龙头位置。②

其二,电影业——多厂牌齐头并进。光线传媒在节目制作中与有影响力的人建立合作关系,又通过自身节目宣传并推广本公司电影,实现了渠道方面的自给自足。光线传媒于2006年进军电影产业,2013年初仅《泰囧》《致青春》和《中国合伙人》这三部大热影片就创下的总票房超过25亿元的好成绩;2018年,光线传媒在整体缺乏爆款产品的环境下以小成本电影赢得国内较为良好的票房。③在疫情期间,光线传媒全资子公司参与出品的影片《八佰》在影视行业复苏之际抢先定档,在没有竞争对手的情况下爆火,首周票房达6.38亿元④。光线传媒的官网显示,其业务部门下分十分细致,包括综合电影品牌——光线影业;年轻态电影、出版品牌——青春光线影业;动漫电影、真人奇幻电影品牌——彩条屋影业;以"青春、热血、职场"的影视剧内容定位的品牌——小森林影业;以涉猎多类型影视剧内容定位的品牌——五光十色影业等。多厂牌的设置使得光线传媒能在电影各领域深耕,各类型电影均在光线传媒的开发与投资视野内。

其三,流程化与专业化的演艺业务。光线传媒借助影视剧发掘极具潜质和能力的新人,与已有艺人共同参与到其投资制作的影视剧中,同时反哺公司电影、电视等其他

---

① 资料来源:中国管理案例共享中心案例库。
② 张兴煌.基于实物期权的影视传媒企业估值研究——以光线传媒为例[D].南昌:江西财经大学,2020.
③ 李佩.价值链视角下光线传媒的多元化经营之路[J].传播与版权,2016(06).
④ 刘青青,石丹.《哪吒》珠玉在前,《姜子牙》能救光线传媒吗?[J].商学院,2020(10).

业务,这样公司在有效控制成本的基础上,能够更加专注于内容的生产,在实践中加强对艺人的培养与孵化,提升艺人的个人价值,实现影视剧业务与艺人经纪业务的协同、双赢。与此同时,光线传媒还专门成立了编剧导演事务部,专门挖掘和培养优秀导演、编剧,给自己的原创团队不断添加新鲜血液,使其优质内容供给能源源不断。

2. 拓展开发传统业务

除了电影、电视剧出品以及艺人经纪等影视行业的传统营收业务外,光线传媒业务还覆盖了动漫、网剧、文学、实景娱乐等领域,是国内覆盖内容领域最全面、产业链纵向延伸最完整的综合内容集团之一。

其一,品牌授权与实景娱乐。在迪士尼主题乐园成功经营的启发下,光线传媒也开始开发电影主题公园项目和影视基地实景娱乐项目。光线传媒在上海闵行建设的"中国电影世界"项目,打造了集影视剧拍摄、旅游体验、文化休闲、影视产业聚集区为一体的综合性文化旅游中心和文化产业发展基地。2016年8月光线传媒计划投资100亿元建设"光线中国电影世界主题乐园综合体"项目签约落户大连金普新区,是以光线传媒的优质IP电影为核心,创意开发影视剧拍摄、旅游、度假、休闲娱乐等多元化的文旅产业项目,大力推进了其实景娱乐业务的发展。

其二,股权收购进军游戏市场。除了传统的影视业务以外,面对互联网的围剿与游戏热的冲击,光线传媒将影视作品与游戏进行联动,对优秀影视作品进行二次开发,最大限度增加优秀影视作品的附加值,拓宽自身获取利润的渠道,成功实现影视作品价值最大化的目标。这不仅对光线传媒完善产业链下游的衍生品开发环境大有助益,还维持住了光线传媒的竞争优势。例如光线传媒投资了中国网页游戏的佼佼者——北京天神互动科技有限公司,为今后即将放映的影视作品提前挑选适合的影视素材,开发合适的游戏,以实现双方合作共赢。这与贩售版权有着本质上的区别,联动合作意味着双方的联系更为紧密,利益关系更加清晰,也有助于双方的互相监督,既可以实现优质资源的共享,又可以出于利益保证作品质量。

3. 动漫产业链的经营管理

其一,成立专业的动漫影视公司。为了实现"影视+动漫"策略的落地,光线传媒在已有的电视节目、电影、电视剧业务之外投资了动漫公司,以扩宽自己的业务范围和获利渠道,完善产业链下游的衍生品开发。光线传媒正式成立了霍尔果斯彩条屋影业有限公司(以下简称彩条屋),该公司成立前是光线传媒的一个动画部,如今已经发展成为一家以项目的开发、投资、制作、宣发、产品周边和主题乐园等为主要业务的专业化动漫影视公司。这家公司的成立标志着光线传媒对于中国动漫市场业务板块布局的开始。公司的标志"R"明确醒目深入人心,不断的改进和创新使其一直处于行业前沿。在宣布成立彩条屋的同时,光线传媒还宣布了22部动漫的拍摄计划,其中便包含引爆国内外市场的动漫《哪吒》和《姜子牙》。当前光线传媒影视业务经营稳健,动画电影业务崛起,成为公司重要收入来源之一。

其二,生产高质量内容,产出现象级动漫影视作品。光线传媒的动漫产业一直用高标准、高规格、高水平来把控作品,由此制作并发行了多部具有划时代意义的国产动漫。光线传媒成立彩条屋后,先后发行了《西游记之大圣归来》《大鱼海棠》《精灵王座》等叫好叫座的动漫电影。2019年,头部影片《哪吒之魔童降世》为光线传媒带来了巨大的营收红利,当年的主营业务收入增长率一跃达到了89.61%。[①]该影片无论是内容、质量还是表达的情感都十分精良,广受好评。光线传媒由于从《哪吒之魔童降世》受益颇丰,转而开始在以动漫影视为核心的基础上重点发展中国动漫电影创作,致力于原创系列动漫电影。2020年,光线传媒出品《姜子牙》,就是凭借着2019年的黑马动漫电影《哪吒之魔童降世》的东风,乘胜追击推出同一系列电影,酝酿堪比美国"漫威宇宙"的"神话宇宙计划",光线传媒想激起公众跟电影《姜子牙》IP之间的共鸣共振,然后通过社交媒体上的口碑发酵,进而进行N次传播拉动票房持续上涨。

其三,动漫IP的衍生发展。《哪吒之魔童降世》在票房打破多项纪录以后,和电影相关的各类衍生品,例如各种公仔、抱枕、海报、T恤也给公司带来了巨额利润。光线传媒火速抢注了1800多个和《哪吒之魔童降世》相关的商标,同时官方正版授权电影周边开启众筹计划。最终衍生品的售卖带来了1800万元的收入。[②]光线传媒迅速建立营销渠道,与较大的渠道商合作,为其动漫作品提供最大化保障,积极开发动漫衍生品,深挖动漫IP价值,释放更多的市场空间和未来的可能性。但由于光线传媒的动漫衍生品开发尚处于起步阶段,其影响力远落后于迪士尼公司,还没有建立起完善的动漫质量评估体系及衍生品授权体系,这也使其能够最大限度地提升动漫在正式发行时成功的概率,尽可能降低投资风险。

[①] 申学惠. 光线传媒的盈利模式及优化研究[D]. 重庆:重庆工商大学,2021.
[②] 同上。

其四,动漫产业的商业布局。从动漫产业的布局来看,光线传媒通过收购或入股的方式集合了行业内众多的动漫领域优质企业。2018年光线传媒和猫眼、微影、腾讯的合作,为动漫电影、动漫游戏、动漫衍生品接连铺路。此后,光线传媒接连与在动漫的各个领域具有强大优势的企业进行合作,投资动漫产业链,例如与上海绘界文化传播有限公司、杭州玄机科技信息技术有限公司和苏州米粒影视文化传播有限公司合作,用资本联姻的方式,提高团队原创动漫影视的制作水平,在动漫影视领域深耕。距今,彩条屋已经投资了20余个动漫产业链上下游公司,这些公司横跨三维动画、二维动画、漫画、游戏、国外版权等,覆盖业内大部分主流的独立动漫制作公司。[①]完善的储备造就了光线传媒从筹备、设计到制作、调整、后期宣传、衍生品维护、版权维护等一系列的活动皆可由自身消化,其强大的业务布局,在国产动漫电影生产艰难的环境下开辟了一条光明大道。

(二)"互联网+"光线传媒的新商业模式

1. 多渠道传播众筹募资

在影视企业选用互联网融资过程中,根据企业自身生产经营状况、对资金需求的不同,既可以采用单一融资模式也可以采用多种融资渠道结合的互联网融资模式。当前,随着互联网的迅猛发展,越来越多的民营影视企业采用互联网思维牵手阿里巴巴旗下的淘宝众筹等网络平台,对有投资潜力但缺少资金运作的项目通过众筹模式进行融资,让互联网用户都能参与到项目的生产运营中,进而打破传统影视企业投融资格局。光线传媒也不例外,2013年,光线传媒为其制作出品的《大鱼海棠》在点名时间网上发起众筹,成功募集资金158万元,创下当时国内动漫产业众筹新纪录。在影片上映的同时,淘宝众筹开设《大鱼海棠》专题,上线包含雨伞、手机壳、帆布鞋等在内的20多件官方授权衍生品,获得巨大成功。2016年,光线传媒与万达影业和华谊兄弟联合制作出品《鬼吹灯之寻龙诀》,通过碰碰网的碰碰众筹业务板块开展"十元看"项目。

2. "影视+VR"产业新态

光线传媒总裁王长田曾表示:"VR是我们一定会更深度参与的技术和产品,包括终端产品,还有专业的拍摄产品。"[②]光线传媒与北京七维视觉科技有限公司联合推出中国

[①] 张洁心.光线传媒的动漫经营管理模式研究[J].经营与管理,2020(10).
[②] 王长田.光线传媒:布局VR的逻辑[J].中国中小企业,2016(06).

第一台拥有自主软件的VR摄影机。《鬼吹灯之龙岭迷窟》中，导演规定了3段5到10分钟非常适合VR表现的内容，成为光线传媒实现VR电影新突破的案例。此外，光线传媒还投资了北京卓研时代科技有限公司，光线传媒旗下的先看影视平台也投资了专注于VR影院方向的公司DreamVR。2016年，光线传媒投资了当虹科技，两者合作推出360°全景云直播、点播服务，并且融入七维科技的VR或者AR技术及行业解决方案，为用户提供完整的VR视频云解决方案。2016年4月28日，光线传媒与湖北广电、当虹科技签署了《关于发展广电网VR产业的战略合作框架协议》。①三方拟在湖北省探索实施广电VR"云、管、端"战略，聚焦微电影、综艺节目、游戏、电商、广告等。光线传媒将打造包括VR的播出平台、VR的拍摄设备、VR的终端、VR云以及相关的一整套新的VR生态。

3. 互联网电影发行放映及在线售票

猫眼电影是美团旗下的一家集媒体内容、在线购票、用户社交、电影衍生品销售等服务的一站式电影互联网平台，如今是领先的在线娱乐票务服务平台、娱乐内容服务平台和娱乐行业用户及从业人员在线社区，其用户覆盖力广、宣发能力强，有完善的基础设施和出色的运营能力。为了拓宽产业链形成上下协同效应，光线传媒收购了猫眼电影，这可谓是其全产业链布局中最为关键的一步。光线传媒通过对猫眼电影的并购，再进行后续资源的整合，利用猫眼电影这个平台收集用户资料，分析用户偏好、明确用户画像，精准投放广告，实现营销价值与效率的最大化。

与此同时，光线传媒还进一步加深了院线与影视企业间的联系，用以更好地推广优秀的影视作品。互联网时代，线上购票基本已经取代了线下购票，互联网企业纷纷围剿挤压在线票务平台的市场空间，竞争愈发激烈。以BAT为例，这三家互联网企业均涉足了在线票务领域，阿里设立了淘票票、百度设立了糯米、腾讯布局了微票，并且这些互联网企业并不仅仅是做单一的票务业务，而是想通过票务平台逐步渗透整个影视行业的产业链。面对这种格局，光线传媒更需要猫眼电影来完善其自身产业链，而猫眼电影也需要光线传媒的加持来冲破互联网企业的重重包围，故此次投资是双方的一次合作共赢，对未来的发展有着非常关键和积极的作用。光线传媒并购猫眼电影后，拥有了其他传统影视行业不具有的优势，通过票务平台的大数据对观众的喜好进行分析，以较小的

---

① 司若，等.中国影视产业发展报告（2017）[M].北京：社会科学文献出版社，2017.

成本获得较大的利润。与此同时,光线传媒对猫眼电影的投资也使其宣发机构的职能得到了最大化的提升。

(三)独特的投资模式与内容变现渠道

1.主打版权收费模式

电影能够给企业带来票房收入,电视剧能够给企业带来播映权收入。企业会通过出让播映权给电视台或者网络平台获取更多的利润。对电视台来说,优秀的影视剧的播映会有首轮、二轮、三轮,还有可能在电视台轮番播放。网络平台的购买方式分为:独家购买、几家网络播出平台联合购买。比如2018年暑期影视剧爆款《如懿传》,东方卫视和江苏卫视预定了卫视拼播,腾讯以1500万拿下了网络播映权。爆款电视剧不仅能够吸引更多的观众,使购买播映权的卫视或网络平台获得高收视率、高点击率,同时也给电视台和网络平台带来更多的广告商,能获得丰厚的广告收入。另外,也为影视制作公司在业界赢得良好的口碑,巩固行业地位。

2.付费点播模式的探索

付费点播,直观一些解释就是现在所说的会员模式,即观众通过付费的方式拥有对线上影视作品的观看权或提前观看权。随着人们观念的不断更新,付费点播的形式已经被越来越多的观众接受。与此同时,影视公司也逐渐从单一的出售影视作品的版权转向终端的付费市场。影视作品的"全免费时代"正在悄然地过去。纵观光线传媒近几年的影视作品,电影的播映主要分为两种:其一是能够直接在线下影院排片上映。如果影片观看热度较高,待线下影院播映结束后,该影片会在公司提前签约的视频平台继续播映。在视频平台播映的前期,视频平台的会员可直接观看,以此来进行盈利和变现。光线传媒一贯坚持"内容为王"的创作理念,也有利于付费点播模式的长期发展,因为只有影视作品是优质的,观众才心甘情愿地为其付出、买单。付费点播的收入可以扩增光线传媒的盈利点,拓宽公司的收入渠道,增加公司的业务收入。其二付费点播和内容是相互促进的。推行付费点播要求有更高品质的内容,反过来,高品质的内容将推动付费点播的顺利进行,两者相辅相成。这一方式将从付费点播的模式和高品质的内容两方面加固光线传媒的盈利屏障,提升公司的核心竞争力,促进公司未来的健康持续发展。

3.广告收入

广告收入主要分为贴片广告和植入广告。植入广告是指将广告融入影视剧中,让广告成为影视剧的组成部分。在我国影视作品生产和制作中,植入广告屡见不鲜,影视剧、综艺等都充分利用植入广告来增加盈利。播映前收视率或者票房预期越高,相应的广告收入也更高。一档好的节目或者一部优秀的影视作品,同时也能给广告起到更好的宣传效果。比如《战狼2》中 AGM 手机、茅台酒、北京吉普的植入,因为影片的正面效应,加强了广告的宣传效应,起到了双赢的效果。贴片广告是在影院电影播放前放映的广告,一方面给期待影片的观众消磨等待的时间,另一方面给即将上映的电影宣传或者播放广告,充分利用资源和时间。既填补了观众的时间,又满足了广告商的需求。而且,大多数观众都会提前几分钟进入影院放映厅等待观影,所以,观众对于贴片广告排斥度比较小。

结语

随着数字时代的来临,我国民营传媒公司所处的环境不断变化,传媒企业必须告别过去只依靠开展单一业务来维持企业运营的状况,从而建立新型的商业经营模式。光线传媒作为一家民营传媒公司,总体上走的就是"纵向延长+横向扩展"式的多元化经营路线。光线传媒围绕其主营业务进行多元化发展,在发展初期着力打造品牌,构建传统业务品牌形象,使传统业务稳步发展,同时开始拓展传统业务的附加值。在后期,光线传媒开始扩充业务板块,延伸至信息服务、电影制作发行、动漫产业等领域,这是其"纵向延长"式的发展。与此同时,光线传媒还进行着"横向扩展"式的业务扩充,就是开发与传媒业关联不大的一些行业如房地产、旅游、酒店等,将其商业触角延伸至多元的领域。总体来说,顺应时代发展、有敏感的市场嗅觉、勇于创新,才能拓宽变现渠道,创新变现方式。

第二节　跨国传媒集团的经营战略

一、案例内容

维亚康姆(Viacom)集团(简称维亚康姆)是美国第三大传媒公司,旗下公司有派拉蒙电影公司,其库存影片超过2500部,包括《星球大战》《阿甘正传》《教父》《碟中谍》《泰坦尼克号》等经典影片,业务覆盖广播、电视、娱乐、出版、电影、音乐等众多领域。其中,维亚康姆旗下的MTV音乐电视网(简称MTV)是其向中国市场进军的核心"武器",创立于1981年,经过20多年的成功经营,MTV从美国本土延伸到拉丁美洲、亚洲、欧洲等地,成为全球最大的音乐电视网络,覆盖全球166个国家和地区,并拥有150多个以33种语言播出的地区频道以及350多个数字媒体网站,曾被美国《商业周刊》四度评为全球100个最有价值的品牌[①]。

维亚康姆在中国的业务发展大致经历如下几个阶段。1995年,维亚康姆在北京成立办事处,通过旗下的MTV以节目交换的形式进入中国,以每天60分钟的MTV"天籁村"节目抢占中国市场,同年在中国获得了500万户三星级以上酒店和涉外小区的落地权。MTV中文频道是专为华语受众打造的音乐电视频道,它在中国通过有线电视台深入千万家庭,成为中国内地最大的外国音乐节目提供者,同时它还利用MTV全球网络将中国本土音乐推广到全世界。1999年,维亚康姆开始与中央电视台联合举办一年一度的"CCTV-MTV音乐盛典",到2000年这一活动的收视率达到了7.8%,即达到了1亿左右的受众人数。2001年5月,通过与国内民营传媒企业合作,将面向8~14岁儿童,以教育节目为主的尼克国际儿童频道中的《尼克知识乐园》引入中国,进入200多家有线电视台,有大约8000万个家庭可以收看到这个节目,在全国的总覆盖人口已经达到3~5亿;2005年5月,MTV获准在广东全频道落地,成为国内第一家由国家新闻出版广电总局正式批准的在中国内地落地的具有国际品牌的外国电视媒体。维亚康姆的一系列举措成功打入了中国市场,MTV也成为维亚康姆实施国际传媒业务扩张的最大王牌。

[①] 数据来源:MTV中文频道.

二、案例分析

维亚康姆具有强烈的全球化意识,领航人雷石东也一直致力于国外市场的扩张,自1992年以来,维亚康姆大量投资海外市场,目标是40%的收入都来自美国以外的市场。维亚康姆的一位主管曾说:"我们不会把脚离开加速器。"因此,本部分的案例内容将重点分析维亚康姆实行国外市场扩张的三步战略,旨在展示维亚康姆征战国际传媒业的经营法则。

(一)全领域的资源开发

1.全方位的广告经营

其一,开拓软性广告业务,充分利用自身资源。软性植入式广告将节目内容和品牌信息有机融合,在观众不怎么排斥的情况下给观众留下印象,可以发挥硬广告所不能比拟的优势。例如MTV会和很多与音乐相关的广告商合作,如手机、MP3、笔记本电脑等,构建了多种媒体广告体系。

其二,广播电视与户外广告相结合。维亚康姆巧妙地把广播电视与户外广告相结合,从而获得更多的广告利益。以旗下的无线广播公司为例,这个公司除了运作180家电台(其中6家在全美排名前10位)外,还拥有全球最大的户外广告集团。如此涉猎广泛的一流广告平台为其广播电视业务占领了许多重要市场,将具有平台优势的企业收编囊中。

其三,精确受众定位,提高广告投放率。维亚康姆旗下的许多公司和节目都有非常清晰明确的用户画像和目标受众群,这样就利于广告商根据不同类型的受众选择相应的节目投放广告,从而降低广告投放的成本,提高双方收益。

其四,拓展区块链广告平台。维亚康姆和美国有线电视公司康卡斯特、查特传播合作建立了一个基于区块链的广告平台,此广告平台被描述为电视行业的"身份层",是一个可以为市场营销者提供不泄露可识别的用户数据的具有一流数据能力的平台。此平台可以有效提高数据驱动电视营销和广告的效率和效益,从而产生各种更好的计划、目标市场选择、执行和测量。

2.拓展衍生优质IP

其一,推广优质动漫IP。维亚康姆的尼克国际儿童频道虽然没有直接落地中国,但其动画内容早已被有儿童的中国家庭熟知,例如《忍者神龟》《海绵宝宝》《爱探险的朵拉》《汪汪队立大功》等知名动漫,其中一些动漫大电影也在中国颇受欢迎、深入人心。尼克国际儿童频道与中国的各个主流频道和视频网站开展合作,其中《海绵宝宝》和《忍者神龟》分别登上了国内的主流频道——央视频道。动漫IP的推广和宣传为后续IP衍生物的发展奠定了坚实的基础。维亚康姆与多家公司探讨合作,尝试共同打造"寓教于乐"的优质动画IP,深入挖掘动画IP价值,以期与目标观众建立更为紧密的联系。

其二,拓展IP衍生物。第一是合作创造手游,互联网时代手游已是十分成熟的IP衍生方式,维亚康姆集团下的"逃亡兔"手游曾在腾讯应用宝上线,首周便排名新游戏下载榜首位。第二是推出相关系列教育产品。尼克国际儿童频道以《爱探险的朵拉》内容为基础研发出了一系列教育产品。从2002年开始授权起,《爱探险的朵拉》在全球就已经获得超过110亿美元收益。此外维亚康姆还会考虑与国内公司开发出了"寓教于乐"的VR课程[①],将儿童经济发挥到最大化。

其三,开发主题公园。中国维亚康姆文创旅游小镇以文化旅游体验为主线,带动动漫、影视、音乐等的创意产业和艺术品、衍生品的交易,以及虚拟现实等文化科技体验,打造了集旅游、文创、休闲于一体的综合性文化创意旅游示范区,是京津冀首个世界级知识产权的文创旅游特色小镇。这个小镇由中国尼克动漫产业基地、尼克儿童乐园、中国MTV流行音乐产业园、小镇生活配套园区四大板块组成。其中中国尼克动漫产业基地是小镇的核心产业,尼克儿童乐园是全室内、全天候的大型主题乐园,园内有多项自创的IP形象,将中国传统文化经典演绎与再现,成为整个乐园的亮点。[②]

3.并购扩充资源

并购指的是两家或者更多的独立公司合并组成一家,通常由一家占优势的公司吸收一家或者多家公司,一般含有兼并和收购两层意思,实质上就是企业的权利主体不断变换的过程。并购是资本运作过程中的一个重要环节,其目的在于资本增值,很多经济体都会采取这一方式,传媒产业也不例外。比如,1995年美国迪士尼公司以290亿美元

[①] 霍驰.深耕流行文化"走出去"和品牌本土化运营 维亚康姆在中国走得有些与众不同[J].广电时评,2017(13).
[②] 香河京街房地产开发有限公司.中国维亚康姆文创旅游小镇[EB/OL].https://house.focus.cn/zixun/c1b97470da01695a.html.2018-10-23/2022-2-19.

收购了美国广播公司的母公司,2001年时代华纳与美国在线的兼并使其成为世界第一大传媒集团等。[1]维亚康姆亦是如此,甚至可以说并购是维亚康姆扩大公司版图的起航点,正如雷石东在一次采访中曾说:"大一点并不意味着好一点,但是大一点总比小一点好。面对市场的时候,大一点总可以使更多的人知道你,尤其是在市场竞争这么激烈的情况下。"于是,维亚康姆在此后的十几年时间里,一直将并购作为其重要发展战略。以下将梳理维亚康姆进行的几次具有重大转折意义的并购活动。

1986年,维亚康姆并购了MTV。MTV拥有庞大的用户群和牢固的有线电视经营基础,收购MTV对于维亚康姆跻身娱乐界起到了很大推动作用。1994年,维亚康姆并购百视达娱乐公司和派拉蒙影业公司。百视达娱乐公司是当时全球影片制作和影片租赁市场的巨头,而派拉蒙影业公司是好莱坞著名的电影制片和电影发行公司,被称为好莱坞八大电影巨头之一。维亚康姆对这两家行业巨头的并购为自身的娱乐业拓展了经营领域,大型电影公司成为娱乐和传媒集团的一部分,奠定了其作为娱乐业巨头的基础。1999年,维亚康姆并购了美国著名的哥伦比亚广播公司。在有线电视网兴起之前,哥伦比亚广播公司曾与全国广播公司、美国广播公司并列为三大主导美国市场的广播公司。这一次并购,使维亚康姆成为全世界最大的多媒体广告平台,维亚康姆也因此成为世界顶尖的传媒巨头。2000年,维亚康姆并购BET(美国黑人娱乐电视网)。这是维亚康姆对自身本土市场的关注。BET在美国拥有6240万个家庭用户和一个在另外14个国家能看到24小时爵士乐的频道,已经在非洲裔美国观众中树立起了不可替代的地位。维亚康姆购买BET也就是想在快速发展的少数族裔观众市场中优先占据有利地位。

回顾维亚康姆的并购历程,我们会发现维亚康姆正是通过一系列的并购活动实现集团规模和经营范围的不断扩张。并购战略成功的其中一个标志是,2002年维亚康姆在《财富》杂志一年一度的"全球最受赞赏公司排行榜"的娱乐类企业排名中跃居榜首[2]。这不仅肯定了维亚康姆在娱乐界做出的成绩,更意味着维亚康姆的并购战略为其全球扩张带来了助益,最终成就了一个庞大的传媒帝国。

---

[1] 张辉锋.传媒经济学案例教程[M].北京,中国人民大学出版社,2011.
[2] 张志安,柳剑能.维亚康姆:征逐国际传媒业的ABC战略[J].传媒观察,2004(06).

(二)全球化与本土化经营战略

1.文化产品本土化

跨国企业要想进入任何一个本国以外的市场,首先要生产出能够实现跨文化传播、具有国际化特征的大众文化产品。MTV国际频道有60%~70%的内容是在它的市场相关地生产的。如果当地有更本土化的内容制造商,甚至会用"拿来主义"——直接购买。比如在荷兰,MTV就购买了TMF。这个音乐加工厂,是MTV在荷兰、比利时和卢森堡的最大竞争对手①。维亚康姆将"音乐"这一无国界、具有普遍性、共通性的大众文化消费品作为全球化的第一张王牌。MTV以流行音乐为载体,针对不同的国家和地区制定不同的推广战略,制作不同的音乐产品,制造不同的潮流文化。就以世界闻名的"MTV音乐电视大奖"来说,不同国家的大奖设置类型就有细微的区别,包括MTV音乐录影带大奖、MTV欧洲音乐大奖、MTV亚洲音乐大奖,既有针对性,也符合各个国家的特定需求和所长。这是典型的国际化与本土化相结合,先将"MTV音乐电视大奖"打造成一个国际化的音乐品牌大赛,再结合不同的国外市场需求制定不同的赛事策略,从而为全世界所有热爱音乐的受众输入一场具有国际化视野和规格的音乐盛宴,也为其进军目标市场奠定品牌基础和受众基础。

2.人才本土化

最典型的莫过于集团管理层人选的斟酌。第一位是与MTV成长密不可分的中国传奇女性李亦非。1999年,李亦非出任MTV大中华区总经理,负责维亚康姆旗下的MTV、派拉蒙影视和尼克儿童频道在中国的业务,曾一度被传媒誉为开创了MTV中国的"李亦非时代"。第二位是2009年新一任的首席执行官梅燕。素有传媒界"铁娘子"之称的她纵横传媒业二十载,从上任起就致力于让MTV发出中国声音。这两位集团高管都是接受过国外教育的中国人,她们深刻了解中国的历史,理解中国本土的文化底蕴,更懂得中国市场应该如何运作,加之海外教育背景和高层管理经验,又使她们熟悉西方文化背景和市场规则,这样的本土化人才更容易抓取中西方在市场经营、文化内涵、文化产品、大众需求等方面的差异性,做到更精准地服务中国市场。另外,MTV中国节目主持人也都起用本土主持人,如《MTV天籁村》的李霞、《MTV光荣榜》的张铮,他们很了解本土观众的喜好和需求,擅长将MTV的特色与本土化音乐风格相结合,他们帮助MTV进行本

---

① 雷晓艳.维亚康姆的经营战略以及对中国传媒的启示[D].西安:西北大学,2006.

土化改造，MTV的舞台也让他们成为知名的音乐节目主持人。因此，MTV能够快速融入中国市场，迅速打造出具有本土特色的差异化产品，可以说很大程度上得益于人才本土化策略。

3. 渠道本土化

维亚康姆考虑到在欧洲和其他国际市场，数字电视比美国要领先12到18个月，MTV就有效地利用这个潮流，快速而经济化增长数字电视网络，加快实现MTV本地化的进程。例如，在英国MTV开启了MTV舞蹈（MTV Dance），使MTV和它的姐妹产品能够向节奏布鲁斯、流行和其他的音乐爱好者提供7种不同类型的服务。MTV目前还在波兰等地复制这种方式，准备向整个欧洲提供这种基于数字技术的多选择性节目。

（三）独特的品牌发展战略

1. 品牌国际化发展

雷石东在国际化道路上很注重品牌影响力，这实际上和维亚康姆实行的并购战略是相辅相成的。并购计划虽然主要在美国国内进行，但被收购的这些公司都在海外业务上有所布局，具有很高的国际知名度和影响力，当这些公司成为维亚康姆的一分子，也就意味着维亚康姆得到了其所有的渠道和平台，所有的营销造势将以维亚康姆为核心，集团自身的品牌形象就能在极大程度上得到传播。在维亚康姆众多的品牌营销活动中，以多渠道、多受众、多类型的MTV最为典型。以中国市场而言，可以说维亚康姆仅用旗下的一个MTV，就打动了中国观众。

2003年，MTV中文频道获得国家新闻出版广电总局颁发的批准，在广州和深圳播出，成为首个落地中国的24小时国际音乐频道。由此，MTV及其所代表的流行音乐文化让维亚康姆离中国观众更近了。在这两座城市，共有1470万家庭可以收看MTV中文频道；国内三星级及以上的酒店也可以收看该频道。另外，MTV中文频道还覆盖至中国香港、中国澳门、印度尼西亚、新加坡、菲律宾、缅甸和柬埔寨等地约82万户家庭观众。[①]

其一，MTV与中国主流媒体强强联合。我国很多观众应该对"CCTV-MTV音乐盛典"这一活动并不陌生，这是MTV从1999年开始与中央电视台联合举办的大型音乐颁奖盛典，到2012年已成功举办十一届。大众耳熟能详的四大天王、那英、王菲、刘欢、周华健、李谷一等乐坛明星都是这场音乐盛典的常客，被誉为"华语乐坛最高级别的颁

---

① 霍驰.深耕流行文化"走出去"和品牌本土化运营　维亚康姆在中国走得有些与众不同[J].广电时评，2017(13).

奖"。每年盛典除了在央视、MTV频道直播和数次重播外,还在全国超过30个地方电视台反复播出,收视人口超过中国人口的四分之一,其中15~34岁的年轻人超过了一个亿[①]。如此大规模的宣传和几乎囊括整个华语乐坛的明星阵容,使"CCTV-MTV音乐盛典"声名远播,受到国内外音乐人士的瞩目,同时也成为中央电视台最受欢迎的音乐品牌之一。从某种意义上来说,MTV开启的这种具有时代影响力的音乐活动对于维亚康姆集团的国际扩张来说大有益处。首先,在每届颁奖典礼上,每一个获奖歌手发表的获奖感言里都会有一句:"感谢CCTV,感谢MTV!"这句看似官方的"客套话",在不经意之间却为CCTV和MTV两大媒体起到了最好的明星宣传效应。我国央视CCTV品牌自然不必多说,属于家喻户晓的主流传媒。但对于MTV这一国外媒体来说,这场音乐活动能在国家级的媒体平台举行并播放,吸引众多中国歌手助阵,在无形中大大提升了MTV品牌的影响力和知名度。

其二,MTV与国内企业打造音乐新潮流。除了与主流媒体合作外,MTV采取的又一音乐营销活动,锁定我国的年轻观众市场,与国内知名饮料品牌红牛合作开展"MTV-红牛不插电演唱会"。所谓"不插电",也就是提倡演唱会现场不使用音响设备修饰声音,只采用纯人声和乐器弹奏相结合的形式,达到真正的"原汁原味"。"不插电"在欧洲甚为流行,在国内李宇春、林宥嘉、杨宗纬、杨丞琳、李泉、陈奕迅、许嵩等歌手都曾举办过"不插电"演唱会。这一活动一经推出,立即受到年轻人和音乐人的大力追捧,还因此在中国兴起了一场"不插电"的音乐新风尚。演唱会先后在北京、上海、重庆、杭州等各大城市举办,在此过程中,MTV整合频道资源和广告资源,不管从节目播出渠道还是广告牌、广告海报等方面,MTV都进行了全方位的广告轰炸,充分提升了MTV品牌和红牛品牌的知名度,放大了合作双方的品牌效应。不管是从官方层面,还是广告流量层面,MTV总能找到自己的方式在中国市场拓展自身品牌。从MTV在中国造成的音乐轰动来看,雷石东的品牌营销战略为维亚康姆的扩张奠定了基础。

2.多品牌经营模式

多品牌经营模式即同一公司下赋予不同的、相互竞争的品牌。世界上许多实力强大的传媒集团也都采用了多品牌经营的策略。作为全球著名的传媒集团,维亚康姆在通过收购与合并,从原来的单一拥有汽车电影院发展到拥有著名的派拉蒙影业公司、西蒙出版社等跨越电影、电视、印刷等众多媒介的全球性传媒集团。其品牌的经营属于典

[①] 张辉锋.传媒经济学案例教程[M].北京:中国人民大学出版社,2011.

型的多品牌经营模式。各个品牌都有其独特的品牌特征和独特的信息内容,如派拉蒙影业公司是美国七大电影制作公司之一,MTV则是专业的音乐电视频道,而尼克儿童频道是专业的儿童电视频道。在这些独立的领域中,这些品牌之间既互相联系又互相竞争。这种策略可以帮助维亚康姆满足不同消费者对同一种产品需求上的不同要求,更好地适应消费者的个性化需求,在提高市场占有率和顾客满意度的同时,也可以在分销过程中占据更大的市场空间,减少竞争对手的产品空间,从而在竞争中占据主动地位。当然,这种策略的费用较高,也会出现自己的品牌争夺消费者的情况。

品牌形象决定着维亚康姆是否能在全球市场取胜,雷石东自己也一直将品牌权益看作维亚康姆集团最有力的资产,当初收购维亚康姆也是看中了维亚康姆旗下以MTV为首的众多知名品牌,维亚康姆的品牌战略体系十分完整。从大方面来讲,维亚康姆通过收购派拉蒙影业公司和CBS,逐步在全球传媒娱乐业中树立了"维亚康姆"这一品牌;从小方面来讲,维亚康姆旗下的每一个子公司都有完整的一套公司品牌、节目品牌推广体系。"以内容打造品牌,以品牌带动内容"这是维亚康姆留给中国传媒市场最为宝贵的经验之一。

3. 严格的版权保护

获得资产和塑造品牌的最终目的都是一致的,那就是赚取超额利润。而传媒娱乐属于精神产品行列,最重要的无形资产是知识产权。雷石东认为,知识产权可以以书籍、电影、音乐、多媒体游戏和教育产品的形式出现,而且正日益成为全球进行贸易的交换媒介,如果知识产权的完整性得不到充分保护,那么传媒娱乐公司所开辟的市场,都会因为缺乏内容而一蹶不振。"不管传媒公司是在波士顿还是在北京,确保版权保护是迅速有效地运行国际传媒企业的关键。"维亚康姆前大中华区总裁李亦菲认为,维亚康姆在经营上最值得中国传媒借鉴的是管理方式[①]。版权保护成为大规模运作的前提,比如MTV的老板在其美国的办公室里管理着世界各地的分公司的运作,模式完全一致,即每年付给五大唱片公司版权费,然后利用世界各国的频道播出,每增加一个频道就增加一笔收入。因为版权保护,每产生出一个原创作品,成本基本是一次性支出,却可以无限次地使用,而每重复使用一次,就会产生利润。这就是传媒娱乐业不断地重复使用固定资本把规模做大的运营模式,也是其最有力的举措。

---

① 雷晓艳.维亚康姆的经营战略以及对中国传媒的启示[D].西安:西北大学,2006.

结语

回顾维亚康姆进入中国以来的发展历程,从本土化的内容制作到品牌营销,从与主流媒体强强合作到与知名企业的广告公关,无不为国内传媒在市场化运作方面带来诸多经验与启示。实际上,要想让中国传媒业走出去,让中国传媒集团跨国发展,就要做到以内容为王,注重传播内容的品质;要以品牌至上,构建一流的广告平台;还要放眼海外市场,树立全球发展观,除此之外,维亚康姆的扩张经验固然有可取之处,但中国和美国传媒市场的理念、规则、运作等又大有不同,我们只能在此基础上取其精华,去其糟粕,最终还是要结合我国国情、结合中国传媒市场的发展特点来制定我们自己的全球发展战略。

第三节 "耳朵经济"的新探索

一、案例内容

社会学家皮埃尔·布尔迪厄认为,社会空间中有各种各样的场域,场域的多样化是社会分化的结果,这种分化的过程就是场域的自主化过程。人的一切行为都被行动发生的场域所影响。新媒体时代,互联网作为一个全新的场域,正在重塑大众的生活空间和信息接收渠道,改变了大众接受和传播信息的行为[1]。如今移动互联网快速发展的背景之下,"耳朵经济"已经成为网络移动音频的代名词,它囊括了有声读物、移动音频、移动电台、知识付费等多种大众所熟知的模式。喜马拉雅及时抓住"耳朵经济"的快车,在新媒体跑道上抢先领跑。2020年中国网络音频平台第一梯队包括喜马拉雅;第二梯队包括蜻蜓、荔枝;第三梯队包括猫耳、企鹅、酷我畅听、喜马拉雅极速版[2]。招股书显示,2020年喜马拉雅营收为40.5亿元,同比增长超50%。2021年一季度营收为11.6亿元,同比增长超65%。

---

[1] 高宣扬.布迪厄的社会理论[M].上海,同济大学出版社,2004.
[2] 资料来源:喜马拉雅App听书报告

喜马拉雅是一个知名的音频分享平台,总用户规模突破6亿,2013年在手机客户端上线,两年多的时间成为国内发展最快、规模最大的在线移动音频分享平台。根据2020年中国网络音频行业市场分析,喜马拉雅市场规模将近180亿元,用户规模位居中国网络音频行业首位。截至2020年底,喜马拉雅音频总量已超过2.8亿条,喜马拉雅全场景月活跃用户达到2.50亿[①]。

随着移动互联网的进一步发展,互联网用户为优质内容付费的习惯正在逐步养成,内容付费已经成为继广告、电商之后,互联网行业最重要的变现方式之一,前景广阔。作为内容承载的主流形式之一,音频成为知识经济的主要载体,喜马拉雅利用"音频+知识+付费"的交叉点,一举成为这个领域的佼佼者。喜马拉雅目前布局的内容矩阵涉及多个品类,丰富的内容矩阵与强大的技术支持是喜马拉雅能够保持较高用户渗透率的主要原因。与此同时在互联网时代,网络和人工智能技术为音频实现全场景覆盖提供了"万物互联"的网络支撑和"语音交互"的技术支持。5G网络使传输能力大幅度提升,超高速、大容量、低时延、大流量密度、移动性更强的5G网络将使信息传播不再受时间和空间场景限制。各种有利因素使喜马拉雅建立起了一个全面的内容分发体系,建构了一个完整的音频生态圈。

二、案例分析

(一)"内容为王"的战略布局

1. 多元化的内容生产模式

喻国明教授认为,新一代的内容具有多重维度,作为资讯传达的内容主要是指以理性、逻辑性为特征的信息内容,它指向的是基本的认知需求和安全上的需要;作为关系表达的内容承载着关于关系认同等的信息;作为媒介功能的内容,是构建线上生活场景的连接[②]。喜马拉雅App既能够为用户提供最基础的消息咨询的传递,又能精准探索用户需求,在不同场景给用户构建不同的定制化内容。

[①] 根据中国网络视听节目服务协会、智研咨询资料整理。
[②] 喻国明、耿晓梦.未来传播视野下内容范式的三个价值维度——对于传播学的一个元概念的探析[J].新闻大学,2020(03).

其一,采用"PGC+UGC+OGC"的内容生产策略。喜马拉雅在知识商品的内容生产上采取的策略是"PGC+UGC+OGC",即专业知识生产者+普通用户生产者+平台自制内容。喜马拉雅App建立了用户认证制度,签约了400多万草根主播[1]。同时平台积极联合各界名人大咖,为用户提供优质内容,如传统电台"北京新闻广播"、著名作家余秋雨等。以《吴晓波频道》为例,吴晓波是我国著名的财经作家,他以其专业的眼光和从事的专业领域——财经经济入手,每天进行5分钟的商业课,为听众分析当前经济形势,评说时下财经热点,保证了内容质量的专业化。如今,喜马拉雅已积累了全行业丰富的内容版权资源和创作者生态资源,成为音频创作者最集中、最活跃的平台。截至2020年1月16日,喜马拉雅主播人数已超过1000万[2]。这些创作者来自各行各业:有明星大咖、品牌机构、专业媒体,也有各行各业的普通人,甚至残疾人、老年人等群体,他们用声音分享故事、观点和知识,为听众传递正能量。

其二,建立完善的主播培养机制。喜马拉雅平台设立的主播培养机制能够使草根主播得到专业方面的培养,从而助力优质内容输出。如喜马拉雅曾与全国20所高校达成战略合作,推出"新声计划",主动寻找和培养优秀的主播人才。喜马拉雅还从平台的400多万个草根主播中挑选出了8万认证主播,设立了喜马拉雅大学,对这些认证主播进行播音技巧等方面的培养,让他们避免模板化,以保证为用户提供更多、更丰富的音频内容[3]。喜马拉雅借助平台版权内容培训草根主播,通过线上与线下多种方式授课,形成更广泛的UGC内容来源。在这样的背景下,喜马拉雅直播发起了为期一年的"百大主播计划",继续深挖优质音频内容创作,助力泛娱乐赛道主播商业变现。

其三,积极维护平台生态。喜马拉雅播客的助力使其构建了强大的内容生态。喜马拉雅平台非常注重净化和维护创作者生态,其将平台主播按照核心价值粗分为四类:原创播客、声音演绎、知识分享、寄生食利;前两类主播都是对主播生态有贡献作用的,而最后一类则被定义为破坏生态的。喜马拉雅平台认为原创播客与知识分享类的主播是具有高价值的,其中知识分享类主播所提供的内容价值比较高,原创播客类是平台稀缺且流失严重的,而这类主播又对内容生态健康多元有着很高的价值;声音演绎类主播是中价值的,且平台相对饱和,平台相对应地采取较为保守的态度;而寄生食利类主播

---

[1] 娄炜利,王雅婷.喜马拉雅App运营策略研究[J].今传媒,2020,28(12).
[2] 央广网.喜马拉雅2020年终成绩单:在线新经济崛起,"听"改变用户生活方式[EB/OL].https://baijiahao.baidu.com/s?id=1688333057352499017&wfr=spider&for=pc.2021-01-08/2022-02-19.
[3] 娄炜利,王雅婷.喜马拉雅App运营策略研究[J].今传媒,2020,28(12).

则是低价值的,会破坏平台上的生态,平台会进行主动的驱逐以最大程度上净化平台环境,这也能最大化地减少用户寻找内容的时间成本。喜马拉雅聚集了大量头部播客,并积极为创作者们提供录制、剪辑、上传、互动等便捷服务,帮助用户发现喜欢的播客。

2. 精准化的内容分发模式

不同的用户群体对于知识付费产品的需求往往是丰富多样且大相径庭的,具体到每个真实的用户来说,其对知识付费产品的需求是更加个性化的,这就对在线知识付费平台上的内容多样性提出了更高要求。从长尾的视角来看,长尾理论就是在谈论品种多样化的问题,长尾经济最擅长的就是满足用户多样化、个性化的需求,因而从长尾的视角来审视在线知识付费平台的内容供给,是有助于满足不同用户的个性化需求的。

在如今碎片化的环境下,喜马拉雅采取了精准定制化的分众传播方式来进行内容的分发,利用长尾理论,抓住各类小众用户的需求,将无数小众汇聚在一起形成强大的合力。喜马拉雅上的内容涵盖国学、影视、政务等板块,每个板块还有更加细化的内容分类,如在国学板块中,还下设了诗文、国史、诸子百家等不同内容,以精准地满足用户的各类细微收听需求。同时,喜马拉雅平台的内容界面可谓"千人千面",即"由于大家各有不同的信息偏好、娱乐习惯和社会行为,你的界面会有别于我的界面",每一个用户都拥有自己私人订制的板块内容和独特排版。

喜马拉雅的用户画像主要包括行业精英、职业主播、出租车或网约车司机、学生群体、白领群体等几大类,相应的,不同的用户群体对平台上的内容有着不同的需求。喜马拉雅在拉齐了精准的几类用户画像之后,根据平台上用户对各种类型的内容需求程度对其知识产品划分了不同的赛道,平台对于不同赛道的不同类型内容,在产出数量与效率上都有着不同的优质定义,同时也有一套对平台上内容的质量评估体系。初入喜马拉雅的用户对产品更多的是一种探索式的体验,在海量的内容中找到契合自己品位的主播或者音频内容,喜马拉雅的定制化服务就是在用户探索式体验过后,满足每一个"我"的个性化需求。

3. 精品化的内容来源

其一,跨界合作寻找优质供给侧。喜马拉雅为寻找优质的内容供给侧,稳定精品化的内容来源,与众多一线图书公司、热门节目等从版权合作上升到独家排他性的战略合作,赢得独家优质资源,例如喜马拉雅与全球最大中文阅读平台阅文集团签订独家合作.阅文集团保证了喜马拉雅平台高质量内容的持续供给。

其二,打造爆款IP。这也是喜马拉雅拓展内容来源的有效方式,喜马拉雅联合自媒体、明星等共同打造独家节目,孵化平台独有的热门IP,如创新型声音节目《超级报刊亭》、明星跨界合作的《张艺兴晚安电台》、王耀庆的《听见王耀庆》等。喜马拉雅的相声评书栏目还拥有包括郭德纲、单田芳等行业头部IP在内的众多相声评书经典专辑。平台一鼓作气推出新评书扶持计划,助力原创曲艺创作、传承非遗文化,也持续为广大的曲艺创作者提供优质的内容传播平台,打造独家的高质量内容,同时创造流量变现。

其三,精细划分栏目。喜马拉雅的栏目主要包括几类:有声书、戏曲、相声评书、个人成长与商业财经、音乐和人文等。有声书是喜马拉雅平台的一个重要板块,喜马拉雅占据了70%畅销书的有声版权,且发展了很多独家签约主播,在有声书市场上具有远超其他平台的优势,有声书和付费产品是当前喜马拉雅平台大力发展的两个支柱。喜马拉雅是有声书爱好者们的聚集地,拥有全网最多的独家出版物有声书,平台会第一时间将市场上新兴、热门、经典题材进行有声演绎。推出了《平凡的世界》《明朝那些事儿》《霍乱时期的爱情》等人气有声书。喜马拉雅还是国内精品有声剧最大的出品方之一,名著有声剧、武侠玄幻有声剧、悬疑有声剧、原创儿童有声剧、言情有声剧等与内容厂牌、IP孵化并行,共同组成丰富品类。例如其推出了《三体》《庆余年》《红楼梦》等现象级剧作。在个人成长与商业财经栏目方面,喜马拉雅致力于提供有趣实用的财经知识,帮助年轻人找到自己的兴趣和职业开端,在此领域喜马拉雅拥有约8万名主播、360万条声音。在音乐栏目方面喜马拉雅拥有上万首独家疗愈音乐和独家行业音乐主播,与多家音乐厂牌合作,与国际钢琴家李云迪合作推出《李云迪:钢琴名曲赏析课》,并发起国内首个为纯音乐人打造的扶持计划——喜乐计划。在人文栏目,喜马拉雅是全网最大的文化大咖聚合地,拥有100万条声音、1500个精品课程、30个精品IP,如余秋雨的《中国文化课》。

(二)平台化运营策略

1.用户运营,提供优质服务

其一,个性化推送与精细化内容组织。喜马拉雅依靠大数据,有效实现了对用户的智能匹配。喜马拉雅成立了利用算法技术分析用户的专业团队,对搜索与推荐进行研发。用户在喜马拉雅App上的点击、搜索及浏览痕迹,都会被后台记录而产生数据。团队会基于用户性别、年龄、职业等不同维度建立用户的兴趣图谱,构建用户的个性画像。

该图谱可用于平台的个性化内容推荐、节目内容的质量判定、广告投放以及商品推送等用途,如"猜你喜欢"功能的设置。喜马拉雅App还设计了"一键听广播——私人FM",为用户及时推送其可能感兴趣的广播节目,更加体现其内容组织的精细化。

其二,赋能全场景生态。喜马拉雅积极与创新智能硬件拓展应用场景,例如其通过智能教育赋能家庭教育场景、赋能传统产业、赋能智能出行。其会有针对性地面向用户不同场景下的需求,提供不同的服务。喜马拉雅还将继续拓展下游市场,为车载端和智能产品端布局,扩大平台影响力。在车载端方面,与车悦宝达成版权战略合作,实现双方账号互通、资源共享;接入苹果Carplay,并推出Carplay车版本等。智能产品端方面,与格力合作,推出首款智能冰箱内置喜马拉雅;小雅AI智能音箱可通过语音控制,能广泛应用于家庭场景中;"喜马拉雅inside"与多家品牌合作,内容植入各种硬件产品中。伴随着硬件设备的更新,喜马拉雅平台的应用场景不再局限于用户利用琐碎时间在移动端收听平台内容,而是强有力地拓展到从居家到出行的各个阶段。喜马拉雅App着力于提供"伴随式"的智能场景服务,其主打的音频形式具有对各种场景的渗透和占领的非排他性优势。

其三,拓展特殊群体,量身定制内容。喜马拉雅对特殊群体有着量身定制的内容和分发场景,例如其专设的儿童频道,拥有专业的儿童类品质声音IP,一站式解决家长和儿童的需求。代表作如《神探迈克狐》《森林密探零零七》《神奇校车经典故事》等。与此同时,喜马拉雅还抓住了"儿童经济"这一契机,开设儿童专题,针对不同年龄层提供专业的育儿知识、儿歌、动画等,让家长和儿童都能得到最专业和精准的内容服务。除此之外,喜马拉雅针对老年群体也有相应的服务,为老年用户专门设置符合他们认知需求的模式,提供老年人适合的内容。

2. 渠道运营,构建全媒体矩阵

其一,线上媒体矩阵。依托互联网技术的发展,传播的方式也越来越多样化。喜马拉雅充分利用新媒体优势,打造网页、App、微信、微博等多终端入口。微信公众号和微博认证用户营运以及分享、软广等多元引流方式,将用户群逐渐积聚于网页版及移动客户端两个平台上,借助巨大流量和影响力,发挥意见领袖作用,推广平台,实现快速吸粉。

其二,开展公益活动。为了缩小教育资源差距,促进教育公平,喜马拉雅开办了"喜马小学堂"公益项目,先后落地四川雅安、云南勐腊等多个地区,为农村小学捐赠小雅AI

智能音箱、有声读物和在线课程,让贫困地区的孩子可以跟城市的孩子听到同一堂课,让百万名师生直接受益。此外,喜马拉雅还邀请明星、主播直播带货扶贫,开创精准扶贫新模式。例如其邀请林志玲、张歆艺、李晨等13位明星助力,覆盖湖北、上海定点帮扶地区的品牌农产品,讲述产品和产地的故事,介绍产地的风土人情,助推产品销售。喜马拉雅与9个省市区残联联合主办互联网残疾人主播培训班,培训千余人,百余人成为平台签约主播。在疫情期间,喜马拉雅开设了"战疫专区",接入央视新闻、人民网进行抗疫主题直播;联合55位明星主播推出疫情防护指南特别节目;联合华大基因上线《战疫》专题节目①。

其三,开展营销活动。喜马拉雅孵化一些固定的营销活动作为宣传契机,其中最大的有"423听书节"和"123狂欢节"。"423听书节"是喜马拉雅为了推动全民阅读的普及,于2018年发起的国内首个听书节。喜马拉雅与社会各界建造了一座有声图书馆,根据听众的投票,优先将最有价值的书有声化。喜马拉雅还不断把新出版的书籍纳入有声图书馆中,扩大有声图书馆的"馆藏",扩充其优质资源的储备。"423听书节"期间,喜马拉雅发起"有声图书馆计划",为300多家传统出版社与机构创造新机遇,喜马拉雅平台上的内容品类从328类增长至393类②,创造了更多样化、更丰富的优质内容。"123狂欢节"是喜马拉雅于2016年率先发起的国内首个内容消费领域的狂欢节,一年一度的"123狂欢节"是用户以优惠价格集中购买一家人精神食粮的好契机,其不仅刺激生产者精耕内容,同时也吸引更多专业人才加入狂欢,创造内容价值。2020年,"123狂欢节"成交量达10.8亿,再创纪录,标志着人们对精神食粮需求的再升级③。

3.业务拓展

其一,拓展零售业。喜马拉雅探索新零售文化,推动在线新经济。喜马拉雅在西安、厦门、上海、成都均设有喜马拉雅线下实体店,将线上用户引流至线下,拓展实体渠道变现路径。在城市公共文化场景中,喜马拉雅还相应地推出了线下"有声图书馆""朗读亭""城市有声故事"等一系列城市公共文化服务项目,帮助人们随时随地聆听、朗读。从贵州的楼宇党建到吉林的有声地铁、西湖边的"有声西湖",喜马拉雅围绕内容、平台、

---

① 中国网科技.喜马拉雅赴美IPO:一文读懂耳朵经济"第一股"[EB/OL].http://tech.china.com.cn/roll/20210506/376913.shtml.2021-05-06/2022-2-19.
② 央广网.喜马拉雅2020年终成绩单:在线新经济崛起,"听"改变用户生活方式[EB/OL].(2021-01-08)[2022-02-19].https://baijiahao.baidu.com/s?id=1688333057352499017&wfr=spider&for=pc.
③ 同上②.

多场景分发渠道构筑的音频"声"态圈,为新文化消费产业加入新的"定义"。喜马拉雅还设计了众多旗下的IP品牌衍生物,例如"喜马君"和"小雅",将IP广泛应用于平台各个领域,既打造了品牌的立体形象,又用丰富的音频内容为商品赋能,提升商品附加值、增进用户体验。

其二,拓展教育行业,开展在线教育培训。喜马拉雅开展的线上教育的特别之处就在于它可以随时随地快乐学习,丰富了教育方式和内容。例如喜马拉雅旗下的产品轻学堂,是基于喜马拉雅的大量内容,从中选出最适合职场人的头部好课,并结合岗位人才能力模型,联手行业大咖和专业机构,开发出对应不同岗位、职级员工的系列课程,以书、课、训练营等多元模式展现。喜马拉雅还正式推出中国少儿启蒙英语品牌"奇奇学",截至2021年4月,奇奇学系列产品已经累计服务用户595万,服务城市超405个,为中国家庭提供有温度的素质教育解决方案。自此,喜马拉雅音频成功渗透儿童教育领域。

其三,企业合作。喜马拉雅与多家知名企业进行联盟,其与肯德基、欧莱雅等3000多家品牌签订了合作协议;新浪、福克斯、《三联社会周刊》等200家知名媒体也入驻喜马拉雅平台。同时,在"万物有声"理念的指导下,喜马拉雅App的Inside系统还与阿里、小米、华为等2000多家企业进行了深度合作。在会员福利社里,喜马拉雅与优酷、腾讯、咪咕阅读等多家企业合作,如果购买喜马拉雅的VIP会员,就可以同时享受合作平台的会员服务,喜马拉雅还与淘宝等商家合作,限时发放优惠券。由此可见,喜马拉雅在打造涵盖吃喝玩乐领域的完整产业链。

(三)运营现状及问题

1. 内容生产违规、涉及侵权

发展至今,喜马拉雅的版权官司从未间断,例如知名作家曾鹏宇在微博声讨喜马拉雅,称其未经授权上架自己的作品,造成其实质性财产损失。从侵权事件不断可以看出,喜马拉雅在对版权维护方面还存在很多问题。内容审核上的缺乏把控、平台主播版权意识模糊,不仅让版权方利益受损,也让喜马拉雅面临的版权风险与日俱增。喜马拉雅还曾和荔枝、蜻蜓展开过一场版权之争,有业内人士称这是网络电台发展过程中"黎明前的黑暗"。音频的版权相对于文字的版权监管难度更大,宽松的版权环境虽然为网络电台初期的快速发展提供了自由生长的空间,但在网络电台逐步发展壮大步入成熟期后,又会成为禁锢他们发展的沉重枷锁。

在如今的网络时代,网络技术的发展和复杂的网络环境对知识版权是一个很大的挑战,对于喜马拉雅平台来说,应该平衡好版权所有者、传播者和网络用户之间的利益关系,让平台以及平台内主播加强版权意识,平台也需要加强审查力度,同时相关部门也需要加强监管力度和惩罚力度。在加大版权购买力度的同时,也要及时下架侵权的音频内容,保护相关版权方的权益。加强版权的保护无论是对平台自身的发展还是对行业的良性发展都尤为重要。

2. 知识付费界限模糊

现阶段,喜马拉雅主要通过会员付费和订阅付费来实现知识付费。其所提供的音频内容多来自各大省市电视台或者网络资源,这些资源本就可以免费获取,而喜马拉雅收费的部分也包括这些内容。此外,平台有些付费内容的质量依旧不能保证。例如《罗永浩干货日记》,该节目由最初的强势推出,中期开始一再拖延,到后期甚至直接停更。这些问题都让用户对付费制度产生了质疑,认为其知识付费过度。但喜马拉雅却只是整合了音频资源,节省了用户的时间成本,并没有认识到自身存在的问题。如此一来,就产生了关于知识付费是否过度的界限区分模糊的问题。

但知识付费已成为不可阻挡的潮流。喜马拉雅应及时调整知识付费的机制,例如将会员付费和订阅付费相结合,进一步去完善付费内容的界定。既支持用户购买会员又可以单独就某一音频内容进行订阅付费。同时,针对会员付费还可以提供试用期,在试用期内可以无条件退费。此外,对于内容付费的音频,应该给予质量保证,要保证为用户提供完整的高质量付费音频,保证售后服务的完善。对每一笔付费业务,参考淘宝的评价体系,允许用户评价。还可以增设"用户小建议"功能来收集用户对于平台付费商品的想法、建议,更好地为用户提供服务。

3. 内容同质化严重,质量良莠不齐

碎片化时代,信息繁杂多样,如何在最短时间内吸引受众眼球已经成为媒体的核心目标,低级恶趣味、复制粘贴等低质量内容会大量滋生。喜马拉雅的低门槛入驻方式必然导致音频内容的五花八门,参差不齐,其中不乏大量的低质量内容。喜马拉雅大量引进用户、自媒体制作内容,使得平台自身原创作品的产出成了突出的短板。喜马拉雅走的是大而全的内容集合方式,囊括了各门各类有声读物,质量难以保证,分类过于细碎,必然会导致潜在用户的分流。面对海量的信息内容,用户的筛选成本也变相增加了,选择成了一件困难的事情。如何在保证不丢失用户的情况下最大化地降低筛选内容的成本,成为喜马拉雅面临的一大挑战。

喜马拉雅上的众多主播媒介素养不高,许多主播盲目效仿热门节目,跟风录制改编,使得平台上的音频内容及形式越发趋同。其体现为文化工业的同一性,即"文化工业的所有要素,却都是在同样的机制下,在贴着同样标签的行话中生产出来"。[①]打造全新原创节目的成本高、市场风险大,因此部分生产者寻求捷径,跟风模仿,以快速赢得流量,导致内容同质已成为行业普遍现象。

结语

无论何时,"内容为王"都是核心。在内容传播过程中,平台要注重对信息质量的控制,做到真正的以用户为中心。喜马拉雅也意识到了这一点,随着受众教育水平的不断提高,在不断扩充内容类型的同时,其对内容质量也更为严苛。在一些热门领域,已经出现了大众化平台向专业化细分产品转化的趋势,更多的细分领域得到发展。只有传统内容与现代形式互相结合,这样才能不断地吸引消费者持续消费,吸引新的用户。喜马拉雅平台应该利用好"UGC+PGC+OGC"内容生产模式的优势,对内容进行深耕,细分领域,才能长远发展。

第四节 传统电视购物频道的业务转型与困局突破

一、案例内容

四川广播电视台星空购物频道(简称星空购物)是四川广播电视台的第6频道,由四川广播电视台全力打造,于2007年12月28日开播。作为老牌的省级居家电视购物频道,星空购物在成立之初就被列为四川广播电视台重点推进项目和四川省文化产业发

---

① 〔德〕马克斯·霍克海默,西奥多·阿道尔诺.启蒙辩证法[M].渠敬东,曹卫东,译.上海:上海人民出版社,2006.

展重点项目,也是首批正式审批通过的省级居家电视购物频道。星空购物在传统的电视购物年代取得了优异的成绩,受到四川老百姓的广泛好评,成为我国电视购物行业的佼佼者。2012年被评为省市两级"12315消费示范基地",2013年在第三届成都零售业年度总评榜上斩获年度公益贡献奖、年度创意营销奖和年度"百货零售类"十强企业;2014年星空购物全面通过ISO9001质量管理体系认证,并被四川省消保委认定为四川首家非现场消费"消费教育示范基地"。新媒体时代的到来不可避免地带给星空购物一定的冲击,但在大屏端的内容生产与创作上,星空购物仍然取得一定的成果,2019~2020年星空购物获得了"媒体融合创新奖""珠宝收藏类区域优秀节目金奖""厨房食品类区域优秀节目银奖"等奖项。

电视购物起源于美国,作为一种伴随着电视的普及,将电视媒体与现代零售业、物流业结合而产生的业态,在消费模式相对单一化、移动通信设备非智能屏幕化的时代,在人们的消费生活中占据重要的一席之地。1992年广东电视台珠江频道推出我国大陆第一个电视购物节目,1996年第一个专业的购物频道在北京电视台开播,2006年中央电视台开播央视购物频道,全国的购物节目高峰期达到2000多个。[①] 2008年,我国电视购物业市场规模首次突破100亿元,2012年这一数字接近600亿元,当时的中国市场情报中心(CMIC)预测,未来10年,伴随着我国宏观经济以及社会消费品零售总额的增长,我国电视购物市场规模有望达到5000亿元。[②]

然而,在新媒体时代,随着信息技术以及移动终端的不断发展,传统电视购物频道面临严峻挑战。一方面,大屏使用优势不再,手机、ipad等小屏终端受到用户青睐,根据第48次《中国互联网络发展状况统计报告》显示,截至2021年6月,我国手机网民规模已达10.07亿,网民使用手机上网的比例为99.6%;另一方面,传统电视购物频道又面临着京东、淘宝、拼多多等电商平台以及抖音、快手等短视频平台的用户抢占,各大自媒体上多元的带货方式,给全国电视购物频道形成压力。根据国家统计局数据显示,2021年上半年,全国网上零售额61133亿元,同比增长23.2%,而根据《2020年全国广播电视行业统计公报》显示,2020年电视购物频道收入仅135.47亿元,差距彰明较著。

---

① 石云天.直播带货:广电媒体发展新路径[J].中国广播电视学刊,2022(01).
② 陈清洋,张淼.国内电视购物业发展的社会环境解析[J].中国广播电视学刊,2016(12).

[图表：2018.6-2021.6 网络用户规模及使用率，数据如下]

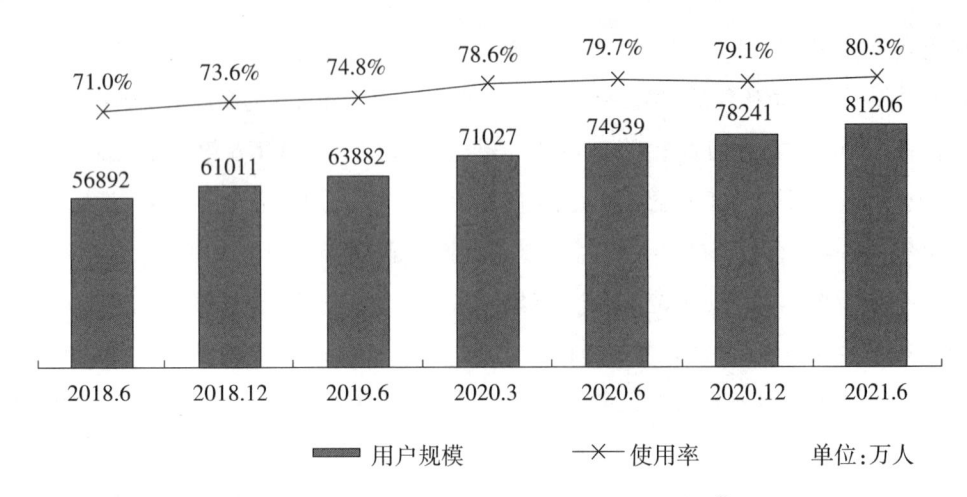

时间	用户规模（万人）	使用率
2018.6	56892	71.0%
2018.12	61011	73.6%
2019.6	63882	74.8%
2020.3	71027	78.6%
2020.6	74939	79.7%
2020.12	78241	79.1%
2021.6	81206	80.3%

图4-1　2018.6-2021.6网络用户规模及使用率[①]

因此,对于传统电视购物频道而言,转型和发展成为必不可少的"动作",也是时代浪潮下的大势所趋。星空购物在此背景下,做出了哪些改变与创新?对自身的业务模式、节目制作等是否做出适配时代的调整?对未来的发展有哪些实际举措与期待?下文将围绕星空购物的转型与突破,从业务模式转型升级、具体行动与方案等方面详细展开,以期为传统电视购物频道的发展提供一定的借鉴意义。

二、案例分析

(一)升级服务,夯实大屏业务寻找新生机

1.精确用户画像提供适配服务

根据CSM(中国广视索福瑞媒介研究)对全国71个城市的收视调查数据显示(2019年数据),刚刚迈入老年人行列的55~64岁电视观众所占比例达到18.6%,65岁以上群体占到21.8%,且近三年来受众占比基本保持稳定,成为电视节目受众的最大群体。[②]且根据CSM检测数据,65岁以上群体日均收视时长从2013年到2019年是呈现增长趋势(中间有的年份略有波动),2019年日均收视时长为277分钟,同2013年相比增加了14分钟。

[①] 资料来源:第48次《中国互联网络发展状况统计报告》。
[②] 中国家电网.2022中国适老化电视调研报告[R/OL].http://www.199it.com/archives/1387856.html,2022-01-11/2022-2-13.

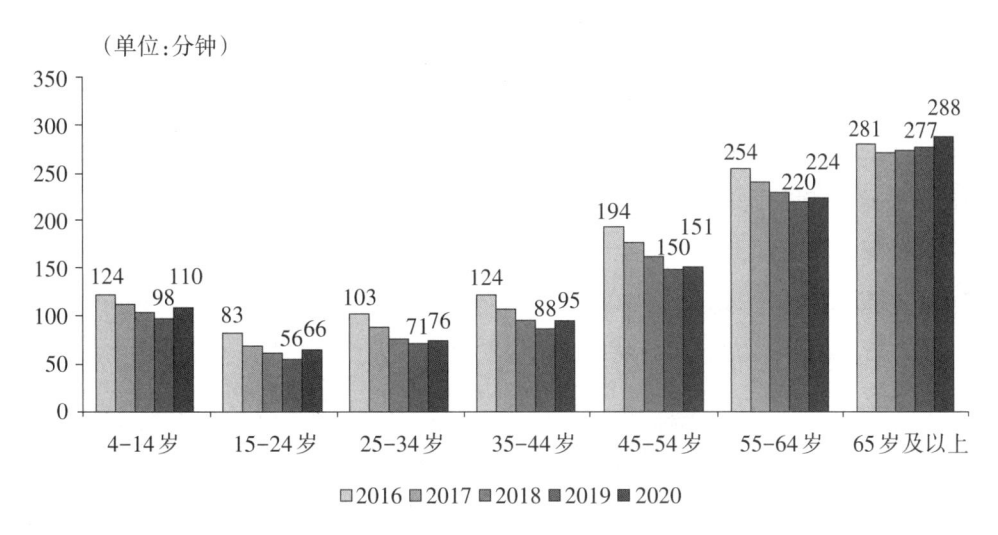

图 4-2　2016—2020 年分年龄段日均收视时间变化情况[①]

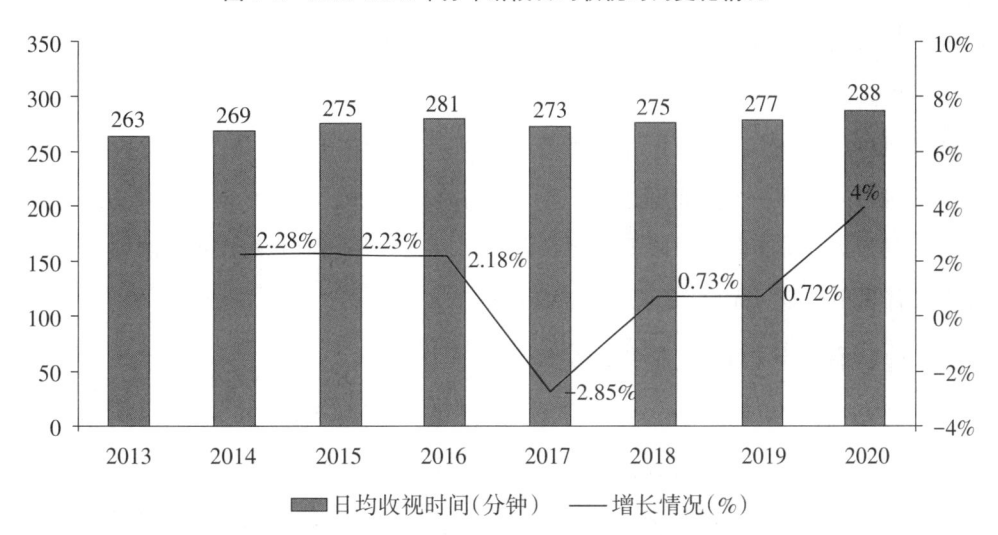

图 4-3　2013—2020 年全国 65 岁及以上群体日均收视时间及变化情况[②]

中老年群体逐渐成为星空购物的主要收视人群。熟悉的购货方式、省级电视台的背景、智能手机接入的困难、电视使用的高频率成为中老年群体选择电视购物的原因。相较于 21 世纪初的用户画像而言，如今电视购物的消费者群体显得更加聚焦。而中老年群体并非应该是"被遗弃"的消费者，根据国家第七次人口普查数据显示，中国老龄人口规模呈现总量扩张、增长提速、预期寿命延长的发展态势，我国 60 岁及以上人口

[①] 中国家电网.2022 中国适老化电视调研报告［R/OL］.http://www.199it.com/archives/1387856.html，2022-01-11/2022-2-13.
[②] 同上.

有2.6亿人,占全国总人口的比重为18.7%,人口老龄化已经成为我国基本国情。我国人口老龄化具备总规模庞大、老龄化进程明显加快的特点。人口老龄化带来挑战,但同时也促进了"银发经济"的发展,经济社会发展和社会保障制度的逐步完善会增强老年群体的消费意愿和能力。基于第四次中国城乡老年人生活状况抽样调查数据测算,老年人口医疗服务、药品、食品、家政服务和保健品市场总规模达到3.92万亿元[①]。《中国老龄产业发展报告》数据显示,2014~2050年,我国老年人口的消费潜力将从4万亿元增长到106万亿元左右,占GDP比重将从8%增长到33%,成为全球老龄产业市场潜力最大的国家。

因此,明确用户画像,培养中老年用户的观看和消费忠诚未尝不可。星空购物在此现状与形势之下,明晰了目标用户,做出了一系列适配化的调整。在大屏端商品的选择上,尽量选择一些中老年群体喜爱的、需要的产品,如冬季加绒保暖内衣、品质饰品、居家生活品等;在节目制作上,产品展示板块选择中老年模特拍摄相应的广告短片,增强广告的贴近性与说服力;在主持人板块,节目主持人增加亲和力,有针对性地称呼观众,加深互动感;在物流配送板块,增强商品的妥投率,减少中老年群体签收"负担"。用户群的明确可以帮助一个企业更好地制定一系列的营销策略,对于星空购物来说,在大屏端绞尽脑汁去吸引年轻用户收看电视购物节目,不如清晰自身目标用户的画像,针对中老年群体做出调整与优化,增强用户的忠诚度。

2. 全流程优化打造舒适消费体验

在抖音、快手等直播平台,直播带货的逻辑在于:依靠主播的个人魅力与所获喜爱值和用户建立强信任关系,同时以"娱乐"和"陪伴"为推动因素,积累私域流量,提升电商转化率。电商直播发展势头迅猛,但也出现了直播营销人员言行失范、数据造假、假冒伪劣商品等问题。中国消费者协会在2020年5月发布的《直播电商购物消费者满意度在线调查报告》中指出,有超过45.1%的消费者对商品的质量、售后服务不满意,直播电商存在如主播夸大其词、商品质量与宣传的严重不符、主播售卖假货甚至"三无产品"、维权困难、主播个人素质低下等问题。[②]由此可见,直播电商在一定程度上的确掀起了新的浪潮,但也存在着很多问题,而对于电视购物频道而言,由于特殊的"省级广电媒体管控"的性质以及严格的自我把控与要求,在选品、内容以及售后上会有更优质的

[①] 曾红颖,范宪伟.进一步激发银发消费市场[J].宏观经济管理,2019(10).
[②] 资料来源:中国消费者协会《直播电商购物消费者满意度在线调查报告》。

服务与监管。星空购物在时代浪潮的冲击之下,懂得牢牢把握自身优势,不断优化升级服务,希冀强化自身的竞争力。

首先,新设选品中心,严控商品品质。不论是直播电商还是电视购物,所销售的商品无疑是重心,商品连接着供应商、节目与用户。因此商品的质量、性价比、外观属性等成为用户关注的热点,同时也是购物频道与主播关注的重点。星空购物对于选品始终遵照一套严格的标准,同时也在根据新的需求进行不断革新。一方面,始终严格商品准入制度,以国家相关法律法规为最低准入标准进行初步评判,而后销售商品经过部门商审会的考核、评测,才可以进入公司商审会,公司商审会对商品卖点以及商品品质资料进行进一步的审核,经过公司商审会委员打分通过后,方可进行销售。相较于部分网红直播间,老牌电视购物频道的选品有着严格的流程和标准,更让人放心。同时,为匹配新业务拓展的需要,星空购物单独设立新媒体商品商审会,引进具备新媒体电商方向"敏锐嗅觉"的人才进行选品与招商,打造了差异化的商品格局,为内容创作与节目播出提供扎实的供应链支撑。

其次,精细化售后服务,保障用户权益。在激烈的市场竞争下,随着消费者维权意识的提高和消费观念的变化,消费者们不再只关注产品本身,售后服务也成为他们进行消费选择时考虑的重要因素。鱼龙混杂的网红主播的商品直播间存在售后服务和保障缺失的问题,而售后服务又恰恰是整个销售环节的重要组成部分,它影响着用户对于该购物渠道和方式的整体印象,更影响着用户的消费体验以及回头率。星空购物在售后服务方面秉持着"精细化、一对一"的原则。在售后服务中心,摆放大屏方便客服了解目前电视购物节目的播出情况及进度,以便在用户打电话咨询时可以及时了解情况并提供解决方案;在人员配置上,星空购物为用户提供"专属客服全流程追踪服务",即保证用户的第一次接待客服和之后的每一次接待客服为同一位,这样既保证了服务的流畅性与连续性,使得客服能够依据前面的问题解决情况为后续问题的解决提供思路,又节约了沟通成本、提高了服务效率,用户可以获得更快捷的解答,客服可以提升工作效率,同时也有助于培养用户与客服之间的良好关系。

最后,高新技术的赋能、智能电视的发展以及后疫情时代的到来,带来客厅经济的崛起,客厅这一场景的价值获得了前所未有的拓展和释放。电视大屏一定的回归倾向,也给传统电视频道的发展带来新的机遇。根据中国视听大数据(CVB)统计,2020年全年电视收视用户每日户均收视时长5.85小时,同比上涨12.9%。2021年全年电视收视用户每日户均收视时长5.83小时,比去年基本持平,较2019年上涨12.3%。在此背景下,"夯实大屏业务"是星空购物做出的一个正确选择,发扬电视购物频道的权威性和品牌美誉度,在产品选择、品质把控、客服服务能力方面精耕细作,进一步打响自身品牌,为其他渠道与业务的建立积累口碑与人气。2020年4月,为助力湖北复工复产,星空购物联合四川观察、FM101.7交通频率、熊猫视频、IPTV、京东、成都深报地铁传媒等平台组成"公益带货天团",助力湖北农产品的售卖,赢得了良好的人气与口碑。

(二)开疆拓土,布局电商构建新盈利增长点

1.大小屏联动,发力微信商城

传统电视购物是由电视购物频道播出商品信息,并由其提供配送和售后服务的消费模式,电视购物频道是主要的销售渠道,前端连接生产厂家,后端直接面向客户,中间端省去了层层经销商。实时讲解+送货到门的购物方式的确在当时受到用户欢迎,而随着互联网电商购物的兴起,这一传统媒体时代的产物逐渐暴露出一定的劣势。第一,电视一对多、单向的传输方式就与网络存在着显著的差别,在多对多的结构下,用户可以在互联网上主动搜索匹配需要和喜好的产品,电商平台也给了消费者"货比三家"以及"即时互动"的机会,消费者不再是一个单纯的聆听者,有了主动的选择权;第二,移动终端的普及以及电商直播的出现使得迅速捕捉用户需求和市场变动成为可能,这不仅表现在通过大数据和人工智能分析消费者的行动轨迹从而做出市场策略调整上,还体现在直播带货者能与消费者实时互动上。传统电视购物要通过节目录制与播出实现与观众的连接,脚本和环节难以随时更改,用户的反馈接收通过电话来电实现也显得滞后和缓慢,而电商直播则实现了实时的互动和调整,消费者的参与身份大大提高。

因此,何不发扬自身的优势与经验,开拓电商业务呢?星空购物董事长胡川洋表示,"大屏销量下降,则必须主动找另一条腿(进行盈利)"。于是,星空购物开始主动面对市场变化,调整经营战略,优化重组业务板块,积极布局电商。首先是"大屏+小屏"的联动,实现忠诚用户的微信商城引导。星空购物在节目中置入微信商城的商品二维码,用户在观看节目的同时也可以通过微信扫码下单享受折扣优惠。其次,在"广电星空购物"微信公众号、"快速购物"导航栏中也可以直接进入商城,或者点击"直播购"迅速找到正在直播的商品,为习惯于用手机端购物的消费者提供小屏购物渠道。为了实现引流,微信商城中也会提供给用户多项优惠政策,包括签到享积分、网上支付立减、新客下

单优惠等,以优惠福利实现有效曝光和渠道嫁接。最后,微信商城内置"我的订单、我的秒杀、我的优惠券、专属客服"等细分服务板块,增强了售后服务的完整性和便利性。

图4-4 微信公众号"广电星空购物"①　　图4-5 微信商城"直播商品列表"②

2.链接头部小屏平台,多渠道推进电商直播

截至2021年6月,我国网络直播用户规模达6.38亿,同比增长7539万,占网民整体的63.1%,其中电商直播用户规模为3.84亿,同比增长7524万,占网民整体的38%。③电商直播成为带动消费增长的新引擎,也成为电商发展的新领域,这也为广电媒体的发展提供了新视角。广电媒体是直播技术的最早掌握者,传统电视购物频道的电视直播虽然与在各大新媒体平台的直播带货有着很大的区别,但在选品、商品管控、节目制作、售后等流程上却有着丰富的经验与专业的积累。传统电视购物频道开展直播带货,具备先天的优势与资源,优势包括对商品、内容制作的独到敏感度,资源包括前期所累积的供应商、主持人才等资源。

星空购物在电商直播业务板块,主要采取链接头部小屏平台的方式,进行联合直播,希冀借助"他"平台力量,让自己被"看见",进一步转公域流量为私域流量,打响自身品牌。

---

① 图片来源:"广电星空购物"微信公众号截图。
② 同上。
③ 中国互联网络信息中心.第48次中国互联网络发展状况统计报告[R/OL].http://www.199it.com/archives/1302411.html.2021-08-27/2022-1-20.

其一,与四川观察的互通合作、优势互补。四川观察是四川广播电视台重点打造的新媒体旗舰产品,打着"四处观察"的旗号凭借独到的"网感"和对热点新闻的专业把握出圈。根据CSM数据显示,四川观察在2020年全国省级台多项融合传播指数位列前三。截至2021年12月,四川观察成为总粉丝数超8920万的用户传播平台,其中抖音粉丝超4800万,成为全国仅次于人民日报、央视、人民网的媒体。对于四川观察来说,开辟电商直播板块是盘活用户资源,实现流量变现的重要途径,因为对于平台用户来说,购物已经成为娱乐新选择。艾瑞网调查数据显示,点击第三方商品平台购物的用户高达51.6%,在平台内置电商中购买商品的用户达48%。而对于同属于四川电视台的星空购物而言,其在直播购物方面的专业能力与经验又可以为四川观察的电商直播板块发挥一定的作用。于是,星空购物首先与四川观察展开合作。2020年6月18日,星空购物频道(SCTV-6)、星空购物淘宝直播间、四川观察客户端、四川观察抖音平台进行大小屏的联动,于12:00~14:00和18:00~24:00两个时间段开启了超长时段的直播购物,人气商品不断引爆直播间,为频道客户以及四川观察客户打造了一次购物盛宴。2021年11月27日,星空购物联合四川观察、桃柒文化开展"四川观察快手1000万宠粉直播",在8小时的直播时间里实现了16个直播间联动,总引导销售金额超350万,总直播观看人数达1289万,直播间热度达82万。

图 4-6 四川观察快手直播情况展示图[①]

① 图片来源:四川观察公开海报。

其二,开辟垂类项目、创新业务模式。除了借助四川观察的新媒体品牌影响力发挥优势联合直播,星空购物还积极拓展业务渠道,打造以短视频、直播、IP制作、达人孵化为核心的新媒体产业矩阵,以自身专业度与实力,打响品牌影响力。2021年2月,星空购物在腾讯视频进行"年货专辑"的电商直播,完成两场4小时手机直播半决赛和决赛,进入前十并获得三等奖。同时,星空购物也加快建设美食、医美、汽车、房产等垂类赛道的新媒体宣传及账号孵化业务,力争在此找到新的业务增长。其中,在医美合作方面,星空购物与中国美容整形协会共同启动美业生态聚合项目"玄鸟",与中国美容整形协会产业创投部达成战略合作协议,双方就提供互联网整合营销及流量池、构建美业生态新联盟等展开进一步的合作。2021年6月20日,星空购物与四川省人民医院医疗集团新丽美医疗美容医院开启跨界直播,淘宝直播间预售突破200万,吸引4.2万用户观看,获得点赞超5.2万。星空购物在主播团队、节目编排、流程把握上的优势与资源,成功地为其新业务的拓展保驾护航,也为其在各渠道的电商直播不断助力。

(三)另辟蹊径,多向度开发盘活现有资源

为推进频道转型,星空购物积极探索发展新路径,于2020年年初新建创新业务中心,开拓对外业务市场。在2021年11月,因业务发展升级需要,将创新业务中心对外拓展板块注册成立为星空购物武侯分公司并正式运营,公司业务以新媒体运营及对外拓展业务为主。

1.广告代理业务——供应商资源、人才资源的再利用

星空购物自开播以来,至今已发展十余年。十余年的发展历程,让星空购物与较多的供应商拥有着良好的合作关系,而随着大屏收看人数的减少,商品的销售需求也在下降,因此如何盘活存续的供应商资源成为一个重要的思考方向。因此,星空购物开始开拓全媒体广告代理相关业务,借助现有供应商资源,深挖更多潜在用户投放平台广告,一方面联合四川观察等可投放平台为供应商提供广告投放与发布渠道,另一方面利用人才优势为供应商制作相关广告,实现多项资源到资产的变现。

目前,星空购物已取得了四川观察快手、微博、B站、小红书等赛道代理授权,已与成都深报地铁传媒公司达成初步合作意向。一端连接庞大的供应商客户,把握广告主的广告需求,另一端背靠四川广播电视台,具备优质媒体资源,星空购物作为一个"中间人"的角色发展起广告代理业务,发挥自身积蓄的人才资源优势,制作广告、提供渠道,

分享经济以"使用而不占有""不使用即浪费"的理念整合汇聚分散的闲置资源,实现供需的匹配与连接,在这种连接中实现经济和社会价值的创新。星空购物开拓广告代理业务的实践,也颇有一番"分享经济"的思路,开发原本闲置的人才资源、广告能力,连接商品供应商与媒体平台,实现闲置资源的新价值创造。

2. 融媒体中心——用户的在地化深度连接

2018年的8月21日,习近平总书记在全国宣传思想工作会议上提出了"要扎实抓好县级融媒体中心建设,更好引导群众、服务群众"的要求。融媒体中心已从单一的信息传播功能逐渐向多元化的"政务+服务"功能聚合转化,县级融媒体中心的产品和服务应做到垂直化、场景化、下沉化与智能化。[①]而县级融媒体中心也存在着一定的人才资源缺口大、市场经营乏力等问题,但它的发展不能仅靠政府财政拨款,需要主动探索用户引流途径以及盈利模式。

县级融媒体中心存在开拓盈利方式的需求,而星空购物作为老牌的省级购物频道又具备一定的能力与资源,能助力县级融媒中心的业务拓展。推动与县级融媒体的合作,一方面星空购物可以链接当地产品,扩大自身供应商渠道与商品来源,助力部分农产品的销售;另一方面也可以丰富星空购物的用户群体与销售渠道,实现与县域潜在客户群的进一步连接。

2021年,星空购物陆续与县级融媒体中心合作,入住县级融媒体客户端,帮助县级融媒体进行商品开发以及销售原产地商品等事项,目前已与广元市昭化区、三台县、武胜县、广汉市、宁南县等区县融媒体中心达成合作协议,其中与广汉市融媒体中心通过合作布展打开了社群销售渠道。融媒体中心打通了"最后一公里"实现了与群众的连接,星空购物与融媒体中心的连接又促进了其与用户的进一步交流,以及媒体间的相互赋能助力业务的更新与拓展。

3. "星空商学院"MCN机构——融合转型新尝试

"星空商学院"于2013年正式揭牌成立,最初以服务公司战略发展为核心,以"将案例转化为知识、将知识转化为价值"为使命,旨在将员工的教育培训、职业晋升、薪酬考核、个人发展相结合,打造一个综合性电视购物人才的培养管理基地。2020年,星空购物与四川电影电视学院举行"星空商学院主播培训季"项目校企合作签约仪式,星空购

---

① 胡正荣.打造2.0版的县级融媒体中心[J].新闻界,2020(01).

物成为四川电影电视学院"校外实践实训基地",学院则成为星空购物的"人才培养基地"。该项目旨在融合双方在艺术教育、媒体零售、商品供应链等领域的资源和优势,按照招生、培训、考核、人才输送的模式,打通产、学、研、用通道,计划孵化一批具有较强影响力的IP,向全社会输送主播达人,构筑"线下孵化、线上销售"的直播电商生态链,力图将该项目建设成为四川地区首屈一指的专业MCN机构。

其实,传统广电媒体的"MCN化"并非星空购物独有,在新媒体发展浪潮之下,流量红利以及用户的流失在不断催促着广电媒体的转型,而项目化、易复制的小规模MCN尝试,是一个保险的变革选择,可将培训教学潜力转化为达人孵化窗口,再通过所孵化出来的垂类账号,实现流量变现。无锡广电、哈尔滨广电、湖南娱乐频道等越来越多的广电系统纷纷布局MCN业务,广电机构的MCN化如火如荼。南京广播电视集团MCN事业部主任达彤在《广电媒体"MCN化"的底层逻辑和要素重组》一文中对广电媒体和MCN机构的生产要素进行了解构,通过比较发现二者在人与物这两个方面来看具备较强的关联性,而在结合因素上呈现出差异化的特征。[①]

广电媒体生产要素构成

人的要素	结合要素	物的要素
主持人、记者、编辑、导演、舞美、音频视频技术人员等各类专业人才,以及广告营销人员、职能人员等	节目制作全流程规范、培训机制、节目销售流程及规范等	各类摄影摄像器材及音频收录设备、专业视频音频编辑系统、各类演播厅、服化道等

MCN机构生产要素构成

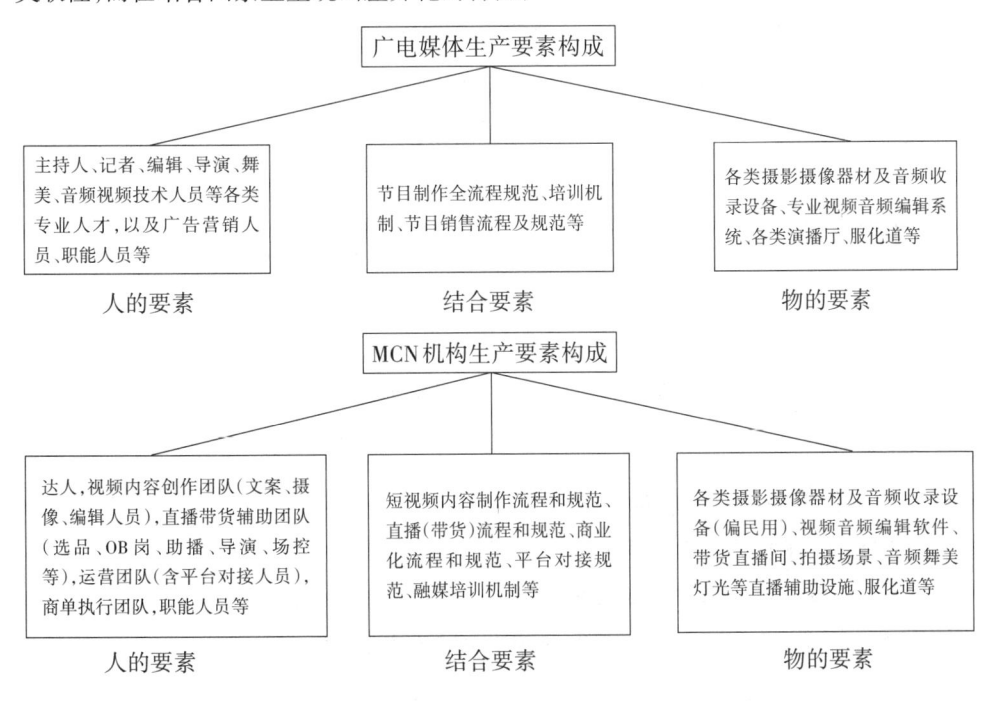

人的要素	结合要素	物的要素
达人,视频内容创作团队(文案、摄像、编辑人员),直播带货辅助团队(选品、OB岗、助播、导演、场控等),运营团队(含平台对接人员),商单执行团队、职能人员等	短视频内容制作流程和规范、直播(带货)流程和规范、商业化流程和规范、平台对接规范、融媒培训机制等	各类摄影摄像器材及音频收录设备(偏民用)、视频音频编辑软件、带货直播间、拍摄场景、音频舞美灯光等直播辅助设施、服化道等

图4-7 广电媒体与MCN机构生产要素构成对比[②]

---

① 达彤.广电媒体"MCN化"的底层逻辑和要素重组[J].传媒观察,2021(12).
② 图片来源:学者达彤《广电媒体"MCN化"的底层逻辑和要素重组》一文。

因此对人与物等要素进行新的排兵布阵,对业务思维与逻辑进行调整成为转型重点,也影响着MCN模式能否成功为传统广电媒体赋能。这需要传统广电媒体突破固有的内容生产与业务运作思维,以敏锐的新媒体运营眼光以及独到的互联网思维指导实践。星空购物目前所做的孵化各垂类视频号,承接各类电商、融媒体、直播等培训课程,校企合作培养"校园KOL",专业化与提升内容品质,都是在为入局"MCN"后的进一步破局与稳定发展蓄力,但打造一个专业化水准更高的、掌握流量密码的专业化广电MCN机构依旧任重道远。

结语

星空购物所做的一系列业务升级、开拓与转型并不是"天马行空、不切实际"的,不论是夯实大屏主业,还是电商直播、广告代理等新业务尝试,都是在深谙自身资源与优势基础上所做出的调整。星空购物对困局的积极突破提示着我们,传统电视购物频道面临新媒体的用户抢夺、面对电商平台的蓬勃发展并不是毫无"还手之力"的,应该进一步思考现有资源的他用价值,实现资源的多向延伸,努力拓展新的产业生态链。理解时代变化而不怨声哀叹,把握发展方向从而积极调整,才能进一步寻找到出路。

知识回顾

光线传媒积极顺应时代发展的潮流,主动求变,在巩固传统传媒业务的同时,凭借互联网的崛起与爆发,大力布局新媒体、游戏、动漫领域,在影视"泛娱乐"产业链的内容创作环节,为公司"影视+游戏""影视+动漫"的战略打下了基础。

维亚康姆集团进行的全领域资源开发,全球化与本土化的经营战略,从本土化的内容制作到品牌营销,从与主流媒体强强合作到与知名企业的广告公关,为国内传媒在市场化运作方面带来诸多经验与启示。

新形势下喜马拉雅通过精准用户画像、多元内容生产、产品创新运营、数字化营销、多元化盈利等方式打造出了其独特的资源和业务优势,为传统广播媒体转型发展路径的探索提供了创新的思维。

星空购物面对媒介环境的巨变,不断盘活客户资源,挖掘自身价值,通过夯实大屏主业,尝试电商直播、广告代理等新业务,实现了资源的多向延伸与新兴产业链的拓展。

思考题

1. 独立分析华谊兄弟影业的媒介业务与商业模式。

2. 维亚康姆的扩张之路给中国传媒产业的启示你认为还有哪些？

3. 你认为电视购物频道面临怎样的问题？你怎么评价星空购物的业务转型和困局突破？

第五章　媒介品牌构建与经营管理

知识目标

1. 媒介品牌的界定与意义。
2. 媒介品牌延伸的基本路径。
3. 媒介并购的原则与策略。

能力目标

1. 明晰媒介品牌构建的基本原则。
2. 深入认识媒介品牌在媒介组织活动过程中的作用。
3. 学会分析媒介品牌管理的内部与外部环境，梳理可能面临的问题。

思维导图

媒介品牌构建与经营管理
- 纪录片的品牌建构策略
  - 《舌尖上的中国》的品牌定位
  - 《舌尖上的中国》的创作模式
  - 《舌尖上的中国》的品牌推广
- 娱乐传媒巨头的品牌经营管理
  - 初创——快乐至上的理念
  - 盈利——形成完整的品牌产业链
  - 发展——战略并购，扩大版图
- 社交视频网站的品牌发展策略
  - PUGV与OGV互补，打造优质内容生态
  - 构建独特社区文化，留存高黏性用户
  - 探索多元变现渠道，调整营收结构

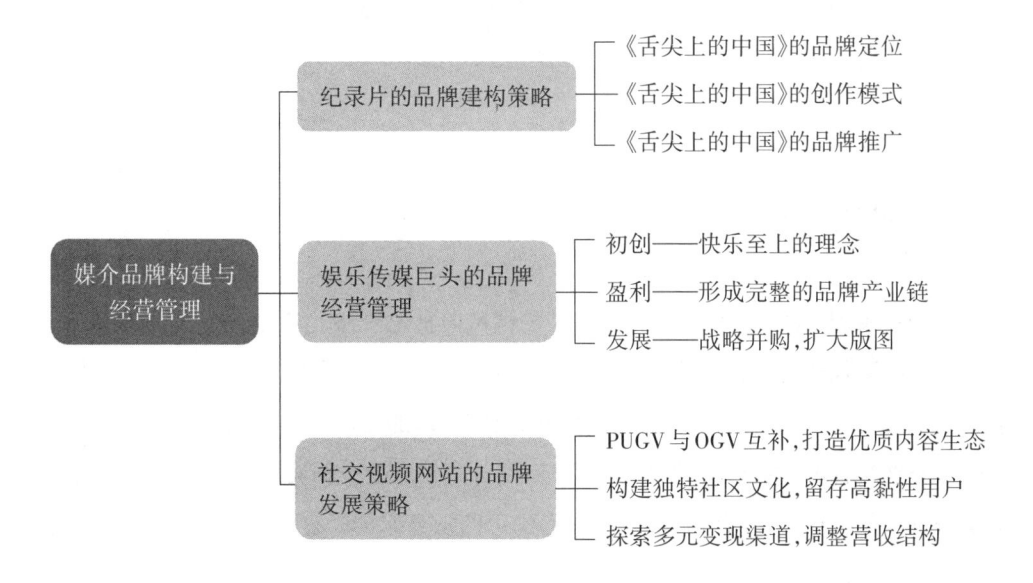

@ 引言

品牌最原始的定义可以解释为"烙印",其目的是便于与其他企业区分。而媒介品牌是个综合性的概念,它是媒介名称、属性、个性风格、知名度、美誉度、价值等的组合,是媒介消费者的期待、需求、信任和投入的组合,是媒介重要的无形资产。[①]品牌作为一种特殊符号与特殊资产,其概念在新闻传媒领域非常受关注,可以说是否能够实现有效的品牌化,对企业能否长足发展影响巨大。

在异常激烈的媒介市场竞争中,媒介品牌的构建与经营管理是必由之路。《舌尖上的中国》作为国内现象级美食纪录片的代表作品,依靠精良的内容与品牌赢得国内外市场的青睐。迪士尼作为全球娱乐传媒巨头,进行多轮次品牌延伸,其品牌理念已经深入人心。哔哩哔哩作为目前国内最受瞩目的弹幕视频网站,以二次元文化发家,现在已经与主流文化成功对接。《舌尖上的中国》为何能开创我国现象级纪录片的先河?迪士尼为何能发展近百年仍具强大的生命力?哔哩哔哩如何走进主流文化社会?本章将着重分析以上三个案例,通过对案例的学习与了解,深入认识媒介实施差异品牌战略的重要性,对于媒介品牌的建构和管理策略有所掌握,从而产生更多思考。

第一节 纪录片的品牌建构策略

一、案例内容

《舌尖上的中国》是由中央电视台出品的国产美食纪录片,该片由陈晓卿导演执导,主要介绍中国各地的美食及饮食文化。《舌尖上的中国》第一季分为七个部分:《自然的馈赠》《主食的故事》《转化的灵感》《时间的味道》《厨房的秘密》《五味的调和》和《我们的田野》,分别从食材、主食、转化、贮存、烹饪、调料和生态七个侧面展现不同地区的美食文化,通过对人物以及美食的记录,把人们的思绪从日常的美食带入历史、文化和社会

[①] 秦峰.媒介品牌的建立与维护[J].新闻知识,2012(05).

的长河中,展示了中国各地的美食生态以及与食物息息相关的、构成中华美食特有气质的社会文化场景。这部关于中国饮食文化的纪录片,在带来视觉盛宴的同时,展现了中华民族融入一蔬一饭之间的人文情怀,更展现了中华饮食文化的精致多元和源远流长。

图5-1 《舌尖上的中国》海报①　　图5-2 《舌尖上的中国Ⅱ》海报②

图5-3 《舌尖上的中国Ⅲ》海报③

《舌尖上的中国》于2012年5月14日在中央电视台综合频道《魅力纪录》栏目首播,5月23日在中央电视台第九套纪录频道播出。节目播出后,引起社会上的热烈反响,创下收视新高。随着社交网站的热烈讨论,"舌尖话题"在互联网迅速发酵,引发网友的二次创作热潮,并带动了餐饮业、旅游业、出版业等多个行业的发展。

业界把2012年称作中国纪录片的品牌元年,《舌尖上的中国》不单单为中国纪录片注入了一针强心剂,也开创了中国媒体的首个纪录片品牌,开启了中国主流纪录片的工业化模式。2012年,《舌尖上的中国》是中央电视台第九套纪录频道收视贡献最大的纪录片,收视比重达到3.46%,居首位,播出比重为1.15%,节目的资源使用效率高达

---

① 图片来源:《舌尖上的中国》官方微博。
② 同上。
③ 同上。

200%。①据该纪录片的总编导陈晓卿介绍，"它的平均收视率达到0.5%，第4集《时间的味道》收视最高，有0.55%，从纪录片来说，它超过了所有同时段的电视剧收视率，这个成绩已经很高了，和BBC纪录片的收视差不多"。②同年，《舌尖上的中国》的年销售额达到35.4万美元，进入2003—2012年中国纪录片相关销售价格排名的前10位，创造了中国纪录片海外发行单集最高的好成绩③，成为事件性纪录片。

2014年《舌尖上的中国》第二季延续了第一季的制作水准和风格，在收视上也获得巨大的成功。相比第一季，第二季的收视率和收视份额都有着较为明显的增长，据CSM（中国广视索福瑞媒介研究）对31个城市的调查数据，《舌尖上的中国》第二季在CCTV-1的平均收视率高达2.55%。④随着纪录片品牌的深入人心，《舌尖上的中国》第三季冠名在央视招标会上拍出1.18亿元，纪录片冠名广告首次跻身亿元俱乐部，广告主无疑看好该品牌节目持续增高的关注度和收视预期。⑤《舌尖上的中国》第三季结合央视的高观众触达的基础条件，首期开播就实现了过4%的收视率，整体呈现收视上扬的态势，最后一期收视率超过5%。第三季共八期内容，平均收视率逼近5%，平均收视份额超过9%，共覆盖77887221户电视观众，成为纪录片中的大IP。⑥

电视文化作为大众文化的主导形态，是受众个体或群体表达自我认同或社会认同的工具。《舌尖上的中国》取得的收视率和口碑就是社会大众文化认同的直接表现。⑦三季纪录片不俗的收视成绩彰显了品牌力量，成功地把文化影响转换成市场效益，从预售到首次开启电商合作平台，品牌效应辐射到传媒、饮食、旅游、电商等各个方面，进一步拓展了纪录片的产业链，带动产业系统升级。从《舌尖上的中国》在国内外市场的影响力来看，该片为国内不同类型纪录片提供了一个范例和启示。如何借鉴其成功经验，打造具有社会价值的纪录片品牌值得业界深思。因此，本案例拟从品牌定位、创作模式、品牌推广三个角度分析《舌尖上的中国》这一成功案例的品牌建构策略，为国产纪录片品牌化策略提供可操作路径。

---

① 何苏六.中国纪录片发展报告（2013）[M]北京:社会科学文献出版社,2013.
② 陈文.小小"舌尖"，挑动"美食经济"潮[N].新闻晨报,2012-5-23(B03).
③ 杨明品,庞井君,李岚,等.中国广播电影电视发展报告（2013）[M].北京:社会科学文献出版社,2013.
④ 张同道,刘兰.2014年中国纪录片作品研究报告[J].当代电影,2015(05).
⑤ 何苏六,黄衍华,赵曦,等.中国纪录片发展报告（2019）[M].北京:社会科学文献出版社,2020.
⑥ 同上⑤。
⑦ 张卓.《舌尖上的中国》成功要素再认识[J].传媒,2013(03).

二、案例分析

一部好的纪录片不仅是优秀的作品,更是具有品牌价值的文化产品。纪录片的品牌化是一个复杂的过程,是从品牌定位开始,经过鲜明的品牌形象塑造以及品牌建设、经营、管理、延伸等,最终在观众心中建立起情感联系与体验并实现品牌增值的全过程。《舌尖上的中国》跳出以往单一的电视品牌概念,在其丰厚的文化底蕴和网络传播的助力下延伸出更广的品牌价值,较高的知名度、鲜明的识别性以及广阔的市场空间在该片的品牌化过程中产生了重要作用。

(一)《舌尖上的中国》的品牌定位

一切消费都是以价值为依归,价值内涵是品牌与消费者之间的纽带,消费者对品牌价值内涵的认同是一个品牌能否成功创建的前提。因此,具体到《舌尖上的中国》的品牌建构中,创作人员在筹备纪录片的初期就已经有较强的品牌意识。

1. 受众本位为定位前提

我国纪录片多是历史、文化类题材,此种纪录片节奏缓慢、说教色彩较浓,且政治倾向性较为明显,创作者往往站在一种全知全能的角度居高临下地与观众进行沟通,不常与受众建立平等的对话关系,无形中拉开了与受众的距离,以至于很多纪录片停留在精英化、小众化的叙事模式中,陷入无人问津的境地。而《舌尖上的中国》一改传统国产纪录片呆板、说教的风格,以平常百姓最基本的生活元素——饮食为切入点,真正实现了从宏大叙事向平民视角的转化。而且,《舌尖上的中国》把镜头对准了或普通或平凡的小人物,通过大众视角和平民立场来讲述故事,以小人物群像为核心创作纪录片,极易引起受众的共鸣。

此外,该纪录片的选材贴近人们的日常生活。《舌尖上的中国》没有走以往美食纪录片的套路,只是单纯地记录美食的制作过程,而是直接切入大江南北的人们的日常生活,从食材的采集加工,到食物的制作,再升华到人们围绕着一日三餐所发生的团圆和离别,以人为本位的受众定位得以凸显。镜头将人们收获时的淳朴笑容、欢聚时的喜悦、离家在外的乡愁都记录下来,把美食上升为打动人心的文化符号,让每一道菜肴都有了情感的味道,这也使得受众在观看纪录片的过程中,能够感受到镜头中的人物的喜悦和悲伤,实现彼此的认同。

2. 市场需求为定位基础

品牌定位的基准必定是市场需求，而纪录片作为一个价值观输出的重要媒介产品，选题适应市场需求是品牌定位的基础。民以食为天，中国人与美食的羁绊由来已久，《舌尖上的中国》以千家万户有着紧密联系的饮食作为题材，这个切入点贴近生活，受众广泛，能够使大众迅速理解其文化内涵，适应国内市场。

北京大学王一川教授曾表示，他们做过一个调查，调查发现外国大学生对中国文化的感受，首先是中国的美食，其次是中国的服装，最后才是中国的绘画艺术。通过美食传播中国文化，是一条捷径。[1]美食题材不仅在国内市场备受关注，在海外市场同样很受欢迎。《舌尖上的中国》不仅仅是以制作上乘内容为己任，还承担着传播中华文化的使命。因此顺应国内外市场需求作为定位基础，才能制作出人民满意的国产纪录片，为中国纪录片走出中国开辟新的道路。

3. 民族文化与人文情怀为价值核心

《舌尖上的中国》在构建受众广泛价值认同的基础上，强化纪录片的人文情怀，承载着表达中国故事、传播民族文化的责任。与《舌尖上的中国》第一季注重"舌尖"上的美食表达相比，第二季则更多呈现的是中国故事，在饮食文化的呈现之外加强了对社会现实的深度挖掘。纪录片透过美食折射出近年来留守儿童、空巢老人、应试教育、父母陪读等社会焦点问题，以人为中心，深度关注人的精神需求与生存状况，用美食阐述人生百味，展现国家变迁，彰显人文情怀。从"口水"到"泪水"，《舌尖上的中国》让观众体验到，食物原来在中国文化中与个人情感有着如此密切的联系：母亲、童年、故乡、祖国……正是这些与食物存在多重对应关系的情感，触及了当下的中国观众，尤其是生活在都市中的观众的情感需求。

纪录片因为其特有的真实性，在展现国家形象、传承民族文化方面具有不可替代的作用。《舌尖上的中国》第一季中的《转化的灵感》《时间的味道》和《五味的调和》分别从不同的层面将蕴含在中国饮食当中的民间智慧和东方哲学巧妙生动地传递给观众，不但令中国观众深感自豪，也令外国观众叹为观止。从该纪录片的内容看，该片毫无疑问是以承载、传播、弘扬中华民族文化为己任的，这也正是央视纪录片频道所追求的核心价值所在。

---

[1] 周世林. 舌尖上的中国：满足的不仅仅是舌尖——兼析《舌尖上的中国》传播的成功之道[J]. 新闻与写作，2012(10).

(二)《舌尖上的中国》的创作模式

1.海外借鉴与本土表达相结合

在总导演陈晓卿的一段专访中,他认为:"美食纪录片是国际纪录片市场特别好销的一个东西,我们整个制作的模式是照着商业纪录片的套路在做,无论是结构、影像的控制,都是发达国家媒体总结的经验,都是借鉴过来的,不是那么的夸张。"纪录片产业要发展,不仅要做好内容,还要积极参与跨文化传播,文化发展离不开文化输出。利用什么创作模式才能打造出中国电视纪录片的品牌产品,这是央视纪录片频道的一个重大课题。其中非常重要的一点是积极进行对外交流和学习,力图将海外借鉴与本土表达完美结合。2006年BBC和央视签署协议拍摄大型自然野生动物纪录片《美丽中国》,在这次合作过程当中,中国媒体人才第一次通过实践全面了解这个全球大牌媒体的工作流程与工作方式。[①]

《舌尖上的中国》通过学习和借鉴《美丽中国》的制作模式,融入本民族的精神内核,将我国源远流长的饮食文化、风土人情娓娓道来,结合民族文化,讲好中国故事,以美食为窗口,引出中国的饮食文化、人文精神和家国情怀。《舌尖上的中国》系列纪录片作为国际化传播的出口,用我们本民族文化的异质性与其他民族文化直接对话,还能够为本土文化增添活力。[②]

2.故事化叙事手法

国际化的叙事方式也使得《舌尖上的中国》品牌成为纪录片品牌建构的成功范例。国外纪录片专家曾指出中国纪录片的普遍通病是:故事性、观赏性差,节奏缓慢,一般需要进行重新剪辑、组接等二次加工才能进一步在国际市场流通,陈晓卿在采访中也表示,叙事节奏要符合国际的销售市场,不能像以前一样,念一首唐诗再开始说一段故事。《舌尖上的中国》品牌的建构成功打破了这一局面。

《舌尖上的中国》的叙事角度与过往的国产纪录片有很大不同,舍弃了主流的宏大叙事,将镜头对准普通人,用多个单元故事来集中表达纪录片的主题,用小故事讲大主题。该片运用纪录片的国际通行语言,特别注重讲故事以及讲故事的方式,当人物关系被展现出来的时候,《舌尖上的中国》所要讲的故事也就出现了。第一季7集共讲述了54个

[①] 冯欣,张同道.从《舌尖上的中国》看中国纪录片的品牌构建[J].艺术评论,2012(07).
[②] 刘雅静.纪录片的曙光——从《舌尖上的中国》到《客从何处来》[J].湖北社会科学,2014(12).

故事,平均每集7—8个故事。故事与故事之间的编排关系,每一集都有变化。每一个故事都力求精练,便于后期结构调整,增加了编排的灵活性,同时又不会因为太过冗长而让人觉得乏味。第二季更是以其丰富的故事性吸引了很多人气,取得不小的成绩。

表5-1 《舌尖上的中国》第二季故事中的人物关系[1]

故事编号	主人公	涉及的人物关系	涉及的人与食物的关系	故事与食物的关系
1	白马占堆	弟弟、父亲	食材的采集者	为弟弟上大学准备的礼物——蜂蜜
2	谭光树	妻子吴俊英	蜂蜜的收集者 路菜的烹饪者	夫妻俩的感情故事与养蜂职业之间的联系;因为工作的关系,适宜带远行的食物——路菜
3	马万全(麦客)	与雇主的雇佣关系	食材的收集者 面食的制作者	麦客收割麦子,雇主用面食善待麦客,他却因为机器收割的推广而面临职业窘境
4	杨世橹	妻子、女儿	食材的采集者	夫妻以捕鱼为生;因为是女儿最爱的食物,所以爸爸学会了抓跳跳鱼
5	刘慧	爷爷、奶奶	煎饼的制作者	庆贺奶奶生日而制作的煎饼
6	李建英	父母、哥哥	食材的采集者 食物的烹饪者	收获的季节,父母才能与家人团聚半个月,同时也是一年一次制作鱼酱的最佳时期
7	程世坤	乡邻	食物的享用者	暮年从他乡归国,思念故土,思念家乡的美食
8	程亚忠/油坊主	程苟仍等村民	食物的生产者	全村唯一的油坊,榨油关系到每个村民的利益,同时也是维系村民之间信任与情谊的纽带
9	张世新	妻子、孙子孙女	食物的生产者	几十年精湛的挂面手艺却遇到了传承的难题
10	阿苗	母亲、师傅	食物的制作者	将制作面点视为自己的工作,这既是女孩自强、成长与学会担当的表现,也是对面点手艺的一种传承
11	阿哲	父亲	食物的制作者	职场受挫的大学生,从父亲那里传承了厨艺,实现了自己人生的转折
12	赵小友	妻子、儿子、儿媳妇	粮食的收集者 食物的制作者	秋收时节,全家出动;男人们出体力,主妇们则用家常菜犒劳大家

[1] 张斌,裴玉婷.纪录片故事化手法尺度研究——以《舌尖上的中国(第二季)》为例[J].重庆邮电大学学报(社会科学版),2016,28(01).

续表

故事编号	主人公	涉及的人物关系	涉及的人与食物的关系	故事与食物的关系
13	子钰	母亲	食物的制作者	母亲带女儿在外求学,为正在长身体的女儿用心做了红烧肉
14	吴童	姑妈、父亲	食物的制作者 食物的享用者	出门在外的吴童对于家的记忆就是姑妈的泡菜,同时泡菜也传递着他和父亲之间的感情
15	梦露	丈夫、父母、公婆	食物的享用者 食物的制作者	特殊家庭中对于刚生产完的儿媳妇的最贴心的关怀就是想尽办法做好吃的,因此有了四川美食和广州煲汤的竞赛
16	潘先生	女儿佩琪、未来女婿	食物的制作者	未来女婿第一次来家里做客,父亲下厨做了女儿最爱的糖水
17	张士忠	姐夫、大嫂	食材的采集者	与兄弟姐妹分隔两岸的张士忠为重逢带去了壳菜,大嫂做了他最爱吃的金针花炖猪蹄
18	周君梦	妈妈、祖父母	食材的采集者	沙蟹是童年的回忆,沙蟹汁是最爱的记忆中的味道
19	阿昌	父亲、食客	食物的制作者	美食是阿昌成长中的记忆,是阿昌的手艺,是吸引老主顾的拿手绝招;同时大排档也是香港人的集体味觉记忆
20	徐磊	妻子、女儿、母亲	食材的享用者 食物的制作者	家乡食物是在外打工的年轻人思亲的依托
21	高欣雅	母亲	食物的制作者	为女儿高考做的营养餐

相较于其他的传统美食类节目,《舌尖上的中国》系列纪录片拍摄的不是名厨名菜,也不是简单展示美食的烹饪过程和技术手法,而是将目光转向美食外延出的人与自然、历史与文化等各个层面,透过美食的窗口,勾勒出人与家庭、社会之间的伦理关系和时代变迁。正是基于民族文化与故事化叙事方式的融合,该片才得以在大量制作精良的纪录片中脱颖而出,成为美食纪录片品牌的开创者。

3.国际化制作方式

要成功塑造品牌形象,就要寻找一个品牌独一无二的差异点。面对激烈的市场竞争,品牌建设初期往往采用差异化的竞争策略。《舌尖上的中国》品牌建立的差异化主要体现在其内容上的差异化,包括国际化的叙事结构和视听风格。

《舌尖上的中国》在创意、分集方面皆受到《慢食运动——为什么食品要讲究优良、清洁、公平？》这本书的影响。书中有提到西方美食学的概念，认为美食学与下列领域有关：植物学、遗传学、物理学、化学、农业、畜牧业、作物学等等。任长箴受此启发，根据这个定义来划分《舌尖上的中国》部分分集。任长箴举例说："比如说第一条提到了植物学，那就是涉及物种、自然、土地，我就从这一条当中延伸出《自然的馈赠》。"[①]

《舌尖上的中国》一改观众传统的视听经验，运用跳跃式的空间表达方式，打破了饮食空间的局限性。传统的美食节目通常在一个固定的空间内拍摄，在主持人的热情介绍下，用镜头展示食物的制作过程和品尝过程，再通过主持人的主观评价将食物的口感和味道传递给观众。《舌尖上的中国》在剧集中走出摄影棚，介绍中国不同地域的多种美食，使观众能够真正足不出户"吃遍"大江南北。与此同时，在介绍美食的制作过程中，平实的独白配音以及极具艺术感染力的背景音乐，将"味道"通过听觉传递给观众，形成传统电视纪录片难以企及的视听冲击力和艺术感染力，让观众在丰富的视听语言中体验到中国传统美食的奇妙。

（三）《舌尖上的中国》的品牌推广

在信息泛滥的新媒体时代，酒香也怕巷子深。纪录片要想实现品牌化，就必须通过多种传播途径为其宣传推广汇聚人气。《舌尖上的中国》通过整合各种媒体资源，央视资源和新媒体资源的结合拓宽了品牌推广的渠道，使各种媒体各展所长，共同打造了"舌尖"上的全民狂欢季，实现了全媒体传播的过程。

1. 整合央视资源为品牌造势

《舌尖上的中国》之所以能产生如此大的反响，除了优质内容外，更重要的是借助央视跨频道的播映积累不俗的收视率。于2011年开播的央视纪录片频道，积极拓展纪录片题材的多样性，创新纪录片题材的模式化和类型化，已经积累了较为稳定的受众群和收视率，建立了初具规模的频道品牌。

《舌尖上的中国》有着非常优异的播出平台。综合频道开播《魅力纪录》栏目，此举使节目进入央视最具影响力的平台的黄金时段。《舌尖上的中国》由央视综合频道《魅力纪录》栏目22:00档播出，正是借助央视纪录片频道品牌的影响力，在电视媒体的宣传上占据优势地位。

[①] 汤文靖.《舌尖上的中国》是如何"炼"成的？——对话纪录片《舌尖上的中国》部分主创人员[J].中国记者，2012(07).

《舌尖上的中国》第二季充分调动央视资源,除了在名牌栏目《开讲啦》《星光大道》《开门大吉》《嗨!2014》以及《面对面》等相关节目上推介外,新闻频道还播出预告。央视整合多个频道,以首播和重播的形式分时间段滚动播出《舌尖上的中国》第二季,增强播放力度,倾力打造"舌尖"主题播出季。还创新了一系列衍生节目形式与纪录片内容进行对接,例如新闻采访、演播室访谈、栏目互动等。这些节目在拓宽话题范围、引导社会舆论导向、丰富节目内容等方面发挥了显著作用,使"舌尖"主题频频出现在观众的视野中,实现品牌传播效果的最大化。

2.借助新媒体强化宣传

《舌尖上的中国》的热播与新媒体分不开。当第一集播出之后,主流网站和论坛关于"舌尖"的话题不断,新浪微博有关"舌尖"的讨论话题爆炸式呈现,长居热门话题榜首的位置,有关各地方美食的"舌尖体"也接连不断[1],引起网民进行二次创作的热潮。相比第一季,第二季的宣传推广表现则更为突出。

节目组联手央视官方社交电视"CCTV微视",打造了"微视+微博+微信"的全新互动模式,通过微博、微信等新媒体渠道,全方位地关注节目。[2]尤其是微博在《舌尖上的中国》第二季的推广中占据了举足轻重的地位。《舌尖上的中国》第二季首播日,总导演陈晓卿利用微博曝光了节目首播时间和播出平台,通过粉丝自主转发和合作账号的引导,形成多维度的传播网络。在《舌尖上的中国》第二季播出几日后,新浪微博适时推出相关微话题和微访谈,再次增强与观众的互动。这种微博营销的方式不仅节约了纪录片的宣传成本,更进一步对品牌的线上互动传播起到了推动作用。还成功地在"拟态"和现实方面满足了受众的人际关系需求。所谓"拟态"人际关系即观众对节目出场人物所产生的熟悉、亲切感,现实人际关系则指通过节目内容的谈论建立的人际关系和社交圈[3]。《舌尖上的中国》系列纪录片发挥了人际关系效用,受众在参与讨论的过程中寻求自我认同并建立交际圈。

另外,《舌尖上的中国》第二季以多网络播映、平台联动的方式,形成品牌集群效应。在前期宣传过程中,该片联手多家视频网站,用投放宣传片的形式为其造势,使观众明确纪录片的播出平台和播出时间。《舌尖上的中国》第二季首播当日,搜狐纪录片频道、

---

[1] 李晓东.从《舌尖上的中国》看美食节目的新媒体推广[J].当代电视,2014(08).
[2] 陈征宇.《舌尖上的中国》:一场全媒体的产业盛宴[J].电视研究,2014(08).
[3] 贾圆,孙卫华.传播学视阈下的《舌尖上的中国》解读[J].中国广播电视学刊,2014(09).

爱奇艺、优酷等主流网络视频平台同步推出，并将其放在首页显著位置，使该片的传播范围和影响力在原有基础上大大提升。各个视频平台还积极再造节目的内容，根据《舌尖上的中国》第二季策划相应主题的视频内容。

3.推动发展衍生产品

要想使品牌建构得更加完善，获取更大的经济利益和社会效益，光靠纪录片本身是不足够的，还要注重品牌延伸，发展品牌的衍生产品。品牌延伸是指企业将某一知名品牌或某一具有市场影响力的成功品牌扩展到与成名产品或原产品不尽相同的产品上，以凭借现有成功品牌推出新产品的过程①。《舌尖上的中国》系列纪录片积极利用开发IP电影、与电商平台合作等方式实现品牌进一步延伸，促使品牌的价值和效应得到最大限度的提升。

由《舌尖上的中国》原班团队打造的《舌尖上的中国》电影版《舌尖上的新年》在2016年年初上映。凭借《舌尖上的中国》这一强大品牌，这部电影继续走美食加情怀的路线，并且延续了纪录片的纪实创作手法，全部镜头采用"纪录片风格"。《舌尖上的新年》凭借精良的制作，获得了许多观众的认可，收获了不错的口碑，其豆瓣评分高达8.4分。

《舌尖上的中国》第二季首次委托天猫为其提供独家整合传播体验平台。天猫通过首页导航飘红文字推荐的形式，将《舌尖上的中国》第二季摆在食品频道搜索首位，开启了"榜焦"营销的新的商业模式。伴随着《舌尖上的中国》第二季开播，仅几个小时内天猫便迎来大批订单，影片中所涉及的美食极为畅销。

其他电商平台也共同发力，推波助澜。豆果美食网作为官方唯一授权的美食类网站，在第一季播出期间，就推出了"舌尖菜谱"。其下设的豆果美食App在第二季播出后，第一时间在菜谱频道开设了《舌尖上的中国》第二季专题，根据其周播模式，以"图片+文字"的形式呈现官方菜谱，还推出了"寻找传承的美味——豆果邀你还原舌尖上的中国贰"活动，点击量超过5000万。多样化的推广渠道增加了舌尖品牌的宣传渠道，不仅助推该片的人气，也为豆果美食网带来巨大回报。

---

① 杨智源.从《舌尖上的中国》看中国纪录片的品牌构建[J].新闻传播，2017(03).

结语

通过对本案例的简要分析，关于《舌尖上的中国》系列纪录片为何能成为国内现象级美食题材纪录片品牌的开创者已经显而易见。其一，选择了具有闯荡国内外市场潜力的美食题材，兼具独特性与共通性，以小见大、见微知著，能够引起观众的情感共鸣。其二，专业的主创团队借鉴了国际化制作方式、叙事语言和叙事风格，更有利于对接国际市场。其三，主创人员怀着敬畏美食的专业态度，在精良的纪录片内容中融入新鲜的审美情趣，充满浓郁的人文关怀和家国情怀。《舌尖上的中国》用镜头下的"美食"传递着中国社会悄然发生的变化，以独特的人文视角表达中国的文化价值理念。[1]其四，重视传播效果，转变传播方式。作为一部承担着传播中国传统饮食文化、表达中国价值理念使命的纪录片，《舌尖上的中国》在跨文化传播上下足了功夫，真正实现了商业价值和社会价值的统一。

麦克·雷毕格在《制作纪录片》中说，纪录片的精髓在于深切地敬重真实，并反映出真实的迷人之处，与逃避主义式的娱乐决然相对，它信守的是真实生活原貌中的暧昧与丰富性。《舌尖上的中国》不仅展示了中国人民关于饮食的真实生活，还将民族观念巧妙涵化在百姓的日常饮食和故事的叙述中。这是其独特之处，也是传播学涵化理论的实践。涵化理论有一个基本观点是社会作为一个统一整体，需要"共识"以协调和发展，而媒体则承担提供"共识"的责任。《舌尖上的中国》正是通过美食展示与故事叙述，渗透和涵化了中国的价值观念。

《舌尖上的中国》带给我们的不仅仅是视觉上的美食体验，更是中国纪录片在国际市场一次成功的尝试。只有合理、有效的品牌构建才能吸引更多的观众，从而获得自身发展所必需的精神及物质动力，形成良好的纪录片创作环境，使纪录片品牌中所蕴含的巨大价值得到体现，从而促进中国纪录片向产业化发展。

---

[1] 本刊特约记者.让世界感知中国味道——《舌尖上的中国》研讨会综述[J].中国电视,2012(06).

第二节　娱乐传媒巨头的品牌经营管理

一、案例内容

华特迪士尼公司(简称迪士尼或迪士尼公司)是美国的大型跨国公司。迪士尼公司由华特·迪士尼和罗伊·迪士尼创立。自1923年创立以来,迪士尼从初始一个小小的动画工作室发展成为业务遍布影视娱乐、主题乐园、媒体网络、消费产品等各个传媒领域的综合娱乐传媒公司。

1923年,华特·迪士尼和他的哥哥洛伊·迪士尼成立了迪士尼兄弟工作室。20世纪20年代末,美国正值金融危机时期,经济危机和道德危机的出现在某种意义上来说,给迪士尼提供了一个很好的机会。1928年,迪士尼创造出世界动画明星米老鼠的动画形象,就此搭建起迪士尼王国的第一块核心基石。1932年,彩色卡通片《花与树》问鼎奥斯卡奖。

从20世纪50年代开始,迪士尼公司不仅在ABC电视网建立了"迪士尼世界"这个常规电视节目,更是于1955年7月开启了新的业务版图之路,创建并扩张主题乐园,实现线上和线下双重IP联动,奠定了迪士尼在影视娱乐领域的地位。1955年,迪士尼推出了世界上第一个现代意义上的主题公园,即加州迪士尼乐园。时至今日,迪士尼已经在全球三大洲布局了6个综合性迪士尼度假村,成为主题乐园行业内毫无疑问坐拥霸主地位的跨国公司。

近百年来,迪士尼先后拍摄了一系列经典的动画电影,其中比较有代表性的有《白雪公主和七个小矮人》《爱丽丝梦游仙境》《美女与野兽》《阿拉丁》《狮子王》《花木兰》《玩具总动员》《飞屋环游记》《冰雪奇缘》等,塑造的经典银幕形象有米老鼠、唐老鸭、布鲁托等,并以此奠定了迪士尼作为世界顶级电影企业的地位。

表5-2 迪士尼公司发展简史[1]

时间	内容
1923	成立迪士尼兄弟工作室。
1924	爱丽丝系列问世,这是迪士尼第一个卡通系列。
1926	更名为华特·迪士尼制片厂。
1928	米老鼠系列卡通片的第一集《疯狂的飞机》上映;第一部有声卡通片《威利号汽船》上映。
1930	首度由授权米奇商品获得收益。
1932	第一部彩色卡通片《花与树》获奥斯卡奖,米老鼠系列卡通片获特别奖。
1937	推出世界上第一部长篇动画电影《白雪公主和七个小矮人》。
1940	推出世界上第一部立体音电影《幻想曲》。
1942	长篇动画电影《小鹿斑比》上映。
1950	为美国广播公司制作圣诞节特别节目,这是迪士尼向电视发展的第一步。
1952	为筹建迪士尼乐园,华特·迪士尼独自成立WED公司。
1954	成立博伟影片发行公司,发行电影。
1955	加州迪士尼乐园建成并开放;推出儿童电视节目《米老鼠俱乐部》。
1956	正式发行音乐唱片,成立迪士尼乐园唱片公司(现名华特迪士尼唱片公司)。
1961	与NBC联合推出《彩色世界》电视节目。
1962	真人实景电影《欢乐满人间》上映,并获13项奥斯卡金像奖提名。
1971	美国佛罗里达州奥兰多迪士尼乐园开业;罗伊·迪士尼逝世,迪士尼公司陷入空前危机。
1983	日本东京迪士尼乐园开业;美国迪士尼频道正式开播。
1992	法国巴黎迪士尼乐园开业。
1995	以190亿美元收购美国广播公司ABC(持有有线电视网ESPN80%股权)。
1996	收购知名特效公司Dream Quest Images。

---

[1] 根据《销售欢乐:迪斯尼公司》《沃尔特·迪斯尼传》《动画大师:沃尔特·迪斯尼》《欢乐英雄:娱乐业大王迪斯尼解读》等整理。

续表

时间	内容
1998	迪士尼第一艘游轮 Disney Magic 首航。
1999	推出第一部 IMAX 技术制作的动画电影《幻想曲2000》。
2001	以53亿美元收购福克斯家庭频道,后更名为ABC家庭频道。
2005	中国香港迪士尼乐园开业。
2006	以74亿美元收购皮克斯动画工作室。
2009	成为视频网站Hulu的股东;以42.4亿美元收购漫威娱乐,获得复仇者联盟等漫画角色版权。
2012	以40.5亿美元收购卢卡斯影业,获得《星球大战》《夺宝奇兵》等版权。
2014	收购YouTube视频制作商Maker Studios。
2016	中国上海迪士尼乐园开业。
2019	以713亿美元收购21世纪福克斯,获得《阿凡达》《X战警》《辛普森一家》等IP的版权;推出流媒体平台Disney+,上线半年订阅用户已超5000万。

从1923年发展至今,一个近百年的跨国传媒集团在发展历程中一步步扩张经营领域,拥有大量超级IP、遍布全球的主题乐园、成熟的衍生品零售体系和流媒体平台,并不断创新管理理念,完善品牌经营管理模式。在传媒领域,越来越多的人重视品牌,如何建立合适的品牌理念,并将品牌发展下去,迪士尼的成功经验会带来很多启示。因此本案例将从其品牌理念、盈利模式、品牌并购等方面进行分析,探究其成功的经验,并试图为国内娱乐传媒产业提供参考。

二、案例分析

(一)初创——快乐至上的理念

1. 一只老鼠的诞生

迪士尼创始人华特·迪士尼曾说:"不要忘记,这一切的起源是一只老鼠。"1923年夏天,华特·迪士尼来到位于加州的好莱坞,和哥哥洛伊·迪士尼凑了3200美元,成立迪士尼兄弟工作室。1928年,世界上第一部有声动画短片《汽船威利号》上映,乐观热情、机智勇敢的米奇成为当之无愧的世界卡通明星。在经济大萧条的背景下,米奇甚至成为美国人的一种精神财富和象征。

从米老鼠的诞生到唐老鸭、白雪公主等经典童话形象的出现,可以看出迪士尼已经完全是美国人生活的一部分,更是美国文化的一部分。迪士尼的出现和兴起源于美国文化,它的兴衰也和美国经济、美国文化共起落。[①]米老鼠的诞生可以理解为迪士尼所要建立的"快乐至上"品牌理念的开端。

2.确立快乐至上的理念

米老鼠这个品牌形象的出现为迪士尼的品牌理念和发展创造了一个契机。从此,迪士尼确立了快乐至上的理念,成为快乐的代名词,逐渐具有更广泛的受众群体。从迪士尼动画面世开始,就产生了以动画为核心的初始业务延伸。快乐这种品牌诉求很容易被消费者接受,而迪士尼的卡通形象便是快乐理念的表达者,他们通过独特、有趣的角色形象和各有千秋的性格将特定的文化理念和价值观传递给受众。快乐就是迪士尼最核心的本质,迪士尼的品牌延伸也就是快乐这一理念的延伸。迪士尼以儿童这个受众群体为基点,利用文具、图书、食品、服装等与儿童需求相吻合的生活用品进行市场拓展[②],并制作经典IP的衍生品投放至全球市场,将迪士尼特有的快乐至上的品牌理念传播至世界各地。

迪士尼乐园是世界上最著名的创造快乐的"造梦工厂"。艾斯纳时代,他开启一系列举措对迪士尼乐园进行改善和扩建,在全球扩张乐园的版图。时至今日,迪士尼公司已经拥有位于美国加州、美国奥兰多、日本东京、法国巴黎、中国香港以及中国上海6座迪士尼乐园。迪士尼建造的"童话世界"已经促使受众群从儿童扩大到所有想要快乐、保持童心的群体。快乐至上的理念成为迪士尼独特的文化氛围和特色,为品牌的持续发展打下了坚实的基础。

3.运营理念

虽然迪士尼公司从最早创立到现在已经走过了近百年历程,但是其品牌运营理念却一直都没有变,即一是创新,二是品质,三是共享,四是故事性,五是乐观,六是尊

[①] 文文.迪斯尼帝国——美国商业文化的代表[J].中国商贸,2009(06).
[②] 闫海涛.迪士尼产业化运营的成功之道[J].传媒,2020(15).

重。[1]迪士尼在内容创作上保持百年如一日的高质量标准,在营销上重视与消费者的互动与交流,在理念上将欢乐传递给大众,并尊重每一位消费者的个性需求,依靠这样的运营理念,迪士尼不断创造出为全球着迷的童话形象。

迪士尼创造了米老鼠、唐老鸭、白雪公主等经典童话形象,独特的创意与精良的制作为迪士尼后期打造IP帝国打下了坚实的基础。而层出不穷的卡通形象之所以深入人心,得益于具有强大资金和技术支持的成形的团队,从形象设计到制作以及后期合成,完全是一个成熟的市场模式。[2]这样一个具有高度专业性的团队,在主角设计、角色模型制作、后期制作等方面精益求精,源源不断地创造出经典的童话形象。1937年,第一部有剧情、有故事的长篇动画电影《白雪公主和七个小矮人》获奥斯卡金像奖荣誉奖和多个奖项提名,上映后获得约800万美元的票房收入。以此为发端,动画电影逐渐成为主流的电影形态。可以说迪士尼对于其品牌的核心价值观和运营理念是支撑其在娱乐传媒业占据霸主地位的根本。

(二)盈利——形成完整的品牌产业链

1."一鱼多吃"的轮次收入模式

迪士尼整体的盈利模式被称为"轮次收入"模式,也可以称为"一鱼多吃"模式,即不断延伸产业链。这个盈利模式源于曾任迪士尼公司CEO的迈克尔·艾斯纳。他构建了属于自己公司的独特的品牌产业链,促使迪士尼的所有产品实现商业价值的最大化。公司利用自有的产品、服务、形象、商标和品牌等,在不同的细分领域中重复获取利润。

第一轮是通过影片发行的票房收入,解决成本回收的问题;第二轮是"销售拷贝和录像带"等的收入;第三轮是在世界各地建立迪士尼乐园,将IP融入乐园,吸引大量游客消费;第四轮是品牌衍生产品的授权及特许经营。[3]1955年美国加州迪士尼乐园的开幕不仅意味着世界上第一家迪士尼乐园开始投入运营,也预示着迪士尼开始形成一个作品、发行、迪士尼乐园、衍生产品授权与连锁经营的闭环,形成一条完整的品牌产业链,保证品牌价值实现最大化。

---

[1] 李四达.迪斯尼动画艺术史[M].北京:清华大学出版社,2009.
[2] 沈丹,黄淼.试论美国动画片的形象创意[J].电影文学,2011(04).
[3] 〔英〕艾伦·布里曼.迪斯尼风暴[M].乔江涛,译.北京:中信出版社,2006.

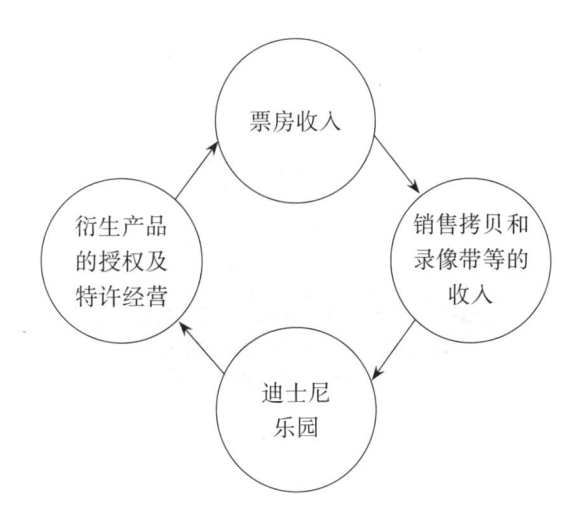

图5-4 迪士尼的轮次收入模式

2.业务板块

在业务部门划分方面,2003年,迪士尼互动机构成为独立的部门,负责迪士尼旗下的网站和游戏业务。2015年,迪士尼将消费者产品与互动娱乐两大部门进行合并,成立消费者产品和互动娱乐部,与已有的媒体网络、影视娱乐、主题乐园和度假村三大板块一起,形成了迪士尼融合转型的基本架构。

2018年3月,迪士尼启动了全新的战略重组,将原有的四大业务板块重新划分:组建全新的直接面向消费者和国际的部门,并将原有的消费者产品业务并入主题公园、体验和消费者产品部门;媒体网络部门和影视娱乐部门只做规模扩张,原有的业务职能保持不变,形成四大全新的媒体融合业务架构。[1]迪士尼主题乐园和消费者产品业务合并之后就能够更好地利用迪士尼旗下各个IP的特许经营权。

2021年以来,迪士尼完成了系统性调整改革,将原来的四大业务板块(媒体网络业务,主题公园、体验和消费者产品业务,影视娱乐业务,直接面向消费者和国际业务)调整为"媒体和娱乐业务"以及"迪士尼乐园、体验和产品业务"两大事业群。

3.各部门营收情况

据迪士尼发布的2022年第一财季财报,迪士尼总营收为218.19亿美元,媒体和娱乐业务营收为145.85亿美元,上年同期126.61亿美元,同比增长15%。迪士尼乐园、体验和产品业务营收为72.34亿美元,上年同期为35.88亿美元,同比增长102%。

---

[1] 赵新利.媒体融合的内容策略与营销策略——以迪士尼集团的实践为例[J].青年记者,2020(25).

迪士尼乐园、体验
和产品业务 33%

迪士尼媒体
和娱乐业务 67%

■ 迪士尼媒体和娱乐业务　■ 迪士尼乐园、体验和产品业务

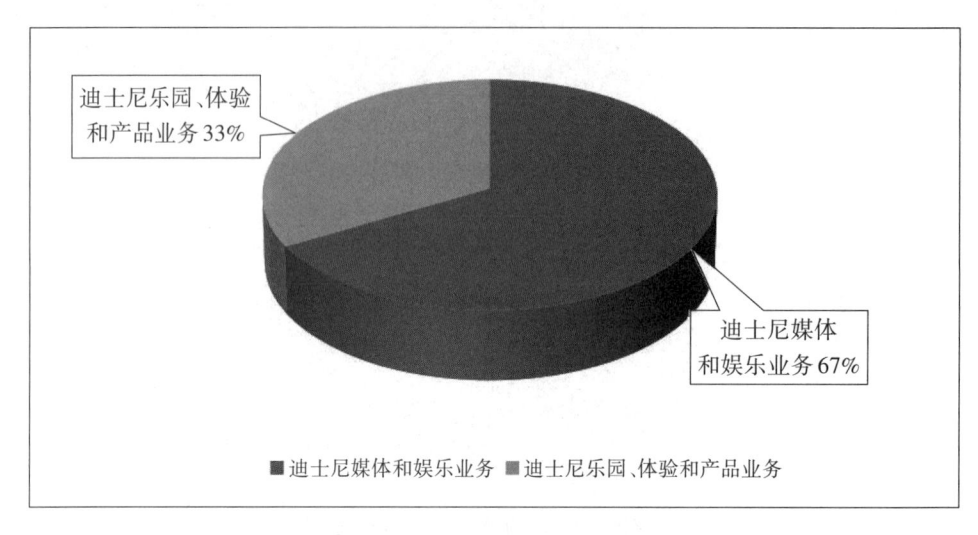

图5-5　迪士尼2022财年第一财季营收构成比重[①]

(1)迪士尼媒体和娱乐业务

近年来,随着Netflix等流媒体的冲击和新冠疫情的爆发,迪士尼不断开发拓展旗下的流媒体业务。2021年迪士尼业务战略重组的最大亮点是将原本独立的媒体网络与影视娱乐两大业务板块合并成为一个媒体和娱乐部门,这是迪士尼专注拓展Disney+流媒体服务,应对互联网新贵崛起的新手段,而这一举措也将帮助迪士尼加快面向消费者的战略。在新的组织架构下,迪士尼的世界级创意引擎将专注于为流媒体服务(涵盖Disney+、Hulu、ESPN+等)和传统平台内容制作,而新成立的媒体和娱乐发行集团负责内容分发和商业化,以及监管流媒体服务的运营情况[②],即迪士尼的媒体业务、广告销售、内容分发和Disney+将集中到同一个业务部门运营。

(2)迪士尼乐园、体验和产品业务

迪士尼乐园、体验和产品业务将继续按照其现有结构进行运营。迪士尼表示,通过将直接面向消费者和国际业务与主题公园的零售和电商业务合并到一起的方式,公司可以实现共享资源和业务实践,向消费者提供更好的迪士尼品牌产品以及零售体验。也就是迪士尼致力于将零售和电商相结合,寻求新的主题乐园相关利润增长点。一直以来,该部门都是迪士尼的重要业务部门之一。2020年,受新冠疫情的影响,全球主题乐园关闭,迪士尼的财务状况受损严重。但从迪士尼公布的最新季度财报来看,迪士

[①] 数据来源于迪士尼2022年Q1财报。
[②] 汪尧.损失46亿美元,裁员数万,迪士尼大重组剑指流媒体[EB/OL].https://mp.weixin.qq.com/s/vXEGMiXE9O9DPtoKx6aoMA,2020-11-05/2022-03-29.

尼乐园、体验和产品业务板块第一财秀的收入达到72亿美元,对比去年同期实现了翻倍。

(三)发展——战略并购,扩大版图

在企业的发展过程中,可通过内部扩张和并购发展两种途径来实现发展。二者相比较而言,内部扩张是一个相对缓慢的过程,而通过并购发展则要迅速得多。[①]从1923年成立到现在,迪士尼能成为全球娱乐传媒业第一品牌,一直占据霸主地位,在一定程度上可以说是其不断并购、扩张的结果。凭借雄厚的资本实力,通过并购的手段来增强自身竞争力或渡过难关,是迪士尼一直以来的经营战略。

1.迪士尼品牌并购史

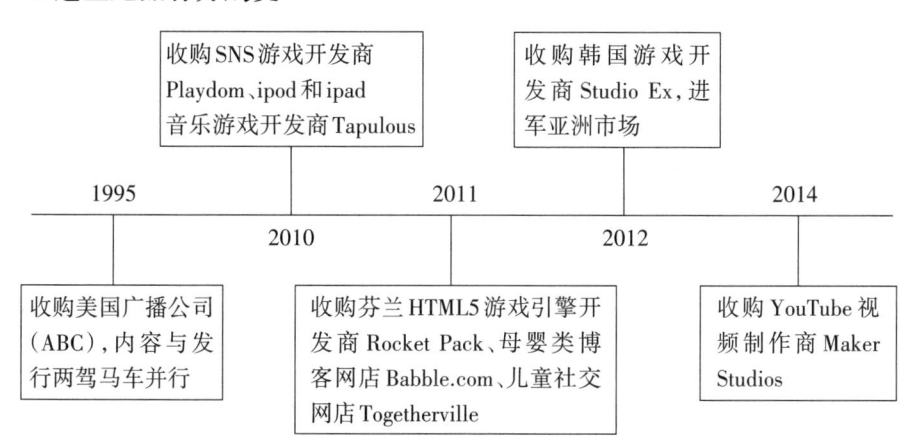

1995	2010	2011	2012	2014
收购美国广播公司(ABC),内容与发行两驾马车并行	收购芬兰HTML5游戏引擎开发商 Rocket Pack、母婴类博客网店 Babble.com、儿童社交网店 Togetherville	收购SNS游戏开发商 Playdom、ipod 和 ipad 音乐游戏开发商 Tapulous	收购韩国游戏开发商 Studio Ex,进军亚洲市场	收购YouTube视频制作商 Maker Studios

图5-6　迪士尼关于媒体的并购

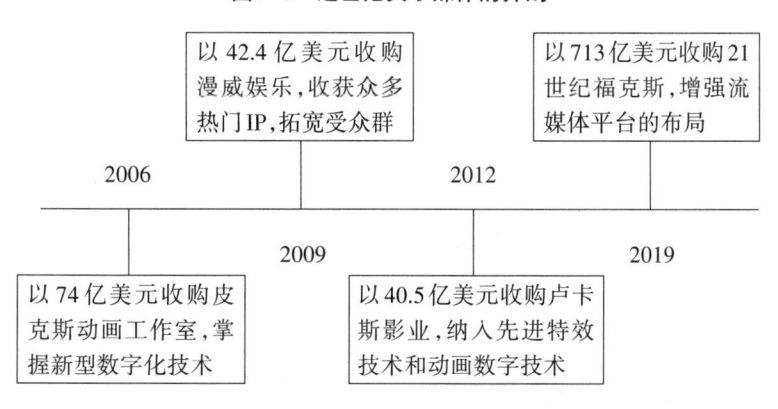

2006	2009	2012	2019
以74亿美元收购皮克斯动画工作室,掌握新型数字化技术	以42.4亿美元收购漫威娱乐,收获众多热门IP,拓宽受众群	以40.5亿美元收购卢卡斯影业,纳入先进特效技术和动画数字技术	以713亿美元收购21世纪福克斯,增强流媒体平台的布局

图5-7　迪士尼关于影视的并购

[①] 美国、加拿大大型传媒企业并购考察团,王楠.美国、加拿大大型传媒企业并购的启示与借鉴[J].编辑之友,2011(04).

1995年，迪士尼公司以190亿美元的价格收购了美国广播公司（ABC）。收购ABC之后的迪士尼成为集影视娱乐、有线电视和电话于一身的传媒集团。这样也使自身节目能更快传播到各地，有利于两家公司在传媒竞争中相互借力。从迪士尼向新媒体转型过程中的并购策略能看出，新媒体和具备行业先进技术的公司更受迪士尼青睐。随着流媒体服务竞争的加剧，迪士尼以其一如既往的前瞻性和创新性，投入流媒体的竞争洪流中。最新财报中迪士尼流媒体营收的增长也印证了其在新媒体转型阶段并购策略的成功。

1994年，格芬与从迪士尼跳槽的斯皮尔伯格以及与艾斯纳合作不愉快而出走的卡森伯格三人共同组建梦工厂。他们取得的成绩给迪士尼带来了很大压力。面对梦工厂的挑战，迪士尼与皮克斯动画工作室合作的动画片几乎都获得巨大的成功。但后来两家公司关系破裂，结束合作。从1999年开始，迪士尼的年增长率和资产回报率呈现走低的趋势。[①]2004年迪士尼险些被康卡斯特恶意收购，面临多重危机。2004年3月，艾斯纳遭到股东的集体弹劾，并于2005年自动请辞职务。

2005年，罗伯特·艾格成为迪士尼新一任董事长，自他接替艾斯纳开始，公司便开启大规模并购计划，大规模的并购动作逆转时局，促使迪士尼渡过难关，重新找回自己的创意文化。艾格曾在2011年公开表示，迪士尼公司的策略是购买新的人物角色或者一些能创造出新角色和故事的企业。[②]艾格掌舵后，完成了多个大额收购案，如皮克斯动画工作室、漫威娱乐、卢卡斯影业、21世纪福克斯等。这让迪士尼获得了大量经典影视内容版权，手握《复仇者联盟》《星球大战》《辛普森一家》《猩球崛起》以及《阿凡达》等重量级IP。在完成一系列的战略并购动作之后，迪士尼已将全球近半极具商业价值的超级IP收入麾下。

2.并购领域——兼顾横向与纵向

从迪士尼多次成功的并购事件中不难看出，迪士尼的并购领域囊括了横向产业和纵向产业。横向并购是指主动收购方并购与其主营业务相同或相似的公司。迪士尼通过横向并购，将皮克斯动画工作室、漫威漫画、卢卡斯影业等与自身经营产品相近的公司收购，可以产生协同效应，提高迪士尼的经营能力和融资能力，并且这几次成功的并购整合可以提高产品的市场占有率，通过皮克斯动画工作室等特有的数字技术，加大对原创内容的研发力度，扩大生产经营规模，从而产生规模经济效益。

---

① 胡正荣.外国媒介集团研究[M].北京：北京广播学院出版社，2003.
② 〔美〕布莱恩·J.罗伯.迪士尼简史[M].王录，樊小琴，译.上海：上海财经大学出版社，2016.

而纵向并购是一种垂直并购活动,是指并购方与被并购方处于产业链的上下游,两者的业务有着密切的关系。一般通过纵向并购,可以提升公司经营管理活动的效率。其中最有代表性的纵向并购活动就是迪士尼在1995年对美国广播公司(ABC)的并购,开拓了内容传播的电视渠道,双方可以充分发挥各自优势进行互补,达到借力作用,增强竞争力,提高公司的价值。因此,从迪士尼并购的领域来看,横向上的并购能够扩大发展规模,而纵向上的并购则能够发挥协调效应,增强企业核心竞争力。[1]

3.并购原则——坚持核心定位,保证内容生产质量

由动画起家的迪士尼公司,一直以来都以高标准来创作经典故事和优质内容,通过对皮克斯动画工作室、漫威娱乐、卢卡斯影业、21世纪福克斯等公司的并购,吸纳了当时最为先进的CG动画技术,获得5000多个动漫形象,为打造IP帝国打下了坚实的基础,并拓宽了观影的受众群体,生产出诸多受欢迎的文化产品。

但在迪士尼的并购过程中,一直坚守影视娱乐这个核心业务,维持自身的战略定位。当某业务不符合公司定位时,就及时关停或出售。艾格曾认为,电台业务不符合迪士尼的核心发展方向,2006年2月6日,迪士尼与Citade广播公司达成协议,以27亿美元出售旗下22家ABC电台。[2]

传媒经营是在做加法,而传媒并购则是在做乘法,其目的是产生协同效应。[3]西方学者早在二十世纪就曾提出协同效应理论,即两个或两个以上企业实施并购之后所创造的企业价值,高于并购之前各自创造的企业价值之和。迪士尼的并购策略无疑是成功的,并购双方进行整合之后,能够资源互补,提高市场占有率。

结语

迪士尼依靠快乐至上的品牌理念,不断塑造经典的人物形象与故事,在全世界构建童话世界,将快乐传递到世界各地,正如鲍德里亚所言,这是一种超级真实的幻想。但归根结底,其本质仍是一种单纯的文化消费行为。依靠着这种理念和模式,迪士尼的品牌已经延伸到传媒领域的方方面面,包括动画、影视、乐园、销售、出版等,并以实体、虚

---

[1] 李灵.美国迪士尼并购的策略与启示[J].传媒,2018(01).
[2] 王成军.快乐管理:世界第一娱乐公司迪斯尼研究[M].北京:社会科学文献出版社,2013.
[3] 陶喜红.中国传媒产业市场结构演变研究[M].北京:中国社会科学出版社,2013.

拟、平面、立体等多维度存在。迪士尼还敏锐地开拓流媒体业务,将品牌延伸做到极致,形成多产业互动的产品价值链。

迪士尼无论进行多少轮次的品牌延伸,一直都没有脱离母品牌的核心理念。迪士尼始终以"快乐王国"为核心,让消费者在体验、享受其作品的同时就会联想到迪士尼的快乐。[1]迪士尼凭借其相当雄厚的资本实力和成熟的品牌经营管理模式在近百年以来一直站在全球娱乐产业的顶尖位置。它在坚持核心理念的基础上,不断创新管理理念,并购扩张,形成一条独特的迪士尼品牌发展道路。

在今后的发展中,国内传媒公司在创立并发展品牌时应吸收迪士尼的成功经验,坚持自身的品牌特色,在追求差异性竞争优势和增强核心竞争力上下足功夫。以品牌理念为本,保障高质量输出作品,才能以此为基因,产生较大的经济效益。不断寻找符合中国国情特色的个性化品牌的道路,探索出"中国模式"。

第三节　社交视频网站的品牌发展策略

一、案例内容

哔哩哔哩视频网(简称"B站")是近来最火爆的视频网站品牌,高度聚集了年轻Z世代群体。2021年,B站的月均活跃用户达到了2.23亿,而且86%的月活用户在35岁以下,这在中国前十大视频移动端应用中排名第一。为了寻求更多的利润增长机会,B站逐步打破圈层和受众年龄的限制,走上"破圈"之路。从最初以二次元文化为核心的小众弹幕视频网站,逐步转型成综合性的社交视频网站,构建了一个能够不断生产优质内容的循环生态圈。B站的主要业务包括游戏、广告、增值服务、电子商务等业务。B站以用户、内容、社区为三大核心,通过打造差异化内容、活跃的社区文化与有效的规则体系,逐步创建稳定的内容生态,探索多元盈利模式,寻找从小众到主流的转型道路。

---

[1] 令狐克睿.迪士尼品牌延伸模式对本土动漫产业的启示[J].新闻界,2015(02).

B站的前身MikuFans弹幕网诞生于2009年,最早是"初音未来"的粉丝交流社区。2010年,原Mikufans弹幕网正式更名为哔哩哔哩,成为继AcFun(以下简称"A站")后的国内第二家大型弹幕视频网站。2011年,陈睿成为B站的天使投资人,开始推动B站商业化运作。2014年,陈睿出任B站的董事长兼CEO。B站开始尝试更加主流化的内容生产并涉及游戏联运和代理发行业务,此后游戏成为其盈利的主要方式。2018年,B站于纳斯达克上市,进入破圈转型阶段,在内容端拓展主流内容,构建一个综合性的文化娱乐社区。2020年是B站破圈效果非常显著的一年,市值一度超过爱奇艺,提前2年实现百亿市值目标。

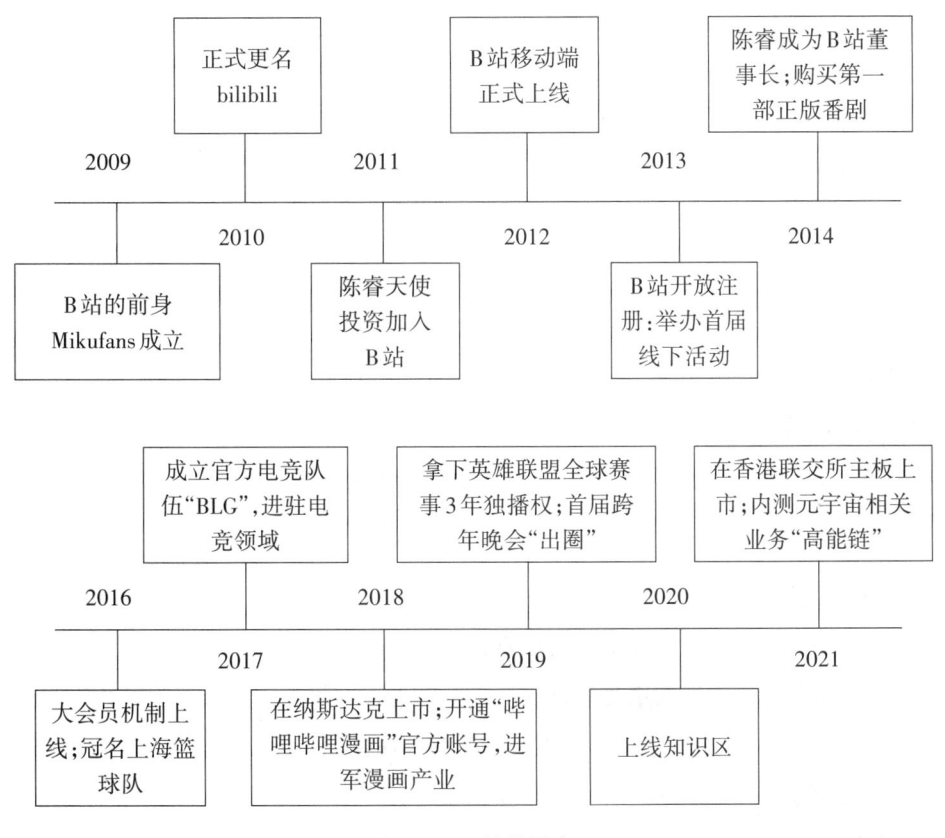

图 5-8 B 站发展史

B站通过UGC(User Generated Content,即用户原创内容)式内容提供、独特的弹幕文化,维持B站极强的二次元亚文化社区属性,形成了一种较为封闭的青少年亚文化圈层。[1]但是,在品牌发展中,B站特有的二次元亚文化必定要经历引入其他亚文化群体,

---
[1] 韩运荣,于印珠.网络亚文化视野下的B站"破圈"之路——基于互动仪式链理论的研究[J].社会科学,2021(04).

尝试融入主流文化的过程。B站引入了大量的非二次元文化内容,目前共有有番剧、纪录片、电影、电视剧、动画、音乐、舞蹈、游戏、知识、科技、生活等多个内容分区。在一定程度上可以说内容和社区文化是B站的两大核心优势。

B站于2018年在纳斯达克上市,2021年在香港联合交易所上市。B站在向美国证监会递交的招股书文件中,将平台明确地定位为年轻人潮流文化娱乐社区,意味着B站已经不再局限于二次元弹幕视频网,而是定位以所有年轻人为受众群体的文化社区。如何在互联网企业激烈的竞争中保持初心和核心竞争力,进一步扩大影响力是B站未来发展的重点课题。回顾其发展历程,B站的品牌发展和破圈策略在国内的视频网站中具有一定示范性。因此,下文拟从内容生态、社区文化、盈收结构的视角出发,分析B站的品牌成长策略。

二、案例分析

(一)PUGV与OGV互补,打造优质内容生态

在内容构成上,B站主要分为PUGV(Professional User Generated Video,即专业用户自制内容)和OGV(Occupationally Generated Video,即专业机构生产内容)两部分,二者互为补充,打造从UP主到用户到平台的闭环系统,构建良好优质的内容生态,促进了用户增长。[1]

1.PUGV:内容生态的核心

PUGV是由用户自行拍摄制作或在原有媒介作品基础上进行二次创作后上传至平台的内容。B站视频内容的主要来源就是在B站进行投稿的用户,被称为"UP主",也因谐音被称为"阿婆主",他们是B站最重要的内容输出的源泉。PUGV内容为B站带来超过90%的播放量,已经成为B站内容布局的基石,是内容生态的核心。詹金斯于1992年提出"参与式文化"概念,B站用户正是通过身份认同,积极地创作媒介文本,并通过不断的互动与传播共同塑造社区氛围,在自由参与的过程中获得满足感。

B站的PUGV内容品类持续拓宽加深,能满足用户不断变化的多元内容需求。韦尔伯·施拉姆曾说:"媒介是一股解放的力量,因为它们能够打破距离和孤立的樊篱,把人

---

[1] 陈希,王雨思.转型中"非主流"青少年社交视频网站哔哩哔哩的媒介内容生产与消费生态[J].艺术评论,2020(08).

们从传统社会送到'伟大的社会'中。"①比如B站知识分区的增设可以使用户满足多方面知识的需求,他们打破自身的知识藩篱,在知识分区板块了解到财经、科普等内容。鼓励各领域的UP主积极制作优质内容才能丰富PUGV生态,推动形成泛娱乐、多品类的视频平台。因此B站推出多种创作机制来鼓励UP主投放自制优质稿件,比如充电计划、创作激励计划、投稿活动等,能激发UP主的创作动力,从而向更加广泛的用户群体扩充。

2.OGV:用户增长的关键

OGV包括平台购买及自制的可供商业化的动画、电影、电视剧、综艺和纪录片作品等。B站对OGV的内容投入能够对PUGV进行有效的反哺和补充,完善B站的内容生态,满足用户的多元化需求,因此,OGV对B站用户的增长有着至关重要的作用。与其他视频网站不同,B站在初创时期没有自己的资源库,大部分内容由用户自主上传。而在用户上传的视频中,可以分为用户自行拍摄和二次创作的作品,以及用户直接从第三方平台搬运的他们感兴趣的视频。虽然早期这些作品为B站增加了很多流量,吸引很多新用户,但实际上B站对于这一部分作品是没有版权的。随着国内对版权问题的重视,自2014年开始,B站频频陷入网络版权纠纷。因此,B站尤其重视版权问题,通过下架无版权内容、与其他视频平台合作、鼓励用户原创视频等举措来解决初期缺乏原创视频、侵权的问题。

近年来,B站大量购买视频版权,但并未一味选择热门的版权内容,而是通过差异化竞争的策略选择契合平台定位、能够引起年轻人共鸣的优质内容。除了购买视频资源的版权以外,B站还加强对OGV内容的扩张,与各大平台合作开发优质作品,打造内容生态的新引擎。B站从2017年起重点开发国创内容,一年上线百余部动画作品,其中涌现了许多爆款作品,比如《元龙》《天官赐福》《灵笼》等。除了国创之外,B站还出品自制电视剧《风犬少年的天空》、综艺《说唱新世代》以及与旗帜传媒联合出品的纪录片《人生一串》等,获得流量与口碑双丰收。

(二)构建独特社区文化,留存高黏性用户

B站与其他视频网站相比,最大的不同是其社区属性。无论B站如何转型、如何破圈,在品牌的成长发展过程中始终保持不变的就是最核心、优质的社区文化。B站作为用户兴趣聚集的社区,搭建起了内容创作者与用户之间的桥梁。

---

① 〔美〕韦尔伯·施拉姆.大众传播媒介与社会发展[M].金燕宁,等,译.北京:华夏出版社,1990.

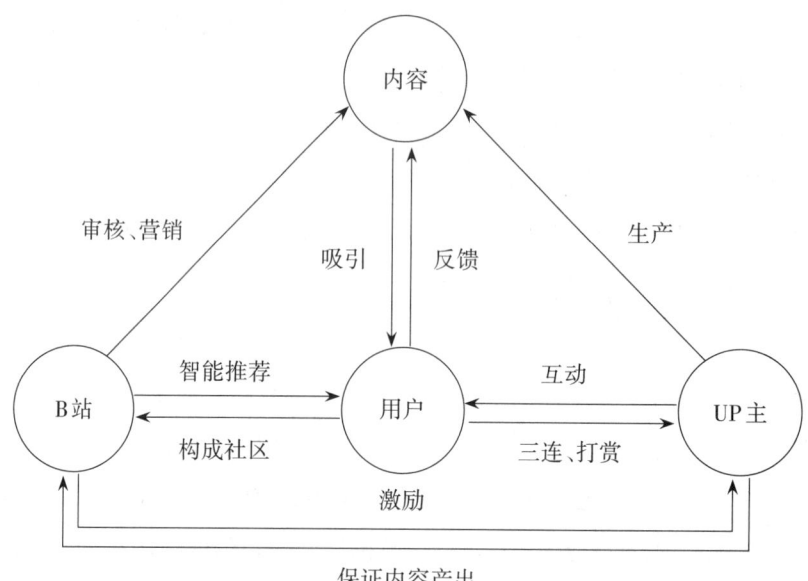

图 5-9　B 站的循环生态图

1. 内容互动机制

特色的"一键三连"和弹幕互动等互动仪式和机制,培养了 B 站用户良好的互动习惯,形成了独特的社区互动氛围。一键三连是 B 站特色的互动行为之一:在观看视频时,用户如果遇到自己喜欢的视频,可以给该视频点赞、收藏和投币来表达自己对 UP 主制作内容的认可。弹幕发源于日本的网络文化,最早在 2006 年由 Niconico 网站推出,用于观看动漫发表观点,其功能是即时留言字幕,即"弹幕"。2007 年,Acfun 作为国内首家弹幕视频网站成立。2008 年 A 站开启即时留言功能,弹幕逐渐在国内兴起。伴随日本的 ACG(动画、漫画、游戏的总称)文化广泛传入中国,B 站应运而生,网络文化蓬勃发展,青年文化交融碰撞。[1]此后 B 站逐渐发展壮大,成为中国弹幕文化的主阵地[2]。B 站的弹幕功能自推出以来,已成为特色文化之一,良好的弹幕礼仪让 B 站在保持内容多元中健康发展,其弹幕总量自 2017 年以来,已经由 10 亿总量上升至 2020 年的 22.75 亿总量。

2. 社区规则机制

区别于其他视频网站只要绑定手机号码就能够正常使用平台功能,B 站是国内唯一一家严格执行特殊社区准入机制的视频网站,注册用户需要考试答题达到规定分数之

---

[1] 吴佩婷. 主体·拼贴·创新——青年在场视角下 B 站青年的传统文化传承样态[J]. 当代青年研究,2020(06).
[2] 包雅珏. 新媒体环境下青年爱国表达的新特征——以"B 站"弹幕文化为例[J]. 中国青年研究,2021(07).

后才能成为正式会员。正式会员比注册会员的权限更大,比如只有正式会员才能看所有视频,进行弹幕发送、评论、投币、投稿等行为。B站的会员答题一共有100道题目,满分为100分,48分钟内答题得到60分及以上则为及格。问题主要分为三个部分,第一部分是40道社区规范题,主要关于弹幕礼仪、维护社区等;第二部分是10道违规发言题,主要是考查用户对于违规发言内容的认知;第三部分是自选题,用户可以选择自己感兴趣的板块进行答题。B站早期会员答题的题目难度较大,对会员设置的准入门槛高。但随着B站拓宽受众市场,向大众化、主流文化进军,会员答题制度不断改革,虽然要求的分数相同,但是设置的题目难度不断降低,从而挖掘更多潜在用户加入B站。截至2020年第三季度,B站通过答题的正式会员数达到9700万,同比增长56%。

提到B站,不得不提的是B站的弹幕。在视频播放的时候,观众可以利用弹幕参与视频内容的评论与解说,同时与在场的其他观众进行互动,产生身份认同与实时共鸣感。B站为了保障社区的秩序,设置了严格的弹幕审核机制,比如:举报不良弹幕、屏蔽刷屏或带有辱骂性质的词语等。这种审核机制不仅能够提高用户的观看体验,还促进了B站用户之间进行良好和谐的交流与互动,当视频上方出现违反弹幕规则的话语时,观看该视频的用户就会自发告知其错误并纠正其行为,甚至举报弹幕,而B站平台也会根据其违反规则的程度来作出相应的处理。

除了社区用户准入机制和弹幕审核机制,B站还设置内容审核机制。有专业工作人员来对用户提交的稿件内容进行审核,工作人员审核并确认通过后才可以发布,审核不通过的稿件会被退回,未通过的原因也会以官方消息的形式告知,用户可以选择按要求整改之后重新投递。B站把关人的作用和优势显现,有助于进一步优化网络环境,助力网站的长远发展。[1]

3.线上线下社区建设

2010年2月,B站40个UP主一起制作了一个以春节元素为主题的拜年视频,可以说是中国视频史上第一个"拜年祭"。从这之后,B站每到大年三十的晚上都会举办拜年祭。拜年祭内容丰富,以原创性视频为主,其创新性尤为突出。凯瑞曾提出,信息依凭媒介而流动是现实的存在。[2]传播的"仪式观"依"传递观"而建构。在B站的拜年祭活动中,可以看见满屏的弹幕,这是二次元爱好者进行互动交流的平台,也是一场信仰

---

[1] 李丹丹,张怡佳.狂欢理论视域下视频平台的UGC与传播——以哔哩哔哩为例[J].青年记者,2020(26).
[2] 〔美〕詹姆斯.W·凯瑞.作为文化的传播:"媒介与社会"论文集[M].丁未,译.北京:华夏出版社,2005.

共享的仪式场景。①

彭兰老师认为:"在传统媒体向新媒体转型以及新老媒体的融合过程中,文化型的障碍是关键障碍之一。"②以二次元文化发家的 B 站在其品牌发展的过程中,最为重要的一个阶段便是走向大众,为主流社会所接受。和所有新媒体一样,B 站同样面临是否能够被主流文化所接受的文化型障碍。B 站作出很多新的尝试,并成功破圈。从 2019 年底的跨年晚会开始,"跨次元传播仪式"实现了不同世代的"网络团结"。现象级的代际互动建构了"想象的共同体",代际间文化的"破壁"被视为主流文化与青年亚文化的对话,建构了不同世代间的集体认同。③

除了在线上举办各类活动,打造社区平台专属的文化符号之外,B 站还在线下发展大型娱乐活动,以聚集大批拥有共同爱好的用户群体前来参加活动,加强社区成员的交流与互动,保证社区氛围持续活跃。B 站从 2013 年便开始举办 BilibiliMacroLink(BML)大型线下聚会,单场 1.2 万张门票于 48 小时内售罄。BML 活动包含 BML VR(虚拟歌姬专场)、BML SP(海外嘉宾专场)、BML(UP 主与嘉宾专场)三大子品牌。除此之外,B 站还有大型线下展会活动品牌 BILIBILI WORLD(BW),这是 B 站于 2017 年开始就举办的综合性娱乐嘉年华。

1925 年,法国社会学者哈布瓦赫将个体记忆放大到社会群体层面进行考察,提出了集体记忆的概念:"一个特定社会群体成员共享往事的过程和结果。"④B 站所创办的一切线上与线下社区活动,都是基于社区成员的集体记忆,共同的文化记忆和身份认同。社区成员依靠这些因素自觉组合在一起,共同参与社区活动。

(三)探索多元变现渠道,调整营收结构

B 站的变现业务分为移动游戏业务、广告业务、增值服务业务、电商及其他业务四大营收业务。近几年 B 站不断摸索更加多元化的变现渠道,降低游戏业务在营收结构中的比例,改善营收结构,寻求稳定性更高的盈利模式。

---

① 陈婧.从"仪式观"视角看重大活动对品牌传播的影响——以 B 站 2017 拜年祭活动为例[J].视听,2018(01).
② 彭兰.文化隔阂:新老媒体融合中的关键障碍[J].国际新闻界,2015,37(12).
③ 张雪,杨向荣.想象的共同体及其认同幻象——作为代际问题的《后浪》和 B 站跨年晚会[J].广州大学学报(社会科学版),2022,21(01).
④ 〔法〕莫尼斯·哈布瓦赫.论集体的记忆[M].毕然,郭金华,译.上海:上海人民出版社,2002.

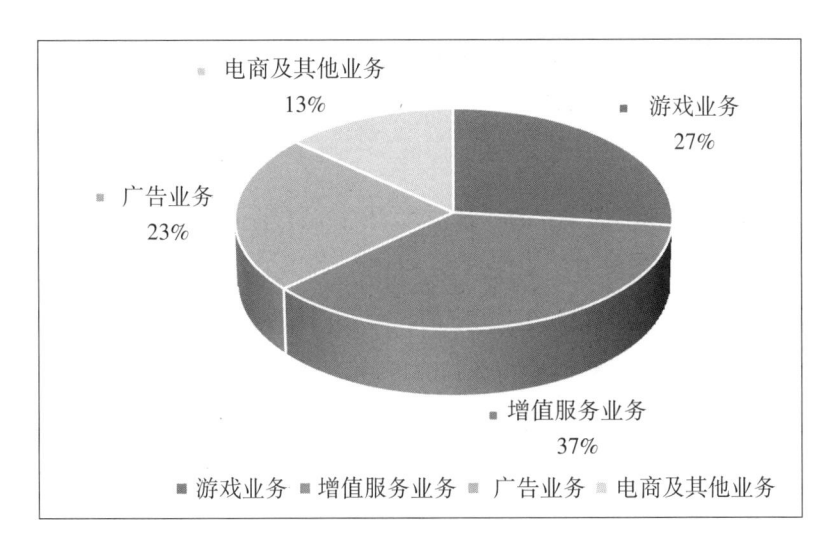

图5-10 B站2021年第三季度营收结构①

1.游戏业务

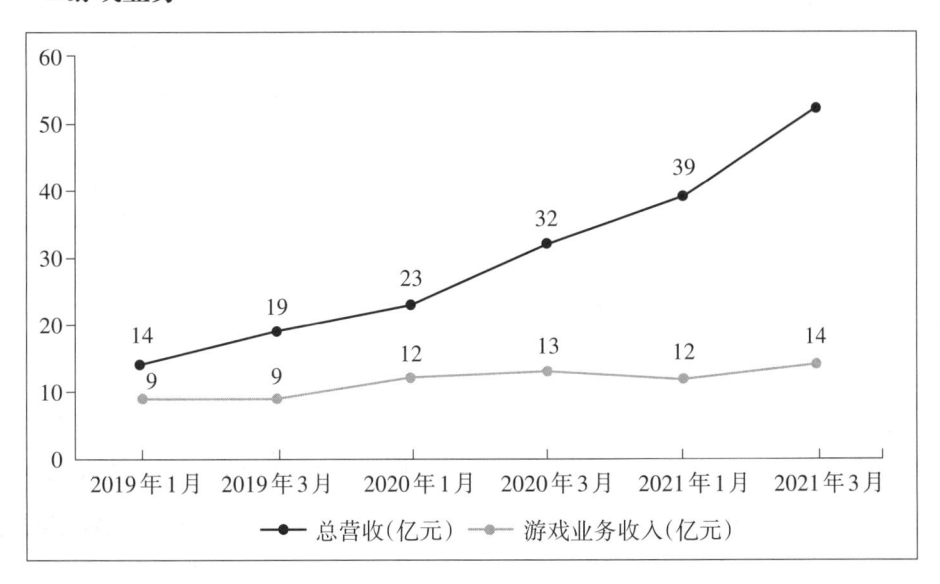

图5-11 B站2019—2021年总营收与游戏业务收入对比②

B站早期是AGC社区,于2014年开启游戏代理和联营业务,探索商业化模式。早期游戏板块是B站的最主要营收来源,在B站寻找变现渠道的初期,游戏业务占据重要地位。但从2018年开始,B站的游戏业务营收增速有所放缓,2020年前三季度增速回暖,

---

① 数据来源:哔哩哔哩2021Q3财报。
② 数据来源:哔哩哔哩2019年-2021年财报。

但此后收入占比下降,增速不高。这也证明B站对游戏业务的单一依赖程度下降,公司的业务营收结构呈现出多元化之势。

2.广告业务

作为国内唯一一家不加贴片的视频网站,B站2021年前三个季度的广告业务收入却高达29.3亿元,与五年前相比,增长了近100倍。这是B站不断有意调整营业结构的结果,也是由B站核心的社区氛围所决定的。B站早期的营收主要是游戏业务,业务中广告占比长期超过60%,但从B站发布的2021年第三季度财报来看广告业务已经成为B站营收的主要增长来源之一。广告业务收入提升证明了平台的广告价值被持续认可。B站以其他方式替代贴片广告,通过鼓励原创、自制综艺等方式,产出高质量内容,吸引用户,让广告成为内容的一部分。

3.增值服务业务

B站的增值服务业务主要分为直播业务和增值两大板块。2021年B站第三季度的增值服务业务收入达19.1亿元,同比增长95%。[①]增值服务业务主要与付费用户的会员增值相关,比如B站于2018年推出的大会员订阅服务,还有猫耳FM、哔哩哔哩漫画等。直播主要分为官方赛事、活动与个人直播,直播内容以游戏与娱乐为主。B站作为英雄联盟全球总决赛的视频网站独家版权方,赛事直播最高同时在线观看人数同比增长超过160%。在电竞直播领域的发力,使B站进一步加强了电竞赛事直播业务,有利于吸引更多的用户,巩固用户对B站的依赖。

4.电商及其他业务

据B站2021年的第三季度财报,B站电商及其他业务收入7亿元,同比增长78%[②],收入占比13%。在电商及其他业务板块,B站于2017年11月在平台内上线"bilibili会员购"板块,这是依托于B站的一个电商平台,这个板块主要销售ACG衍生品,比如手办、展演电影、图书漫画等,自上线以来,该板块的会员购业务快速发展。此外,B站还在淘宝开设了"bilibili旗舰店"作为官方综合性周边店。店内销售的产品依旧以二次元人气周边为主,包括家具服饰、手办等。B站还推出日本旅游等周边拓展项目,注重客户群体的精神享受。[③]

---

① 哔哩哔哩.哔哩哔哩2021年度第三季度财报[EB/OL].https://www.bilibili.com/video/av976648493,2021-11-17/2022-03-29.
② 同上。
③ 欧阳友权,禹建湘.中国文化发展报告(2018~2019)[M].北京:社会科学文献出版社,2019.

结语

视频网站的本质是内容生产和服务平台,其支撑应该是永恒的内容产业。不管日后在视频网站的品牌发展中提供多少高附加值的服务,都必须回归到内容与用户本身。[①]简单来说,B站的品牌发展策略主要集中于对内容与用户的泛化。用户的泛化主要表现为年龄段的泛化。而内容泛化既是用户泛化的驱动也是必然的结果,其目的是在品牌门类和竞争力上做足功夫,满足不同用户的"既存需求"和"需求迁移"。[②]总结而言,B站的品牌发展有三点。第一,打造优质内容的循环生态圈,保证平台有源源不断的优质内容产生;第二,寻找市场痛点,构建独特的社区文化,并利用各种措施维持社区氛围,以此增强社区用户的忠诚度,可以说这是B站运营成功的根本所在;第三,调整营收结构,探索多元化的变现渠道,维持B站营收的稳定性。

当今时代是一个注重互动与开放的信息化时代,如何搭建起用户与品牌之间的情感关联是品牌管理的核心要务。B站通过直播、弹幕、短视频、影视剧、动漫等多种方式向用户传递品牌特色、品牌价值,以PUGV、UGV内容生态吸引用户,以活跃的社区文化留住用户,满足中国年青一代的用户需求,形成一个带有强社区属性的文化娱乐社区和视频平台。自上市以来,虽然B站一直在创新,但其核心未曾改变,即以文化品牌为基准,以社区为依托,以视频为载体,围绕用户做业务增值,塑造与众不同的品牌形象,利用社群化用户来助推品牌运营与传播。

知识回顾

从《舌尖上的中国》、迪士尼公司、B站三个案例的分析中可以得出,在媒介品牌的构建与管理过程中应该注意以下三点。首先,构建品牌时应强调品牌的受众、内容和市场三个方面的定位,确立精准的品牌核心理念。其次,强化品牌的叙事能力,找到能够跳出同质化竞争的特点,用品牌故事叙述赋予产品独有的意义符号,从而搭建与用户之间的情感关联。最后,还应及时更新传播观念,依靠有效的传播渠道和先进的营销理念来打响品牌的知名度,从而巩固品牌形象在受众心中的地位,提高企业的市场占有率,获取更大的经济效益与社会效益。

---

① 常东东.从《后浪》出圈看视频网站的品牌传播策略[J].传媒,2021(13).
② 赵寰,侯清鹏.融合与反哺:B站破圈的后喻文化解读[J].新闻与传播评论,2021,74(06).

思考题

1. 从《舌尖上的中国》的品牌建构中,能得出我国纪录片产业发展的哪些启示?
2. 请概括迪士尼品牌经营管理的特征。
3. 任选一个国内的视频网站,简述其品牌发展的历程。

第六章　媒介资本运作与投资战略

🎯 知识目标

1. 知乎的资本运作过程中的投资选择。
2. 腾讯游戏的资本运作过程中的决策。
3. 浙江报业集团资本运作过程中的决策。

📱 能力目标

1. 了解媒介组织进行资本运作的背景及必要性。
2. 了解媒介组织进行资本运作可以选择的路径。

🔍 思维导图

媒介资本运作与投资战略
- 专注内容社区的商业之路
  - 保持小众的精英氛围，追求专业内容的延展
  - 知识内容社区的潜力，追求知识的布道者
  - 从内容到服务，一步步朝"钱"看
- 投资十年打造游戏帝国
  - 投资细分品类
  - 投资潜力厂商
  - 投资多元领域
- 跨领域投资打造传媒文化金字塔
  - 资本壮大传媒，改制上市自身造血
  - 增量改革向互联网延伸，快速切入领域
  - "清理包袱"资产剥离，打造传媒文化"金字塔"

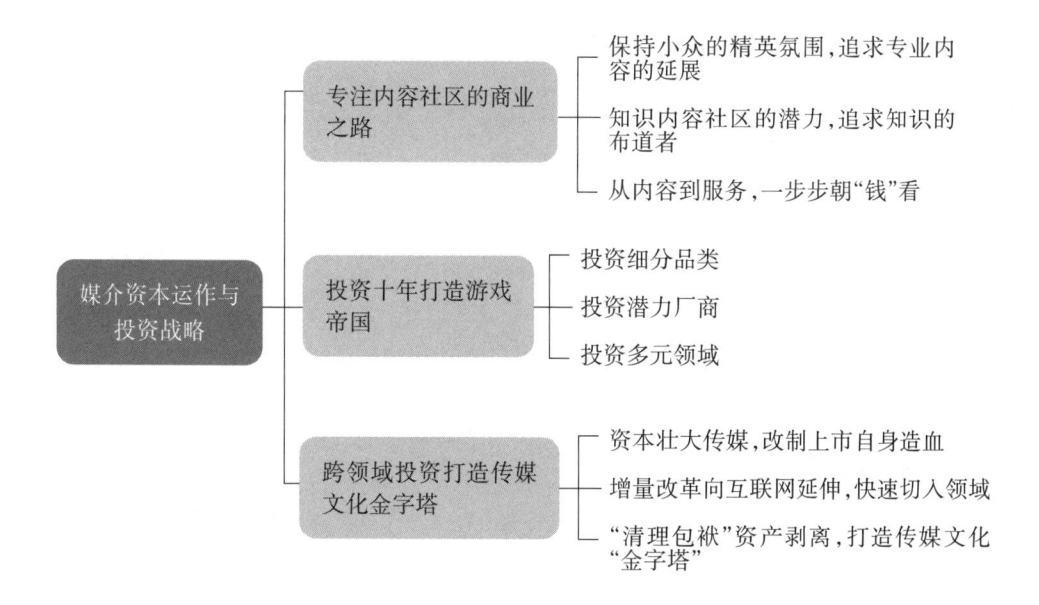

@ 引言

资本化、市场化、公司化是国内传媒业发展新兴媒体业务通常的制度安排。[①]近年来,伴随着互联网平台作为基础设施的"平台社会"的出现,新兴的传播技术与全新的传播逻辑让传统媒体面临着经营与发展的危机。此时,资本运作能够有效缓解传统媒体融合发展中遭遇的资金瓶颈,通过合理的投资活动实现资本的最佳配置和经济效益的最优化,有利于强化媒体的市场竞争力,并且有利于传媒组织进一步增强市场意识,培养用户至上理念。

于报业集团而言,资本运作并不新鲜。20世纪90年代起,就有包括《羊城晚报》在内的数家报社试水资本运作。2003年国家提出报业"转企改制"后,国内报业集团纷纷展开多元化经营,资本运作始终贯穿其中。2014年,多家报业集团在探索融合发展的进程中发现,资本的持续投入和支持是扭转报业发展困境的必然选择。同时,跳出单纯的传统纸媒市场,从文化产业的角度来看资本运作对于媒介经营管理的作用同样巨大。正如从知乎、虎扑以及豆瓣等内容社区以及腾讯游戏这样的泛娱乐产业的角度就更能体会到资本运作对于文化产业的发展道路的重要性。

因此,本章选取知乎、腾讯游戏以及浙江报业集团三个不同性质的平台进行媒介资本运作的分析。前两者在平台化建设不断推进的今天,其商业化模式以及发展路径能够带给我们更多的思考。而浙江报业集团作为国内曾经首屈一指的王牌纸媒,在不断进行了资本运作后终于选择了资产分离,让新闻传媒类业务回归公共事业,这样的结果也在提醒着我们,在资本运作的同时,既要有基于经济利益的考虑,也需要兼顾社会效益的考虑。

---

① 梁智勇.中国新媒体上市公司股权结构分析及其资本运作新动向[J].新闻大学,2013(03).

第一节　专注内容社区的商业之路

一、案例内容

2020年3月26日晚,中国最大在线问答平台知乎在纽约证券交易所挂牌上市。据其之前公布的招股书披露,知乎将以每股ADS(American Depositary Shares,即美国存托股份,允许外国企业股票在美国股票的交易所交易)9.5至11.5美元的价格公开发行5500万股。

而知乎向美国证监会提供的招股书也披露了一些具体的信息。首先解释一下招股书,私营企业想要上市需要向证监会提供一份文件,其中包括的具体信息有公司想要发行多少钱的股票、公司大致的经营状况如何、通过发行股票募集到的钱款公司会如何处理,以及最重要的部分是公司当下的财务业绩处于什么水平,在同行当中有什么竞争力。这样的信息是在向证监会以及潜在的股票购买者展示该公司的盈利水平。而在知乎的招股书中,它的定位是"Emerging Growth Company"即"新兴成长型公司"。

根据美国证券交易委员会的文件显示,被界定为"新兴成长型公司"的一个重要条件是:该公司最近一个财政年度的总收入不超过10.7亿美元,则该类公司有资格降低上市公司报告要求,即只需要披露发行前两年的经审计的财务报表以及提供当年特定的财务数据。而由于近年来我国A股上市的门槛较高,部分公司又急需通过资本运作来增加自己的价值,所以我国的一部分企业会选择赴美敲钟。

根据知乎招股书中所披露的数据,在2020年知乎总营业收入为13.52亿元,全年毛利润7.58亿元,截至2020年12月31日,累计拥有4310万内容创作者,贡献了3.53亿条内容,其中包括了3.15亿个问答。当年第四季度,知乎平均月活用户数量达到了7570万,用户日均搜索量为2570万次。其主要的盈利模式是"广告+会员付费",2020年其线上广告收入为8.43亿元,占总营收的62.4%,而付费会员收入3.2亿元。

除了"新兴成长型公司",知乎还在上市的同时进行了私募配售。简单说,私募配售就是在企业上市之时,由机构投资者提前和发行人签订协议,以发行价格认购一定数量的股票。一般来说,投资者在对一家企业进行私募配售之前都会对其有充分的调查,在对该企业未来的发展前景有充分的了解和认可的情况下才会认购,因为这样的行为也是在向市场传递信息,这家公司是有投资前景的,会吸引更多的投资者。

表6-1 知乎融资历程总结[①]

披露日期	交易金额	融资伦次	投资方
2011-01-01	150万人民币	天使轮	创新工厂
2012-01-01	未披露	A轮	启明创投
2014-06-01	2200万美元	B轮	赛富投资基金 启明创投
2015-09-29	5500万美元	C轮	腾讯投资 搜狗 赛富投资基金 创新工厂 启明创投
2017-01-12	1亿美元	D轮	今日资本 腾讯投资 搜狗 赛富投资基金 创新工厂 启明创投
2017-10-01	未披露	D+轮	华兴新经济基金
2018-07-19	2.7亿美元	E轮	尚城投资 腾讯投资 Goldman Sachs 今日资本 阳光保险 光源创投
2019-08-12	4.34亿美元	F轮	快手战投 百度投资并购部
2021-3-22	2.5亿美元	基石轮	阿里巴巴 京东集团 腾讯投资 莉莉丝游戏
2021-3-26	5.78亿美元	IPO上市	公开发行

① 根据天眼查数据整理。

此外，阿里、京东、腾讯以及 Lilith Games 四家顶级企业在知乎公开发行的同时，还通过私募配售的方式合计认购知乎2.5亿美元的等值股份，而这一行为向外界传递了两个信息：一方面是知乎当下以及未来发展前景是值得肯定的，另一方面则是大家已然嗅到了互联网的"社区"概念在未来的巨大潜力。

二、案例分析

（一）保持小众的精英氛围，追求专业内容的延展

1. 坚持"问答社区"概念股

在知乎递交的招股书中，它对自身的定位是"问答社区"[1]，属于内容社区的范畴。"内容社区是互联网媒体的一种典型布局模式，具体指依托内容生态的网络社区，其特征包括内容生态机制、社区独有文化、用户交互功能等。"简单说这是一种强调用户之间的连接关系，以内容产出为连接基础的平台，平台的整体运作集中在用户自身的内容创作上，内容分发最后则是在平台创造出的虚拟社区范畴内进行互动交流。

某种程度上，互联网平台创造出的社区是人际传播和群体传播的结合。发生在平台社区上的活动既有用户之间的直接对话，也有创作者面向群体的发言。在这里，社区氛围和内容产出是一同存在的，并且相互促进。用户拥有了一致的社区氛围，氛围会激发内容产出相关讨论，而讨论和内容本身会缩短新用户进入社区的路径与成本，引入新的流量，维护社区氛围。

这样的循环模式对当前互联网人数日趋稳定，平台无法依靠互联网新用户的人口红利来引流的形势而言，是一种成本低并且回报高、见效快的平台运营模式。而知乎搭建起来的则是知识类的内容社区，不断拓宽知识领域的广度、深耕专业知识内容的深度两方面是其主要的布局方向。

总体来说，内容企业搭建社区的行为对企业的运营成本和营业收入都会有利好。从成本方面来看，内容社区的运营成本主要是营销成本，可以被缩减。而大多数内容由UGC、PGC供应，内容的获取成本与用户获取成本都大幅度下降，并且在这个过程中还可

---

[1] 深潜 atomer. 没人没钱，周源在知乎问问商业化是种什么样的体验.[EB/OL].https://www.36kr.com/p/871404536575361，2020-09-07/2022-03-28.

能形成具备长期自我迭代能力的流量池。而对于收入来说,用户的参与程度是收入的保证,无论是怎样的变现模式,当用户黏性极高时,流量变现就会是一件相对简单的事情。而这样通过打造社区氛围,最终实现流量变现的"社区"概念股也的确成了资本市场追捧的对象。

和知乎相似的,有以打造社区氛围模式的互联网媒体,还有涉及文娱话题的豆瓣、虎扑,而这两者在用户属性上有着更显著的特征:豆瓣早期以文艺女性为主,后期发展到整个文艺属性较强的群体,而虎扑则是从始至终以运动类、游戏类的男性用户为主。此外,和知乎同为社区概念的上市企业还有快手和B站,而这两家也都曾在自己的招股书中强调过,"社区文化"与"社区氛围"一定是未来发展的重要战略。

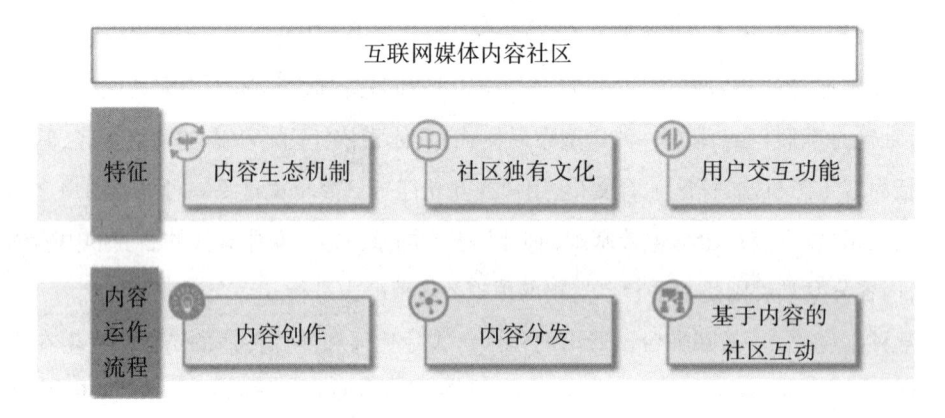

图6-1 中国互联网媒体内容社区概念界定示意图[1]

在很长一段时间里,知乎一直在平衡商业变现和高质量小众社区氛围的道路上寻找答案。有人曾经将知乎的困境和曾经中国网民第一个真正意义上的虚拟社区天涯网站进行类比,但是天涯网站由于缺乏良好的商业盈利模式,于2019年4月17日,在停牌两年经历各种挣扎之后,正式从新三板摘牌。这样的结局令人唏嘘但也让人为知乎未来的商业化道路捏了把汗。

事实上,尽管知乎已赴美上市,但知乎在发行当天破发,收跌8.44美元,跌幅13%,上市半年持续下跌,这样的成绩也让外界越来越关注在这十年的融资历程中,知乎是如何通过资本运作延续发展,一步一步走到上市公司位置上的,而资本运作真的可以帮助知乎找到合理的商业模式吗?知乎在未来能挣到钱吗?

---

[1] 艾瑞咨询.2020年中国互联网媒体内容社区模式发展研究报告[EB/OL].https://report.iresearch.cn/report/202011/3688.shtml,2020-11-20/2022-03-28.

2.融资维持社区运营,坚守精英氛围

2011年1月1日,知乎获得创新工场天使轮投资150万人民币。而天使轮融资指的是,在一个企业的创办初期,只有天使才会给这样目前还没有产品、没有市场,只有被认可的概念和可以收获回报的预期的公司投资。而在2020年,知乎上市之时,作为知乎创世之初的200位种子用户之一的创新工场董事长李开复在知乎回答如何看待知乎赴美上市的问题中,提及当年互联网市场的环境是百家争鸣,各种关于娱乐和游戏的社区十分流行,并且似乎运营方式和平台结构的设计都算得上简单粗暴。按李开复的话是"打法十分野蛮"。在答案的最后,李开复这样写道"当年投资时知乎还在零到一(更接近零),压根儿也没考虑IPO(上市)。"

这样一个看起来一无所有的平台,靠着创始人周源那份想做中国版Quora,想做优质内容输出平台的心,开启了知乎的成长道路。①在2011—2013年的两年间,知乎在用户注册上拥有严格的准入机制,在当时的互联平台中几乎没有像它一样采用邀请制注册方式的。并且根据当时的用户后来回忆,在那两年里一个知乎的邀请码能被炒到数百元的价格,很多用户会花高价来知乎的问答中寻金。这也侧面印证了知乎的精英化氛围以及高质量的社区内容在那段时间的确为知乎赢得了很高的声誉。

而根据创始人周源的说法,打造知乎需要用城市建设的模式去思考未来的发展,他很喜欢简·雅各布斯的一本关于批判现代城市建设思想的书《美国大城市的死与生》。在这本书中,雅各布斯对城市建设的要求是关注人们的感受,她论述,老社区是安全的,因为人与人之间有着正常的交往。

而追求人际关系中最本质的交往这一原则在知乎社区中也可见一斑。高质量关系的维系带来了良好的KOL主导讨论氛围,在后来的很长一段时间,知乎的答主们甚至成为当时众多新闻事件评论的中坚力量。也就在知乎上线一年,2012年1月1日,知乎又获得了启明创投数百万美元的投资,完成了自己的A轮融资。

2013年,知乎开始向公众开放注册。在这之前的两年间,知乎的注册用户总计只有40万左右,但在2013年4月开放后,根据知乎数据统计,在2014年底注册用户数已经达到了1700万。在2014年6月1日,赛富投资基金以及启明创投向其投资了2200万美元,知乎完成了B轮融资。一般情况下一家创业公司能够走到B轮融资就证明在前期两次

---

① Jessica Tang Bay.知乎即将上市引发的思考,如何平衡商业变现和小众社区氛围.[EB/OL].https://www.36kr.com/p/1127465492892936,2021-03-08/2022-03-28.

融资后，整个公司已经有了比较明确的产品生产体系，有了较为清晰的商业模式，但可能还未进入盈利状态，所以要继续布局产业链就需要进行B轮融资。

根据惯例，B轮融资中，投资人往往会对产品以及公司进行各方面的考察，比如产品的开发成本、覆盖人群、应用场景以及预期回报等，对于公司的考察可能会集中在运营体系、商业模式的布局等，这一切都是投资人决策的重要条件。也从这时开始，知乎开始了在商业模式的选择上的挣扎。

3.精英社区运营危机，核心生产者流失

本质上说，推动内容社区建设的核心在于有多少人愿意参与社区并带来内容产出，而知乎从诞生到上市这十年似乎一直在参与人群的问题上反复寻找答案。相比最近几年对于流量的渴望，早年间的知乎充满着精英主义气息。创始之初，对于用户采用严格的邀请制，知乎创始人周源将知乎的第一批用户称为"种子用户"。

这群人包括了李开复、徐小平、雷军等互联网平台的知名人士，以及资本市场的众多投资人。在周源看来，用户质量能够奠定产品的基调，的确这群种子用户的影响力也让知乎在互联网迅速走红。那时的知乎也始终保持着精英人群聚集地的高姿态，从2011—2013年整整两年间都采用"邀请码注册制"，这样的姿态与后期对流量渴求的操作与形象形成的鲜明对比，也让人感到唏嘘。

2013年后，知乎开始向公众开放注册，随后两年，平台的注册用户快速增长，但在公众用户快速涌入的同时，2014年底，知乎开始出现大V出走的情况。核心内容生产者的离开原因有很多，据后来某2011年就入驻知乎的历史知识答主接受腾讯新闻的采访所言，知乎对于内容质量的管控是近乎"洁癖式"的严苛，简单说就是在答主的回答中不可以出现明显的广告推销的现象。

后来互联网文字或视频内容中的各类推广逐渐发展成立了KOL们的一门生意，观众也逐渐开始接受这样的变现行为，但当年知乎这样维护内容质量和平台氛围的行为其实是有利有弊的。一方面维持了社区的精英氛围，在吸引新用户和保持内容竞争力方面很有效，但另一方面对于各位大V答主，这样严苛的管理带来的是和预期不相符的收入，并且当时知乎对内容的质量无论是从分辨程度还是要求上都很高，当花费的精力和收入难以平衡时，一部分内容创作者选择了离开，知乎经历了第一次大V的出走。

(二)知识内容社区的潜力,追求知识的布道者

1.开放用户注册,开始高速发展

开放用户注册后,知乎带着前两轮融资的资金基础进入了高速发展阶段。无论是从用户管理、内容覆盖范围还是商业模式布局等方面都在不断进行着突破。而最初的小众内容社区平台也凭借着用户数量的爆发式增长以及优质内容产出成为资本追逐的对象。2015年7月,知乎注册用户数的公开数据为2900万。

同年9月,知乎完成了5500万美元的C轮融资,除了原有的资方,新投资方是腾讯投资和搜狗。由腾讯领投,之前的投资者赛富投资基金、启明创投和创新工厂都在这一轮进行了跟投。这一次融资算得上资本全方位进驻了知乎,这个曾经被看作独立的知识理想国的平台,走上了商业化的道路。

理论上说,一家企业走到C轮投资的阶段,就处于商业模式基本完善,拥有稳定盈利能力的范畴。因为一般企业在拿到C轮融资后就会考虑上市,所以这一轮的融资金额也会较大,基本在5000万到10亿美元之间。而我们说投资方对于投资一家企业的期待,大部分情况下终极目标都是上市。

虽然在创建之初,李开复表示过只是想单纯地去投资做内容的平台,根本没想过上市的事,但几轮融资下来创新工场持续跟投,不得不承认资本对于知乎是抱有期待的。当然,也并非所有公司都会在C轮融资过后上市,当企业的规模或者财务结构还无法达到上市要求的时候,可能就还需要继续几轮融资;也会有公司并不以上市为目的,融资只为更好的自我发展,但这在某种程度上可能会和投资人产生分歧,资方可能会逐渐失去耐心,毕竟大部分投资方投资的目的就是等待企业上市产生溢价然后把企业的钱和企业挣的钱通通拿走。但从结果来看,知乎在完成C轮融资之后并未开启上市之路。

而在C轮融资中,领投的腾讯投资和搜狗是最受关注的两家企业。在完成C轮融资后,知乎也顺势在平台开启了"腾讯领投知乎C轮融资的事情是否属实?专业人士如何理解其中的原因?"的问答,而包括创始人周源、创新工厂的创始人汪华以及搜狗公司的CEO王小川等人都在这个问题下面写了自己的回复。大家的答案都几乎默契地回避了关于资本运作的话题,而更多地集中在知乎未来的发展方向上,直白地说就是为什么会给知乎投资以及这些钱会花到哪里。从他们的答案来看,显然在这些互联网大佬的眼里,"连接经济"成为未来互联网传播格局中的核心价值。

2."连接经济"的现实价值

创新工厂的创始人汪华在关于知乎上市的问答中表示"甚至有可能的话,我们愿意领投"。这样高的评价证明了知乎的价值。尽管在外人看来,知乎似乎已经进入商业模式发展的瓶颈期,但汪华认为知乎所具有的独特价值值得更高的期待。而这份价值,就是随着互联网平台发展而崛起的"社区"概念所实现的连接经济的价值。

在2015年知乎便已成为国内规模最大、日活人数最高的社区交流平台。相比于当时的其他专注于垂直领域的社区,比如定位体育讨论的虎扑以及文艺娱乐的豆瓣,知乎凭借着广泛的话题涉猎范围和高水平的回答收获了庞大的用户群体和良好的互动氛围。同时,借助前期精英氛围的积累,大批的PGC仍然在进行专业知识输出。几年下来,知乎已经完成了垂直专业领域中的高质量、高价值内容的沉淀与积累。而这些积累下来的内容会随着用户基数的扩增带来更多的讨论与互动,既有活跃度又有内容质量的保证,这在汪华看来即便在全世界范围内也能算得上是独一无二的现象。他在知乎的话题回答中,举出了领英和维基百科两个平台做对比,但知乎拥有的核心竞争力便是作为一个内容社区,能够将讨论者相互联系起来,当参与讨论的人和内容创作者相互激活,内容平台的输出就有了质的保证。

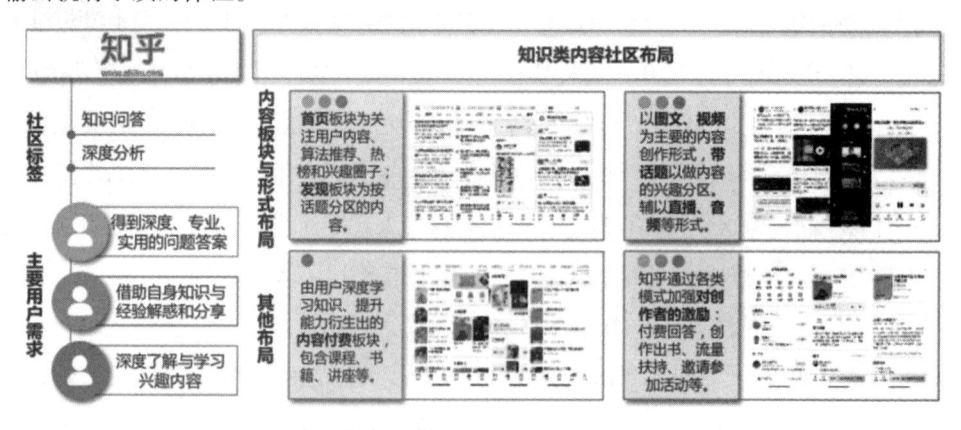

图6-2 知识类内容社区布局示意图

保证了内容的输出,知乎需要思考如何布局用户分发。如果说知乎不缺优秀的内容创作者,不缺高质量的内容,那缺的就是完整的内容分发渠道。这一点,资本运作的潜在利好开始显现。用户基础是领投资方腾讯投资的核心竞争力。而这也很大可能是知乎选择腾讯投资作为领投的首要原因,毕竟知乎陷入的发展瓶颈就是用户注册数量上升力度不够,原创内容被抄袭、转载,内容分发靠日活一两千万的用户无法让更多的人接触到。

而2015年的腾讯是什么样的呢？那时的QQ月活用户达到8.43亿人，QQ空间活跃用户5.74亿人，微信月活用户超过5亿人，QQ浏览器月活用户超过1.3亿人，腾讯新闻月活用户超过1亿人。这是大部分平台都难以匹敌的用户数量，所以当知乎和腾讯绑定后，完全可以依靠腾讯的渠道力量，以自己的内容生产能力为基础，不再只做一个简单的知识工具，可挖掘出知识交流背后巨大的人际关系的潜力。

除此之外，和腾讯合作对于知乎而言也多了能够更加方便版权的保护。知乎问答被随意转到微信公众号和微博上在当时是再平常不过的事，但在和腾讯合作之后，两方属于利益共同体，无论是对侵权纠纷的处理还是日后建立有偿授权转载体系，在一定程度上都能更好地帮助知乎答主知识变现，于知乎搭建的商业变现模式也是一层保障。

3. 资本运作带来技术红利

除了依靠腾讯的内容分发渠道，知乎和另一位投资者搜狗也有着技术上的合作，其实从这里就能看出在融资过程中，知乎和投资者最直接的交流并非资金的投入，而是对平台价值甚至说是对知识内容价值的尊重和认可。

搜狗公司的CEO王小川表示，对于互联网公司，传统的收购模式是难以激发企业保持自己的基因再度创新的。知乎是搜狗战略投资的第一家公司，知乎作为知识创造与沉淀的平台，与搜狗的核心价值——知识的输入与知识的搜索有着天然的匹配，并且两方也会在搜索引擎上有深度合作，于知乎而言，拥有了搜索引擎上的优势，深度利用联想性，对于内容产品的对外输出绝对是利好的。

腾讯和搜狗与知乎之间这样的资本运作的方式其实也为互联网公司树立了一个榜样，对于大多数的传媒公司或者互联网内容平台而言，无论是专注于哪一个细分的垂直领域都可能造成内容传播链条的某一段缺失而无法构成完整的传播生态系统。如果可以通过资本运作的方式找到合适的互补的合作方，对于互联网平台或者是传媒公司而言，都一定会是一个前进的机会。

(三) 从内容到服务，一步步朝"钱"看

1. 尝试流量变现，引入付费机制

之前我们提到，多数公司在完成了C轮融资后会选择上市，但知乎并未做出这样的尝试。2016年，知乎开始尝试变现，当时知乎的状况的确已经具备了内容变现的条件。互联网内容平台想要实现变现有两个基本条件，一个是用户数量达到一定的规模并且

长期保持稳定,另一个则是搭建起较为坚固的平台内容壁垒,换句话说就是平台内容的不可替代性。而当时的知乎除了满足这两个条件,还有一个撒手锏即良好的社区氛围,以及氛围感带来的用户黏性与忠诚度。但是随着商业进程的推进,如何找到小众社区和商业变现之间的平衡是知乎面临的新挑战。

2016年,知识付费一度成为风口。知识付费的前身其实是数字音乐、数字阅读等领域中的内容付费,但相比之下知识付费的核心不仅在于提供知识内容,更在于一种知识消费的升级模式,换句话说就是内容不是目的,通过内容切实解决问题才是目的。因此,针对具体问题的内容回答一时间"成为内容平台实现流量变现的盈利选择"[①]。知乎在这一年成立了商业广告和知识服务两大事业部门。就这两个事业部门的职能来看是基于知乎的商业模式布局而设立的,根据艾瑞咨询研究院对知乎商业模式布局情况的研究,知乎的商业模式是基于知识生态和模块的多角度布局,以内容板块的丰富和功能的加强为基础,以用户对知识内容的需求为驱动发展出针对不同用户端的商业模式。

在知识服务方面,知乎上线了"值乎",也就是挑选一篇回答中的一部分进行展示,其他部分需要付费观看,引入付费机制。同年发布知乎live、知乎书店等产品,这些产品的特点在于对定向的或者是确定领域的问题进行回答,而次年知乎甚至发布了体系完整的付费课程。而针对广告端,知乎打破了传统在各浏览界面插入广告的模式,甚至打造专属广告营销穿插至各种live活动当中。

2. 遭遇变现危机,用户群体流失

初尝商业变现,知乎便被逼到了艰难的境地。一方面,相较过去频繁的商业广告带来的是用户体验感的下降以及对社区氛围的破坏;另一方面,知乎自己在追求商业化的同时却限制了大V用户的变现道路,知乎的会员体系会导致大V用户的Live收入降低,换句话就是本来是答主用自己的内容赚自己的钱,但现在要分给平台一大笔,这让不少大V选择出走。

面对着内容社区中两个身份群体的同时流失,知乎在2017年开启了D轮和D+轮的融资,共筹集资金超过1亿美元,并且找到了新的资方今日资本,而这笔1亿美元的投资也是今日资本在近一年内领头的最大的一笔投资。在今日资本看来,知乎在做的一件非常正确的事情就是抓住内容基础,通过内容去推动商业模式的成长。

其实核心仍然是抓住社区氛围带来的连接功能,通过场景构建去突破知识供需的问题从而发挥内容平台更大的价值。而这样的想法也在周源2017年完成了这笔融资后

[①] 喻国明,郭超凯.线上知识付费:主要类型、形态架构与发展模式[J].编辑学刊,2017(05).

写给知乎员工的内部信里得到了证实,周源表述知乎需要建立的是面向广泛的知识消费者和机构伙伴的大型知识平台,为新兴中产、知识阶层提供最佳的讨论体验与工具和舞台,至此,知乎彻底放弃了当初的小众精英社区,转向了大众的全民知识内容平台,在提供连接、提供服务平台建构的路上越走越远。

社区开放,用户注册数的飞涨带来的是用户与内容质量的下沉,为了强化自己的连接功能,激活用户之间的讨论互动,知乎马不停蹄地推出了"专栏""圆桌"等专题区域,并且对答案进行更加细致的关键词抓取分类,尽量降低用户对内容的接触成本。2018年7月19日,知乎完成了2.7亿美元的E轮融资,也正是在这一年,知乎走向了更加多元的商业化体系模式,打造了"知乎读书会""知乎大学"等产品,提供了更加具体的知识服务,并且知识领域与覆盖人群都更加细分,在垂直领域深耕得更加彻底。

随后,移动终端技术的成熟带来短视频的崛起,这对用户而言是内容接触方式上的一次彻底颠覆,在用户的思维方式和行为决策上都将留下烙印。知乎也着手向视频知识传播平台的转型,在短视频内容产出和直播上都有所尝试,但均效果平平。或许是为了跟上时代的步伐,在成立以来最大规模的F轮融资的过程中,知乎选择的领投方是短视频领域的头部平台——快手,并且以4.34亿美元完成了此次融资。其实快手和知乎在某些战略目标上是一致的,比如追求用户下沉以扩充市场规模。并且快手的短视频渠道可以弥补知乎的内容分发渠道少、输出程度低的缺陷。

纵观这八轮融资过程,其实可以看到知乎在选取投资方时的原则,就是相比于寻找资金供应更重要的是寻找价值契合的合作伙伴。早期与腾讯合作来弥补内容分发渠道上的欠缺,试图打开用户市场扩大用户规模,并且为保护内容原创版权带来利好。同时合作搜狗,通过搜索引擎技术的引入带来内容社区的布局,在垂直领域的内容细分上得到技术支持。而后大批资金注入,在商业模式布局、营销策略等方面进行转型。随后又在短视频时代到来之时选择了快手,为知乎未来的视频转型道路打下基础。

3.成功上市之后,"社区"概念依旧形势严峻

在成功上市之后,2021年5月知乎发布了截至2021年3月31日的一季度未经审计财务报告。从数据上看,知乎仍然处于亏损中,但这样的结果似乎并没有出人意料。的确,当前内容社区集体迎来收获季节,无论是知乎还是B站、小红书等,都处于高速发展中。但是相比于其他,知乎的选择要艰难很多,原因在于知识型社区的独特性。

首先，相比于其他娱乐性质的社区，知乎用户对广告营销的容忍度并不高。这是一个很有趣的地方，尽管知乎的大部分用户注册于开放之后，但知乎曾经的精英氛围对于用户来说始终是一个持续发力的吸引点。但就目前的情况来看，知乎正在努力摆脱对于传统广告收入的依赖。2021年第一季度的财务报告显示，知乎线上广告业务收入702.14亿元，相比去年增长了70.1%，但线上广告业务收入占总收入的比例从去年全年的62%降至45%。这样的营收结构的调整是否是巨额投资所带来的一时改变我们还不得而知。

其次，知乎用户下沉的过程也是知识社区氛围稀释的过程，这样的情况有一个直接后果就是曾经的优质答主会选择离开。互联网平台，PGC无法兼容UGC的事情时有发生，但如何找到两者的平衡目前仍然无解。

此外，知乎还有一个尴尬的现实不得不面对，就是根据数据显示，2020年知乎用户的内容付费率仅仅只有3.4%，相比之下，B站2020年第四季度的用户付费率就能达到8.9%，用户在知识付费方面的大方程度似乎远小于娱乐生活。但是，2021年第一季度财报显示，知乎付费会员业务一季度收入为1.27亿元，同比增长127%。

付费收入的暂时增长的确是一个突破，但让人无法忽略的是当前知乎的付费内容集合在"盐选专栏"中，包括了知识付费内容和网络文学类内容。其中，网络文学类便是一直被外界诟病的内容质量严重下沉的产物。日后的发展是否会对知乎的社区氛围有更加严峻的挑战，目前只能拭目以待。

在短视频时代，出身于图文时代的知乎能否抓住视频传播的核心，打造出独特的视频知识传播体系是一个关键问题。付费意愿低的直接后果便是知乎的变现道路更加艰难，而这会不会刺激知乎向更加商业化的模式发展我们目前不得而知。可一旦陷入了用户品位与内容质量同时下降的循环当中，知乎势必要做出选择，到那时大众知识服务平台应该是什么样的，或许会有一个清晰的轮廓吧。

结语

回顾知乎十年的融资历程，从专注精英群体、追求小众、专业氛围走到面向公众迎来流量的爆发，再到不断流失用户、失去流量，我们无法预测在未来知乎是否可以为我们带来惊喜。但内容社区的概念依旧值得我们注意，我们应该认识到的是，从知乎的种种发展困境中其实可以窥见当今中国不断推进平台化建设的过程中内容社区以及内容付费模式发展的瓶颈。当互联网平台的地位越发重要,平台化建设与管理逐渐被纳入国家治理体系当中时,作为内容社区如何打造、运营内容平台,让其保持独特的氛围以及拥有长久的生命力为民众做出内容交流与公共交往上的贡献是值得我们继续探索的议题。

第二节　投资十年打造游戏帝国

一、案例内容

2020年,中国游戏市场实际销售收入2786.87亿元,比2019年增长478.1亿元,同比增长20.71%。中国的游戏市场呈现出了销售收入持续上涨,用户规模上涨放缓,自主研发游戏崭露头角的良好局面,而游戏产业也逐渐成为中国文化产业中不可缺少的一部分。

图6-3　2014—2020年中国游戏市场实际销售收入情况[①]

[①] 游戏葡萄.2020中国游戏产业报告:收入2786.87亿同比涨20%,海外突破千亿大关[EB/OL].https://finance.sina.com.cn/roll/2020-12-20/doc-iiznezxs7875623.shtml,2020-12-20/2022-03-28.

但如果追溯中国网络游戏的发展史,可以回到1995年的文字网络游戏(MUD)的出现,这和我们如今常见的游戏形式大相径庭,全程依靠文字完成游戏。相较于图像语言,文字本就属于高门槛,再加上通信技术并不普及,文字网络游戏在后来很快被图形游戏所替代。后期网络游戏真正走出高校与网络通信部门,深入国民生活还得从进入2000年后的图形网络游戏说起。

2001年,中国网络游戏的市场规模仅仅3.1亿元,从2002年开始,中国的几大头部门户网站逐渐进军网络游戏行业,除了在资金和技术上极大地支持了中国网络游戏的发展,还为其未来提供了充分的空间平台。例如,网易推出自主研发的网络游戏《大话西游》。但无论是自主研发还是代理运营,网络游戏在进入中国一年之后市场规模便超越了单机游戏,这样的发展潜力令人欣喜与惊讶。

2003年,腾讯主要业务通信软件QQ已经占据了稳定的市场份额,成为当时首选的通信应用。当看到盛大、网易等在代理运营国外网游获得了丰厚的利润后,腾讯也将视线转移到了游戏领域。在团队成员并无网络游戏背景的情况下,腾讯并不敢贸然尝试,所以进军游戏业务的第一笔生意只是代理了韩国一款名为《凯旋》的游戏。可能是对游戏内容质量的把握以及市场的预估出现了偏差,又或许只是单纯的没有经验出师不利,这款游戏并没有什么亮眼的成绩,甚至在2009年就关闭了服务器,消失在网络世界中,腾讯的首次网络游戏代理失败。

或许是出师不利的教训过于惨痛,在此后的三年内,腾讯再也没有代理过任何海外游戏产品。那时,腾讯COO的任宇昕领命创建了当时的腾讯互动娱乐事业部,在对国内外网游市场规模、用户偏好,以及网游产品进行考察后,腾讯决定暂时放弃竞争激烈的角色扮演类枪战游戏,绕道休闲类游戏领域,通过模仿、移植,打造了后来红极一时的QQ系列游戏,也就在同年,QQ游戏平台正式上线。

2004年,通过模仿当时最大的休闲游戏商Nexon推出的《泡泡堂》而打造的《QQ堂》正式公测上线,也是在这一年QQ游戏平台经过不断完善,最高在线突破了100万人,用户规模的急速扩张标志着该平台成为当时国内最大的休闲游戏门户。也就是从《QQ堂》开始,腾讯游戏开始推出QQ系列游戏,例如《QQ宠物》《QQ幻想》等。这里无法回避的一点是,腾讯游戏产业的发家史的确算得上是模仿并超越的典型案例,但从这时起便被诟病的自主研发能力弱的问题直到后来腾讯游戏称霸中国游戏产业十余年也依然没能为自己正名。当然,这也与其后期的资本运营方式与目标战略有很大的关系。

依靠移植成熟的游戏体系以及和QQ平台绑定所带来的稳定的用户量,腾讯游戏很快便在网络游戏领域闯出了一片天。从2005年到2007年,腾讯游戏先后上线了几款QQ系列的游戏,并且充分利用了QQ平台的资源优势,让当时很多人为了点亮QQ图标而选择了腾讯游戏。与此同时,腾讯也在不断调整游戏部门的组织架构,2005年正式成立了互动娱乐业务系统,全面布局网游业务,因为单纯的休闲类游戏在腾讯只能成为社交通信平台的附属品,一方面难以撼动当时盛大、网易等网络游戏公司在市场的地位,另一方面腾讯对游戏市场的野心也不止于此。

2007年,腾讯游戏在前期运营休闲类游戏的基础上确立了未来以细分品类方式逐渐开拓游戏市场的战略,也在《凯旋》之后重启代理大型海外网络游戏的模式。签约《QQ飞行岛》《穿越火线》与《地下城与勇士》三款网络游戏,尤其是后两款游戏的火爆为腾讯的"游戏元年"立下了汗马功劳。该年年底,后两款游戏的最高同时在线人数分别突破了220万与150万人次。也在这一年,QQ游戏平台最高同时在线人数突破300万人次。这一年的腾讯游戏充分证明了,当游戏的内容获得了市场检验,腾讯在用户积累和营销布局上的优势将会为腾讯游戏带来无限的可能。而这样的成绩也为后来腾讯的战略选择指明了方向,利用好社交平台的用户群体优势,发掘游戏之外的社交属性,打造成熟的游戏产业链条,在某种程度上或许可以弥补原创内容缺失的口子。

2008年被视为腾讯的"游戏元年",这一年QQ的用户注册数量接近9亿,全年游戏产业总营收28.38亿元,在中国游戏市场中一跃升至全国第二。同年,腾讯参股美国老牌网络游戏公司Riot Games,获得其22.34%的股权,并成为其产品《英雄联盟》的中国代理商。后来在2011年,腾讯以2.31亿美元增持股权,持股比例达到了92.78%,完成了对该公司的全面收购。这次参股彻底坚定了腾讯日后海外代理的发展路径,开启了自主研发与海外代理双引擎发展的道路。与此同时,为了加强自主研发的能力,腾讯打造了游戏工作室制度,先后成立了量子工作室、北极光工作室、波士顿工作室,试图在网络游戏的自主研发方面实现突破。

2008年在上海陆家嘴,腾讯首次举办了面向玩家、开发商以及合作伙伴的以线上互动体验与线下娱乐会展为双核心内容的腾讯游戏嘉年华,并在此次盛典上亮相了后来现象级的游戏《英雄联盟》。在腾讯2009年的第二季度财报中,腾讯的网络游戏总营收达到12.41亿。而在文化部发布的《2009年中国网络游戏市场白皮书》中,2009年网络游戏运营商市场份额的排名腾讯取代盛大成为第一,从此开启了腾讯称霸国内游戏市场的道路,腾讯正式迎来属于自己的时代。

除了《英雄联盟》,2009年的腾讯游戏还开发了当时现象级的网页游戏《抢车位》《QQ农场》等,由于这类游戏建立在QQ平台的社交网络之上,充分利用了腾讯积累多年的用户资源,并且整个游戏设计延续了腾讯游戏在休闲类游戏开发上一贯的场景化与沉浸式的追求,不少用户一定还记得当年定了闹钟半夜起床"偷菜"的经历。对于这个时期的腾讯游戏而言,游戏最高同时在线人数超百万已经是见惯不惊的现象。

2010年,腾讯游戏确立了"深度运营改变小众,多层级用户运营方法"的策略,相比于曾经的细分品类策略,新策略更偏向于深度挖掘现有游戏的空间,让小众游戏通过一定的营销策略逐渐进入大众视野,例如MOBA(多人在线战术竞技游戏)。根据相关负责人后来接受采访时透露,当时腾讯游戏的想法是对部分游戏进行针对性分析后总结出游戏推广的障碍点,投入资金建立种子用户的团队进行游戏核心拆解,将运行思路、角色定位以及所涉及的战术方法等解构,然后以攻略的形式传递出去,引入大众玩家。这样的战略在人力资源的投入上非常巨大,但是一个有一定学习成本的游戏可以让普通玩家直接上手,能创造出更多的用户空间。

2011年,《英雄联盟》国服上线让互动娱乐业务成为腾讯游戏的重要板块,据当年的财务年报显示,网游板块对公司收入的贡献已经超过了50%,高达158.21亿元,可以说腾讯游戏的营业收入在两年间翻了10倍多,这样的成长速度令人咋舌。

在2013年之前,中国网络游戏的发展都还集中在PC端,手机游戏在市场份额中占比少之又少,但腾讯游戏却在2012年下半年有一个关于"手游应该怎么做"的深度思考和讨论。当其他游戏运营商还在考虑移动端游戏能否成为下一个风口时,腾讯游戏已经在准备站在风口处起飞了,而从结果的角度来看,腾讯游戏对市场变化的敏感度的确令人咋舌。

随着移动端的发展,大部分用户对手机的依赖程度远大于电脑,这也意味着手游的市场潜力是巨大的。2013年8月,腾讯游戏首款手机游戏《天天爱消除》正式上线,这是腾讯游戏成立天美工作室后开发的第一款消除类手机游戏,收到了良好的市场反应。这也奠定了腾讯游戏四大工作室群并行为其自主研发游戏护航的局面。而在调整了自主研发体系架构后,腾讯游戏也并没落下收购、代理运营海外网游的步伐,并在2014至2015年移动游戏爆发式增长期间进行了大量的海外投资。

2014年算得上腾讯游戏发展的重要节点,在布局MOBA类游戏多年之后,腾讯游戏终于迎来了《王者荣耀》的爆发。在进军手游领域后,腾讯游戏成立WeGame游戏平台,组建移动电竞体系,投资斗鱼、虎牙等直播平台,开拓游戏直播的衍生领域,扩展游戏生态边界。在海外布局中,成功收购了Supercell,先后投资并代理多款知名IP游戏产品。自此,腾讯游戏开始了不断投资、不断收购、不断挖掘潜在力量、不断拓宽市场边界的游戏帝国养成之路。

二、案例分析

(一)投资细分品类

1. 观察市场偏好,寻找投资切入点

在腾讯游戏业务持续增长的过程中,有几个战略至关重要。最初就是2007年便确认下的细分品类策略开拓游戏市场。而关于游戏细分品类的思考,被腾讯游戏当作寻找市场切入点的方式。从结果来看,腾讯游戏提出的细分品类的概念,是指某一类游戏有独特的核心玩法、已具备一定规模且稳定的用户群体,以及有代表性作品。而腾讯游戏的策略在于,要做某一个品类的游戏就要打造该品类的代表作。也是出于这样的策略,腾讯游戏在对某一个具体游戏产品的投资上一直都胆大心细。

2017年,腾讯互动娱乐事业群游戏业务领军人马晓轶在分享腾讯游戏的精品战略中提到,在初进游戏领域的那几年,前面已有盛大、网易等通过打造独特内容产品的网络游戏公司,腾讯游戏曾经试图沿着前人的发展道路进行追赶。但相比于走一条别人走过的路,腾讯游戏更希望能找到自己的路,实现弯道超车。于腾讯游戏而言,有这样的想法并不令人意外。当腾讯游戏下定决心大规模进军游戏市场时,QQ系列的打造已经为其构造了资本与流量两大护城河,这也是腾讯游戏要在游戏领域拓展出自己的天地的底气。[1]

坐拥资本与流量便意味着不缺钱也不缺用户,于是腾讯游戏开始观察和思考用户和游戏产品之间的关系以及这些关系可能对产品的影响。在2007年以及之前的中国网络游戏市场,占主导位置的游戏品类是RPG(角色扮演类游戏),比如当时的《传奇》《梦

---

[1] 青藤大学.复盘腾讯游戏战略布局:是如何一步步成为行业龙头的?[EB/OL].https://www.36kr.com/p/1721876856833,2017-09-26/2022-03-28.

幻西游》,还有腾讯早期的《QQ三国》与《QQ自由幻想》。但从结果来看,腾讯游戏没有选择"硬刚"当时的行业巨头是极其明智的选择,因为在过去了将近二十年之后,《梦幻西游》几经迭代,故事线与人物设定都换了又换,但仍长时间霸占我国游戏排行前十名的位置之一,甚至还能冲进前五。这也证实了一点,把内容作为游戏的发展核心依旧是正确的思路。

2. 选择潜在力量,寻找新生力量

当腾讯游戏放眼全球网游市场,特别是拥有成熟的游戏产业的美国市场,游戏品类非常丰富,并不是一种品类独大的情况,给了腾讯游戏启发,尽管不同国家的玩家的确偏好有别,但本质上中国玩家并非只有单一偏好,而中国市场没办法发展起与RPG类游戏分庭抗礼的游戏并不是市场不兼容,而是缺乏成熟优质的游戏作为新品类的开山石。

比如早在2003年,国内就推出过射击类游戏,但最终以失败告终。行业给出的结论是中国玩家不喜欢射击类游戏,并且国内的开发技术也跟不上射击类游戏设计的步伐。这个结论的后半部分的确是客观的技术问题,但前半部分并不能站得住脚。游戏开发技术是影响最终成品质量的关键,此外特定品类游戏思路以及核心玩法的难度也会关系到受众对游戏的接受程度。所以腾讯游戏跳出了竞争最为激烈的RPG类游戏领域后,开始按照自己的思路寻找国内游戏市场的潜在力量。

观察一个新的游戏品类,至少有三个重要的条件:内容的故事性、玩法的更迭性以及技术的创新性。而这样的思路也的确对标了腾讯游戏在游戏投资中的选择思路,比如:强调内容的故事性就是致力于建立游戏世界中玩家的独特关系,让玩家在场景化和沉浸式的体验中感受游戏乐趣。而这个标准在RPG类游戏中最为常见,因为角色扮演类游戏的玩法正是体验不同任务的身份特殊与技能特殊,而剧情一方面是推动游戏进展,另一方面也在横向开拓行业边界。

强调玩法的更迭则是细分游戏品类的核心,射击类、动作类、体育类、竞速类以及后来的MOBA类等,玩法的差异是不同游戏之间最大的差别。其实仔细分析整个游戏行业的历史,两到三年的周期就会出现全新的玩法,而之所以整个游戏行业的收入与用户数量在持续上涨,正是因为新的玩法会带来新生力量。

3.立足优势资源,争夺市场话语权

在对游戏新玩法趋势的掌握上,腾讯游戏的前瞻性一览无余,例如在MOBA类和移动类游戏领域布局多年后,终于迎来了现象级手游《王者荣耀》。说到MOBA类的突破者当属美国Riot Games开发的《英雄联盟》,但2008年腾讯游戏对其进行了战略投资,2015年持股100%,也就是说MOBA类游戏一开始就已经被腾讯游戏纳入囊中。《英雄联盟》是收购的成品,《王者荣耀》则是腾讯游戏自主研发的成果。前面我们提到了为了调整自主研发的架构体系,腾讯游戏升级了四大工作室群,其中的天美工作室成功推出的《王者荣耀》成为腾讯游戏最挣钱的产品之一。

而相比于在MOBA类游戏的高瞻远瞩,腾讯在战术竞技类游戏上称得上后来居上。2017年,韩国PUGB公司的战术竞技类游戏《绝地求生:大逃杀》在Steam上线,一时间爆火。随后网易游戏率先推出了相同品类的游戏《荒野行动》《终结者2》(后更名为《终结战场》),所有人都在猜测腾讯游戏是否又要重蹈RPG类游戏的覆辙再次错失机会时,突然发现原来腾讯游戏不声不响地在《绝地求生:大逃杀》上线之前与其开发商PUBG展开了商务谈判,2017年9月通过战略投资PUBG拿下了中国的独家代理运营权。

但在这更早之前,在战术竞技新品类兴起之时腾讯游戏就已经开始进行长期的系统布局。再加上曾经MOBA类游戏的成功塑造,腾讯游戏完全有能力调动起足够的技术资源与用户积累来推动一个新品类的成长。在2018年2月腾讯游戏联手PUBG推出了《绝地求生:刺激战场》和《绝地求生:全军出击》,随后腾讯游戏又斥资5000亿韩元收购了PUBG的股份,最终持股16%,成为第二大股东,在中国市场的战术竞技类游戏中掌握了绝对的话语权。

(二)投资潜力厂商

1.寻找合作伙伴,追求协同作用

在腾讯游戏的投资战略中,除了以产品为核心进行投资的战略外,还有一个投资核心就是游戏公司。投资游戏公司对于腾讯游戏的价值主要有两个方面,一是被选定的公司自身所带的游戏体系对于腾讯游戏产业链的布局能产生协同作用;二是能带来丰厚的利润作为投资回报。而在腾讯游戏的战略中,前者有更重要的地位。腾讯公司董事会主席马化腾在2015年中国IT领域峰会上提到,腾讯的命一半是自己的,另一半是合

作伙伴的。①的确,由于一直被诟病缺乏自主研发能力,腾讯多数游戏的开发都是在模仿的基础上推进的,但往往模仿的对象都成为自己的投资对象。

在这些对象中,投资知名游戏公司的行动有,2012年投资Epic Games,持股48.40%;2013年向动视暴雪投资14亿美元,持股6%;2015年以4亿美元收购美国拳头公司全部的剩余股份,从此拳头公司成为腾讯的全资子公司;2016年,向芬兰Supercell投资86亿美元,持股84.3%;2018年投资法国的育碧以及韩国的蓝洞工作室(也就是前面提到的PUBG公司)。

2. 多元标准考察投资利好

进行资本运作一定是风险与利好并存的。投资外国的游戏巨头更是需要承担一定风险,比如,在2018年第四季度的投资业务就遭遇了动荡。2018年年末,在美联储年内四度加息并且全球经济增长逐渐放缓的情况下,美股连番跌停包括腾讯投资的美国游戏公司。再如,腾讯游戏早在2013年就投资的动视暴雪,该公司的估价在10月1日当天创下历史新高84.68美元一股,但截至12月31日却暴跌近55%至48.5美元每股,该股市值直接腰斩,这也间接影响到了作为投资人的腾讯游戏在2018年的净利润。这是资本运作不可避免的,也是公司决策时必须要考量的因素,享受利好的同时必须承担相应的风险。好在对于腾讯游戏庞大的投资产业链来说,一时的涨跌并不足以掀起风浪。并且,外国游戏巨头们为腾讯游戏带来的利好也并不能单纯用净利润衡量。

比如,在投资了动视暴雪之前,腾讯游戏已经与其达成战略合作负责其《使命召唤Online》的大陆独家代理,但腾讯游戏并不满足于一款游戏的代理权,在2013年的投资后,腾讯旗下的天美工作室和动视暴雪联合开发了手游《使命召唤》,而这部游戏也由腾讯游戏代理中国市场的发行。据Sensor Tower数据显示,该款游戏在中国IOS上市首周收入便超过了1400万美元。营业收入也不过利好中的一部分,此次合作对于腾讯游戏的自主研发也是一次重大突破。腾讯游戏在有意识地弥补自己在原创内容上的缺失,逐渐将爆款游戏纳入自己的产业矩阵中。

比如,腾讯游戏投入86亿美金纳入麾下的芬兰游戏公司Supercell,这笔全球游戏业最大规模的单笔收购合约令其旗下的爆款游戏《部落冲突》和《荒野乱斗》加入腾讯游戏的产品矩阵。对于腾讯游戏而言,投资国内外游戏巨头的目的在于收拢核心厂商,在全

---

① 鳗鱼.十年投了150家游戏公司,腾讯游戏投资的三大策略.[EB/OL].https://www.36kr.com/p/1197143269739012,2021-04-25/2022-03-28.

球范围内拿到最好的游戏资源,引入顶级IP,并且推动自己的研发项目。

3. 不计短期营收,加码新生力量

除了投资顶级游戏公司,腾讯游戏在2018年之后也逐渐开始关注中小公司,对于这类公司的投资,腾讯游戏并不在意短期内的回报,而是更关注公司的发展潜力。换句话说,腾讯游戏遍地撒网捕获投资对象,为的是寻找那些已经初露锋芒的独立游戏团的新点子。正如那句:没有人会一直年轻,但永远有人正年轻。对于游戏行业也一样,互联网时代信息与产品的迭代速度日新月异,尽管在投资回报率上不及先前的巨头公司,但腾讯游戏不会再放过下一个有可能爆款的新品类。

(三)投资多元领域

1. 紧抓"连接"思想,提出"泛娱乐"概念

如果说对于游戏品类和生产厂商的投资让腾讯完成了从通信科技企业向游戏巨头的转型,那么在布局游戏产业链的同时的一系列资本运作成功地让腾讯再度转型成为泛娱乐领域的巨头。

所谓"泛娱乐"是腾讯音乐在2011年提出的一个概念,本质上是将传统文娱行业向线上转移,以互联网与移动终端为基础,紧抓"连接"的思想,打造出一个融合文学、动漫、影视、游戏等要素的丰富多元的数字化娱乐生态系统。根据相关数据显示,2018年至2021年间中国泛娱乐主要领域市场增速较快,但移动游戏的市场规模增长缓慢,已趋向稳定。[①]显然,游戏市场目前已经形成了稳定的格局,而当初从社交通信领域进军游戏,而后成立腾讯的互娱部门着手布局泛娱乐领域,腾讯一直走在互联网娱乐的最前端。

2. 优势项目反哺,打造"泛娱乐"产业链

经过几年的泛娱乐发展,目前的腾讯已经形成了完整的IP产业链——腾讯游戏、腾讯电竞、腾讯影业、腾讯音乐、腾讯动漫以及阅文集团。其中,最早发展起来的腾讯游戏对于后期其他领域的平台建设做出了重要的贡献,当然也得到了资源与渠道上的反哺。

---

① 浅浅.2021年中国泛娱乐行业发展概况分析:行业范畴、图谱、市场规模.[EB/OL].https://www.iimedia.cn/c1020/80635.html,2021-08-27/2022-03-28.

以成立于2016年的腾讯电竞为例,作为腾讯最年轻的生态业务响应当年国家发改委鼓励"开展电子竞技游戏游艺赛事活动"的号召,在举办竞赛、培养电竞人才以及挖掘电竞赛事的商业价值方面投入大量资源。但与此同时,腾讯旗下有超过50款游戏开展了电竞赛事,游戏品类全面覆盖,并且构建起了纵贯PC端、移动端的业务。

赛事直播作为体育赛事的重要衍生产物也为腾讯带来了相当可观的收益。在2018年,腾讯分别以4.62亿与6.32亿美元投资了虎牙和斗鱼两个游戏直播平台。而作为回报,以当年《王者荣耀》电竞比赛的内容观看量为例,仅在KPL秋季总决赛那天,其单日直播观看量突破3亿,而2018年全年赛事内容观看量更是达到了惊人的170亿之多,同比2017年增长了65%。

对于游戏产业而言,电竞、直播等领域属于渠道上的拓宽,而腾讯音乐、动漫则会为腾讯游戏带来核心内容上的加持。例如,腾讯旗下的QQ音乐曾跨界联动《王者荣耀》等游戏进行"游戏+音乐"场景开发与制作。而动漫、电影和游戏围绕同一IP的多次创作更是未来的趋势。例如,腾讯目前通过投资收购,手握《火影忍者》等三百余部日本动漫的特许权,而这些无形资产在未来会变成什么?电影作品、端游、手游或许还会有更多。

3. 牢记经验教训,追求内容为王

这样多元产业的融合让原本就身为国内互联网企业巨头,拥有超大规模的用户和雄厚的资金实力以及先进的科技手段的腾讯,在游戏的核心内容的开发上拥有了更多的可能。腾讯在产业链上的布局是高瞻远瞩的,尽管过去的十余年里,腾讯逐渐成为一个疯狂的投资者,通过资本运营的方式将好的游戏产品、好的游戏公司统统归为自己的战队,但腾讯的确没忘记在初涉游戏领域所遭遇的溃败。

这些年来,腾讯做社交媒体加固用户基础,代理运营抢占市场,做链接平台打通渠道,但始终在弥补内容上的缺失。的确,放眼未来,链接渠道是加强用户黏性、延续用户忠诚的利器,但对于游戏产业甚至是泛娱乐产业,内容始终为王。

结语

回望2003—2021年的腾讯游戏发展中的资本运作行为,其实可以从两个角度去思考进行资本运营是如何为腾讯的游戏产业的发展打下坚实基础的。一方面是自主研发的成本投入,另一方面则是遍地撒网式的海内外网游的投资收购。

从2010年以后,互联网游戏有过高速发展的阶段,也在近期因为社会发展与国家政策等限制而陷入过瓶颈,但无可非议的是腾讯游戏靠着十多年的投资打造了一个坚实的游戏帝国,甚至在日后逐步发展成了一个娱乐帝国。

在这些年的投资并购里,都有一个信号极为清晰:腾讯有意放权,只做资金投入,不介入内容的创作过程。这样真诚的姿态一方面让腾讯在专业的游戏行业中名声大好,另一方面也体现了腾讯在进行资本运作时秉持的态度,就是快速进入新领域时不急功近利。

其实,腾讯想做什么呢?它只是需要让自己的大旗插在每一个游戏领域。于它而言,无论海内海外,端游还是手游,希望在下一个细分品类游戏爆发之时,手里都至少会有一支绩优股。无论是对于成熟产品的投资,还是对潜力公司的投资以及全新领域的开发,腾讯游戏的资本运作可谓给予专业人士足够的尊重,给予产品足够的耐心,给予市场足够的关切与敏锐。也因此,腾讯游戏有底气说出,资本运作从来都不只是单纯的金钱交易。

第三节　跨领域投资打造传媒文化金字塔

一、案例内容

2021年4月,浙报传媒控股集团有限公司正式变更为浙报数字文化集团股份有限公司。这个曾经国内第一家实现媒体经营性资产整体上市的报业传媒集团再也不能被称为一家纯粹的新闻媒体类公司了。二十余年的发展,一个传媒集团见证了纸媒的辉煌与落寞,感受了互联网媒体的浪潮与澎湃,积极拥抱了数字化时代传媒生态发生的一切变革,资产交易与重组了数次,但必须承认的是,无论是哪个时代"浙报"两个字都写在传媒行业的最前沿。

《浙江日报》是中共浙江省委机关报,创刊于1949年5月9日。2000年,浙江省委成立了浙江日报报业集团即浙报集团,两年后该集团公司为了对集团内报刊出版业经营性资产进行统筹运营,根据中共浙江省委宣传部《关于同意组建浙江日报报业集团有限公司的批复》以5000万元的注册资本成立了浙江日报报业集团有限公司,并拥有绝对控股权。

随后,浙江日报报业集团分别在2003年和2005年,两次对浙江日报报业集团有限公司增资,在增资完成后该公司的注册资金为4亿元。2009年,浙江日报报业有限公司将企业名称变更为浙报传媒控股集团有限公司(简称"浙报传媒")。

自成立后,浙报传媒一直坚持"传媒控制资本,资本壮大传媒"发展的战略思想,坚守新闻传媒类产业以社会效益为首要目标,同时兼顾经济效益的发展理念。2011年通过与上海白猫股份有限公司进行股权置换,将旗下16家子公司注入上市公司,在上海证券交易所成功借壳上市,成为国内第一家媒体经营性资产整体上市的省级报业集团。

上市之后,浙报传媒开始利用资本拓宽自己的业务范畴,通过资本市场上的并购,逐渐布局网络游戏、影视等回报率极高的领域,以保持上市公司的营业收入。但随着媒介技术的不断发展,传统媒体意料中地迅速失去市场,进而影响到了营业利润。而此时依托游戏、大数据等业务在互联网市场高唱凯歌的浙报传媒在2017年终于决定实施重大资产重组,出售新闻传媒类资产,包括公司持有的子公司股权,彻底剥离了传统媒体业务。同时,浙报传媒更名浙报数字文化集团股份有限公司(简称"浙数文化"),向互联网数字化文化产业集团发展。

浙数文化在完成剥离后拥有了更多的流动资金,并且负债率大大下降,偿债能力进一步加强,作为上市公司的财务风险大大降低。在剥离了传统媒体业务后公司整体经营业绩保持稳定的增长,浙数文化将原先对新闻媒体类业务的投资转向了娱乐游戏和大数据产业。

根据浙数文化2020的年度报告,2020年全年营业收入达到353,878.23万元,净利润达70,920.98万元。在紧跟政策借壳上市、预估风口布局互联网产业以及瞄准时机果断剥离资产的三次资本运作的过程中,浙报集团完成了传统报业媒体到互联网文娱企业的成功转型。浙报集团借壳上市的资本运作已然成为想要上市的传媒企业学习的对象,虽然现在还难以判断资产剥离是否能为浙数文化带来长期的利好,但其在技术变革颠覆受众的消费方式和消费习惯的情况下积极寻找新的发展道路,更是成为传媒企业在面对技术环境、政策环境、市场环境动荡中的学习典范。

二、案例分析

(一)资本壮大传媒,改制上市自身造血

1. 高层次制度创新:改制上市

浙报集团在2002年就提出了一个概念"传媒控制资本,资本壮大传媒"。这句话巧妙地表达了传媒产业与资本市场之间复杂又紧密的关系。传媒产业本身具有特殊性,特别是早年间的出版印刷产业,更是关乎社会舆论与国家安定。因此早期我国的多数报业集团一直属于党管范畴。但随着我国文化体制改革的不断推进,曾经"事业单位,企业管理"的党报管理模式随着市场的逐渐活跃被突破,对于传媒企业体制与运营模式的探索从未停止,而"改制上市作为更高层次的制度创新形式"[1]也备受关注。

上市的确是通过资本壮大传媒集团的有效途径之一,能通过公开发行或者定向增发以及分销等方式获取更多的资金,拓宽企业的融资渠道,带来稳定的资金基础。毕竟,一家传媒企业倘若深陷生存困境,新闻专业便可能摇摇欲坠。稳定的资金运转不仅有利于传媒企业自身的发展,更会为传媒机构维护社会效益提供一份保障。

但是,传媒企业的上市最困难的地方在于,主管部门为确保传媒行业的舆论导向功能,明确指出了采编资产和编辑业务不能与商业化资产混合上市,必须严格遵守采编与经营分离的原则。并且相较于其他行业来自证监会等相关部门的审查会更多,难度会更大,这也是2011年浙报传媒选择借壳上市的主要原因,也为后来的传媒集团提供了新的资本运作的路径。

2. 严格分离采编经营,选择借壳

2011年5月,证监会正式批准了浙报传媒的借壳上市计划。在此之前,粤传媒在2007年就通过借壳的方式获批经营性资产整体上市,这给了浙报传媒学习的机会。在针对其上市路径选择以及操作过程等一系列考察后,浙报传媒同样选择了审查相对宽松、缩减中间程序的借壳上市。开始着手准备自己的上市工作后,第一步便是需要选择一个合适的"壳公司"。而合适的壳公司是指达到经营规范要求的并且最好是规模小的公司,以达到降低收购资金、节省成本的目的。

---

[1] 方平凡.党报集团上市路径选择及演变——以浙报传媒和粤传媒为例[J].中国报业,2012(15).

此时,已连续亏损3年的上海白猫股份有限公司(简称"白猫股份")面临着退市的风险。按照我国A股市场的规定,上市公司连续亏损3年将暂停上市,并且如果在暂停上市的6个月后依旧亏损则会被退市。白猫股份自2001年上市后,在竞争激烈的日化市场中因缺乏创新能力和不可替代性,以及在市场营销方面缺乏合适的战略导致不断丧失大量市场。2010年的白猫股份如果想继续维持上市公司的位置,只能通过资产重组,向上市公司注入造血能力强、变现快的优质资产,迅速提升公司的盈利能力。

而从当时白猫股份发布的收购报告书可以看到,当时的浙报传媒在新闻媒体业务之外,还培育了房地产、高新技术等经济效益良好的业务,并且在2007—2010年四年间的财务状况也属于稳中向好的走势。从2007年到2010年,浙报传媒的年主营业务收入从8.61亿元涨到14.19亿元人民币,主营业务利润从3.34亿元上涨到了5.60亿元。但其净利润和净资产收益率却持续走低,这样的情况也让浙报传媒认识到需要通过资本运作的方式来提升自身的盈利能力,降低企业运营的财务风险。

于是,2010年底,浙报传媒党委、浙江省财政厅、中共中央宣传部以及国家新闻出版总署依次下发同意浙报传媒上市的通知。

2010年12月3日,浙报传媒召开董事会会议,同意浙报传媒拟将所持有的浙报新闻、钱报公司等16家子公司的股权与白猫股份拥有的除应付股利及对应货币资金以外的全部资产及负债进行置换,置换差额由白猫股份向浙报传媒发行股份购买。

2011年9月,白猫股份发布资产过户完成公告,本次重大资产重组的资产交割过户工作完成。随后,上海白猫股份有限公司在上海市工商局完成了更名为浙报传媒控股集团有限公司的工商变更登记,公司股票正式恢复上市,股票简称"浙报传媒",代码保持不变。这些收购完成后,浙报传媒成为白猫股份的控股股东,持有约64.2%的股份。

这其中,重大资产重组是指白猫股份以置出资产与浙报传媒持有的置入资产进行置换,并且由白猫股份向浙报传媒发行股份购买置换差额的行为。这样的资本运作过程其实也是借壳上市最常见的模式,即由浙报传媒向白猫股份注入资产,并成为其股东,最终获得上市公司的实际控制权。而此次作为浙报传媒向白猫股份注入资产的16家子公司分为三类,分别是以浙江日报、钱报系列为代表的报纸杂志业务,以浙江在线网络有限公司为代表的新媒体业务和以浙江日报报业集团印务有限公司为代表的印刷业务。

上市之后，浙报传媒并没有停下战略部署的脚步。而是依靠资本市场的力量优化资源，急速扩大媒体资金流，再通过一系列收购、兼并，在业务单元的多个产业链上进行投资和产业扩张。特别是在与传统媒体衍生的互联网传媒娱乐方面进行跨媒体跨产业扩张，达到整个产业的裂变效应。

（二）增量改革向互联网延伸，快速切入新领域

1.明确集团定位，拓展经营格局

站在媒体融合已进入深度发展的角度，回看传统媒体与互联网产业刚刚融合的那个阶段，就能清晰地意识到浙报传媒管理层对传统媒体与互联网产业的融合是具有深刻的认识的。跨领域的融合并非简单的并购就可以完成产业链的转型，需要立足当下产业，回归到媒体身份的本质思考上，想明白传媒产业到底是坚持做单一的内容输出者还是做文化的链接桥梁，才能对传媒集团的未来发展路径做出清晰的战略规划。

2010年，浙江省委宣传部在"十二五"规划中针对浙江省文化产业的发展做出了重要批示，文化产业需要把握国家大力发展文化产业的契机，不断拓展多元经营格局，保证文化产业拥有持续旺盛的生命力。在这样的政策推动下，浙报传媒上市后便先后开展了大大小小上百起资本运作项目，通过收购与投资不断向新的领域延伸。

2.立足优势，进军互联网娱乐产业

2012年，浙报传媒旗下互联网板块——浙江在线传媒有限公司与腾讯合资组建了腾讯·大浙网，该网站由腾讯负责具体的运营与管理，于2012年11月29日正式上线。据该网站介绍，浙江有4500万网民，腾讯在浙江有3200万用户。并且腾讯拥有足够丰富且先进的链接渠道，产品拥有极高的用户黏性，再加上浙报传媒迅速、丰富的信息资源，大浙网成为浙江经济和社会各领域"互联网+"的连接器。而这次合资组建，也为浙报传媒提供了和互联网公司合作的思路，即立足自身的信息资源优势寻找可靠的渠道与稳定的用户市场，开发其他领域业务的可能性。

除了进军互联网领域，浙报传媒还在娱乐影视业上也展开了投资活动。2012年5月，浙报传媒收购东方星空创业投资有限公司44%的股份。东方星空创业投资有限公司的主要业务是文化产业投资、管理等，主要集中于对影视业、互联网新媒体产业的战略投资上。同年，东方星空创业投资有限公司便与几家影视传播公司共同投资了电影项目，其中最有名的要属《秦时明月之远古龙魂》

2013年,浙报传媒做出了重大的收购决定。定向增发收购盛大网络旗下的杭州边锋网络技术有限公司和上海浩方科技有限公司。根据定向增发方案显示,这次收购非公开发行股份不超过1.8亿股,募集资金的总金额约25亿元,最终浙报传媒全资控股杭州边锋网络技术有限公司与上海浩方科技有限公司。而这两家游戏公司旗下都拥有众多知名游戏品牌,浙报传媒也跨出了自己向网络游戏领域进发的第一步,开启了互动娱乐产业的布局。

值得注意的是,此次收购价格高达34.9亿元,相当于当时的浙报传媒净资产4倍有余,投入如此高的成本当然会期待两家游戏公司的高回报。2011年杭州边锋网络技术有限公司的营业收入突破4亿元,净利润达到了1.6亿元,上海浩方科技有限公司的营业收入为0.59亿元,净利润0.13亿元,这样亮眼的成绩意味着两家游戏公司未来利润占比可能会达到浙报传媒净利润的一半以上,成为新的利润增长点。此外,根据当年的数据统计,这两家公司合计可带来近2000万的活跃用户,这也为日后搭建以电子竞技和游戏开发为核心的互动娱乐社区平台积累了良好的用户资源。

3. 重新审视业务结构,全面考察市场环境

其实,收购游戏公司在当时的传媒业是一个冒险且奇怪的举动,也为浙报传媒带来了很多非议。当时浙报传媒的投资团队负责人李庆表示,因为纸媒的销量以及广告业务收入都在逐渐削减,浙报传媒虽然当时还能保持盈利状态,但相比互联网企业迅猛的发展势头实在是成长缓慢,而嗅觉敏感的传媒人很难放弃如此来势汹汹的互联网红利。

在当时,浙报传媒的管理层对报业就已经持谨慎甚至消极的态度了,原因无他,互联网的发展对纸类媒体的冲击,加上中国报业的城市化渗透率并不高,换句话说就是报纸期刊的潜在市场需求并不大,消费者的思维方式与消费习惯都逐渐被网络环境重塑,中国报业的前景并不乐观。于是,在上市之后嗅觉敏锐的浙报传媒管理层就针对当时的市场情况和用户消费习惯进行了考察,定下了"以用户为核心的全媒体发展战略"[1]。

谈及浙报传媒自身的问题,他们也有清楚的认识,传统老牌纸媒想要重新培养其属于自己的互联网用户难于登天,于是他们希望通过收购一个已经构建起成熟的互联网运营体系并拥有稳定用户群体的平台,以此为渠道,以浙报的核心内容生产为根基,去研发并推广移动互联网时代的新产品。此时,拥有稳定的高黏性的用户群体就成为他们选择收

---

[1] 中国广播网.浙报传媒:32亿并购之后的新媒体转身大计.[EB/OL].https://www.cnr.cn/advertising/gnggxx/201307/t20130722_513117025.html,2013-01-04/2022-03-28.

购对象的首要标准。视频网站、社区平台以及电子商务平台等都在考虑的范畴,却各有不合适的方面。视频网站当时还处于萌芽阶段,很难为上市公司带来及时的现金流;社区平台更处于前景很好但现实残酷的状况中,电子商务平台会涉及支付、物流等非传媒产业领域,浙报传媒可能难以驾驭。最终,浙报传媒选中了杭州边锋技术有限公司和上海浩方科技有限公司。

然而极少有人知道,在并购交易宣布时,部分券商对此表示这并不是个明智之举,因为这两家公司已经进入成熟期,没有很大的成长潜力。但浙报传媒和一般收购方"买利润"的思路完全不同,他们认为杭州边锋技术有限公司可以让浙报得到与一批多元化的互联网用户直接接触的机会,而上海浩方科技有限公司则代表着互联网用户中的新生力量,他们要的是用户数据,是能够为产品设计提供支持的用户信息。

总的来说,在上市之后到2017年资产剥离之前,浙报传媒的主营业务板块随着其战略投资的步伐而逐渐发生着改变。搭建了新闻媒体平台、互动娱乐平台以及影视平台三大主要业务板块,建设了战略投资平台作为积极建设数字化传媒产业的保障。到2016年,浙报传媒的年报中已经实现公司的主要利润来自互联网与文化产业投资,在基本实现了数字化转型的战略目标的同时,浙报传媒也清楚地认识到,新闻传媒类业务已然成为明日黄花,无论是对公司的业务绩效还是组织架构上都难以继续做出贡献。

终于,在2017年,这家纸媒报刊出身的上市公司,决定要抛下曾经最重要的资产:新闻传媒类业务,真正走向互联网数字文化产业的方向。

(三)"清理包袱"资产剥离,打造传媒文化"金字塔"

1.纸媒生存危机,转向数字集团

伴随着互联网数字化产业的发展,传统媒体曾经依靠信息的权威性与专业程度建立起的稳定的受众群体被不断瓦解。特别是进入社交媒体时代,传媒业务的生态发生了翻天覆地的改变,传播时间不断压缩,空间无穷扩展;技术手段的迭代也让传播内容的形式发生了变化,这一切在不知不觉中改变着用户的媒介使用习惯,他们开始从传统媒体转向了新媒体。

用户流失必然会造成广告收入的大幅下降,与此同时新媒体的崛起也给了很多的报业人发声的机会,摆脱了编辑的束缚,去掉了公职身份的压力,很大一批优秀的报业

人依靠着自己的专业与经验在新媒体领域创造出了更大的价值。但这些对传统媒体而言,是致命的打击。

其实即使在全球媒体行业,传统纸媒也是如履薄冰。传统纸媒自身造血能力不足,依靠资本又会丧失主动,遭遇价值内容被贬,受众群体流失的情况。例如,2013年纽约时报公司以7000万美元出售《波士顿环球报》及新英格兰媒体集团的旗下资产,但谁能想到在1993年纽约时报公司花费了11亿美元才收购了它,10年过去,贬值了近9成,传统纸媒面临的压力不难想象。

于是,进一步推进传统媒体转型、深化媒体融合迫在眉睫。特别是在2014年,媒体融合上升为国家战略后,如何将传统媒体和新媒体深度融合成为我国文化改革领域的重要任务。不得不承认,面对纸媒的生存危机,浙报传媒是做了准备的。在2016年,浙报传媒的主要利润来源已经转向了娱乐互动产业,并且通过大数据产业与娱乐产业的联动,浙报传媒已经形成了自己的数字产业矩阵。而为了保持利润的稳定以及上市公司的发展,进一步向数字文化产业集团发展成为浙报传媒的战略方向。

2. 完成资产剥离,改善资产结构

2017年,浙报传媒决定向自己的控股股东出售公司持有的所有新闻传媒类资产,共21家子公司的所有股权。当天,浙报控股变相向浙报传媒支付了本次标的资产交易价格19.9671亿元人民币,此次重大资产重组完成交割。至此,浙报传媒将全面发展基于互联网的数字产业,并将公司名称变更为"浙报数字文化集团股份有限公司",简称"浙数文化"。

其实,根据2016年浙报传媒的年报显示,2016年浙报传媒实现营业收入35.4993亿元,同比增长2.60%,净利润10.25313亿元,同比增长16.28%;归属于上市公司股东的净利润6.1163亿元,同比增长0.32%;扣除非经常性损益后归属于上市公司股东的净利润2.4906亿元,同比下降39.12%。浙报传媒在当时已跻身中国上市公司市值500强榜单,并且首次入选了"亚洲品牌500强"榜单。

当时,浙报传媒的主要业务板块分为两块,一块是新闻传媒类业务,业务收入达12.71亿元;另一块是游戏服务业务,营业收入为7.31亿元。也就是说,这一次的资产剥离,浙数文化分割出去了自己一半以上的营业收入,而浙数文化在游戏娱乐方面的布局显然还没有撑起公司盈利的重担,对大数据产业的投入还没有见到可观的回报。这样的情况下,为了全面转型数字产业的突破性的举动,让人不得不佩服浙数文化管理层的果敢。

虽然目前我们还很难去预测，割下了新闻传媒类业务的浙数文化会不会在娱乐行业、游戏行业以及大数据行业拥有好的成绩，在互联网公司的激烈斗争中能不能重现昔日的辉煌，但是这一次资产剥离改变了公司的业务结构和资产负债结构，[①]在短期来看还是有所益处的。

3. 持续资本运作，坚持多元发展

此次剥离后，浙数文化获得了浙报控股的大量现金，盘活了公司的现金流动，为后续的资本运作提供了坚实的保障。另外，主营业务结构的改变让浙数文化在日后的成本投入上会有所缩减，并且游戏服务业务的毛利润是远高于新闻传媒业务的毛利润的，也就意味着浙数文化的盈利能力能得到改善。

至于被分离出去的21家新闻传媒类公司，其实也不必持过于负面的态度。它们仍属于浙江日报报业集团，承担党报应有的责任与义务。并且在目前的环境下，对于纸媒而言，内容的权威性与专业性仍然是与用户之间最好的连接，尽量回归公共事业，接收政府补贴或者国资企业的注资支持，专心做好内容不见得是个坏事。报纸的经营业务上市，但采编业务不上市，这在某种程度意味着割裂了新闻生产制作与分发流程的整体性，对于报纸的"整合营销"不甚有利。并且，上市公司的报纸业务也可能受限探索多元化的盈利模式，例如付费订阅等模式。毕竟，整合营销需要发挥出采编和经营两方面的积极性，如果两者处于分离状态着实难以维系。所以，让传统纸媒重新拾起公益性和事业性，在当下的内容消费环境下，或许会是一个明智的决定。

除了公共事业，传统媒体的经营模式其实也需要进行改变，结合用户思维去思考传统媒体在未来的经营道路可能会有更多的方向。毕竟，当下传统媒体的经营是滞后于媒体融合进程的，在进入媒体深度融合的关键阶段，传统媒体经营战略上的转型可能会关乎媒体融合的效果。如何让传统纸媒开发出自身的造血能力是值得各传媒集团去思考的，但这其中有很重要的几个方面。其一便是优化传统经营优势，不放弃广告盈利的基本架构，但媒体融合形成的跨越多平台相互融合支撑的格局以及数据技术在经营方面提供的支持都需要得到运用。

此外推进以用户为中心的本地化服务或许也是可以考虑的方向。就以浙报集团为例，旗下浙数文化致力于引领浙江数字产业的发展，而浙报集团的新闻传媒类公司完全可以进一步强化自己的地方化特性，在地方化、服务化中寻找差异化、个性化和精准化。

---

① 姜悦.浙数文化资产剥离绩效研究[D].南昌：华东交通大学，2020.

毕竟,当前的内容市场属于被流量垄断的情况,尽管近两年壁垒在逐渐被打破,但对于一直以内容取胜的传统媒体而言,以内容为核心实现差异化、个性化未尝不能使有限的流量产生价值。而将差异化和个性化放置在所属地域上,以及对用户的特色服务中,实现互联网精英中的地域长尾和服务长尾,同样能够实现流量变现。

如果进一步思考地域化背后的潜力,还可以勾连起传统媒体的多元化产业发展。主流媒体拥有的品牌优势和信息优势是经年累月积攒起来的,拥有深厚的群众基础。与此同时,还拥有完整的组织架构带来的人才优势以及控股集团给予的资金帮助,这四者完全可以实现资源整合,走多元发展的路子。这与传统媒体时代的集约化经营思路是一致的,合理整合内外部资源,深挖资源价值,拓宽产业覆盖范围,比如浙报传媒曾经涉及的房产开发领域,尽管这在当初是为上市公司做资金保障的产业投资,但对于脱离了上市公司后的传统媒体来说或许是可以整合的资源。

结语

在文化产业发展得到政策大力支持的背景下,资本运营为传统报业应对新媒体挑战、拓展价值链提供了历史契机。但报业的资本运营存在的风险也应当引起业界的重视。尽管浙数文化在后来分离了浙报,令其新闻传媒类业务回归了公共事业,但在其未分离的那些年里,资本运作给新闻媒体所带来的最大的底气便是拥有足够的资金进行业务发展,能让其不断地在新的传播格局中进行探索。浙报集团的跨领域投资拓展其实并非是企业发展形势大好时的锦上添花,而是一种主动变通求生存,实现从传媒业向以传媒资讯为核心的综合文化服务业的战略转型。[1]

在不断推进媒体深度融合的今天,只有在把握核心竞争力的基础上不断适应时代所需,才可以将传媒产业的发展推向新的高潮。无论是完善组织架构,理顺体制机制,消除媒体融合的障碍壁垒,还是促进不同形态的媒体融合,不同领域的产业互补,对于一个传媒集团而言都是在实现参与社会、拥抱社会的理想。

---

[1] 张智明,王曦,朱晓婧.传媒控制资本 资本壮大传媒——浙江日报报业集团多元拓展的战略探析[J].新闻战线,2013(09).

知识回顾

谈及传统报业的资本运作,能找到一条符合自身实际,兼顾社会效益和经济利益的道路实属不易。专注于新闻传媒类业务的报业集团往往有一些共性问题逐渐暴露出来:整体规模较小、盈利能力不足、投资项目少、可投的资金少、专业人才少……而这些问题,单纯靠报业集团很难解决,所以在进行跨领域投资,拓宽营收来源之后,才能够给予新闻产业更多的运营资金与更多的发展空间。但社会效益和经济利益的兼顾是需要整个社会去共同思考的。

在未来,我们需要什么样的新闻媒体,民众需要我们的媒体发挥出什么样的功能,受众是否能接受信息付费、内容付费,什么样的盈利模式能够保证媒体的正常运作……能解答这些问题的只有时间。尽管知乎、腾讯游戏并非传统意义上的媒体组织,但传媒机构需要意识到,在互联网人口增量红利已经接近消失的当下,几乎所有的互联网组织所面对的用户都具备很多相似的特征。因此从文化产业或者传媒产业与泛娱乐的角度来看,无论是知乎这样的内容、社交平台的建设还是腾讯游戏这样布局泛娱乐产业的经历,其资本运作的过程都能够从商业经营、投资战略的角度给予我们更多的经验。

思考题

1.请谈谈知乎的八轮融资过程中,对于投资方的选择以及对于大众知识服务平台模式的探索有什么值得借鉴与学习的地方?

2.请谈谈腾讯游戏的投资战略能否弥补其核心内容的短板?你认为它下一步投资战略的方向会是哪里?

3.请谈谈你对传媒集团资本运营路径选择与实操过程的认识。

第七章　媒介营销与市场策略

知识目标

1.《纸牌屋》以用户为中心的营销理念的体现。

2.爱奇艺采取整合营销传播策略的方法。

3.网络文学目前的营销模式。

能力目标

1.了解4P营销与4C营销的差别及应用。

2.了解整合营销传播的概念内涵。

3.熟悉不同媒介平台的营销模式与市场战略。

思维导图

媒介营销与市场策略
- 以用户为中心的营销理念
  - 大数据营销实现"用户中心"理念落地
  - 4C营销促进密切且动态的用户关系搭建
  - 《纸牌屋》营销模式带来的启示
- 构建整合营销传播生态
  - 从内容营销入手,打通整合营销传播第一环
  - 互动营销助力,提升用户体验感与满意度
  - 平台营销驱动,形成流量闭环
- IP营销成为盈利新动向
  - 网络文学网站盈利模式回顾
  - 网络文学的IP化运营
  - 如何做好IP营销

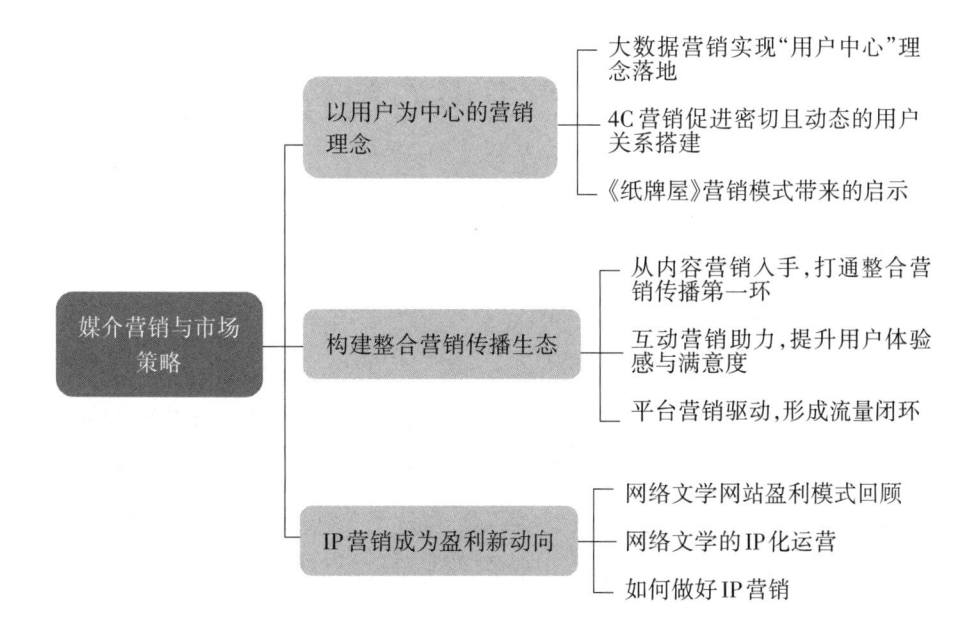

@ 引言

媒介传播信息,也要自我营销。传统媒体时代,新闻媒体信息生产、传播行为本身就是在进行一定程度上的营销,有价值的内容、有关怀的选题成为自身一张响亮的名片。而在互联网的信息海洋之中,"好酒也怕巷子深",对于媒介平台而言,除了自身内容上的亮点带来的"作品即营销",同样也需要合适的营销与市场策略,使好作品减少沉没风险。

现代营销学之父菲利普·科特勒曾经说过,做战略上正确的事要比立即获利更重要。营销与市场战略的制定是营销动作进行的基础,而科学的策略也需要在评估市场环境、考量用户需求、认清自身优势的基础上制定形成。对于营销与市场战略而言,并没有可供参考的统一模板与范式,平台需要不断摸索,在理解互联网、理解用户的基础上,找到适合自身发展的道路。

因此,本章聚焦于"媒介营销与市场策略",选取国外流媒体平台Netflix自制网剧《纸牌屋》、国内视频平台爱奇艺以及网络文学作为案例,分析在受众注意力资源有限的社交媒体时代,它们是如何制定营销策略,进行市场规划与布局,从而争夺用户的。在对案例进行剖析的同时,也提出时代浪潮下新的追问,传统的营销理论是否已经不再适用于新的市场环境,又需要做出怎样的嬗变。

第一节 以用户为中心的营销理念

一、案例内容

《纸牌屋》是由奈飞公司(Netflix)出品的政治题材电视剧,改编自迈克尔·道布斯创作的同名小说,由詹姆斯·弗雷、大卫·芬奇等执导,凯文·史派西、罗宾·怀特、迈克尔·凯利等主演。该片以华盛顿哥伦比亚特区为背景,描述了美国国会众议院多数党党鞭弗兰西斯和妻子在美国白宫高层的政治斗争生活,为了扳倒背叛自己的美国总统和幕僚们,他们不择手段地展开一系列的周密部署。《纸牌屋》第一季于2013年2月1日在奈飞网站上全球同步首播,第一季播出后便助推奈飞网站在2013年第一季度增加美国注册用户300万,海外用户100万,股价狂飙26%,达到每股217美元。随着《纸牌屋》的持续热播,奈飞公司的经营绩效也一路攀升,2013年营业收入同比增长21.1%,营业利润同比增长563.88%,付费用户同比增长25%[①]。

奈飞公司创建于1997年,联合创始人和首席执行官为里德·哈斯廷斯,最初公司主要为用户提供DVD租赁服务,如今已成为全球最大的流媒体平台服务商,为全球190多个国家的用户提供电影、纪录片和电视节目的订阅服务,用户可以通过PC、TV、iPad等终端选择节目进行播放。截至2020年第四季度,奈飞公司全年新增3700万用户(同比增长31%),全年营收达到250亿美元(同比增长24%),营业利润增长76%,达到46亿美元[②]。截至2021年第四季度末,奈飞公司全球流媒体付费会员规模达到2.2184亿,较上一年同期的2.0366亿,增长8.9%。自2013年《纸牌屋》火爆全球后,奈飞公司在原创内容的投入持续上升,以每年至少一部全球爆款的频率产出内容,2016—2019年,其会员增速始终保持在23%以上。

《纸牌屋》的创作是大数据技术在内容产业领域应用的典范,从内容创作到市场营销都充分发挥了平台所搜集的用户数据的作用,基于用户的行为特征及喜好进行分析并最终打造出一部广受好评的剧作。因此本节将对《纸牌屋》的营销模式进行分析,剖析奈飞公司如何从生产端进行布局,制作用户中意的作品,如何在营销端发力,实现用户的差异化营销传播,以期能够为其他流媒体平台的发展带来一定的启示。

二、案例分析

(一)大数据营销实现"用户中心"理念落地

1.以大数据描摹用户喜好——制作适配内容

大数据的理论研究先驱麦肯锡认为,大数据是指超过常规数据库对其内容进行获取、存储、管理和分析能力的海量数据,对这些海量数据的分析和处理能够筛选出高质

[①] 全球商业方法论.《纸牌屋》制作方Netflix是如何吸引增量用户的?[EB/OL].https://mp.weixin.qq.com/s/HX4m-gH5xR-fPI_WzAGYU0w,2014-03-31/2022-03-28.
[②] 杜艳艳,王芬.技术创新与品牌化:Netflix海外拓展的逻辑[J].传媒,2021(08).

量的有效数据并将其转化为准确信息,从而为企业或组织决策所用。[①]奈飞公司从建立之初,就将计算作为公司的发展战略,并建立了自己的用户偏好数据库,此数据库可以告诉创作者目前影视剧中需要什么元素,哪些桥段是用户最感兴趣并愿意持续关注的,哪些演员受到用户的青睐与喜爱。区别于传统的电视剧制播方式,《纸牌屋》正是大数据运用的产物,奈飞公司利用平台自身掌握的庞大用户数据优势,分析用户喜好,从而制作了《纸牌屋》。

与DVD播放以及电视收看不同,用户在流媒体平台观看视频拥有更大的自主选择性,即可以主动在海量的视频中选择自己喜欢的,在观看过程中决定何时暂停、快进、回看或者关闭,在观看行为结束后进行评论、互动或分享,而这些行为都会以数据的形式留下"证据",成为分析用户观看选择及其观看喜好的依据。当一位用户通过浏览器登录奈飞网站账号时,奈飞网站的后台技术会将用户位置数据、设备数据等悄悄记录下来,这些记忆代码被当作内容生产的元素记录下来,使奈飞公司拥有"可寻址的观众"。[②]与传统电视行业的收视率数据以及问卷调查不同,这些在用户观看过程中自动产生的多类型数据更具真实性与全面性,且能够借助计算机的海量存储空间而留存下来,方便进行二度分析与利用。

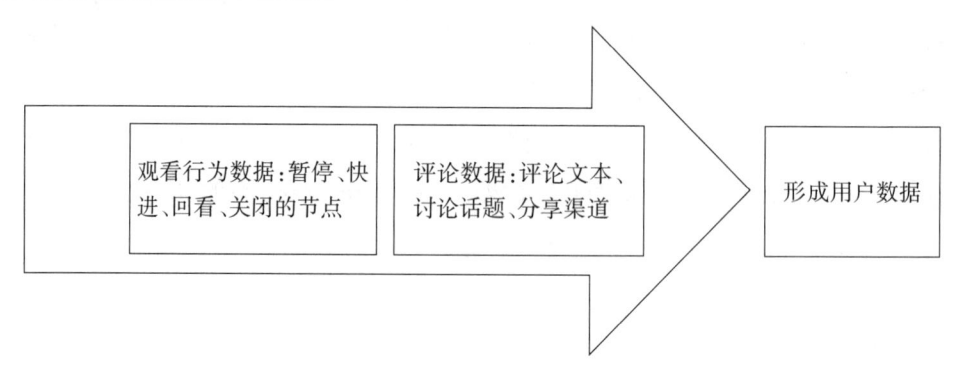

图7-1 存储的部分用户数据

奈飞公司正是通过标签数据以及推荐系统对3000多万用户的行为数据进行分析后,发现用户中很多人仍在点播BBC经典老片《纸牌屋》,同时这些用户还对演员凯文·史派西以及导演大卫·芬奇的作品展现出浓厚的兴趣,由此可以得知,将这些要素进行组合必定能够获得较大的用户群。《纸牌屋》便邀请了凯文·史派西担当主演,由大卫·芬

[①] 胡慧源.创新与变革:大数据时代的内容生产与营销[J].出版科学,2015,23(03).
[②] 李法宝.内容为王:《纸牌屋》如何满足观众需求[J].现代视听,2016(04).

奇执导翻拍,演技精湛且具备粉丝群的主演+执导经验丰富且作品精湛的导演+仍旧深受喜爱的政治题材,三个要素的组合成功击中用户的"痛点"。通过对原始数据的衍生解码,奈飞公司掌握了网剧生产的流量秘诀,不仅使用户画像更加明确,也挖掘了看似平常的数据的价值。用大数据描摹用户的观影偏好,进而为生产创作提供指导,为《纸牌屋》的诞生打下基础。同时,通过对用户观影行为数据以及视频内容画面的组合分析还能够对观众喜好的颜色、背景、情景进行摸索,这进一步为拍摄提供了指导。可以说从一开始《纸牌屋》就是由大数据产生的。

2.以大数据探知用户习惯——个性化宣传推广

数字信息技术与人工智能技术的发展,俨然已经改变了整个互联网生态,很多平台与用户之间的关系也从"供需关系"向"服务关系"转变,不再只是单纯地提供信息,而是站在一个服务者的角度,创制能够满足用户喜好的作品,提供舒心的服务。《纸牌屋》在确定剧本、演员、导演、拍摄方式等方面巧妙地以大数据作为判断依据,生产出精准击中用户喜好的电视剧。在宣传和推广方面,奈飞公司同样运用了大数据进行量身定制式宣传。营销与推广不再是千篇一律、无差别化的,而是根据不同用户群的偏好与习惯进行精准化的传播。

早在2000年,奈飞公司就开始启用Cinematch推荐系统,该系统是一个智能预测系统,它能将用户视频点播的基础数据(如评分、播放、时间、地点、终端等)储存在数据库后进行分析,计算出用户可能喜爱的影片、主题和风格,并为之提供定制化推荐的服务。2006年,奈飞公司启动了基于机器学习和数据挖掘的大奖赛,意图进一步提升Cinematch系统的准确率[1],最终也成功地将推荐效率提高了10%以上。2007年,随着主营业务转向在线点播,奈飞公司开始进入以分布式计算为主要架构的大数据时代,对于用户在选择、观看视频中的行为数据进行拆解式记录与分析,以获得更精准与多样的用户信息,包括观影持久度、感兴趣的情节、选择看视频的时间、用户惯于使用的媒介观看终端、用户点击的页面位置等,而这些信息帮助奈飞公司知晓用户的习惯与偏好,能够为不同的用户制订个性化的、适配个人风格的宣传片。

根据相关资料显示,《纸牌屋》的工作团队采用不同的镜头、旁白以及剪辑方式形成了各具特色的十版宣传片,这十版宣传片具有不同的宣传侧重点,通过奈飞公司的算法推荐系统推送给具备不同观影习惯的用户。例如若你是男主角扮演者凯文·史派西的

---

[1] 李冰,郄婧琳.大数据、流媒体与视频内容生产新策略——美剧《纸牌屋》的启示[J].出版广角,2015(03).

忠实粉丝,推送给你的则是聚焦于男主角的特辑;若你对缜密的叙述思维、高燃的故事情节感兴趣,为你量身定制的是展现精彩剧情的高能片段。基于大数据分析的营销与推广策略为《纸牌屋》的火爆奠定了基础,赢得了用户的关注度。

(二)4C营销促进密切且动态的用户关系搭建

菲利普·科特勒于1967年在《营销管理:分析、控制与规划》中确认了以4P为核心的营销组合方法,即产品(Product)、价格(Price)、渠道(Place)、促销(Promotion),认为营销应把握这四个因素,在产品方面注重开发功能与独特卖点,根据不同的市场定位制订产品价格,在渠道上注重经销商的培育以及销售网络的建立,在促销上利用各种宣传途径刺激消费者的购买欲望。随着市场竞争的日趋激烈,从企业角度对营销方式进行定夺已难以轻松赢得消费者的青睐,于是"以消费者为中心"的4C营销应运而生,4C营销以消费者需求为导向,重新设定了市场营销组合的四个基本要素,包括顾客(Customer)、成本(Cost)、便利(Convenience)、沟通(Communication)。4C营销首先主张从顾客需求出发,根据顾客需要来设计、提供产品,其次在定价上也不再单从产品本身考虑而是增加关注"顾客愿意为之付出的价格以及能够付出的价格",便利因素意味着为顾客提供最大的购物和使用便利,而沟通则表示企业应与顾客进行积极的双向沟通,在沟通中建立平等的、基于共同利益的新型企业与顾客的关系。

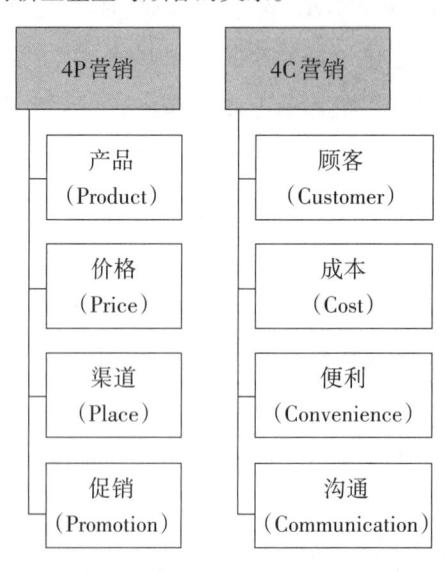

图 7-2 4P理论和4C理论对比

1. 将顾客满意度置于首位，进行精准定制（Customer）

《纸牌屋》的精准营销首先是以其优异的数据分析能力，准确洞察用户的需求，实现产品的创新定制和柔性化生产。与此同时，奈飞公司启动了《纸牌屋》4C营销的第一步（Customer），将用户的满意度置于首位，实现产品的精准定制。奈飞公司借助互联网的技术手段，基于3000多万订阅用户的大数据分析，精准洞察用户的内容偏好和浏览习惯等。用户每次在网站上的搜寻轨迹、评价都会和第三方数据综合起来；此外，地理位置数据、装置数据、社交媒体分享数据、观众加书签数据等，都会进入奈飞公司庞大的数据分析系统，进行组合分析。根据已有数据，奈飞公司得到了这样的结论：即爱看英剧的观众，同时又是大牌导演大卫·芬奇和演员凯文·史派西的粉丝。于是以此为蓝图搭建制作班底，翻拍1990年BBC出品的电视剧《纸牌屋》，然后该剧便顺理成章一炮而红。

将顾客的需求和满意度作为生产的底层逻辑，以技术和数据作为创作的思路来源，把握住4C营销"将用户满意度置于首位进行产品的开发"的思路，单就《纸牌屋》的内容而言就是"为用户而生"的，其上线必然会有大量的粉丝关注。在媒介产品竞争越来越激烈的今天，从"卖方"逻辑出发去思考产品该有怎样的独特卖点已经不具备优势，瞄准用户，在生产创作的前端就利用好大数据才能减少风险，获得用户的青睐。互联网时代初期的"流量变现红利"使率先抓住这一传播趋势的媒介平台站稳了脚跟，而如今这些媒介平台开始走向盘活存量、寻找业务新增长点的境地，在这个阶段，生产新奇的产品或许难以突破，但搭建更加良好的、紧密的顾客关系却尤为关键，将顾客满意度置于首位能够寻找到新的突破口。

2. 提升获取便利性，实现"一云多屏"（Convenience）

在传播学中，受众对传播媒体的忠诚度包含情感忠诚度和行为忠诚度两个方面。情感忠诚度由特定媒体的传播内容对于其目标受众的价值亲和力实现，行为忠诚度则由特定媒体的传播方式之于受众的便利性实现。情感忠诚度和行为忠诚度是媒体赢得青睐和用户停留的关键，二者缺一不可、相互促进。如果说用户对奈飞公司《纸牌屋》的价值和情感认同程度由大数据的准确探知用户喜好以及定制化生产实现，那么用户对《纸牌屋》的行为忠诚度则得益于其方便受众、降低受众获取成本的策略。

《纸牌屋》的精准营销也有赖于"一云多屏"的触手可及，这使得4C营销的便利性（Convenience）得以实现。奈飞公司积极打造现实版的"一云多屏"，保证用户不论使用什么终端设备，都可以获得良好的视频体验服务。技术便利性的优势，在《纸牌屋》的营销中无疑也为一大卖点。观众在电视机、笔记本电脑、智能手机以及平板电脑、蓝光播放器上面，都可以即时收看《纸牌屋》。在多个终端提供观看渠道，降低了用户的观影难度，增加了产品的"可得性"，同时也更大范围地抵达了具有不同终端使用习惯的用户，扩大了《纸牌屋》的用户群。用户能够根据自己的时间灵活观看和点播，不必再拘泥于传统电视的线性传播流程。

此外，《纸牌屋》一季13集的整体上线是其另一大亮点。这样的剧集形式打破了美国电视剧周播的定式，被称为影视剧播出史上的革命。只要喜欢，用户一次一集或多集任意选择，甚至可以过瘾地一次性看完。采用一次性推出整季的播出方式是奈飞公司利用大数据观测到用户偏好而采取的战略。奈飞公司发现越来越多的观众不再倾向于在晚上固定的时间守在电脑或电视机前进行观看，而是倾向于等所有剧集播出后在自己有空的时间一次性观看，原先的追剧行为转向刷剧行为，于是《纸牌屋》完整地拍完一整季后一次性推出。区别于传统美剧的边播边拍、依次推出的制播模式，"一云多屏"与"一次可得"这两个特性使《纸牌屋》大大降低了用户的获取成本，让用户可随意选择自己习惯或喜欢的终端、一次性酣畅淋漓地看完整季，使用户的观看意愿与使用满意度得到了提升。

3.降低购买成本，物超所值的订阅模式(Cost)

《纸牌屋》的精准营销是基于物有所值的订阅，在4C营销战略中，强调考虑顾客为满足需求而愿意支付的"顾客总成本"。《纸牌屋》用物有所值的成本战略提升对用户的黏度，同时兼顾会员的续订和发展。奈飞公司采用会员付费的运营模式，付费会员可以无限量观看影视内容，享受超过1亿小时的高清流畅画质。相对于有线电视的订阅费和在线视频的按次收费，这是一种低价格撬动市场的营销战略，特别适用于对价格敏感的消费群体。

为了重磅推出《纸牌屋》，奈飞公司又适时推出了一集免费试看的办法。包月制的价格模式之下，专门为一部电视剧推出一集0元的观看体验服务，吸引非订阅用户向订阅用户转变，独播剧《纸牌屋》又成为培养更多订阅用户的"敲门砖"。此外，用户对成本的考量，不仅包括货币支出，还包含可能耗费的时间成本以及购买风险等。在《纸牌屋》的观看过程中，用户享受无广告打扰的尊贵服务，减少时间成本的支出，获得良好的观看体验；同时，其又以优质的内容和制作的精良消除用户的购买风险。凭借提高顾客让渡价值的做法，奈飞公司从多方面让用户切实感受在《纸牌屋》上的订阅是物有所值的，甚至物超所值。当对付出成本与所获效益进行比较后，物超所值的《纸牌屋》自然会受到用户喜爱。

4. 注重营销沟通，增进观众参与感（Communication）

塔尔德在《模仿的定律》一书中认为，一切社会事物"不是发明就是模仿"，模仿通过人与人的接触和传播发生，成为"最基本的社会现象"，那么传播也便成为最基本的互动渠道。而后美国著名传播学者罗杰斯等人提出了创新扩散理论，他认为在新观念、新事物的普及过程中，大众媒介渠道和外地渠道在获知阶段更为重要，而人际渠道和本地渠道则在劝服阶段更为有力。因此利用好用户与用户之间的相互劝服，对于新事物的接纳、采用尤为关键。

《纸牌屋》的精准营销正是巧妙地利用了人与人之间的社交传播，同时运用沟通的营销策略，适时刮起了《纸牌屋》的"社交风"。奈飞公司以剧名"HouseofCards"专门注册了Twitter和Facebook账号，在奈飞的官网上，着力营造浓郁的社交分享氛围，网页的显著位置加添了Twitter的链接，让浏览者能与好友快速分享剧情内容。《纸牌屋》不仅是一部剧，更化身成为一个社交符号和社交货币，不断制造社交话题；设置Facebook的"like"（"赞"）按钮，显示最为直接的观众评价以及推荐情况，可视化的观众观看体验，为剧本的火热造势，非官方的推荐与评论为《纸牌屋》背书，使其获得了更多的关注；奈飞的官方Twitter也以《纸牌屋》的剧照为背景图片抢夺眼球，粉丝们在此分享观片感受。通过在社交媒体上的铺展和整合，促成了与观众以及观众之间的无障碍沟通，为《纸牌屋》的营销信息投递赢得"广播效应"，同时又极大增进了观众的参与感和口口相传效应，促成了访问量与分享量的不断攀升。

移动网络和设备的发展使得用户已不再满足于传统的收听者角色，表达与交流的需求日益凸显，而这种需求也同样存在于观看影视剧的时候，用户存在就剧情、角色、演员等内容进行讨论、将内容进行分享的需求，也希望能够在云端与剧迷形成对话。奈飞公司的种种设置正是洞察到了用户社交分享的欲望，因此并不止步于"播放"这一行为，而将"互动"这一重要元素也纳入其中，增加了用户的参与感。同时，参与也带来了二次传播，用户的分享、讨论、互动行为在无形中为《纸牌屋》做了广告，人际传播的直接性和亲近性以及借助人际链的分享，能够让更多人关注剧集，产生好奇心，进一步带动观看行为的发生。

(三)《纸牌屋》营销模式带来的启示

1. 从"消费者注意"到"注意消费者"

《纸牌屋》的成功直接验证了在大数据时代,消费者对于内容产品的消费偏好、消费方式乃至潜在需求等隐性信息,完全可以通过收集和整理消费者的相关消费行为数据,在量化分析的基础上予以间接识别甚至是预测。[①]大数据时代带来了营销模式从大声号令式"我们要发布内容了,消费者们请注意",到警觉式提醒"生产、营销的时候必须注意消费者"的转变,《纸牌屋》的案例更是提醒内容生产者应该具备由技术革新带来的开放关联、参与沟通的思维,在生产和营销的理念以及方式上与时俱进。

"注意消费者"在生产理念上表现为需求导向,通过水平互动全面了解消费者的需求,内容生产者理应注重消费者行为数据的开发与运用,借助技术将原本由问卷调查、访谈等方式得到的集群化、模糊化的消费者形象变得更清晰,从而更准确地把握消费者的需求与喜好。同时新媒体平台带来的草根化表达的可能性,也使得生产与消费的边界变得融合与模糊,消费者扮演着隐性生产者的角色,使实时的沟通成为可能,而最后的产品可以说是基于"双方协商的结果",部分采取"边拍边播"制播模式的剧作就保证了观众的反应能够及时得到反馈与调整,如《生活大爆炸》部分人物的性格就是根据观众的反馈几经改变才定型。

"注意消费者"在营销理念上表现为社交互动导向,不论是奈飞公司针对不同的消费者进行不同的宣传片与营销方式的设计,还是在其官网营造社交氛围,都体现了营销从原本的单向传播到互动沟通的转变。传统媒体时代,在电视、广播、报纸上进行观看,所交流的对象仅限于个人的人际圈,分享的对象是有限的;而社交媒体时代,观看行为衍生出其他的需求,交流、分享的欲望可以通过弹幕、评论、一键分享等来实现,分享的对象拓展到在网的网民,观看行为生发出组建圈层、聚合等其他行为。因此平台应该意识到消费者的此类需求,一方面运用技术构建良好的平台生态,另一方面利用此种需求制订营销策略,助力产品的推广。

2. "以用户为中心"≠"唯用户数据论"

《纸牌屋》借助大数据进行生产与营销,凸显了大数据以及用户思维的重要性,但"以用户为中心"却不意味着"唯用户数据论",若只具备大数据思维,将其视为最高准则,而对其他因素全然不顾,则容易掉入大数据的陷阱,适得其反。奈飞公司在《纸牌

[①] 胡慧源.创新与变革:大数据时代的内容生产与营销[J].出版科学,2015,23(03).

屋》中尝到甜头后,又再次运用大数据制作了美剧《马可波罗》,该剧投入资金高达九千万美元,接近《纸牌屋》两季的投资,也远超《权力的游戏》第一季的成本,然而其口碑与收视效果却不如人意,在美国的专业影视评价网站烂番茄上评分只有4.1,新鲜度更是低至18%,在美国剧评网站Metacritic上,18名专业剧评人综合评分只给出了47分。同样是依托于大数据进行生产,同样是奈飞公司倾力打造,为什么《马可波罗》与《纸牌屋》存在如此大的差距? 其中一部分原因在于其对数据的盲目迷信,《马可波罗》过度迎合观众,不顾剧情的合理性与逻辑链,生硬地加入猎奇和色情元素,反而破坏了观赏性,同时剧本的拖沓无聊、戏剧张力的缺乏,情节的空洞使其丢失了大批的观众。[①]

因此要善用而不迷信大数据,大数据只是工具和手段,而非准则与必胜绝技。以用户为中心,对用户相关行为数据进行分析,从而预测与判断用户的喜好和需求没有问题,但在这层逻辑之上还要配合精彩的剧本、精良的制作并注重作品的艺术价值,否则生产出的产品只是以数据堆砌出来的模式化产品,而失去了影视作品本来该拥有的魅力。唯数据论是将数据置于首位的过度迷信数据的行为,生产制作方应避免落入大数据的陷阱。

结语

20世纪50年代初,美国人罗瑟·瑞夫斯提出USP理论,该理论主张对消费者说一个"独特的销售主张",陈述产品的特有卖点。然而,依靠说明产品独特性来博得关注的时代已经过去,营销者与用户之间也不再是"我说你听"的关系,每一个用户都是独特的个体,他们向往得到的是定制化的、以己为中心的服务,正如现代营销学之父菲利普·科特勒指出,在一个产品泛滥而客户短缺的世界里,以客户为中心是成功的关键。《纸牌屋》以用户为中心的营销理念,从生产端开始贯彻,"取之于用户,用之于用户",从用户行为数据分析生产出他们爱看的产品,随后又一直延伸到营销推广、会员转化等各个方面,为奈飞公司的后续发展蓄力。不论是大数据营销还是4C营销,都善于从用户需求、喜好、习惯等角度出发考虑问题,而在"用户至上"的理念下也不忘对自身品质的把握,用专业与经验为用户体验保驾护航,唯有如此,才能获得更长足的发展。

[①] 潘岳风.大数据运用在电视剧制作中的利与弊——论奈飞运用大数据的得失及其启示[J].桂林师范高等专科学校学报,2017,31(03).

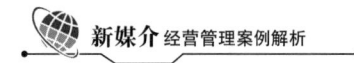

第二节 构建整合营销传播生态

一、案例内容

爱奇艺是于2010年4月22日创立的在线视频网站,2011年11月26日爱奇艺品牌启动并推出全新标志,2018年3月29日爱奇艺在美国纳斯达克挂牌上市。

在QuestMobile发布的2019年中国移动互联网TOP30赛道用户规模NO.1榜单中,爱奇艺成为爱优腾(爱奇艺、优酷、腾讯)三家中唯一一个上榜的长视频网站,用户规模持续领跑在线视频行业。爱奇艺2021年财报显示,爱奇艺总营收306亿元,2021年第四季度,爱奇艺日均订阅会员总数为9700万。同时,每年超200部的新剧以及大量的头部综艺、动漫、纪录片等海量优质内容的上线,也使得爱奇艺赢得了良好的口碑,在用户规模与黏性、订阅会员数量等关键指标上持续保持市场第一。2020年爱奇艺推出悬疑类型剧场"迷雾剧场",其中的《十日游戏》《隐秘的角落》《沉默的真相》均获得较高评价,成为"爆款"屡次"出圈"。

爱奇艺是如何大获成功的?又运用了怎样的营销策略与手段?它的成功能够给其他视频网站带来怎样的启示?本节将着眼于爱奇艺的多样营销方式,对其内容营销、互动营销以及平台营销进行分析,探究爱奇艺的"独家营销秘诀"。

二、案例分析

(一)从内容营销入手,打通整合营销传播第一环

1. 独家的:注重原创内容生产

爱奇艺目前的盈利模式仍以会员付费和在线广告服务业务为主,2021年第四季度,爱奇艺营收达到74亿元。从收入构成来看,2021年第四季度,爱奇艺在线广告业务实现营收17亿元;会员服务业务实现营收41亿元;内容发行业务实现营收7.6亿元;其他营

收达到8.4亿元。其中,会员业务营收同比增长7%,主要得益于月度平均单会员收入(ARM)的增长。ARM四季度为14.16亿元,同比增长了14%,环比增长了4%,这是该指标连续四个季度持续向好。四季度日均总订阅会员数为9700万。龚宇表示,爱奇艺会员服务的核心战略主要集中在三个方向、增加平均单会员收入、提高付费会员的留存率、继续拉新促活。

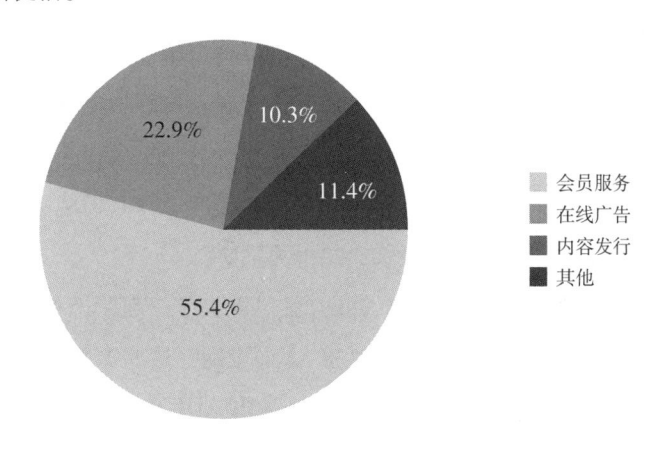

图7-3 爱奇艺2021年第一季度总营收

不论是会员服务还是在线广告都以优质内容供给为基本运行逻辑,用户愿意付费成为会员以及广告商愿意投放广告的根本都在于爱奇艺平台所提供的独家内容具备独特的吸引力,优质内容击中用户"痛点"使其愿意成为会员的同时也能够为广告主提供极大的营销合作空间,内容产品成为盈利的出发点,连接着视频平台的两大核心业务。而如今的视频网站竞争愈发激烈,虽然爱奇艺在长视频网站中处于领先的地位,但抖音、快手等短视频App很快在用户的注意力市场占据一席之地,同时定位为"中国年轻世代高度聚集的文化社区和视频平台"的哔哩哔哩,也给长视频网站带来一定的冲击,同质化内容越来越多,互联网用户的审美也随着多样化产品的供给越来越挑剔,因此率先从内容入手满足用户对于品牌和产品的心理诉求,获取用户青睐与黏性是最关键的一环。

爱奇艺注重内容产品的原创生产,其销售副总裁付正刚表示:"爱奇艺的核心优势之一,就是在自制内容上的不断创新。以内容制胜的理念,对于品牌创新起到了非常关键的推动作用。"从《奇葩说》《乐队的夏天》《偶像练习生》《做家务的男人》等爆款网综到《隐秘的角落》《想见你》《小欢喜》《延禧攻略》等高口碑网剧,爱奇艺近几年在自制内容上持续发力。例如《乐队的夏天》等原创音乐综艺节目将国内乐队文化重新带回大众视野,实现口碑和收视的双逆袭;《赘婿》有超1.8亿台设备播放,追剧会员账号数超6400万;悬疑类型剧场"迷雾剧场"以多部剧集接档推出、连续投放的方式吸引特定的垂类用户,构建圈层化的观剧场景。

2. 社交的:善用剧情造"梗"

不同于传统媒体时代专业媒体掌握话筒的情况,如今的传播渠道已经下沉到每一位用户手中,网民使用移动手机在各大社交媒体平台发声能够形成巨大的声浪。大众传播和人际传播边界的模糊,使得"社交化"成为营销环节中扩大传播范围以及抵达面的重要因素,拥有更强的社交属性的产品往往更容易出圈、破圈,而能否产生爆梗并进一步成为共同的社交话题对于视频产品的火热至关重要。

2020年《隐秘的角落》在爱奇艺播出,期间"秦昊秃头""一起爬山吗""小白船"等诸多剧情元素成为网络热梗,登上新浪微博热搜,火爆全网。这些有意思的梗,化身为一个个经过二次加工的表情包、动图等在社交平台被频繁使用及多元创作,加深固有用户的热议与记忆,也博取了潜在用户的关注。例如通过后台数据监测发现"张东升以爬山拍照为契机推岳父母下山"为用户讨论热点后,爱奇艺以主演秦昊及其妻子伊能静的"走啊,带你爬山啊"的互动扩大用户关注度,同时制作爬山梗图解、爬山表情包等进行多渠道扩散,使得爬山梗成功出圈。"秦昊带你爬山"微博热搜持续超24小时,登上微博热搜榜第3位;"一起爬山吗?"手机壳登上淘宝热榜第12位。由此可见,主动利用剧情进行造梗营销并挖掘其中的社交元素,是激发剧情与受众双向互动、引起广泛回响的创新型营销策略。这首先需要视频平台具备足够的敏锐度洞察用户心理,精准定位爆款剧情内容,而后借助对相关剧情的简化与再创作形成具备社交及出圈属性的网络爆梗,最后利用明星的头部效应进行多渠道的传播与铺设,当一个被制作或被推出的梗成功激发网友自主创作与传播的兴趣后,营销便从被动推销转化为主动推广。

3. 嵌入的:品牌与内容共融

爱奇艺的内容营销不仅体现在内容产品的原创制作与创新宣传上,也在广告业务上呈现,具体表现为品牌与内容的共融与嵌入,使得用户在主动观看视频的同时与品牌方达成了联系,且区别于原本生硬的广告插播,嵌入式的营销不仅不会打断用户的观看思路与连续性,反而以一种更诙谐、隐性的方式成为观看素材。品牌与内容的共融主要通过AI创可贴以及与视频内容创意结合的方式来实现。

图 7-4　AI 创可贴植入"剑南春"广告①

爱奇艺打造的 AI 创可贴广告能够结合产品特色及属性,根据平台所掌握的大量数据,利用 AI 将广告自动投放到关联度较高的剧情中,通过情景激发消费者的情感共鸣与消费需求,从而引发用户点击和直接购买的欲望。例如爱奇艺热播电视剧《都挺好》某一集中主人公苏大强躺在地上要喝手磨咖啡,此时爱奇艺利用该爆点剧情贴出"瑞幸咖啡,苏大强最爱!"的广告,大大打响瑞幸的品牌知名度。爱奇艺利用 AI 创可贴,在海量剧情中甄选最合适的场景,巧妙植入中国白酒品牌剑南春于《大江大河2》《大秦赋》等热播剧的相关剧情中,同时根据前期投放数据智能分析,不断优化投放策略,实现品牌与消费者更精准的连接。伴随着剧情内容而出现的创可贴广告,以不影响观看、可删去的方式呈现,减少了突兀感,观众与品牌在多元的营销场景中建立密切的接触,也在观剧的过程中留下了深刻的品牌记忆。

品牌与内容的巧妙共融还体现在自制综艺上,真人秀、脱口秀等综艺节目不同于虚拟的影视剧作品,其内容与环节的设置相对而言具有较大的灵活度,可以将品牌方产品的推广及广告巧妙融入节目内容中。《奇葩说》中,马东对赞助商产品的口播常常出其不意且充满笑点,当观众以为马东要联系辩题一本正经地分享职场经验的时候实际上却是为广告做的铺垫,前后的反差以及马东强大的口才不仅没有让广告的插入显得生硬,反而成为节目的一大笑点,根据场景适宜地插播广告,缓解了辩论的紧张气氛也增添了节目的亮点。同时品牌还渗透节目场景设置、战队名称、辩题、辩手陈述、情景短剧、道具等方方面面,"沉浸式"地融入节目之中,名正言顺地有了大量的出场机会。例如在第一季《奇葩说》"早恋该不该支持"这一期节目中,辩题小片就是高中情侣在美特斯邦威

---

① 图片来源:爱奇艺视频截图。

服装店挑选衣服进行对话的场景,将赞助商毫不违和地放入内容中,打响隐性的广告。辩手们在进行陈述的时候通常会拿起身边唾手可得的与赞助商相关的道具或者直接拿起产品进行举例,将产品与节目情节融合,使节目的推进与品牌的曝光并行不悖。

在2020年9月2日"技术赋能营销升级"爱奇艺iJOY广告策略营销分享会上,销售副总裁吴刚表示:"爱奇艺希望依靠自身技术创新、数据积累及多年成功经验,帮助品牌实现从曝光到建立认知,再到占领消费者的心智,最终实现销售转化全链路的营销解决方案。"嵌入式的营销为品牌从曝光到占领消费者的心提供了方案。

(二)互动营销助力,提升用户体验感与满意度

1. AI技术落地,实现个性化定制

当营销从"传者中心"转变为"用户中心",把握用户的需求与喜好成为营销成功的关键。传者视角的"我说你听"容易陷入"自说自话"的尴尬境地,而通过互动的方式实现个性化的呈现与供给,能让用户获得独特体验。AI技术成为连接内容和用户的中间桥梁,全方位解析两端数据,实现在内容端辅助视频创作,在用户端优化体验的功效。爱奇艺在个性化定制上利用AI技术实现了智能定制花絮、"只看TA"以及链接相关数据的功能。

2013年11月26日爱奇艺独家研发并推出绿镜功能,该功能通过实时监测用户观看视频时的行为,按照5V原则——Volume(大量)、Velocity(高速)、Variety(多样)、Value(低价值密度)和Veracity(真实性)来统计、分析用户行为模式和心理偏好,生成高度浓缩的精华版视频。基于AI大数据分析的绿镜技术能够综合分析海量的视频观看数据,对用户的停留、反复拖动进度条等行为进行分析,从用户的观看习惯中获知其感兴趣的内容片段,帮助制作方更好地运用用户产生的数据进行重新整合与剪辑,实现个性化定制剧集内容以及花絮。例如爱奇艺绿镜技术在2017年湖南卫视跨年演唱会时的应用,一改直播结束后由编导进行节目后期剪辑的传统模式,而是将决定权和编排权交到用户手中,生成直击节目最精华部分、最受观众喜爱的作品,提供了更优质和贴心的观看体验。

依托"AI人脸识别"、智能拆条与剪辑等技术,爱奇艺观看界面还存在"只看TA"功能,该功能使得用户在观看视频的时候可以自主选择只看某个演员或某对CP的剧集内容。由于不同的用户存在不一样的角色或角色组合偏好,以及在首次了解某部剧或后续再次

回顾剧情的时候存在选择性观看的行为,因此"只看TA"功能很好地实现了用户的个性化观看需求,以"高能集锦、高度整合"的方式迎合了用户及相关粉丝的观看习惯。

图7-5 爱奇艺"只看TA"功能①

互联网存储了海量的信息,让网民能够搜索获取,在观看视频的过程中用户也会产生疑惑与探知欲,爱奇艺的"奇观"则实现了即时识别与搜索的功能。感兴趣的演员、好听的背景音乐、不懂的台词、想要了解的商品等都可以一键识别链接到更丰富的信息资料,避免了用户不得不暂停观看进入其他搜索引擎进行查询的中断式信息搜索行为,保证了观看的连续性以及获取深度信息的便利性。根据爱奇艺行业速递公众号显示,截至2020年7月,爱奇艺App中"奇观"功能累计使用超20亿次,基于多模态人物识别技术的"奇观"功能已经可识别近10万明星,准确率达99.5%。

不论是智能定制视频内容还是链接感兴趣的信息,爱奇艺利用AI技术促进了用户的使用体验与满意度,在打造精品内容的同时也注意到从"互动"的视角出发,关注用户个性化的需求与体验,在深谙内容为王的同时深耕技术领域提升界面与使用的友好度,增强用户的满意度。

2.线下接触点管理,打通多元连接渠道

"整合营销传播理论之父"唐·舒尔茨提出,整合营销传播是把各种传播方式(例如广告、与客户的直接沟通、促销、公关、品牌等)作为企业信息传达渠道,以直接影响消费者的购买行为为目标的多手段传播过程。以消费者为导向、注重多手段的统筹运用以

---

① 图片来源:爱奇艺视频截图。

及对各个接触点的有效管理是整合营销传播的核心,目的是与消费者建立持久良好的关系,使其对品牌形成情感偏好[①]。

爱奇艺的互动营销不仅在线上进行技术上的布局,还延伸到线下与用户产生直接的互动,这是对整合营销传播的深度把握。视频产品的呈现品质、播放界面的流畅度、信息搜索的便利性成为线上的接触点影响用户的使用感受与偏好,爱奇艺对这些方面的管理以及技术上的升级直接影响到自身与用户的关系。而线下的广告、活动以及场所同样以实体接触点的形式与用户产生联系,因此对线下接触点的管理也十分必要。线上的视觉消费带动线下体验互动的需求,或许能够催生新的消费业态。《中国新说唱》将中国的说唱文化拉入大众视野,说唱文化的火热以及年轻人的喜爱让爱奇艺牢牢抓住风口,于是《中国新说唱2020》官方授权的首个酒吧WHYFRI于2020年11月落地上海,酒吧定期邀请《中国新说唱》人气歌手进行舞台演出,向年轻人提供更多元的内容消费体验,帮助市场发现文化变现的路径与可能。同样,爱奇艺自制原创潮流经营体验节目《潮流合伙人2》在2020年也同时发力线上线下的店铺运营,除了线上的FOURTRY小程序,还在多个城市打造线下潮流空间FOURTRYSPACE。[②]线下体验以及消费场景的打造拓宽了爱奇艺盈利渠道,更重要的是通过与用户更"实体化""身体在场化"的互动提升了用户对视频产品本身以及爱奇艺品牌的联系与黏性,同时也是对节目粉丝更深维度需求的回应,使粉丝的热度与喜好不会随着节目一季度播完而无所"安放"。

另一种线下接触点的管理主要表现为对广告的管理,虚拟端类似于视频平台本身以及社交媒体平台的广告对视频产品的推广固然重要,但现实端的联动同样不可忽视,"凡是能够被用户接触到的"都应该引起注意。迷雾剧场《沉默的真相》开播三天,北京西单地铁站就出现了"迷雾剧场"的创意广告展,神秘列车概念海报、剧场片单海报合集、定制台词车票打印互动装置以及全场循环播放的迷雾背景音乐,吸引众多关注的目光。嵌入式、场景化的广告宣传让迷雾剧场走进现实更具立体感和纵深感,选择地铁站这一与人们生活息息相关的地点也让品牌的知名度能够大范围提高,爱奇艺将互动延伸到现实中,营造了更真切且创新的用户体验。爱奇艺还联合肯德基推出限量1000万份的KCOFFEE,杯体设计提供迷雾剧场6部剧的专属线索,将剧情与线下消费产品相结合,既拉动合作商产品的消费,也将推动剧情的部分主动权交付于用户手中。

[①] 李晓英.大数据时代互动式整合传播营销体系的建构[J].当代传播,2015(04).
[②] 数据来源:微信公众号"爱奇艺行业速递"文章《从爱奇艺"尖叫之夜",感知2021年娱乐营销潮流风向》

（三）平台营销驱动，形成流量闭环

1.打造多元产品生态，增强用户黏性

目前爱奇艺的营收占比中，会员服务占据主要比例，对于在线视频网站来说，能够将用户的青睐转化为实际的会员付费行动至关重要，而用户的会员服务选择行为不仅仅在于平台所提供的视频产品，还在于对该视频品牌的整体认可度与满意度。产品、内容、体验、情感等因素都影响到用户对整个平台的印象与感受，而这些因素又在每一次观看行为中得以体现。爱奇艺要培养用户的黏性与忠诚度，应打造多元产品生态，让用户能够"停下"且"停留"。

"我们整个娱乐生态IP的开发链路，不管是由上而下，还是由下而上，从文学改成剧，从剧改成电影，甚至从电影再做衍生品，然后再做游戏都是可以实现的。"爱奇艺高级副总裁陈宏嘉表示，这是爱奇艺围绕IP进行的娱乐生态链路探索。[①]爱奇艺在打造多元产品生态的时候，注重IP链条的开发，打通电影、综艺、漫画、网剧等多个方位，使不同形态的内容产品可以满足不同用户的需求，同时也使得IP价值最大化。例如2016年爱奇艺自制剧《老九门》爆红后，爱奇艺立即上线衍生网络电影《老九门番外之二月花开》，作为正片的番外故事，在观众对剧情还恋恋不舍之时趁热打铁推出，形成剧影联动，既满足了用户的需求又增强了平台的黏性。而平台生态的打造不仅在视频产品上，还在于用户的使用场景与体验上，良好的平台生态更需要从用户角度出发，思考该推出怎样的服务与产品。如今的视频网站已不单单如传统媒体般担当着"提供者、传播者"的角色，更是用户进行社交、表达的平台。发弹幕、写评论、自主搜索、上传视频等行为都代表着用户对内容的需求不再是被动接受、"你说我听"，而是希望主动交流与获取。基于这种改变，爱奇艺打造泡泡社区、明星聊天室等满足用户由剧、综艺衍生出的情感需求以及同圈层聚集需要的产品，也搭建了直播、小视频、游戏、资讯、健康等满足用户多元信息需求的板块。

基于平台内容和多个产品以及服务之间的联动，爱奇艺形成了自身独特的平台生态，为用户提供了丰富多元的产品，最大限度地开发与联动也让用户流量形成闭环，从影视到小说、动漫、直播以及其他各类服务，当用户所需能够在一个视频App上尽可能多地实现，平台也就成功地将流量聚拢在自身。

[①] 数据来源：微信公众号"骨朵网络影视"文章《平台生态是营销的内核驱动力|对话高级副总裁陈宏嘉》

2."爆款"联动宣传,扩大营销范围

不同的视频产品面向不同的用户,各自的粉丝群体与收视用户可能不尽相同,而"爆款"间的联动有助于打通用户群体,释放平台潜力。爱奇艺在播出的古装青春剧《从前有座灵剑山》在某表演桥段中使用了歌手汪苏泷的歌曲,同时又以汪苏泷为跨内容结合点,联动爱奇艺自制综艺《我是唱作人》官博,斩获微博热搜;在网剧《隐秘的角落》播出过程中,爱奇艺曾将该剧与原创爆款综艺《青春有你》联动营销,邀请The9成员为迷雾剧场打call,博得了粉丝们的关注与自发传播;在《做家务的男人2》中,单身舍友组范丞丞、郭麒麟在某一期中与《青春有你2》进行视频连线,"以做家务为独特视角"的观察类真人秀与青春励志选秀节目联动,男明星与女团成员的破次元壁互动,为两个节目制造了话题与热度。

图7-6 《做家务的男人》与《青春有你2》连线①

剧与剧、剧与综艺、剧与电影等内容产品之间的联动宣传,能够不断提升作品热度,使不同的作品能够借助"他力"释放更大的能量与效益,实现作品间的相互导流以及平台内部流量的叠加与转换,形成流量闭环。爱奇艺在联动营销上积极布局,不仅在不同类型的产品间实现联通,还深度开发IP价值,推出衍生节目。如辩论节目《奇葩说》的衍生节目《饭局的诱惑》以及《奇葩大会》,《偶像练习生》衍生出《偶像有新番》,爱奇艺自制近代热血青春剧《热血少年》的衍生综艺《救命啊!我要上班了》,衍生节目良好的传播效果证明了爱奇艺剧综联动的成功性,为平台营销开辟了新的道路。2020年3月在爱奇

---
① 图片来源:爱奇艺视频截图。

艺播出的《鬓边不是海棠红》剧集播出一半时,就有超六万人在豆瓣给出7.5分评价,超出同期剧集,而剧情衍生的"黄晓明洗洁精式演技""尹正咬手绢"等话题引发网友的持续讨论,于是爱奇艺抓住时机上线首档京剧脱口秀《瑜你台上见》,由京剧名家王珮瑜坐镇,联动《鬓边不是海棠红》这一IP,以脱口秀和表演的形式解读剧情、弘扬京剧文化,也以独立的主题与内容推动"京剧其实很好玩"的理念落地。

结语

不论是内容营销、平台营销还是互动营销,爱奇艺构建了一个良好的整合营销传播生态,综合协调地使用了各种营销推广手段。消费者在获得利益感知的同时也获得了爱奇艺的品牌价值和企业形象感知。制作精良的剧集、良好的平台生态、爆款间的联动宣传,看似零散的营销活动和表意符号,实则都在以别样的方式,建立协同优势,确立与用户的持久关系,强化品牌忠诚。这种嵌入式的、多样化的营销生态的构建,让用户在心中勾勒出"悦享品质""用户友好"的特质形象,为用户的消费选择提供了隐性支持。爱奇艺的整合营销传播策略并不只有视频平台可以借鉴,对于其他行业而言,如何掌握整合营销传播的要义,形成自身独特的品牌形象也至关重要,希冀此案例可以提供一定的思路,引发进一步的思考。

第三节 IP营销成为盈利新动向

一、案例内容

网络文学主要是指通过网络的WEB交互技术和多媒体信息技术创作出来的,以互联网为传播媒介的文学作品[①]。1998年美籍华人朱威廉在上海创立的"榕树下"网络文

---

① 尹倩,曾军.中国网络文学的海外传播:现状及其问题[J].社会科学,2019(01).

学公司的正式上线标志着中国网络文学的诞生[①]。根据《2020年度中国网络文学发展报告》，网络文学目前已形成都市、历史、游戏等二十余个大类，二百余种小类，轻小说、二次元等题材类型在Z世代创作者和消费者的主导下崛起，就用户规模而言，截至2020年12月，我国网络文学用户规模已占网民整体的46.5%，达4.60亿。

从榕树下、起点中文网、幻剑书盟、晋江文学城等网络文学小说网站或论坛到七猫小说、番茄小说、书旗小说等移动阅读App，从免费阅读到付费模式再到IP开发和各大App的出现，网络文学的发展走过了20年，不断探索着适合自己的发展路径。而今，网络文学的IP化开发与运营占据文娱市场"C位"，以IP内容为核心的跨媒介多元化版权开发成为网络文学重要发展方向和收益源泉，由热门网络文学作品改编的，如剧集、动漫、电影等取得了傲人的收视成绩，也拓展出游戏、线下实景娱乐、IP衍生产品等多种商业变现模式。中国作协党组成员、书记处书记胡邦胜表示，网络文学重要发展方向就是IP化，今后将有更多网络文学走向影视化改编。作为在线阅读行业龙头公司的阅文集团，在2021上半年实现营收43.42亿元，其中版权运营业务达17.40亿元，同比增长129.787%，在漫画、动画、剧集、电影等多方面也持续发力，如剧集《赘婿》《斗罗大陆》位列云和数据2021上半年连续剧有效播放榜单前三。阅文集团自制的IP改编动画《斗破苍穹》收获高口碑与热度。

本节主要对网络文学的营销新模式——IP营销进行剖析，分析网络文学发展历经20年，IP营销的发展情况以及能够带给网络文学什么新的出路与方向。

二、案例分析

（一）网络文学网站盈利模式回顾

1. 从付费到免费，固化市场格局的打破

在网络文学的萌芽时期即2003年之前，网络文学网站采取免费阅读的模式，依靠作者不计稿酬用爱发电的写作和读者慷慨解囊的捐款来维系运转，网络文学的线下出版成为唯一的变现方式。而随着网络文学网站人气的攀升，运营成本也随之加大，免费的模式已不足以适应发展的需求，部分网络文学线下出版带来的影响也仅限于作者。

[①] 吴亮芳.中国网络文学新业态的诞生、迭代与模型：商业与艺术[J].现代传播（中国传媒大学学报），2020,42(05).

2003年起点中文网率先建立VIP付费模式,读者需要通过付费来阅读,每阅读千字收费2分,付费模式给创作者带来了较为稳定的收益,也为网站的持续运营提供动力,网络文学的付费制度在起点中文网的试点下逐步推广。

表7-1 网络文学发展历程

1995年~2002年	2003年~2018年	2019年至今
免费阅读模式	付费阅读模式	IP化运营

2019年,为了撬动原本较为固化的市场利益格局,追求流量与短期利益,一些新兴的阅读平台开始大展拳脚实行免费阅读,试图通过免费的形式推动网络文学大范围多领域的传播与下沉,吸引潜在顾客与新用户。而免费阅读的盈利点则在于流量变现,通过"免费的小说"吸引大量读者再通过"二次售卖"获得广告盈利。作者与平台从读者浏览、点击广告产生的盈利中分成,免费模式使得作者的收入不再由订阅读者、忠实粉丝的数量决定,而由读者的有效阅读时长决定。根据QuestMobile发布的《2021中国移动互联网年度大报告》,2019至2021年,免费阅读用户规模及App人均使用时长均获得了明显的增长,进一步为在线阅读行业的用户增长提供了强大的助力。2021年12月免费阅读活跃用户规模为15245万,月人均使用时长有863.2分钟,比2020年12月增加了180.2分钟。而回顾2019年3家上市网络文学公司的业务,阅文集团、掌阅科技以及平冶信息的付费阅读相关业务的同比增长率均为负。根据相关调查显示,国内第一大网络文学内容平台阅文集团在2019年出现营收结构逆转的情况,在2014年贡献年收入97%的在线阅读于2019年下滑至44%,同期版权运营业务收入在营收中的占比则从3%上涨到53%。

免费网络文学阅读平台如番茄小说、七猫小说、书旗小说、飞度小说的出现,改变了以付费阅读为主的网络文学生态,如今的免费模式不同于网络文学网站发展初期作者的"为爱发电",是网络文学发展壮大后的一种新的商业模式,吸引各个年龄阶段的下沉用户,成为一种吸纳"不愿意花钱阅读的用户"以及新用户的方法,同时部分盗版小说网站的用户在能够免费阅读正版书籍并且有机会在平台上与作者进行交流的时候,自然也开始向免费网络文学阅读平台倾斜。这些移动阅读App凭借大量免费内容,并辅以现金阅读激励,开始参与分割网络文学市场。

而在未来,免费还是付费尚未明确。2020年,起点中文网有付费与免费渠道同时开放的尝试,如《我的徒弟都是大反派》连载期间长期占据起点中文网畅销榜TOP10,广告单渠道收入超过20万,成为双边爆款,双向的结合丰富了收益方式也提升了作品的知名度。而从现实层面上讲,知识付费习惯与认知的逐渐建立,以及Z世代对虚拟产品付费比例显著高于平均水平的现实,也昭示着付费阅读和免费阅读似乎也有双线并进的可能。

2.IP开发成为增值新引擎

IP是指凝结了作者脑力活动和社会活动、被法律赋予独享权力的"知识产权",围绕一个IP可以进行影视剧改编、游戏开发、音乐创作、动漫、文学作品、周边衍生品等多种文化产品的资本运作,从而产生巨大的经济效益。[①]概括而言,IP是指"具有高度专注度、大影响力并且可以被再生产、再创造的创意性知识产权"。[②]网络文学的传统付费模式带来的利润红海已经消退,而网络文学的IP孵化开始逐渐占据市场C位。早在2016年,由艾瑞咨询发布的《2015年中国网络文学IP价值研究报告》中,就已经明确指出网络文学是如今中国文娱市场上最大的IP源。《2020年度中国网络文学发展报告》显示,如今网文IP开发形式更加多元,除了网络文学IP改编影视剧、游戏、动漫等,网络文学改编音频、短视频内容也在2020年成为网络文学改编的热门赛道,如《诡秘之主》《我有一座冒险屋》《庆余年》等爆款有声作品的涌现。正如腾讯控股首席战略官所说的那样,网络文学成为"新文创大生态的重要原创IP源头"。IP全产业链生态全面开花,在IP改编影视剧、游戏、动漫、有声读物等方面持续发力,较低的创作成本、多元化的叙事品类以及丰富多样的内容储备,让网络文学成为IP的"活水之源",IP开发为网络文学的市场价值带来指数级增长。

(二)网络文学的IP化运营

1.网络文学IP+影视剧、动漫

《网络文学IP影视剧改编潜力评估报告》显示2018年~2019年309部热播影视剧中,网络文学IP改编的有65部,占21%;热播度最高的100部影视剧中,网络文学IP改编的有42部。根据国家广播电视总局监管中心每年发布的《网络原创节目发展分析报告》,自2017年以来,网络剧的上线数量已经连续4年超过200部,每年约有60部左右的网络文学改编网剧上线,约占上线网络剧总量的30%。同时近年来网络文学改编剧的质量不断提升,2016年的《欢乐颂》,2017年的《琅琊榜》《三生三世十里桃花》,2018年的《大江

[①] 王志刚,李阳冉.知识管理视角下网络文学IP生态体系重构[J].编辑之友,2021(05).
[②] 刘琛.IP热背景下版权价值全媒体开发策略[J].中国出版,2015(18).

大河》《如懿传》,2019年的《庆余年》《都挺好》《亲爱的,热爱的》《小欢喜》,2020年的《隐秘的角落》,2021年的《赘婿》等均获得了极大的播放量与热度,成为用户喜爱的影视剧作品。以阅文集团起点中文网作家愤怒的香蕉同名小说改编的古装剧《赘婿》为例,该剧成为2021年首部爱奇艺热度值破万的剧集,同时也促使阅文集团旗下平台原著日均阅读人数提升近17倍。

图7-7 热播网络IP改编剧[①]

将网络文学IP改编成影视剧,对于影视公司来说存在着较低的试错成本。影视公司可以通过对数据的解读,淘汰"无人问津、人气较低"的文本,而选择已经积攒了较多读者粉丝、受喜爱较多的作品,将其改编成影视剧,一来选择剧本上更具方向性,二来又能借助粉丝的关注与讨论自发形成一定的热度,让影视剧能够"未播先火"。可以说挖掘到优质的、适合改编的网络文学IP,能够在一定程度上经由价值链的延伸保证商业价值的最大化。而同时影视剧作为一种视听产品,区别于网络文学面向特定受众群体,以更广泛的触角抵达了各年龄层次的受众,以精美的制作、视频化的呈现以及演员的演绎吸引大批影视迷,当改编后的影视剧成功出圈,"反哺"效果也随之产生,人们会回过头

---

① 图片来源:剧作公开海报。

来关注原著本身,促进原著的火热。如《庆余年》的热播使得原著在起点读书App上的在线阅读人数、单书在线阅读收入等增长约50倍;《隐秘的角落》的热播,激发大众对紫金陈小说的阅读热潮,阅读原著《坏小孩》的用户数量上升5倍,纸质书一度脱销。

而就漫画而言,漫画平台的头部作品中,小说改编漫画的比重在30%以上,网络文学作者可以将版权授予出版社或网站,再由出版社或网站联系漫画作家进行改编创作,最后形成漫画作品。相较于真人出演的电视剧和电影而言,动漫以及动画对于玄幻、魔幻等题材的网络文学的可操作性以及还原度会更高,在画面制作上可能更具视觉效果。

2. 网络文学IP+游戏

中国互联网信息中心发布的第49次《中国互联网络发展状况统计报告》显示,截至2021年12月,我国移动应用规模排在前四位的App数量占比达61.2%,其中游戏App数量继续领先,达70.9万款,占全部App比重的28.2%。截至2021年12月,我国网络游戏用户规模达5.54亿,较2020年12月增加3561万,占网民整体的53.6%。网络游戏在我国具有良好的发展前景,也从侧面反映出网络文学IP与游戏的组合存在一定的可行性。

就游戏改编而言,首先,网络文学作品的人物设定、故事情节、剧集走向都需要具备更强的戏剧性与冲突性,符合游戏所需要的对抗与冲突,才能为游戏的展开提供丰富的背景,让游戏中的人物形象更饱满、更具备自己的故事线与性格,给予游戏玩家更好的游戏体验与代入感。其次,玄幻奇幻、武侠仙侠等题材的游戏本就存在较大体量的用户群,而部分仙侠奇幻类网络文学正好成为适合改编成该类游戏的作品,这就促使了游戏能够最大限度地吸引不同的受众圈层,如网络文学本身的IP粉丝、奇幻仙侠类游戏爱好者以及MMORPG(大型多人在线角色扮演游戏)爱好者等。最后,网络文学所积攒的极高人气,使得网络文学IP改编的游戏一上线就能获得较大的关注,节约了制作时间以及宣传成本。有报告指出有IP游戏下载转化率是无IP游戏的2.4倍。以起点中文网改编《斗罗大陆》为例,《新斗罗大陆》《斗罗大陆H5》进入2019年新游流水TOP10榜单,年收入位列新游榜第8名。

网络文学IP改编游戏就如同改编影视剧一样,能够取得双赢的效果。一方面网络文学创作者可以通过影视剧、游戏改编权的转让、参与剧本改编工作获得收益,另一方面改编作品也使得受众关注原作品,促进实体书的销售以及电子阅读量的提升。《诛仙》《盗墓笔记》《完美世界》《琅琊榜》《花千骨》等网络文学IP改编游戏均取得了较大的成功,手游《花千骨》首月月流水近两亿,《琅琊榜》上线十天超千万流水。①

3.网络文学IP+有声阅读产品

有声阅读指将文学作品等内容通过语音技术录制形成音频作品,以PC端可穿戴设备、移动终端等媒介为载体将作品内容传递给用户。②近年来,以喜马拉雅、猫耳FM、荔枝为代表的有声阅读App收获了大量的平台注册用户,其中喜马拉雅在2021年第一季度月活跃用户数达到了2.5亿。有声读物的伴随性与便利性加之智能音箱的不断发展,使得越来越多的用户开始以耳朵接触网络文学,据相关数据显示,在用户首选阅读媒介中,有声书已经达到了32.3%,听觉经济正在兴起。

网络文学IP成为有声阅读产品的重要内容源。2020年优酷上档的电视剧《三叉戟》同步上线有声阅读,有声版《摸金天师》收听量最高达55.5亿。③《温暖的弦》《冰糖炖雪梨》两部网络文学作品在喜马拉雅上得到极好的口碑与赢利后,引起出版单位和影视公司的关注,从而进一步改编成影视剧亦取得骄人成绩。《斗罗大陆》《斗破苍穹》《鬼吹灯2》等网络文学IP改编成的有声书,也受到了用户的追捧与喜爱。

有声阅读制作成本低、表现力强且场景还原度高,将"有声出版"作为网络文学IP开发的先行环节进行试水,在积累一定的粉丝量与知名度后考虑其他IP开发领域,有声阅读产品可以充当网络文学IP开发的前端环节,以"试金石"的角色发挥作用。这些有声读物的火爆同样也给音频平台积攒了人气、培养了新用户,为音频平台带来切实的营收。随着有声读物用户规模的不断扩大,部分网络文学平台也开始自己成立有声部,不再一味地将版权售卖给其他音频平台,而是尝试自己聚拢这部分用户,如阅文集团的自有音频平台——阅文听书,番茄小说的推出听书产品——番茄畅听等。另外,超越"将文字读出来"的直接转化模式进行二次创作的广播剧也逐渐走上舞台,《三体》《白夜追凶》等广播剧均取得良好反响。

4.IP出海

网络文学除了在国内市场的IP改编上如火如荼,也开始积极走向国外,拓宽自身版图。IP出海既响应了国家"推动中华文化走出去"的倡导,以非官方精品内容输出的方式提升中华文化的传播力和影响力,又能够打开海外市场的大门,推动网络文学的进一

---

① 张英奎,牛天星,张圣昕,李俊辰.网络文学IP运营与发展对策研究[J].出版广角,2018(21).
② 贺子岳,梅瑶.泛娱乐背景下网络文学全产业链研究[J].出版广角,2018(04).
③ 信莉丽.后疫情时代网络文学IP价值链重构与创新[J].编辑之友,2021(05).

步发展。如今中国网络文学出海从出版授权到建立翻译平台、线上互动阅读平台,再到开启海外原创、网络文学IP衍生作品输出海外,网络文学对外传播不仅实现了规模化,而且完成了从文本输出到模式输出、文化输出的转变。以阅文集团起点国际为代表积极培育海外原创,截至2020年起点国际海外原创作品已超过16万部,海外原创作者数量超过6万名,累计访问用户超过7000万;以掌阅科技为代表推动作品内容本土化,加强国际版权合作进行优质作品的输出;作为网络文学出海开放平台的推文科技凭借全球首创智能AI翻译提高了网络文学的出海效率,降低了人工翻译所需的时间,实现了中国网文规模化出海。

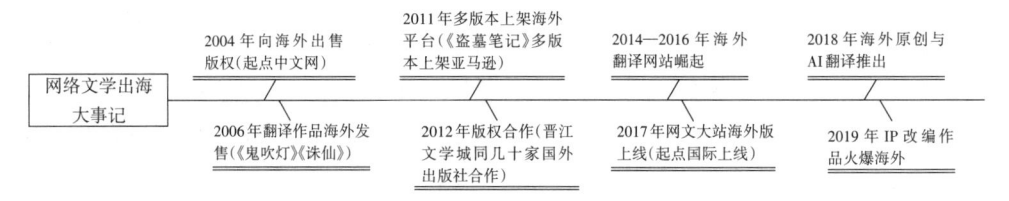

网络文学出海大事记	2004年向海外出售版权(起点中文网)	2011年多版本上架海外平台(《盗墓笔记》多版本上架亚马逊)	2014—2016年海外翻译网站崛起	2018年海外原创与AI翻译推出
	2006年翻译作品海外发售(《鬼吹灯》《诛仙》)	2012年版权合作(晋江文学城同几十家国外出版社合作)	2017年网文大站海外版上线(起点国际上线)	2019年IP改编作品火爆海外

图7-8 中国网络文学出海大事记

有关研究显示,2020年网络文学出海市场规模增速为145%,规模达11.3亿元;用户规模增速为160.4%,达到8316.1万人。中国网络文学内容多元化表现显著,已形成都市、历史、游戏等20余个大类,200余种细分。且海外中国网络文学用户群体呈现出高黏性特征,91%的海外用户几乎每天都看网络文学,每次阅读大于1小时的人数占72.9%,每天花3小时以上的人数占36.9%。用户所呈现的较高黏性与吸引力加之IP出海的多元化商业模式探索,使得中国网络文学出海呈现良好的发展势头。

利用好海外网络文学读者这个巨大的用户池能够发挥较大效应,也为网络文学的IP营销提供新的方向与发展机遇。而IP出海也面临着翻译质量参差、盗版侵权等问题。中国网络文学中很多题材具有较强的民族文化背景,部分语境以及文字需要一定的中文素养才能够理解,而翻译就更是存在难度,类似"六道轮回""暗香浮动"等词语要翻译出原有的韵味与美感则需要一定的能力。根据艾瑞咨询调查显示,海外网络文学读者在挑选一本中国网络小说时最看重的是作品的更新速度,以67.9%的高占比稳居第一;其次是作品的题材与翻译质量,而这两点都有赖于优质的翻译者或翻译机器,因此完善职业译者体系并辅以相关技术至关重要。让文学作品的艺术性能够在翻译后得到保留,传递出作者的原生态价值观与语言,同时满足读者对于更新速率的需求,才能带来更好的阅读体验,增强用户黏性与忠诚度。

(三)如何做好IP营销

1.开掘粉丝经济与流量价值

网络文学作品的IP开发能够为平台及作者带来衍生价值与收益,在改编成影视剧、动漫、游戏、有声读物等作品的时候,善用作品本身所积聚的流量与关注度,开掘粉丝经济则十分必要。原著粉丝的支持与喜爱是网络文学进行多元化改编的原生动力与基本保障,粉丝自发形成的凝聚力以及较强的消费意愿降低了改编后新产品"无人问津"的风险。同时大量的原著粉丝也能够成为新作品的推广者,促进网络文学及其衍生作品的传播,在改编后新产品上线前,粉丝的持续关注易在社交媒体上形成巨大声浪,相较于没有粉丝基础的全新作品而言更容易走进大众视野。阅文集团总编辑杨晨指出,网络文学与生俱来的商业性和贴近读者的特性,使网络文学作品的评论不断增加,书中角色积累的大量粉丝不仅能够给作家最及时的反馈,也让他们能够提炼故事亮点,响应粉丝诉求,通过作家与粉丝共创去探索人设的可能性,这种用户反馈也为编剧提供了改编方向。

IP营销应注重粉丝这一角色,在满足粉丝在文字阅读外其他多元化需求的同时,反过来利用粉丝助力营销。网络文学热门作品动辄几百万甚至上千万的读者,无疑是IP开发及营销时的重要力量,在改编及开发衍生作品时关注粉丝的需求与意愿,使之与粉丝产生共鸣,在营销时注重合理调动粉丝的力量,能促进网络文学的进一步发展。如《诡秘之主》小说男主克莱恩2021年生日时,微博#克莱恩0304生日快乐#等话题阅读总量超过六千万,讨论超三万;《全职高手》主角叶修生日当天,粉丝发布话题并积极互动使其登上微博热搜榜第一。

2.具备全版权营销的思维

网络文学的全版权营销指的是文学网站通过签约、代理、成立工作室等途径将版权经营的形式从线上发表延伸到实体书出版、动漫、影视改编、游戏制作、衍生品授权等,形成一次生产全方位售卖的立体格局,其核心是版权内容的生产与分销。[①]网络文学的全版权营销相当于对网络文学IP最大限度地多维开发,以期实现IP价值的最大化,衍生及周边产品的持续开发提升了网络文学运营商的整体盈利能力。"文漫影游"联动的IP文化生产思维,已经成为网络文学IP开发的共识。2000年,腾讯影业、新丽传媒、阅文影视组成三驾马车,腾讯动漫和阅文动漫推出"300部网文漫改计划",打通了IP不同阶段

---
① 张丽君.网络小说IP全版权运营版权保护[J].中国出版,2019(04).

下的运营开发形式,实现全版权精细化运营。

在进行全版权营销的时候需要具备全局战略眼光,在清晰定位网络文学IP自身特性的同时,考虑适合在哪些领域进行开发与布局。由于不同的网络文学作品存在不同的特性,因此并不是所有的IP都能够在影视剧、动漫、游戏、有声读物等各个维度都大放异彩,全产业链的开发不仅要考虑IP资源利用的最大化也要明确自身的适合与不适合,盲目地在各个领域投放精力进行改编,只会适得其反。全版权营销同样也不意味着所有领域同一时间开发,制订战略后进行有序的衍生开发,发挥各个产品的联动带动效应,能够降低一定的开发风险和成本。

当单纯的网络文字阅读已无法满足消费者多样化的需求,全版权营销则成为网络文学营销转型的必然趋势。具备全版权营销的思维,充分开发多元产品,保证周边产品市场的稳定增长能够为IP营销提供更大的动力与支持。

3. 打造IP品牌,实现品牌效应

品牌最早是烙印的意思,表现为人们在自己的所有物上打下烙印、特定的符号或签名作为识别的标志,而现代意义上的品牌超越了单一的"区别划分"功能,成为产品形象和文化的象征,成为一个企业的无形资产。营销学之父菲利普·科特勒指出,品牌可以使消费者对一个企业的产品或服务进行识别,也使得企业能够凸显自身的与众不同。在市场营销中,品牌能在以下几个方面发挥功能:首先,品牌为消费者的购买行为提供见解与建议,让消费者可以通过品牌更明确地选择某一产品,品牌代表着产品的特色与品质,在同质化产品层出不穷的时代,品牌凭借自身的影响力脱颖而出,引起消费者瞩目;其次,品牌的强大生命力超出了一个产品本身所具有的存在周期,能够带来恒久性的、超越于实体物质的品牌利益。

网络文学在版权开发中,也应该具备品牌定位与发展的意识,构建独特的品牌形象,促使消费者产生独特的情感体验与心理认同。流潋紫的小说《后宫·甄嬛传》在改编成电视剧后大火,打响了作者自身的品牌,因此其姊妹篇《后宫·如懿传》在还未播出的时候就取得了较大的关注。后宫系列作品因为剧情的精良、选角的精准、改编得恰到好处以及对品质的把控与追求形成了一个独特且成熟的品牌,取得了良好口碑,而品牌形象的形成又为其衍生作品产生源源不断的效益。2015年上线的《甄嬛传》IP手游上线3天就跻身iOS平台的付费榜榜首,品牌效应下的影游联动激发了网络文学的巨大活力,为其衍生作品或系列作品博得了与其他作品同台竞争的先机与优势。同样,以描

述家庭百态、聚焦子女学习成长为主题的"小"系列电视剧如《小别离》《小欢喜》,注重在剧本以及演员上下功夫,关注现实教育问题,让剧中的每个角色都能在生活中找到对应、产生共鸣,打响了品牌,使得2021年上线的《小欢喜》姊妹篇——《小舍得》,在开播伊始就引起较大关注,更是在网络上掀起讨论热潮。

结语

网络文学在经历了艰难探索的1.0时代、野蛮生长的2.0时代,如今已经来到了提质增效的3.0时代[①],3.0时代是以IP开发与运营为主的"全产业链建设"时期,聚焦于IP自身特质,主张做出适配化的、有选择的"书、漫、影、音、游"多链路开发,为盘活与转化用户存量、转化其他链路用户价值提供一定的支持。如今,网络文学也逐渐成为短视频领域的内容源头之一,短视频平台借助网络文学IP来扩充平台内容,同时网络文学的IP开发也获得了更多维度的补充,让网络文学能够触达更广阔的下沉市场。以网络文学IP为蓝本的短剧、短视频广告等新兴形态不断出现,各类微短剧创作扶持计划持续出台。网络文学的IP营销是在深谙自身特质、消费者习惯后为追求新的盈利目标做出的转型与变革,目前网络文学行业也通过创新与迭代,探寻到了更广阔的市场与更有想象力的方向。

知识回顾

《纸牌屋》以用户为中心的营销理念、爱奇艺的整合营销传播生态以及网络文学从付费阅读到IP营销的转变,都在一定程度上说明了以下道理:(1)市场环境并非一成不变的,而是处于不断的发展变化之中,我们需要认清市场的变化,及时调整,积极应对;(2)营销与市场策略的制订并不是完全从企业或者说平台方出发的,我们更需要关注用户的需求,尝试与用户构建动态的、友好的关系,不论是一部剧、一个平台还是一类作品,都需要从用户角度思考问题;(3)在社交媒体时代,用户身份因"参与度"与"关联性"的大幅提升已经产生了质的变化,我们需要"以用户为中心"进行思考,也要善于"利用"用户,挖掘人际传播的价值,用户间的相互推荐、分享与传播是一股不容小觑的力量。

[①] 刘焕利.网络文学3.0时代的内容创作趋向与全IP运营生态——结合《2020中国网络文学蓝皮书》来谈[J].出版广角,2021(12).

其实不论是4C营销、整合营销还是IP营销,不论是构建良好关系还是创新产品研发,这些策略制订的前提就是媒介平台要具备全局视野,唯有厘清顾客、市场、产品三者之间的关系,才能更好地实践。

思考题

1.大数据在《纸牌屋》的成功中起了多大的作用?

2.还有什么案例显著地体现了"以用户为中心"的营销理念?

3.简要概括IP营销对网络文学发展产生的影响。

第八章　媒介组织与制度创新

知识目标

1. 澎湃新闻转型发展初期的组织架构优势及制度创新。
2. 湖南广电的发展战略经历的变化以及变化的原因。
3. 人民日报全媒体新闻平台的特点。

能力目标

1. 掌握媒体融合转型的背景及必要性。
2. 掌握新媒体时代主流媒体融合发展的要点。
3. 了解主流媒体在新媒体时代立足的方式。

思维导图

媒介组织与制度创新
- 都市报转型的成功之道
  - 从《东方早报》到澎湃新闻——成功转型的组织架构优势
  - 澎湃新闻何以脱颖而出——适应时代的内容生产机制
  - 都市报融合转型的启示——去粗取精、深耕特色
- 省级媒体发展的新兴战略与管理模式
  - "一体两翼、双核驱动"的顶层设计引领发展
  - 与时俱进的战略模式
  - 匠心独具的管理模式
- 中共中央机关报的全媒体新生态
  - "中央厨房"全媒体新闻平台的组织架构
  - 积极布局"两微一抖一端",进行适配化运营
  - 传统主流大报新媒体运营的启示

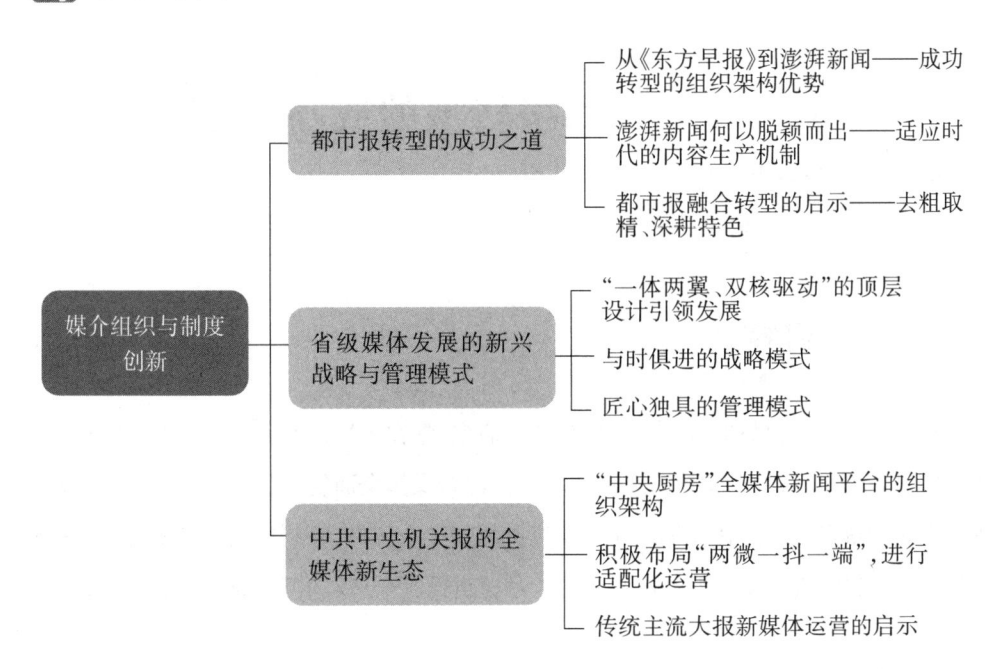

@ 引言

2014年8月18日,中央全面深化改革委员会第四次会议审议通过了《关于推动传统媒体和新兴媒体融合发展的指导意见》。习近平总书记指出,推动传统媒体和新兴媒体融合发展,要遵循新闻传播规律和新兴媒体发展规律,强化互联网思维,坚持传统媒体和新兴媒体优势互补、一体发展。

媒体融合发展对于形成立体多样的现代传播体系至关重要,也成为舆论引导以及巩固全民族团结奋斗的思想基础的重要阵地。而媒体融合不仅仅只是渠道、技术、人才层面的互通互融,组织结构变革才是推动媒介深度融合的核心要素,改革深入内部组织结构与运行机制,才能使媒介融合发展更为彻底。一手抓融合,一手抓管理,才能确保融合发展沿着正确方向推进。而新兴媒体的发展又离不开制度、战略层面的创新,在媒体融合转型过程中,需要把握适配化的战略思维,依据媒体自身特色与未来定位完成全面的、由内及外的融合发展。

因此,本章着眼于"媒介组织与制度创新"进行分析,选取具有代表性的传统都市报(《东方早报》—澎湃新闻)、省级广播电视台(湖南广电)、中共中央机关报(人民日报)为主体,分析其在媒介融合大潮下的转型与融合发展,聚焦其在组织架构与制度层面的创新,分析其成功之处。

第一节 都市报转型的成功之道

一、案例内容

澎湃新闻由老牌都市报《东方早报》转型而来,是在上海市委、市委宣传部的直接关心下创建、发展起来的全国第一个由传统媒体向新媒体全面转型的产品,也是上海报业集团成立后重点打造的新媒体产品。在报业面临受众流失、停刊休刊的危机时,澎湃新闻作为上海报业集团重点发展的新媒体产品应运而生,并成功打响自身品牌,成为用户喜爱的新闻平台。截至2020年底,澎湃新闻客户端用户数已达18300万,在全网60余个渠道进行分发,形成了强大的矩阵传播网络。

《东方早报》于2003年在上海问世,由上海文汇新民联合报业集团创办,创立之初凭借其具有深度思想性的新闻内容,获得大批高质量读者的关注,在全国范围内形成了一定的社会影响力和号召力。但随着互联网和新媒体的高速发展,《东方早报》面临巨大的生存挑战和转型压力。

2014年7月22日,澎湃新闻在移动设备客户端、网页和微信公众号上同时上线,上线不到24小时,澎湃新闻苹果手机客户端的下载量位居同类客户端第二位,仅次于腾讯新闻客户端,微信公众号的订阅量十天就达到了30万。据《2017年中国网络媒体公信力调查报告》显示,澎湃新闻在用户信任度、责任感和满意度三项指标评分上位居第二,影响力指标评分位居第三。[①]在上海市委网信办发布的《2018年上海媒体原创内容传播影响力数据报告》中,澎湃新闻在总传播力、总影响力等多个指标中位列第一。在《网络传播》杂志评选的"中国新闻网站移动端传播力总榜"上,澎湃新闻多次位列第一。

传统都市报与党报相比通常面临缺少政策红利和资金补助,需要承受体制和市场双重压力的困境。而澎湃新闻从《东方早报》转型而来,在较短的时间内承接了《东方早报》原有的新闻报道、舆论引导功能,并赢得了用户的偏好,这其中存在怎样值得借鉴的转型思路?澎湃新闻的组织架构以及内容生产机制又存在怎样的优势,使得这一报业转型而来的新媒体平台在时代浪潮中占据一席之地?本节将聚焦澎湃新闻,对其诞生与发展进行介绍,并对其组织结构以及转型历程进行深入剖析,以期为媒介融合背景下传统媒体的转型与突破提供一定的启示。澎湃新闻作为中国传统媒体转型实践中一个重要的样本,其生发于《东方早报》团队又超越并取代《东方早报》的故事值得进一步的回顾与思考。

---

① 魏文静.澎湃新闻品牌的四大特色[J].传媒,2020(05).

二、案例分析

(一)从《东方早报》到澎湃新闻——成功转型的组织架构优势

1. 新旧媒介平行运营,转移原有优势

澎湃新闻脱胎于《东方早报》,是上海报业集团重点发展的新媒体产品之一,其诞生可以视为在传统媒体式微背景下上海报业集团做出的主动化、积极式的转型。随着移动互联网以及新媒体技术的持续发展,纸质媒体面临着受众流失、营收下降的生存压力,于是"融合和转型"成为重要的出路。澎湃新闻顺应媒体融合大潮于2014年7月22日上线,从"我心澎湃如昨"的发刊词可以看出其将自身发展目标定位为"一个专注时政与思想的新闻客户端,并立志成为中国第一时政品牌"。

澎湃新闻根植、生发于《东方早报》,首先表现在其采编人员的构成上与《东方早报》有着紧密的衍生关系。最初的澎湃新闻绝大部分员工以及领导来自《东方早报》的原班人马,正如时任《东方早报》社长的邱兵也担任澎湃新闻的CEO。《东方早报》自2003年创办以来依托其高质量、深度化的新闻内容所形成的权威性与公信力为澎湃新闻这一新兴的"青年"提供了坚实的后盾,尤其体现在采编人员的任用中。具备丰富采编经验以及专业新闻素养的一大批优秀的记者、编辑为澎湃新闻的发展注入动力,也为其起步奠定了基石,虽为新兴媒体却在把控重大新闻、设置内容结构、编排版面等方面凸显出传统媒体的专业性优势。据悉,在澎湃新闻近400人的初级团队中,超过2/3的工作人员来自《东方早报》。在传统媒体融合转型的进程中,人员的编排与调整往往成为一大困难,而《东方早报》作为市场化媒体其员工为无编制的"合同工"这一特色使得这一问题迎刃而解,"不端铁饭碗"自然也就少了"如何将他们安置到对等级别的职位中去"的苦恼。

同时澎湃新闻与《东方早报》的平行运营也促进了信息资源的共享与分配,"一支采编队伍,两套编辑团队",记者采集的稿件分发至不同的编辑团队,不同的媒体根据自身媒介以及受众特色进行二次加工,实现一次采集后的多元生成,满足了不同受众的阅读习惯也节约了新闻采集的人力成本。纸媒和新媒体的同步运营,一方面弥补《东方早报》在发布渠道以及呈现方式上的不足,另一方面也为澎湃新闻这一"新兴品牌"进行了"背书",同时还兼顾了不同年龄阶段群体不同的阅读载体需求。

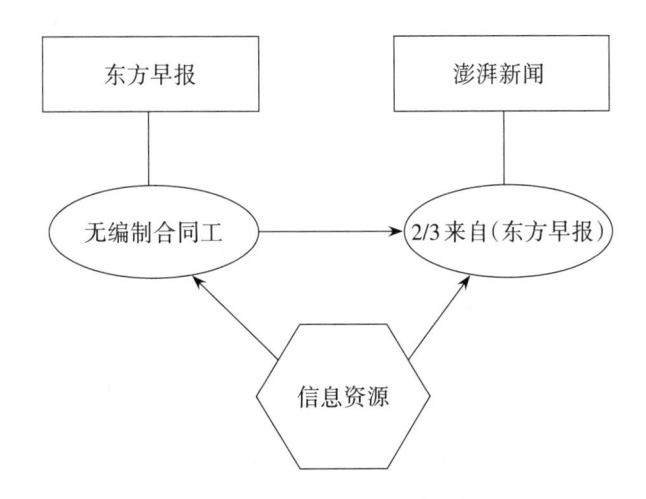

图 8-1 《东方早报》和澎湃新闻的工作人员构成

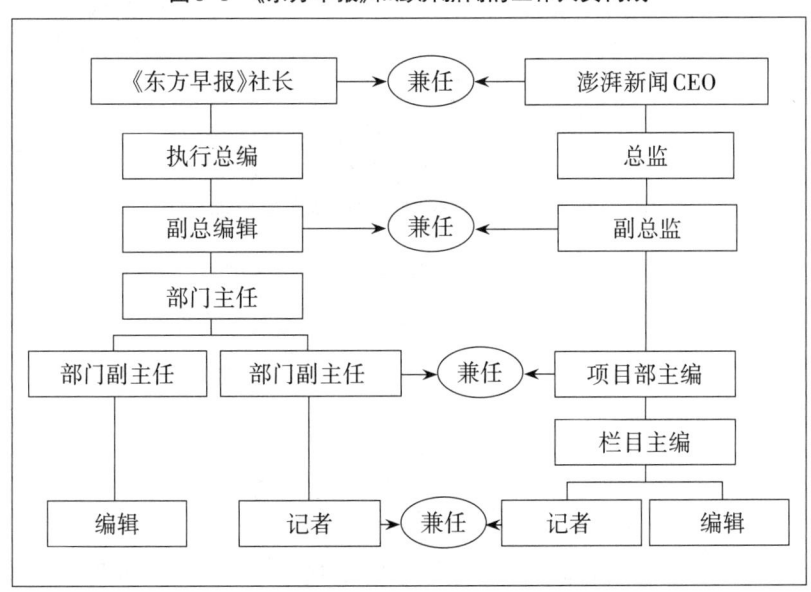

图 8-2 《东方早报》和澎湃新闻组织架构图[①]

2.小组负责制结构,提高生产效率与专业性

传统媒体的组织结构往往是层级化的,高层管理者、中层管理者以及一线工作者各自拥有明确的职级分别以及分工,总编辑等高级管理层往往决定报社内重大事务,副总编辑或部门主任分管各个部门,记者则负责采写等一线工作。而澎湃新闻在组织架构上则实行"小组负责制",按照报道的重点和专业领域划分成不同的报道小组,同时根据

---

① 卞清,赵金昕.媒介融合语境下的编辑部改造——基于"澎湃新闻"日常实践的考察[J].新闻记者,2015(12).

工作人员不同的专业特长及其兴趣爱好将其划分入其中,使得人尽其才、各司其职。这种组织安排打破了原本新闻编辑室的条块分割,将权力与责任下沉到"小组"之中,使得各栏目不仅拥有了更大的发挥空间与职权,同时也具备了"优胜劣汰、适者生存"的竞争意识,于是生产创造的积极性提高。同时,组别式生产与管理的方式也提高了内容的生产效率以及专业度,在质量上有所保证,不同领域的专业人才能够在自己所擅长的地方大展身手,专业壁垒的突破也使得交流与合作更加顺利,各栏目在小组的负责下独立运作提高了效率与针对性。

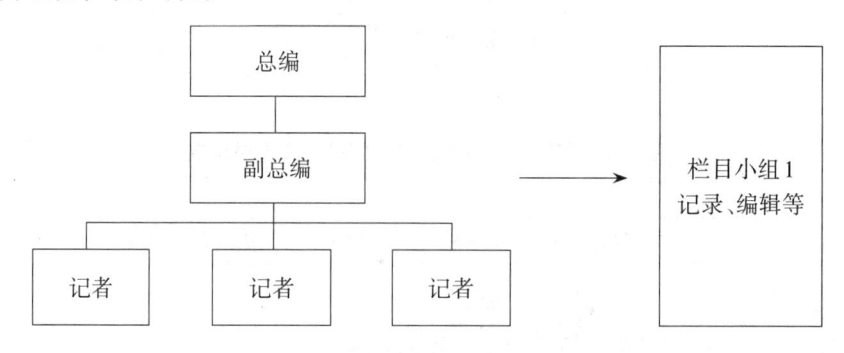

图 8-3 传统新闻编辑室与澎湃新闻生产结构对比

自上线以来,澎湃新闻迅速跻身中国最大的原创新闻内容提供商之一,成为互联网传播中时政新闻领域的主要品牌。2018年澎湃新闻创作的H5产品长幅互动连环画《天渠:遵义老村支书黄大发36年引水修渠记》曾获中国新闻奖融媒界面项目一等奖。2019年澎湃新闻集体创作的纪录三江源国家公园体制试点的全媒体报道专题《海拔四千米之上》获得中国新闻奖"融合创新"类一等奖。在2020年中国数据内容大赛获奖名单上,澎湃新闻共获得最佳数据新闻、最佳数据视频、最佳移动交互设计、最佳大屏交互设计4个类别的8项大奖。在三微一端上,澎湃新闻提供专业且优质的新闻产品很好地匹配用户的个性化需求,满足了不同人群的偏好。

小组负责制的运作不仅体现在选题、生产的前端,同样也在后端体现。各小组以开设、运营栏目的形式互相竞争,接受澎湃内部对栏目点击量、转发量等指标的绩效考评,优胜劣汰,如果一段时间内某栏目的考评结果不尽如人意,那么这个栏目可能被管理层取消,人员分流或不予续约。责任不再似以前一般泛泛地落在每个人的头上,似乎每次"失败"整个媒体机构都有原因,而是能够聚焦于某个小组甚至其中的某个人,这就使得小组及其成员更具忧患意识与警惕性。

3.核心员工持股,优化人才激励措施

员工持股计划是一种以鼓励员工持有本公司股票的方式而实施的激励计划,与股权激励计划相比,员工持股计划的授予对象更广,包含了除公司管理层以外的普通员工,更有利于建立员工与企业的利益共享机制,实现对员工的"利益绑定"功能。中国证监会发布的《关于上市公司实施员工持股计划试点的指导意见》,是首次在法律法规层面对上市公司员工持股计划进行明确规定,意见提到"上市公司实施员工持股计划试点,有利于建立和完善劳动者与所有者的利益共享机制,改善公司治理水平,提高职工的凝聚力和公司竞争力,使社会资金通过资本市场实现优化配置"。[①]

绩效薪资激励作为一种传统的人才激励措施,虽然能够在一定程度上增强员工的积极性,但更多地使员工只着眼于自身利益而未能以长远的眼光考虑企业的发展,而员工持股使得员工从劳动者身份向所有者身份转化,使之与企业形成利益一致的共同体。澎湃新闻实行核心员工持股机制,规定核心人员可以购买内部股份,绑定了员工利益与媒体的发展,这是与市场机制相结合的举动,能够调动团队的工作积极性,用上海报业集团发出的招聘启事的话说就是:将为至少30%的优秀员工提供丰厚的股权激励,你的每一份努力都会变成自己的事业与收益[②]。核心员工持股,并不是无差别的所有员工具备持股的机会,而是聚焦于"核心"二字,对员工提出了一定的要求,因此对于记者编辑来说,一方面想要赚取更多利益时需要自身的努力与付出,另一方面也传达出这样的一种信号:你所付出的都将成为你的回报。同时,从身份转变的角度来看,当记者编辑从采写编发的工作者变成媒体的风险利益共担者,就会以更高的责任感与积极性进行工作,同时以全局发展的视角处理问题、进行决策,成为推动澎湃新闻稳步发展的主力军。

(二)澎湃新闻何以脱颖而出——适应时代的内容生产机制

1.24小时刊发+三审制,时效与品质并行

早在2013年初,时任上海市委书记的韩正在对上海媒体调研时就对传统媒体影响力的萎缩深感忧虑,同时指出"因为年轻人青睐新媒体,如果不重视年轻人的需求,不进军新媒体就争取不到新闻宣传事业的未来"。澎湃新闻作为上海报业集团着重发展的

---

① 单蒙蒙,但菊香,宋运泽.员工持股计划与企业风险承担——基于公司内外部治理机制的视角[J].华东经济管理,2021,35(07).
② 吕鹏.基于营利的变革:网络时代新闻业的创新与突围[J].现代传播(中国传媒大学学报),2015,37(02).

新媒体产品之一,有挽救与突破纸媒面临的困境之意,在成立的初期澎湃新闻借助《东方早报》之力积蓄自身的力量为自己找到立足之地,而在发展的过程中也能够清晰地认知新媒体时代的特点以制订相关策略。

移动网络的发展以及社交媒体的盛行,使得人们不再依赖于有限发行的报纸以及定时播出的电视,而倾向于以自己的时间安排为主轴打开手机搜寻信息,关注世界最新动态,因此为适应新媒体时代传播规律以及用户阅读习惯,澎湃新闻实行三班倒工作机制,实现每天24小时运转,以全天候的新闻发布机制很好地匹配了用户实时获取信息的需求。而在内容审核管理上,澎湃新闻坚持准确性优先确立严格的三审制,记者初审、责任编辑二审、栏目主编三审,保证了内容的专业性与准确性,为民众提供高品质的新闻作品。

澎湃新闻在进行转型发展的同时坚守着《东方早报》这一传统都市报业所具备的品质,同时又在意识到时效性的情况下积极进行生产时间机制的改革,正是时效与品质的双重把握,使"澎湃新闻"这一品牌得以打响。

2. 创新内容表现形式,适应用户多样需求

在坚持内容品质的基础上,澎湃新闻也紧跟新兴技术潮流,创新报道形式,以适应互联网传播特性。澎湃新闻特别注重全媒体的内容生产方式,强调表达创新、创意出新、策划制胜[①]。新媒体时代下,伴随着接收新闻产品渠道变化而来的是产品呈现形式与表达方式的变化,从纸质阅读的文字化呈现,到如今移动端的融合呈现,单一的文字已不能满足用户的阅读需求。澎湃新闻洞察到用户阅读习惯与传播规律的变化,积极生产H5、短视频等融合新闻作品。

为了匹配作品生产的多样化需要,澎湃新闻从人才和技术端入口,高薪聘请专业技术人才、引进专业化生产设备,也积极展开培训,将传统的新闻生产者培养成"全能记者",使其可以利用大数据技术、人工智能技术以及无人机等拍摄设备进行生产,为融媒体产品的制作提供人才与技术上的"基础设施"。澎湃新闻的"美数课"就是一个专注于数据新闻和解释性报道的栏目,该栏目下的产品包括信息图、数据图表、交互页面、动画视频、三维动画等,栏目下作品曾获得SND以及中国新闻奖、上海新闻奖、腾讯传媒奖等奖项,产品形式丰富多元,可视化、动态化的呈现给用户带来了不同的阅读体验和更加直观的感受。如2020年2月5日澎湃美数课的新闻作品《从首例到"封城",这763份确

[①] 刘永钢.坚持内容为王 坚决整体转型——澎湃新闻的实践与探索[J].传媒,2017(15).

诊详情还原了新冠病毒向全国扩散的路径》,通过精细清晰的图表与解说还原了病毒扩散的路径,回应了公众的疑问与关切。同时期的"疫情实时地图"将分散的疫情数据进行整合,用户通过点击各省市的地图区块便可以详细查看确诊病例数据,也可以通过对比各区块的颜色了解各地确诊病例的数量等级,可视化与交互式的方式降低了信息获取与理解的难度,为读者带来更好的体验。2021年7月5日至7月11日,澎湃新闻推出的《五星照耀,曹杨新村》,通过图文、视频、音频、H5的新媒体产品集群,以全新的视角展现红旗下的上海工人史和社区乡土史,沉浸式地展现了新中国第一个工人新村的发展与变迁,如在讲述曹杨新村改建成套房屋的时候,用手指轻轻点击房屋就可以立体三维地展现房子内部结构,获得在场感。

这些创新的内容与产品,在澎湃新闻官方微博、微信公众号、抖音号以及客户端进行分发,澎湃新闻构建了自己的新媒体矩阵,实现了产品的多元生成与分发。

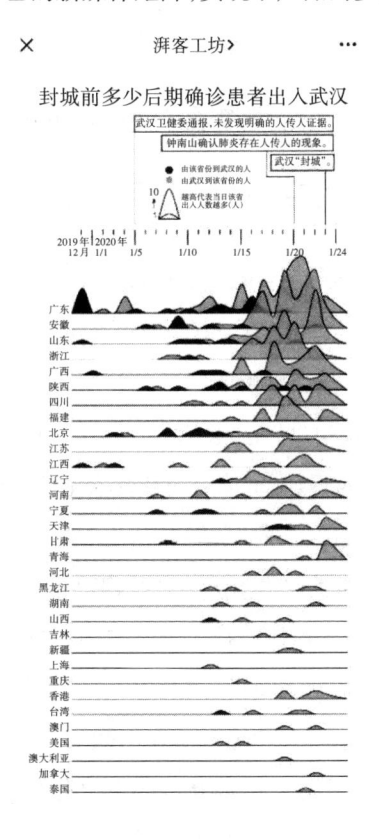

图8-4 封城前多少后期确诊患者出入武汉[1]

---

[1] 图片来源:湃客工坊微信公众号。

图 8-5　澎湃新闻《五星照耀，曹杨新村》①

（三）都市报融合转型的启示——去粗取精、深耕特色

1.稳健发展，明确转型过程中的变与不变

在媒介融合的大潮中，我国都市报如何跟上时代发展的脚步向前进，其转型过程中又该传承什么、舍弃什么都是值得思忖的问题。转型并不意味着完全的革新与彻底的抛弃，而是要能够借助传统媒体的优势"顺势生长"。澎湃新闻从上海老牌报纸《东方早报》转型而来，不变的是在新闻理念、价值取向和受众定位上的坚守，变的是适应新媒体环境的思维、产品与人才。

《东方早报》是隶属于上海报业集团的综合性都市报，以报道政经消息为长，目标做"影响力至上"的优秀新闻，强调媒体的社会公器作用，强调自身在社会运转中的角色、地位和使命，在2008年的"三鹿奶粉事件"以及2011年的"温州动车事故"等报道中以专业化、严谨化、深度化的报道获得了业界及民众的赞誉与口碑。澎湃新闻自创立开始，就明确了自身的理想与定位，主张以时政新闻与思想分析为主，延续传播社会正能量、坚守新闻专业与深度的传统，关注时事热点，持续发布具有思想性、深刻性的高品质新

---

① 图片来源：澎湃新闻微信公众号。

闻作品。2015年5月上海市委书记韩正在调研澎湃新闻时曾指出,澎湃新闻在转型过程中要把握好"变"与"不变"的度,不变的是生产精神产品、是党的宣传阵地、是必须始终坚持正确的舆论导向传播正能量。

而转型也并不意味着一成不变,澎湃新闻为适应新媒体环境下传播规律与受众阅读习惯,积极革新新闻产品的形式及内容,培养具备全媒体运营思维及能力的人才。

澎湃新闻融媒体作品《50个问答,看<民法典>如何守护你一生》正是在坚守"变"与"不变"下所创新出来的优秀新闻作品,该作品荣获2020年度全国政法优秀新闻作品一等奖。作品从《民法典》中提炼出50个与人民群众生活息息相关、社会关注度高的场景问题,通过法律专业人士的核验与解读最终以问答普法的形式展现了《中华人民共和国民法典》对民事权利全时空的保障。同时采用动画与互动的呈现形式赢得了受众的喜爱,丰富视觉化元素,优化读者阅读体验。

2.清晰定位,培育个性化品牌竞争优势

都市报在媒介融合不断深化的浪潮下探寻着自身的转型之道,而转型的成功除了要纵向关注媒体自身的传承与革新,转移传统报业已有优势实现借力发展外,还应该横向比较其他媒体,找准自身核心定位,在激烈的竞争中占据不可替代的一席之地。只有培育出个性化的品牌竞争优势,打造属于自身的名片,才能在其中脱颖而出。在此,也将一并分析封面新闻、《南方都市报》两家媒体在融合转型中形成的个性化定位以及其如何深耕自身特色取得竞争优势的。

澎湃新闻专注时政与思想,坚持独家、原创、深度的报道原则,形成严肃认真的新闻风格,以垂直报道的方式编织了一张以严谨见长、独具风格的内容生产网,在时政与思想上形成了自身的竞争优势。

2015年10月28日,由四川日报报业集团打造的四川封面传媒有限责任公司(简称封面传媒)正式成立,封面传媒承载着传统都市报——《华西都市报》融合转型的使命。封面新闻于2016年5月4日正式上线,开启了"构建引领人工智能时代的泛内容生态平台"新征程[1]。封面新闻从一开始就致力于将自身打造成一个智能媒体,坚持把技术置于引领地位,坚持建设自己的技术团队、自主研发产品、自创技术品牌。《中国智能媒体发展报告(2019-2020)》中,封面新闻入选智能媒体七大年度优秀案例。截至2020年初,封面新闻客户端用户数超过3200万,日活人数206万,用户中70%是30岁以下的年轻

---

[1] 方堃.都市报的转型与未来[J].中国报业,2021(07).

人。[①]"封巢"系统的智能化内容生产、"视听读聊"全感官调动的智媒体验、基于人工智能的管理让封面新闻形成了独具特色的竞争优势,成为定位于年轻一代的智能媒体。

在传统媒体时期曾提出"办中国最好的报纸"的《南方都市报》也在积极探索转型道路,2018年南方都市报朝着"做中国最具影响力的智库型媒体"的定位发展。智库型媒体的建设是对媒体格局和舆论生态的变革做出的回应,随着移动传播时代的到来,社交媒体的互动化、社交性以及轻阅读使得传统媒体在短平快的信息传播领域优势不再,要想抢占舆论高地则迫切需要媒体智库的建设,生产专业、权威且具备深度的产品。通过制订向智库型媒体转型的目标和路径,《南方都市报》更加意识到"媒体是国家治理体系中必不可少的一环,要想扮演好服务国家治理的排头兵,智库角色不可或缺",于是主动向国家治理体系与治理能力现代化的参与者和推动者的角色转变。[②]2018年2月,《南方都市报》正式成立"南都大数据研究院",根据四川省社会科学院与中国科学院成都文献情报中心联合发布的《中华智库影响力报告(2019)》,截至2018年底南都大数据研究院围绕50个垂直课题项目已完成并发布报告超过400份,包括数字政府建设、营商环境深度调研、广州城市治理榜、个人隐私保护、新经济企业声誉榜等。《南方都市报》明确自身"参与共建共治"的定位,致力成为区域和行业公共治理链条上的一环,拓展了自身价值。

由此可见,都市报的融合转型需要清晰自身的定位,培育个性化的品牌竞争优势,形成独特的名片,不论是专注于思想与时政内容还是定位技术与智能,抑或是成为参与治理的"智库媒体",从《东方早报》、封面新闻以及《南方都市报》的转型发展路径中我们理应认识到"深耕所长"的重要性。

结语

在媒介融合浪潮下,传统报纸的转型是必然趋势,这是时代和受众提出的要求,也是传统报业寻找新的发展道路所不得不面临的问题。澎湃新闻作为全国第一个由传统媒体整体转型的互联网新兴媒体,既是"第一个吃螃蟹的人",也是成功在新媒体领域开拓疆土的佼佼者,它的转型不仅只是改变了"纸质"载体的形式,更是从组织内部实现了

[①] 任琦."持续不断地坚持和持续不断地折腾" 华西都市报转型观察[J].传媒评论,2020(06).
[②] 张志安,姚尧.都市报融合转型的三种路径及其影响研究[J].新闻与写作,2019(10).

架构、生产机制以及制度的创新,是一次全方位的调整,是在深谙《东方早报》先在优势以及澎湃新闻定位的情况下做出的适配化改革。相较于《华西都市报》转型封面新闻、《南方都市报》转型智库型媒体,澎湃新闻培育了独特的品牌定位,专注于"时政与思想",形成了自身的竞争优势。正如澎湃新闻将自身定位为"一个不断进步、勇于尝试并创新的时政与思想新媒体平台",澎湃新闻的转型成功是在坚守与创新中不断突破的结果。

第二节　省级媒体发展的新兴战略与管理模式

一、案例内容

湖南广播影视集团成立于2000年12月27日,是中国第一家省级广电传媒集团。2010年6月28日,湖南广播影视集团的第三轮改革成立了湖南广播电视台和芒果传媒有限公司,原湖南广播影视集团注销,所有资产划归湖南广播电视台(简称湖南广电)管理。湖南广电是湖南省委直属正厅级传媒事业单位,对所属湖南卫视、湖南经视等省级广播电视媒体,实行"统一宣传、统一人事、统一财务资产、统一营销、统一技术"的管理原则,同时控股芒果传媒有限公司,湖南卫视与芒果TV均隶属于湖南广电。

湖南卫视是湖南广电和芒果传媒有限公司旗下的一套综合性电视频道,1997年1月1日,湖南电视台第一套节目正式通过亚洲2号卫星传输,频道呼号"湖南卫视"。根据湖南广电微信公众号显示,2021年12月湖南卫视稳居省级卫视全域媒体冠军宝座,创新节目的开发率和成功率持续保持市场第一,是央视以外最大的电视观众池。CCData数据显示,2021年12月以来,湖南卫视在省级卫视周末节目收视前五榜单中占据四席。2020年全年省级卫视六网全天时段TOP5频道中,湖南卫视持续占据六网榜首,且在收视率上呈现与第二名的断层领先,在CSM全国网中省级卫视第一的天数多达312天。

2020年全年省级卫视六网全天时段TOP5频道

排名	CSM全国网 频道	收视率	份额	CSM城域 频道	收视率	份额	CSM59城 频道	收视率	份额
1	湖南卫视	0.26	2.88	湖南卫视	0.33	3.37	湖南卫视	0.41	3.66
2	浙江卫视	0.18	1.94	浙江卫视	0.22	2.28	东方卫视	0.35	3.15
3	江苏卫视	0.17	1.9	东方卫视	0.21	2.15	浙江卫视	0.33	2.97
4	东方卫视	0.15	1.61	江苏卫视	0.2	2.1	江苏卫视	0.32	2.85
5	北京卫视	0.1	1.13	北京卫视	0.15	1.51	北京卫视	0.29	2.55

排名	欢网 频道	收视率	份额	酷云 频道	收视率	份额	中科网联 频道	收视率	份额
1	湖南卫视	0.25	4.07	湖南卫视	0.33	4.67	湖南卫视	0.83	3.33
2	东方卫视	0.17	2.66	东方卫视	0.20	2.84	东方卫视	0.58	2.32
3	浙江卫视	0.16	2.60	浙江卫视	0.19	2.72	江苏卫视	0.54	2.16
4	江苏卫视	0.16	2.58	江苏卫视	0.18	2.55	浙江卫视	0.46	1.84
5	北京卫视	0.11	1.83	北京卫视	0.14	2.04	北京卫视	0.43	1.72

图8-6　2020年全年省级卫视六网全天时段TOP5频道[①]

2009年12月18日,湖南广电将金鹰网内提供视频直播和点播服务的"芒果网络电视"模块独立出来,启用独立域名,面向市场进行品牌运营,定名为芒果TV[②]。2018年,芒果TV的运营主体将快乐阳光、天娱传媒、芒果娱乐、芒果影视和芒果互娱五家公司整体打包注入上市公司快乐购,随后正式更名为芒果超媒,形成集IP孵化、终端渠道、艺人经济、电商服务、衍生开发等为一体的全产业链协同发展格局[③]。芒果超媒营业收入主要集中于会员、广告、运营商三大板块,2020年芒果超媒实现营业收入140.02亿元(同比增长12.01%),净利润达19.63亿元(同比增长69.79%)。2021年度业绩快报显示,芒果超媒2021年会员收入达36.88亿元(同比增长13.3%),广告收入达54.53亿元(同比增长31.75%),运营商业务方面通过"内容+会员+活动+品牌"多维互动、探索本地内容及垂直领域创新,收入达21.2亿元(同比增长27.17%)。[④] 2020年湖南卫视全国覆盖人口增至12.9亿,覆盖率达96.8%,连续7年蝉联省级卫视第1位,芒果TV成为国内A股首家国有控股的视频平台。

在时代的浪潮下,湖南广电是如何把握自身优势进行不断改革发展的?其经营模式与发展战略有哪些可取之处?本节将介绍省级媒体湖南广电的发展历程、统领思路与创新战略,并对其内部管理模式进行探析,为省级广电媒体的发展提供一定的建议与思路。

---

① 图片来源:主编温静微信公众号。
② 韩晓宁,宋美.金鹰网发展路径分析[J].青年记者,2010(19).
③ 张子豪.芒果超媒:湖南广电媒体融合发展的范式[J].传媒,2021(06).
④ 数据来源:https://q.stock.sohu.com/cn/gg/300413,8513218109.shtml。

二、案例分析

（一）"一体两翼、双核驱动"的顶层设计引领发展

1."一体两翼、双核驱动"是什么

我国视频媒体存在两种发展模式，一种是以爱奇艺、优酷、腾讯为代表的单一互联网门户发展模式，另一种则是传统媒体和互联网新媒体融合发展模式，湖南广电坚持"湖南卫视+芒果TV"双核驱动，主张形成并存共融的媒体生态格局，就是第二种发展模式的体现。

2015年，湖南广电提出"一体两翼、双核驱动"的发展战略，使传统媒体作为"核能力"、新兴媒体作为"核动力"，以内容驱动进行IP开发、资本运作、价值链延伸和结构流程变革，使新旧媒体由"异体共生"变为"一体共生"，打造产业完善布局的"芒果生态圈"[①]。

湖南广电自此形成了以湖南卫视为电视平台，以芒果TV为互联网平台的双平台融合发展格局，在前期以湖南卫视已经形成的观众资源优势、内容创作优势、人才资源优势对芒果TV进行全方位的"哺育"，是传统省级媒体逐步布局互联网、转移粉丝至自主新媒体平台的开端。在此阶段，湖南广电启动了"独播"战略，进行版权政策上的倾斜，即湖南卫视的自制剧全部在芒果TV播出而不再向其他平台售卖版权，这很好地形成了自身的竞争优势，实现了观众的导流，也为新媒体平台的发展提供了原动力。相关数据显示，芒果超媒自重组以来，依靠湖南台的内容优势，公司在4年内保持盈利高速增长。

随着移动网络的发展以及智能手机终端的出现，人们的观看习惯逐渐发生改变，全家在固定时间守着电视机收看节目的时代不复存在，取而代之的是随时随地在视频App上自主选择观看的新媒体时代。当芒果TV逐渐凭借优质IP、独家内容、良好的生态成功进入网络视频领域的第一阵营，以芒果TV"反哺"湖南卫视的发展模式也逐步确立。此时尽管湖南卫视传统的电视观众有所流失，但芒果TV将更多具备忠诚度与价值的用户吸引到新媒体平台上。截至2020年上半年，芒果超媒的业务范围遍及全国31个省份，总用户数量超过1.4亿，成为我国广电系统中规模最大的新媒体。芒果超媒2021年度业绩快报显示，2021年芒果TV上线超过40档自制综艺，截至当年年底芒果TV有效会

[①] 王虎.打造"芒果生态圈"——"一体两翼"架构下湖南广电的转型路径[J].电视研究,2017(07).

员数达5040万,较2020年末增长39.5%。由此可见,湖南广电在布局新媒体、进行融媒体发展方面取得了较为可观的成绩。

在内容上,芒果TV可以深挖南卫视的内容资源进行具备网络传播特性的衍生创作,充实平台内容,培育新媒体用户群,再进一步提升湖南广电影响力;在盈利上,湖南卫视被网络视频网站分流的受众又可以部分回归芒果TV,促进节目收益。从"哺育"到"反哺","一体两翼、双核驱动"的发展战略推动着湖南广电的稳步发展,使芒果TV成为国内主流视频市场中第一个实现盈利的综合性视频平台。

2. 统领性战略行之有效的原因

在湖南广电"一体两翼、双核驱动"的统领性顶层设计下,湖南卫视和芒果TV均保持良好的发展势头。这种省级电视台与网络视频网站相辅相成、并行发展的模式为何能够成功,又存在怎样的优势?

首先是技术层面上的推动,2014年起,湖南广电在湖南卫视与芒果TV之间构建了一套生产指挥平台及技术系统——"芒果云",打破台网间藩篱[①]。"芒果云"在技术上为台网的一体发展提供了技术支持,为湖南广电各新媒体的发展提供一体化、共享式的先进技术,也使得生产指挥变得更加便捷。

其次则得益于全局化的战略思维,湖南广电提出"一体两翼、双核驱动"的发展战略,是对新媒体时代的到来以及网络视频平台抢占用户做出的积极回应。于是芒果TV应运而生,湖南广电铺设了自己的新媒体渠道,让新媒体用户能够聚集到自家平台之上,而湖南卫视固有的人才优势、产品制作优势又能够不断地"哺育"新平台的壮大。当芒果TV依托湖南卫视的优势资源逐渐发展壮大之后,传统卫视与新媒体视频平台在项目、团队、策划以及部分业务上的全面打通,实现了"两翼"的全方位融合与互补共进。着眼自身特点,把握时代特色的发展战略为湖南广电的融合发展提供极大动力。

(二)与时俱进的战略模式

1. 独播战略——助力芒果TV在新市场格局中占据一席之地

2014年4月,湖南广电推出"芒果独播"战略,宣布湖南卫视的自制节目不再向其他视频平台出售版权,而是全部收归芒果TV进行网络独播。旗下品牌节目在传统电视媒

[①] 钱旭潮,胡春龙.湖南广电:以"芒果模式"开拓融合发展新境界[J].出版广角,2021(03).

体上播放并获得收视率和广告收入后,再持续投放到自家互联网媒体平台,利用广告费、会员费用或节目点播费获得收益。

独播战略的实施为创立初期的芒果TV实现了观众的引流。2014年4月芒果TV用户规模仅为日均30万UV(独立访问量)、日常800万~1000万PV(网页浏览量)、广告营收能力500万元/月,而到2016年8月上旬,芒果TV全终端用户规模已达日均4100万UV,日常VV(视频点击量)已超过2亿,手机App安装量超过3.37亿,互联网电视终端激活数(含公、专双网)超过3450万,IPTV用户1630万。[①]在传统媒体时代,湖南卫视凭借自身优质内容占据国内收视率的半壁江山,同时收获了大批忠诚的电视观众,独播战略充当着芒果TV这一新生事物与湖南卫视之间的桥梁,使得用户在观看习惯发生变化后能够有渠道追综艺与电视剧,进而下载芒果TV客户端。

而独播战略的实施正是因为湖南广电认识到自身IP资源的巨大价值以及仅作为全媒体链条内容商的不甘心。面对传统媒体日渐式微以及民营视频网站日渐强大的境况,湖南广电认识到只看重眼前的蝇头小利进行版权分销不可取,因为这样对于湖南卫视来说只是获得了一些"产品售出金",却为那些购买版权的视频网站迎来了大批的用户和流量,可以说是"分散自家粉丝"的做法。因此更重要的是能够推动自家视频平台出圈,培养用户偏好,形成固定的用户群,只有做大做强芒果TV,才能实现长足发展。当湖南卫视的综艺节目只聚集在芒果TV的时候,当渠道的可替代性降低,大批的用户则只能下载芒果TV实现观看行为。独播战略使芒果TV和湖南卫视优势互补,以资源运营渠道,以渠道创新资源,实现了台网双向优质融合。

2.独特战略——打造具有特色自制内容的平台型媒体

独播战略虽在前期很好地实现了用户的导流,但是仅仅依靠湖南卫视的优质内容作为支撑却略显单薄,相比于爱奇艺、腾讯等视频网站利用资本聚合多方资源,提供多量、多样、创新型产品,芒果TV在新市场格局中若要实现长期良性发展仍需立足现实做出新的战略布局。

2016年10月,湖南广电宣布在2017年正式启动"独特"战略。"独特"是电视内容产品的互联网再造,是一种由运营策略到媒体价值观的转变。即借助湖南广电在创意、人才、制作、内容方面的独特性生态,坚持内容驱动、独特驱动、独特策略驱动,打造互联网视频行业独特的、规模化的第一综艺平台。这一战略的提出,体现了湖南广电对芒果TV

---

① 易柯明.芒果TV从"独播"到"独特"的融合发展之路[J].中国广播电视学刊,2016(10).

的新定位,即不只是湖南卫视在互联网上的复制品,而是要成长为一个独立的、具备发展实力的视频播放平台,这是从渠道战略向平台战略的转变。

"独特"战略实现了从产品思维向用户思维的转变,致力将芒果TV打造成一个具备独特自制内容的平台型媒体,以用户为中心,根据相关数据探知用户喜好并打造区别于电视媒体的产品,用独特的内容满足用户差异化、个性化的需求。从2013年的《爸爸去哪儿》、2015年的《我是歌手》以及全景游戏真人秀节目《全员加速中》的电视节目网络平台播出,到2015年芒果TV推出首档大型自制节目《完美假期》以及衍生节目《我是歌手谁来踢馆》,再到2016年网络综艺节目《妈妈是超人》《明星大侦探》的上线,芒果TV不断开发优质IP资源,形成自身竞争优势。自推出《完美假期》,芒果TV自制重磅节目流量开始超过同期湖南卫视王牌节目所带来的流量,广告冠名等招商价格也直线上升,展现了芒果TV自有平台的引擎力量与发展前景。芒果TV原创自制综艺《萌仔萌萌宅》以及电视版《我是大侦探》分别于2017年与2018年登录湖南卫视,成为芒果TV"反哺"湖南卫视的成功案例。当网络视频平台自身取得"造血"功能,传统省级卫视基于用户思维,着力生产特色节目,同时积极建设视频平台满足用户互动体验,这为芒果TV与湖南卫视的进一步发展提供动力。

3. 独创战略——强化"创造、创新"的核心理念

2019年5月28日,在第七届中国网络视听大会中"独创"战略被正式提出。芒果TV用建立"工作室制度"等一系列改革举动,成功打造了《妻子的浪漫旅行》《勇敢的世界》《青春芒果节》等一系列IP[①]。独创战略意味着强化"创造、创新"的核心理念,在自制道路上开始注重独家创新。芒果TV从独播走向独创,一直坚持"青春"的品牌定位,芒果TV总裁蔡怀军强调,芒果TV追求的独创包含两层含义:一是长期坚持做差异化,保持核心竞争力,二是塑造价值,主动承担起责任,为社会创造价值。

在坚持创新和差异化上,芒果TV不断地进行内容产品的多维度开发。例如为了给内容生产者提供更好的一站式服务,确保优质内容的产出,2018年芒果TV启动"超芒计划",从开发IP、开放平台、资源整合、生态赋能四个方面实施"超级4S服务":首先,在分账模式上,采用"保底+分成"的合作模式,保底金额和拉薪奖励达到全网最高,确保制作方的基本收益;其次,全面开放内容运营平台和"网生内容分成系统",为内容合作方提供短视频运营、评论运营、弹幕运营等全方位运营体系,同时实现数据透明化,方便内容

---

① 么咏仪,吴心悦.芒果TV的创新之路——专访芒果TV团队[J].新闻与写作,2019(01).

合作方自助查询影片的点播数据、分成金额及变化趋势,从而能够以内容的数据表现理解用户需求;最后,整合芒果生态内的艺人资源、制作团队资源、宣传推广资源,多方面激励网生内容创新与升级。"超芒计划"在生产端为内容创造者搭建了良性的平台,构建了立体式内容生产生态。同时芒果TV也改变内容制作的惯有逻辑,尝试利用人工智能进行数据化、定制化创作,基于数亿用户的行为数据,提取出用户偏好和相关意向,为内容生产指明方向。如《妻子的浪漫旅行》就是根据用户数据开发的节目,"婚姻"在芒果TV的用户数据库中是一个十分热门的词汇,于是芒果TV尝试开发了此题材相关的节目。用户、专业创作者、数据等都成为内容创作的来源,芒果TV在"独创"上走得越来越远,走出了自己的名片。

而在塑造价值、承担责任方面,蔡怀军表示,芒果TV坚持把主流价值观传递到每个用户,把中国文化传递到全球;牢记我们的使命,引导年轻人积极向上。坚持"从年轻人中来,到年轻人中去"的芒果TV,在创新与创造的同时也时刻把握住对中华优秀传统文化的坚守以及对年轻人价值观的引领,形成了平台生产优质内容、传递价值观,而会员支持平台发展、促进优质内容进一步生产的良性循环。因此蔡怀军强调的独创战略的第二层含义并非与创新毫不相关,反而是"独创"需要坚守的底线与要求。

表8-1 芒果TV三大战略

战略	独播战略	独特战略	独创战略
时间	2014年	2016年	2019年
核心	湖南卫视自制节目版权收归芒果TV,实施网络独播	电视内容产品进行互联网再造,打造独特的视频平台	强化"创造、创新"核心理念,打造差异化产品生态

(三)匠心独具的管理模式

1.工作室制度——释放团队创造力与执行力

传统电视台的组织结构,是通过组织设计、项目事业设计和团队结构设计等实现全媒体组织建设的目标,并在此基础上构建可持续发展的全新生态系统,这里面涉及人力资源的配置、事业项目结构的设置和组织文化的建构。湖南卫视在媒介融合发展的道路上,不断提升其管理模式与组织结构,为自身发展提供基本保障。

这首先体现在湖南卫视的工作室制度上。2018年1月湖南卫视从26个节目团队中评选出7个优秀团队，开始以工作室的形式进行试运行。而后先后分两批成立了由刘伟、徐晴、王琴、王恬、沈欣等12位制作人领衔的工作室。据工作室制度试行一年半之后的统计，这些工作室主创完成了频道近80%的自办节目，创造了超过90%的频道营收，进入样片制作和上档播出的所有创新方案中的70%来自这12个工作室。徐晴工作室的《声临其境》《一年级》，刘伟工作室的《快乐大本营》，王恬工作室的《中餐厅》，陈歆宇工作室的《亲爱的·客栈》都取得了很好的收视与口碑。原本优秀人才分属湖南卫视与芒果TV两个平台的尴尬境地被打破，打通项目管理路径，实现人才培养和流通闭环后的工作室制度让这些内容制作者可以相互支撑与合作。

工作室制度区别于传统电视台垂直化的管理以及金字塔式的层级结构，是一种以产品为中心、以团队为核心的运作结构。20世纪60年代，美国领导学专家沃伦·本尼斯提出灵活组织概念，指倡导组织机构中摒弃工作人员各司其职的传统管理模式，代之以人尽其用、更为自由灵活的新型组织结构学说。工作室制度就是灵活组织的体现，扁平化的运作赋予团队更大的自主权，将更多的权利下放到专业化的团队手中，提高了团队的工作积极性与执行效率。湖南卫视赋予工作室一定的人事权，使其在外部招聘以及内部调用上都有较大的权力，打破了"统一招聘、统一分配"的人才招聘制度，让团队找到想要的人。在节目署名时允许工作室展示自己的Logo和动画，打响工作室品牌，激发工作室的积极性。一方面将专业的事交给专业的人去做，保证节目的质量与创新性，另一方面也使得各个工作室能够"各司其职"，及时对变化的市场与受众需求做出快速反应，使生产变得更有效率。匹配工作室制度，湖南卫视还确立了宣传、创新、收视等多维度综合考量的评估体系，一改过去以收视率进行奖励的机制，创新能力以及实际的项目成果成为一项重要的考核标准纳入其中，这促进工作室中的每一个人都提升市场敏感度，积极创新，而不是守着相对固定的工资"嗷嗷待哺"。

2. 完善用人机制——打造马栏山人才生态圈

湖南卫视总监丁诚曾表示：让优秀的制作人永远站在C位，给什么都不如给政策、给机会、给未来。成立工作室的核心目的就是建立湖南卫视面向未来的制作生态，给最好的团队铺垫好未来之路。湖南广电的融合成效同样离不开人才队伍的支撑，剖析其人才培养策略，对广电行业媒体人才培养具有一定的参考价值。

首先是对优秀人才的引入策略。媒体融合发展对人才提出了更高的要求,技术创新型人才成为不可或缺的一部分,传统广电向全媒体转型更需要这类人才的技术支持。湖南广电正是认识到了这一点,自2014年以来,芒果TV的技术产品团队就超过千人,占员工总数的一半以上,这批IT人来自BAT、华为、字节跳动等一线互联网公司。湖南广电还注重复合型人才的引进,主动吸纳跨界人才,如产品经理、技术工程师、直播运营相关人才等。2020年芒果TV举办"马栏山杯"国际音视频算法大赛,吸引来自海内外的高端技术人才参与,同时历年的湖南广电校招也以独到的眼光挖掘着各高校的复合型人才。湖南广电在人才引进思维上,并不仅仅着眼于新闻传媒专业人才,而是考虑到当下的媒介环境,积极吸引多层次、多领域的高精尖人才,为湖南广电的融合发展夯实人才基础。

其次是对新人的鼓励与大胆任用。湖南卫视和芒果TV作为定位于"青春、明快"的媒体,创新无疑成为节目制作的一大主题,因此湖南广电注重为年轻人搭建创作的平台,激发年轻人的创意思维从而为节目注入新的活力。湖南广电的"芒果青年说"赛事为年轻人提供了表达创想、进行竞演、提交相关提案的机会,一方面让优秀的年轻人才通过赛事进一步了解了芒果TV,起到打响品牌的作用,另一方面也为年轻人提供了展现自身的机会,有了发现并挖掘人才的渠道。2017年湖南广电开始启动的"飙计划",给予了团队一个常态化的发展渠道,至今创新研发中心共组织了23轮"飙计划"方案征集,收到各类方案近1500个,进入样片孵化、储备环节的68档,进入样片立项录制的34档,正式上屏播出21档,《我家那闺女》《舞蹈风暴》等就是该计划的产物。湖南广电不以资历任命的准则,使一批批新人通过活动与机制脱颖而出,担当起导演、制作的重任,为节目创造了发展的空间。

最后是完善的保障与激励机制,为湖南广电留住了人才。湖南广电的员工薪酬由基本工资、岗位津贴及奖金构成,奖金的发放按照绩效与经营挂钩,且遵循先考核后发动的动态调整原则,绩效在整体薪酬中占60%以上。这种市场化导向的薪酬制度促进了员工的工作积极性,普通员工不会因为非领导层的身份而与管理层的薪酬遥不可及,当工作取得良好的成效,工资甚至可以超过自己的领导。

3.市场化运作——芒果超媒实现盈利高增长

2015年快乐购实现IPO,芒果TV开启第一轮融资,开始资本化布局,2017年启动以快乐购为平台的战略重组,2018年湖南广电将5家平台整合上市,着力打造"芒果超媒"。

2019年，湖南广电又通过非公开发行募集20亿元，从生产、运维到经营的多领域形成优势互补、互联互通。2020年至2021年现象级综艺《乘风破浪的姐姐2》刷新上半年单项目招商金额之最，《密室大逃脱3》《妻子的浪漫旅行5》《披荆斩棘的哥哥》等综艺也扩大了广告招商的基本盘。2021年，视频内容电商平台"小芒App"正式上线，是一个以短视频为主的内容创作分享和以推荐种草为特色的电商购物平台，应用上的商品覆盖潮流服饰、美妆个护、休闲食品、家居生活、宠物用品等多个品类，SKU（最小存货单位）超1万。截至2021年1月1日，基于湖南广电的视频内容制作和艺人资源优势，小芒App已拓展超500名艺人、1000名达人入驻，与超20个节目和电视剧合作打造官方IP同款，并引入、制作了4万条短视频内容[①]，做到为产品量身定制内容、匹配带货人设，为用户"指路"、让其边看边买。

2020年12月，芒果超媒通过股权转让的方式融资62亿元，受让方为阿里创投，持股5.26%，此次转让使阿里和芒果超媒形成了资源互补，阿里背靠的众多品牌商资源能够助推芒果超媒与多样化的广告主对接，同时阿里完善的电商链路也有望帮助尚在摸索期的小芒App更快补齐短板。而对阿里而言，芒果超媒所拥有的强大内容和IP资源也能补足其电商的内容部分。芒果超媒财报显示，2021年全年芒果超媒实现营业收入153.53亿元（同比增长9.62%），归属于上市公司股东的净利润21.14亿元（同比增长6.63%），公司核心主业芒果TV互联网视频业务（广告+会员+运营商业务）保持稳健增长，实现营收112.61亿元。据QuestMobile数据，芒果TV在2021年2月月活跃用户已突破2亿，用户体量仅次于爱奇艺和腾讯视频。

不论是构建"人·内容·货"闭环的小芒App、芒果TV有效结合公司强大的综艺自制能力在广告方面实现软广变现，还是芒果超媒发布定增预案进行投资招募，助力内容资源库的扩建，借助原湖南广电党委书记、台长吕焕斌的话来说就是，湖南广电的市场化运作不仅成功打造出了一个互联网视频平台，也改造了市场化、互联网化基因。

结语

芒果TV的诞生是湖南广电应对传统电视媒体用户流失的产物，在移动互联技术与终端盛行的时代，要想把握住原本的用户与盈利，发展一个自己的新媒体视频平台成为

---
① 数据来源：湖南广播电视台微信公众号

湖南广电的思路与战略。湖南广电利用湖南卫视的内容生产优势与品牌口碑,为芒果TV的初期发展助力,"一体两翼、双核驱动"的顶层设计让新老媒体相互扶持,而当芒果TV逐渐站稳脚跟,湖南广电就成功地将湖南卫视积攒的口碑、用户偏好转化到了旗下唯一互联网视频平台上。不论是顶层设计还是独播、独特、独创战略,不论是工作室制度还是用人机制,湖南广电在经营管理上,具备着与时俱进的目光与统领全局的思维,正如其"青春、明快"的定位一般,不断进步,朝气蓬勃。

第三节 中共中央机关报的全媒体新生态

一、案例内容

《人民日报》是中国共产党中共中央机关报,于1948年6月15日在河北省石家庄市平山县里创刊,是由《晋察冀日报》和晋冀鲁豫《人民日报》合并而成,毛泽东同志亲笔为《人民日报》题写报名。1949年8月1日,中共中央决定《人民日报》为中共中央机关报。《人民日报》自创刊以来就坚持政治家办报和党性原则,与党和人民同心同德,积极宣传党的理论路线和方针政策,热情报道人民的先进事迹,深入弘扬伟大民族精神,在革命、建设、改革各个历史时期发挥了重要作用。

近年来,随着媒体融合步伐的进一步加快,人民日报社已成为拥有报、刊、网、端、微、屏等10多种载体的媒体方阵,综合覆盖总用户数超过9亿。其中,《人民日报》在新浪微博粉丝数达1.5亿,保持"中国媒体第一微博"优势;《人民日报》微信公众号用户订阅量超过3500万,传播力和影响力在微信平台稳居第一;《人民日报》抖音账号粉丝数达1.2亿,是抖音平台粉丝数量最多的账号;英文客户端海外用户占比达70.5%;"侠客岛""学习小组"微信公众号稳居头部新媒体行列;全国党媒信息公共平台入驻单位达329家;2020年《人民日报》发行量稳中有升,实现连续19年稳定增长,《人民日报》海外版发行量取得国内、海外

"双增长",社会反响良好。①2021年,《人民日报》有多件作品获第三十一届中国新闻奖,其中文字评论《风雨无阻向前进——写在中国人民抗击新冠肺炎疫情之际》、客户端的短视频专题报道《生死金银潭》获特别奖。由人民网研究院发布的《2020年媒体融合传播指数报告》显示,《人民日报》融合传播指数占据第一位。

《人民日报》作为我国第一大报,在舆论引导、宣传党的路线方针政策、弘扬祖国历史和民族文化等方面发挥着示范与引领的作用。《人民日报》在各大新媒体渠道的持续发力,构建了独具特色的全媒体矩阵,使得舆论引导、政策宣传等工作可以更精准地抵达民众,生产出了一件件人民群众喜闻乐见的现象级媒体产品。作为中共中央机关报,《人民日报》的全媒体新闻平台的组织架构和人员安排有怎样的特点,全媒体生态中的"两微一抖一端"又存在着怎样的经营理念和生产模式,这对于舆论引导工作存在什么优势,成为值得分析的议题。因此,本节将针对上述几个方面展开分析与论证,提供数据资料、分享优秀案例,深入剖析《人民日报》布局全媒体新生态的思路与创新。

二、案例分析

(一)"中央厨房"全媒体新闻平台的组织架构

"中央厨房"的概念源自餐饮行业,原指集中规模采购、集约化生产的大厨房模式,以此实现菜品的质优价廉以及餐饮业的规范化经营。21世纪初,这一概念被我国新闻传媒界借用,用来表示为适应媒介融合趋势而做出改变的新闻生产方式,以此实现"一体策划、一次采集、多种生成、多元传播"的效果。2014年3月,《人民日报》成立媒体技术股份有限公司,承建人民日报社媒体融合发展的技术平台、运营平台和资本平台,以"中央厨房"正式命名。②2015年全国两会期间,人民日报"中央厨房"首次试运行,生产出了一系列内容深度与形式创新的新闻作品,引起了业界的广泛关注。2016年2月19日,习近平总书记考察人民日报社时宣布人民日报"中央厨房"正式运行。"中央厨房"作为人民日报社"策、采、编、发"的大脑和神经中枢,在推进媒体融合、整合新闻资源、创新表达方式、提高传播范围与影响力等方面起到巨大作用。截至目前,《人民日报》已从纸质报

---

① 人民日报社.人民日报社会责任报告(2020年度)[R/OL].http://gongyi.people.com.cn/n1/2021/0623/c151132-32138755.html,2021-6-23/2021-11-9.
② 蔡雯,邝西曦.从"中央厨房"建设看新闻编辑业务改革[J].编辑之友,2017(06).

纸转变为全媒体形态的"人民媒体矩阵",拥有"报、网、端、微、屏"等10多种载体,2020年在报纸、网站、微博、微信、自有App、入驻App、抖音上传播力均位列第一。[①]

2018年人民日报媒体技术股份有限公司副总经理陈玉林在接受采访时曾表示,"中央厨房"是机制不是机构,要做的不是机构重建,而是机制再造,希望通过重新塑造业务流程和业务机制,让它能够适应新的舆论环境和舆论生态。因此分析"中央厨房"在《人民日报》构建全媒体生态、提高舆论影响力上发挥了什么样的作用,作为一种全新的机制又存在怎样的优势,为何能够取得如今的成绩等问题,能够对党报进行媒体融合、舆论引导产生一定的借鉴意义。

1. 总编调度中心统筹指挥,优化信息资源配置

"中央厨房"运行逻辑就在于统一调度资源、人力,生产适配各个渠道的产品,形成媒体融合发展合力。而从"一体策划、一次采集"到"多种生成、多元传播"则需要有前瞻性的大脑进行统筹指挥,人民日报"中央厨房"中的总编调度中心就发挥着这样的作用,在运行的前端发布关键指令。总编调度中心是策、采、编、发的核心层,负责宣传任务统筹、重大选题策划以及采访力量指挥[②],采访中心、编辑中心和技术中心则听从总编调度中心的指挥,在实际的操作层面进行落实。平台层面的互联互通,使总编调度中心能够统筹资源、综合考量,而后进行调配与发布,达到"人尽其才、物尽其用"的效果。当稿件被采集入稿库后,各个媒体平台可以从稿库中选取符合自身传播特性的稿件进行二次加工后发布,生产出不同特色的新闻作品。

信息资源的优化配置以及适应新媒体传播特性的产品生产同样离不开技术的支持,"中央厨房"同样代表着技术上的优化。基于人民日报"中央厨房"软件平台的内容分发、舆情检测、用户行为分析、可视化制作等一系列技术工具,前后方采编人员时刻在线连接,各终端渠道一体策划,为形成新媒体平台优先发布、报纸端深度挖掘、视频号突出高能剪辑的全媒体传播格局助力。[③]这些技术工具不仅为内容的生产创作提供了大量原始数据与资料,拓宽了新闻内容的范围,也使得新闻的呈现形式更加丰富多元,能使用户获得全新的阅读体验。

---

① 人民网研究院.2020全国党报融合传播指数报告[J].传媒,2021(02).
② 叶蓁蓁.人民日报"中央厨房"有什么不一样[J].新闻战线,2017(03).
③ 张旸.人民日报"中央厨房"构建行业新生态[J].青年记者,2017(07).

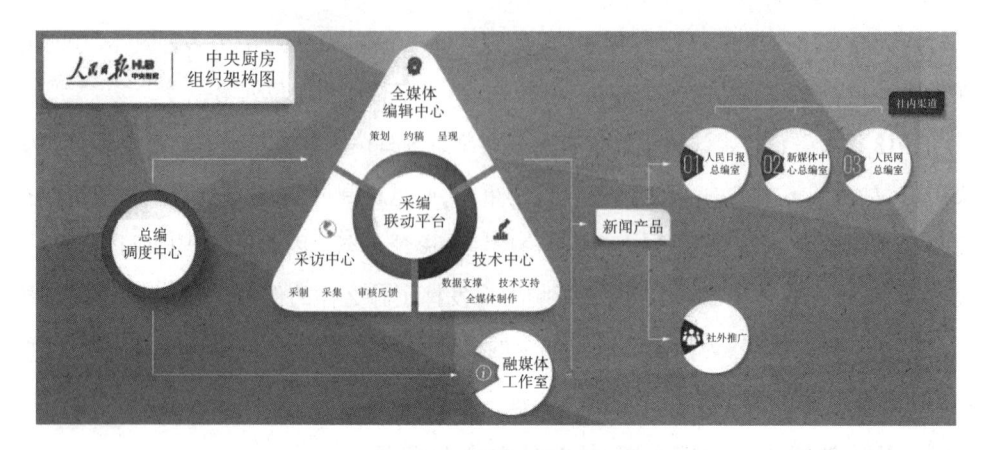

图8-7 人民日报中央厨房组织架构图①

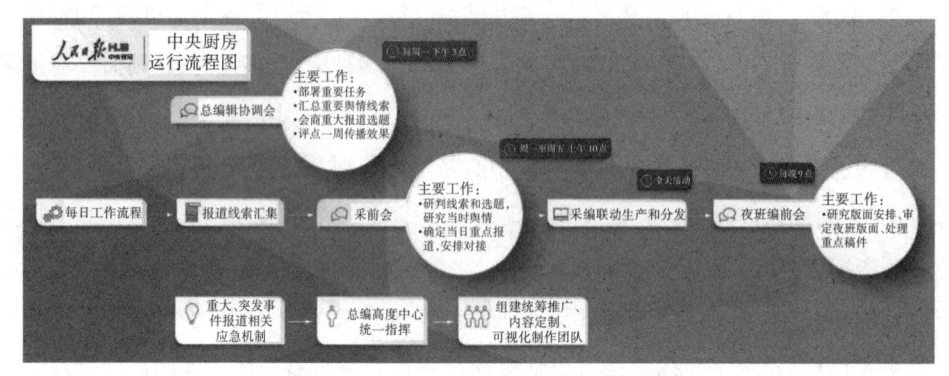

图8-8 人民日报中央厨房运行流程图②

2."四跨"+"五支持"机制,释放全媒体内容生产力

2016年10月,人民日报"中央厨房"启动融媒体工作室计划,鼓励报、网、端、微等各个平台的采编人员按自身所长以及兴趣进行组合,以项目为核心进行工作,打破原先各部门、平台间的壁垒,充分释放了内容生产的能力与活力。截至2021年3月,融媒体工作室已成立近50个,覆盖时政、教育、财经、国际、军事、健康、民生、文化等多个领域③。

融媒体工作室实施"四跨+五支持"的机制,"四跨"即允许记者编辑跨部门、跨媒体、跨地域、跨专业进行组合,突破传统新闻生产在用人上的限制,广泛吸纳来自不同部门甚至平台的人员。跨部门则意味着打破原有部门设置,鼓励融媒体工作室与各社属媒体以及各大合作媒体机构进行跨媒体合作,跨地域通过技术支持来实现,融媒体工作室

---

① 叶蓁蓁.人民日报"中央厨房"有什么不一样[J].新闻战线,2017(03).
② 同上。
③ 谷江曼,霍源江.把握融合趋势 推动创新发展——人民日报媒体技术公司成立七周年纪实[J].传媒,2021(06).

可以在"中央厨房"的支持下与人民日报国内分社、人民网地方频道以及各地媒体进行合作,为特定地区事件的报道提供有力支持,跨专业即在人才的任用上不局限于媒体专业,而是广泛招纳其他专业人才进行协同合作[①]。"五支持"则是"中央厨房"为融媒体工作室提供资金、技术、推广、运营、经营五方面的支持,保障工作室项目能够顺利运行,融媒体工作室能够使用"中央厨房"的整套技术设备及系统进行内容生产,"中央厨房"又会在运营方式、产品设计、技术运用等方面提供思路与帮助,推动工作室产品的发展。麻辣财经工作室成立后发表《营改增,一个小目标已实现》《谁在排污,这回没跑了!》等多篇与社会热点问题相关的文章,"中央厨房"则给予积极的支持,不仅为稿件制作精美准确的图表,还进行多方推送,为麻辣财经工作室的出圈提供支持。

2019年全国两会期间,人民日报社40余个融媒体工作室共计创作推出图文、音频、视频、图解等118款融媒体产品,截至两会结束工作室推出的全部融媒体产品浏览量达5亿。人民日报社的麻辣财经、碰碰词儿、追梦路上、司徒建国秀、学习大国、新地平线、一秒世界、一本政经等工作室,均以专业化、垂直化的分工使自身优秀产品层出不穷。碰碰词儿工作室和腾讯追梦于2019年新中国成立70周年之际联手打造的公益手游《家国梦》,上线第二天就登上苹果商店(手机端)免费游戏App的榜首,这款将经营、收集等多种游戏元素与真实的国家发展融为一体,让用户以主人翁身份进行家国建设的游戏能为青少年构建爱国情怀与家国意识产生正面影响。

(二)积极布局"两微一抖一端",进行适配化运营

2019年1月25日上午,中共中央政治局就全媒体时代和媒体融合发展举行第十二次集体学习,在习近平总书记的带领下,来到人民日报社新媒体大厦调研。习近平总书记指出,党报党刊要加强传播手段建设和创新,发展网站、微博、微信、电子阅报栏、手机报、网络电视等各类新媒体,积极发展各种互动式、服务式、体验式新闻信息服务,实现新闻传播的全方位覆盖、全天候延伸、多领域拓展,推动党的声音直接进入各类用户终端,努力占领新的舆论场。《人民日报》深谙国家对媒体融合发展的要求,也致力于建设"立体多样、融合发展"的现代传播体系,因此积极布局微博、微信、抖音、新闻客户端等新媒体平台,通过更精准地抵达用户,实现舆论引导。

---

① 李天行,周婷,贾远方.人民日报中央厨房"融媒体工作室"再探媒体融合新模式[J].中国记者,2017(01).

1. 人民日报微博及微信公众号

自2009年8月新浪微博上线以及2012年8月微信推出公众平台以来,传统媒体纷纷聚焦这两大新兴媒体平台,开设微博和微信公众号,试图提升自己的影响力和传播力。《人民日报》分别于2012年7月22日和2013年1月1日开通微博账号和微信公众号。截至2022年3月,人民日报法人微博粉丝量达1.46亿、累计31.22亿转评赞量。根据2021年6月23日发布的《人民日报社社会责任报告(2020年度)》,人民日报微信公众号用户订阅量超过3500万。

人民日报微信公众号以"参与、沟通、记录时代"为口号,以亲切、简约、大气的画风为民众提供重要资讯与独到评论。同时公众号每日早晨推出"来了!新闻早班车"板块,包括几分钟的语音播报和简要的文字资讯,文字资讯分为要闻、社会、政策、生活提示等板块,除了延续《人民日报》传统大报的风格提供严肃的政要新闻,还纳入天气、考试提醒、出行公告等当日的生活服务类通知。"来了!新闻早班车"以简短便捷的呈现形式满足了用户清晨的信息资讯需求,充当着"早报"的功能,而文章最后动人的早安问候语更是以一种亲民、活泼的基调形成了与用户的心理互动,拉近了与用户的距离。同样每日最后的一个推文——"夜读"板块,会分享一些"鸡汤"与美文作为一天的总结,娓娓道来的柔和朗读配以温情的音乐旨在让用户卸下一天的疲惫伴着温暖入眠,如《对别人宽容些,对过去释然些,对烦恼看淡些》《人生如茶:先苦,后甜,再淡然》等推文均达到"10万+"的阅读量,引发了读者或听者的共鸣与讨论。而其他党政要闻、深度评论、最新资讯等推文来源多元,既有人民日报社自己的文章也有来自新华网、央视新闻、《中国青年报》等媒体的,多元的信息源能够满足不同受众的信息需求,同时增强了内容的综合性、丰富性,拓展了用户群。人民日报微信公众号正是聚焦于微信公众平台的特性,以贴近性、亲和性提升了自身的吸引力,权威报道不失人文温度,舆论引导与温情表达相配合,形成了区别于其他平台的独特吸引力。

区别于微信公众号,人民日报法人微博则更加适配实时化、碎片化的传播规律,在微博平台发布重要消息、跟进热点资讯、传递正能量内容。在微博号上,内容形式更加丰富多样,九宫格配图、重要事件海报、微博视频等,通常配以简短精要的文字,匹配微博用户的短阅读习惯。针对微博舆论场上的热点问题,人民日报法人微博能够及时反映,进行正向的舆论引导,回应公众关切。"人民微评"作为微博号上的一部分重要内容,常常以一针见血的评论引发重大反响。针对某劣迹艺人偷逃税款等违法行为，人民微评严正指出"法律不会因名气大而打折扣，道德标准不会因你人气高而降低"，获赞9.6万；针对杭州动物园金钱豹出逃事件，人民微评发布评论"瞒'豹'，岂可只见金钱不见豹"，对动物园管理层提出质疑与批评。人民日报法人微博以母报的权威和公信力为背景，一方面生产高品质专业化的新闻，另一方面又在传播语态和呈现形式上进行"年轻化"的改革，为放大党媒音量、占据舆论主导权提供力量。

2. 人民日报抖音号

根据《2021抖音数据报告》，截至2020年8月抖音日活跃用户突破6亿，截至2020年12月抖音日均视频搜索次数突破4亿。抖音已经成为我国主流的社交短视频平台，强大的用户基数以及持续向好的发展态势使得主流媒体纷纷进驻抖音，尝试发出自己的音量重筑在传统媒体时代的影响力。《人民日报》于2018年9月入驻抖音平台，到2020年8月3日，其抖音号粉丝首次破亿，成为抖音首个破亿大号，截至2021年8月26日人民日报抖音号粉丝量达1.4亿，获赞71.6亿。中山大学大数据传播实验室通过对抖音号的发布指数、播放指数、关注及互动指数的分值计算，梳理出2020年11月~2021年3月的"媒体抖音号月度优质案例"，其中人民日报稳居榜首，在条均的播放、点赞、评论和分享指标中均居首位。人民日报抖音号为什么能够取得成功，在央视新闻、新闻联播等央级媒体抖音号中领先，除了传统母报带来的权威和公信力，还存在怎样的运营思路与机制使得其在新媒体平台脱颖而出？

首先，在整体风格上，人民日报抖音号短视频的内容形态简洁大方、剪辑流畅、配乐协调，与其母报权威官方、靠谱有力的媒体形象保持一致，给人一种专业化、高品质的感受。其次，在内容选题上，人民日报抖音号以主题人物、政论观点、热点事件、温情故事为主要题材[1]，既有严肃的政治评论与时事解读，从专业化的视角进行舆论引导，也以关注热点与故事唤起网民的情感。2021年8月短视频《美国空军部长称要让中国感到恐惧，华春莹霸气回应：问问中国人民解放军空军同不同意》《习近平：大时代需要大格局，大格局呼唤大胸怀。从命运与共的角度看，世界是宽广博大的，处处都有合作机遇》截取发言人、领导人高能发言片段向公众展示官方态度，以精彩简短的视频让网民群体了解国家政策方针、国际国内形势等重大问题。同时人民日报抖音号一改中共中央机关

---

[1] 张志安,彭璐.混合情感传播模式：主流媒体短视频内容生产研究——以人民日报抖音号为例[J].新闻与写作,2019(07).

报严肃、单一的传播语态，注重通过记录温情故事、感人事迹调动用户的情感因素，形成良好的传播效果。在建党百年之际，短视频《看到这样的场景，忍不住泪目！我们的飞机再也不用飞两遍了，这盛世，如你们所愿》截取拼接了1949年开国大典和2021年建党百年大会飞机飞行镜头，以动人的配乐引起网友对国家昌盛富强的感慨、对共产党人艰苦奋斗取得成绩的肯定。

人民日报抖音号的运营是在深谙短视频平台传播特性以及用户使用习惯与偏好的基础上，对传播内容、呈现形式、叙事语态等方面做出的一系列适配化调整和改革，不论是对情感因素、热点元素的应用，还是通过民间化、生活化叙事引起共鸣，人民日报抖音号不囿于传统的生产习惯，主动跳出"舒适圈"，寻找适合新媒体时代的生产路径。

3. 人民日报新闻客户端

人民日报客户端于2014年6月上线，创办仅14个月累计下载量突破一亿。人民日报客户端是人民日报社适应媒体变革形势，加快推进传统媒体与新兴媒体融合发展迈出的重要一步，目前包括推荐、热点、视频、锐评、问政、云课堂、文件、版面、镜头、公益、社会、财经、体育、文化、教育、军事、科技等板块，还有专门针对用户所在地的新闻资讯以及近期热点事件的专题，如奥运会、残奥会等。

以做"有品质的新闻"为口号的人民日报新闻客户端，呈现出算法推荐平台、信息聚合平台、融合发布平台相统一的融合特征，信息来源多样、聚合多类媒体的优质作品，内容不以时间顺序进行推送而是采取算法推荐模式匹配用户个性化需求，呈现形式丰富多元各渠道信息融合发布。[1]客户端以其强大的载体功能，构建了更多元的平台生态，以板块化分割的方式更清晰地提供内容产品，区别于微博、微信平台上的入驻账号，人民日报新闻客户端是一个自有平台，提供多种形式和来源的新闻。2018年人民日报客户端上线的"人民号"充分运用人工智能技术，为媒体、党政机关和自媒体提供移动端内容生产和分发全流程服务，也为用户引入了更多有价值的信息。客户端的直播和视频界面，主要提供国家重要政策、国际形势变化、重大社会事件相关的视频化产品。短视频以精简的形式传达重要信息，直播则选取民众关心的各大发布会、国际赛事、科研论坛、突发事件进行播报，满足用户实时参与的需求。

---

[1] 张晶，钟丹丹.超媒体平台模式：《人民日报》客户端的媒体融合特征[J].新闻界，2021(02).

人民日报新闻客户端的运营思路来自对客户端属性的把握,作为新兴媒体传播矩阵的重要组成部分,形成区别于其他社会化媒体平台的独特传播方式,培养用户的使用习惯与忠诚度至关重要。

表8-2 人民日报新媒体相关数据

新媒体	微博	微信	抖音	新闻客户端
上线时间	2009.8	2012.8	2018.9	2014.6
粉丝量(截至2021.8)	1.39亿	/	1.4亿	/

(三)传统主流大报新媒体运营的启示

1.明确站位,把握舆论引导主动权

新媒体时代的到来使得舆论生态、媒体格局以及信息的传播方式发生了巨大的改变,而主流媒体作为舆论引导的重要力量,明确自身的责任与担当,充分发挥在舆论上的导向作用、旗帜作用、引领作用十分关键。2016年习近平总书记在党的新闻舆论工作座谈会上指出,党的新闻舆论工作是党的一项重要工作,是治国理政、定国安邦的大事,切实提高党的新闻舆论传播力、引导力、影响力、公信力。传统媒体在主动进行媒体融合以及新媒体平台的布局时,首先应该始终明确自身的站位,把握舆论的主导权。

《人民日报》作为中共中央机关报,作为党和政府的喉舌以及中国对外文化交流的窗口,在全媒体平台的运营中始终不忘自身使命。2020年,人民日报社全媒体方阵累计推出相关系列报道、评论文章和融媒体产品超过2500件,策划推出"总书记来过我们家""总书记勉励我奋战一线——听第一书记讲述扶贫故事"等系列专题报道,坚持把报道好习近平总书记和宣传阐释好习近平新时代中国特色社会主义思想作为重要政治任务。同时面对2020年新冠疫情在国内的爆发,人民日报社全媒体平台共推出疫情防控相关报道48万余篇,全网传播量超过千亿次,微博号实时发布覆盖全国疫情信息,微信公众号专注深度、进行剖析与解读,抖音号呈现抗疫现场、传递温度与在场感,新媒体矩阵整体联动实现对受众舆情信息的全覆盖,为打赢疫情防控阻击战提供有力的舆论支持。

传统媒体积极进行媒体融合,布局新媒体平台本就是为了在新媒体时代不丢失舆论引导的能力,搭建全媒体平台是为了有与用户进行沟通、互动的渠道与机会。因此传统主流媒体在进行新媒体运营时,除了进行技术、形式上的革新,还要有责任与担当意识,弘扬主旋律,传递正能量。

2.加强策划,发挥优势产出精品内容

传统媒体时代,受众被动地接收着媒体所提供的内容,并没有太大的选择,处于"你说我听"的境地。随着移动网络和终端的发展,新媒体时代到来,传统媒体不再独占鳌头,各类媒体持续不断地产出海量内容,用户主动地选择自己想要的信息,媒体间的竞争日趋激烈,"播出了就有人看"的逻辑已经不复存在,善于推出独特的优质内容才能抓住用户眼球。传统主流媒体的融合转型也必须意识到这一点,要能够发挥自身优势产出精品内容。如今社交媒体上的海量信息常常真假难辨,部分营销号、自媒体粗糙的推文又没有多大深度,导致用户获取高品质新闻的成本大大提高,因此传统主流媒体应该发挥自身在采编发上的优势,以专业化的新闻理念,产出兼备深度和美感的新闻作品。尤其是对一些重大会议、活动、事件的报道,区别于突发性的新闻事件,此类报道对象往往是可预见的,因此媒体可以在前期进行战略制订,为新闻资源的开发与统筹以及讲好故事做足准备。

2020年5月22日人民日报新媒体中心推出全国人大代表专题宣传短视频《我是十四亿分之一》,视频聚焦八位来自抗疫一线及日常工作中的全国人大代表,以简洁明快、质朴真实的画面刻画了他们恪尽职守、一心为民的日常,故事化的叙事、快节奏的呈现使其成为新媒体平台的传播爆款。2020年5月28日,十三届全国人大三次会议表决通过了《中华人民共和国民法典》,人民日报新媒体技术中心采用3D技术推出首个纯3D人物动画短视频《当哪吒遇上民法典》,以中国传统神话故事为依托,通过讲述哪吒生活中的各种小事进行普法,使《中华人民共和国民法典》以更轻松、生动的方式走进人们的视线。借助哪吒古灵精怪又正义的形象对各种案例进行演绎,既降低了人们的认知难度又激发了年轻人的兴趣。该动画视频推出后在人民日报新媒体平台播放量超过2000万,微博话题阅读量超过7000万次。[①]为庆祝中国共产党成立100周年,人民日报新媒体联动各地,推出建党百年主题系列微视频《这百年》,以高能的镜头、激昂的配乐以时间线的形式展现全国各地的百年历程,彰显中华民族的伟大复兴。优秀的媒介产品离不开精心的策划与制作,在媒介产品形式越来越多样、用户欣赏品位日益提高的今天,要想吸引大众的眼光,就需要有用户思维和产品思维,充分利用融媒技术创造精品内容。

---

① 吴迪.融媒体时代两会报道的技术应用创新——以人民日报新媒体为例[J].出版广角,2020(14).

3. 关注民生，整合资源提供便利服务

我国新闻媒体的最高宗旨是在党的基本路线指导下，始终把社会效益放在第一位，全心全意服务于人民，促进现代化建设。[①]新闻媒体的真实性和公共性原则要求媒体必须把党和人民放在首位，代表人民利益，为人民发声，发挥"上连党心、下接民心"的作用。微信、微博、客户端、短视频等新媒体平台的聚合，意味着媒体已不单单承载着传达信息的功能与作用，也不应仅仅把自身定位为一个信息提供者的角色，而是应该关注民生、了解民意，承担部分的服务功能。不论是中央级媒体还是地方传统媒体，在进行媒体融合转型的时候，要时刻具备"以人民为中心"的意识，倚靠媒介特有的整合信息资源的优势，提供便利服务，在激烈的媒体竞争中赢得一席之地。

2020年新冠疫情期间，人民日报社多终端增设"社区防控，我们在行动""服务窗"等专栏，报道各地落实社区防控和个人防护的经验做法，开通"征集新型冠状病毒肺炎求助者信息"平台，网民登录平台即可填写四类人员（确诊、疑似、密切接触者、无法排除的发热者）求助信息，由人民日报整理汇总后第一时间转交相关部门处理，同时推出"确诊患者同行查询工具"，为民众自我排查感染隐患提供便利。同样，疫情期间腾讯健康联合新华网客户端上线"疫情感染小区地区"查询功能，让用户可以一键查询附近小区感染情况，帮助广大用户随时知晓实时信息以便采取针对性的防控措施，为用户提供了切实的安全和保障。全国各地的地方媒体也在各自的融媒体平台上推出便民利民服务，口罩预约购买、超市商店营业时间公告、助农产品购买渠道等，以多元服务解民众所需。媒体承担起公共服务的职能，借助自身在技术信息获取、用户聚合上的优势进行发声与引导，提供便利服务，才能切实为民众的生活带来保障。

传统主流媒体在运营新媒体平台时应该认识到自身所能够发挥的优势，以自身影响力引导民众或者以服务吸引用户，取得双赢的结果。唯有关注人民、解民之困、为民服务，才能赢得好评。

结语

《人民日报》从一份报纸转变为全媒体形态的"人民媒体方阵"，成为拥有报、刊、网、端、微、屏等10多种载体的媒体方阵，与其对生产机制以及组织推动机制的维护与革新

[①] 李良荣.新闻学概论[M].上海：复旦大学出版社，2018.

密不可分。"中央厨房"作为人民日报社的全媒体新闻平台项目,在资源调度和内容生产上发挥着巨大作用,为《人民日报》融合发展提供了全面的技术支持和业务承载,发挥着"神经中枢"的功能。同时报社强有力的管理体系和组织架构,简化了项目的流程,缩短了指挥链条,在明确项目实施主体的同时也提高了管理和工作效率。《人民日报》作为中共中央机关报,构建全媒体平台,在各个渠道、平台持续发力,为舆论引导搭建有效平台,通过明确自身职责、策划精品内容、提供便利服务,赢得了大众的口碑与信任,为主流大报的新媒体运营提供了一定的启示。

知识回顾

不论是澎湃新闻还是湖南广电、《人民日报》,三者尽管性质不同,但总结其转型期间在组织与制度上的创新都可以归纳为以下三点:(1)层级化组织向小组化组织的转变,擅长的事交给擅长的"组"去做,保证内容生产的活力与效率;(2)组织与制度创新,并不是简单地在形式上有所变更,而需要在具备新媒体思维的情况下找到适合自身的、差异化的变革道路;(3)善于对原有优势资源进行利用,变"旧"为宝,激发创新活力。

在媒介融合转型的过程中,制度与组织架构的创新与改革尤为关键,这两个层面就如同人体中的神经中枢,发挥着"指挥"与"贯通"的作用,能够保证其他各项资源的合理分配与运行。因此,参考并学习优秀案例的组织与制度上的创新十分必要,能让主流媒体能够重拾新媒体时代的话语权与影响力,更好地为舆论引导、传承文化、凝聚思想而服务。

思考题

1. 比较分析《东方早报》《华西都市报》《南方都市报》的不同融合转型路径。
2. 湖南广电的战略及发展模式对我国省级广电媒体融合发展有哪些启示?
3. 《人民日报》作为我国主流媒体之首,其全媒体生态建设有许多值得其他媒体借鉴的地方,但在未来《人民日报》该如何继续推进媒介深度融合,请谈谈你的看法。

后 记

经过近三年时间的写作和修订，带着几分欣喜和忐忑，此书终于要和大家见面了。

本书在写作过程中，为了呈现一个观念更新、思维方式更新、更具有时代特色的对媒介经营管理经典案例的探索，一方面慎重考虑了内容的选择、案例的代表性、分析解读的深度、文字表达的简洁干净、框架呈现的实用性等，一方面考虑了教学过程中的效果、重点想表达什么实际又表达什么，一边教学一边思考总结。本书的初衷是能够为新闻相关专业的学生以及从业人员，提供国内外有关媒介在内容管理、商业模式、资源开发、品牌构建等多维度的成功经验解析，为媒介经营管理的前瞻性研究提供参考借鉴。

在本书出版之际，感谢本丛书的总主编周茂君教授的信任，感谢西南大学出版社的宝贵建议。《新媒介经营管理案例解析》的撰写初期，硕士生高怡晨、石子静、梁莉欣、刘佳钰、刘娇、宋艺竹、何竞、常佳参与了有关章节的讨论和写作，感谢她们的辛勤付出。本书还要特别感谢重庆日报姜春勇副总编辑，为书框架的确定提供了非常棒的建议。本书的撰写还受到了提供调研、提供素材的媒体机构的支持，非常感谢！更感谢每一位与我在纸上相逢的你！

落笔之际，略有遗憾。由于编者对整个媒介经营管理全局和高度的把控有限，所开展的调研也有限，本书不足之处在所难免，敬请各位专家学者斧正。

编者

2022 年 3 月 21 日

于重庆